铁路货车铸造技术

——摇枕、侧架、车钩

王春山　编著
陈伯施　主审

中国铁道出版社

2014年·北京

内 容 简 介

铁路货车摇枕、侧架、车钩铸造技术是中国货车制造技术的重要组成部分，本书分为 14 章，包括绪论，摇枕、侧架、车钩结构及运用，技术标准，铸造工艺设计，铸造工艺数值模拟，造型技术，制芯技术，下芯、合箱、浇注技术，冶炼技术，材料及热处理技术，清理及焊补技术，检测及试验，无损检测，铸造技术管理等。

本书系统阐述了我国铁路货车关键零部件摇枕、侧架、车钩制造技术和管理的发展历程、技术创新、制造工艺及检验、工艺设计和技术管理，对我国铁路货车铸造行业近年来取得的技术进步和创新进行了全面总结。本书是编写组各成员长期理论研究和实践经验的积累，对铁路货车铸造技术的发展具有指导意义。

本书是从事铁路货车铸造技术研发、产品制造、检验及应用等工程技术人员，大专院校的师生，以及关注铁路货车铸造技术发展的相关人员系统、全面了解中国铁路货车铸造技术的窗口，是一本极具价值的专业技术参考书。

图书在版编目(CIP)数据

铁路货车铸造技术：摇枕、侧架、车钩/王春山编著.—北京：中国铁道出版社，2014.3

ISBN 978-7-113-18089-8

Ⅰ.①铁… Ⅱ.①王… Ⅲ.①铁路车辆—货车—车体结构—铸造 Ⅳ.①U272

中国版本图书馆 CIP 数据核字(2014)第 034824 号

书　　名：铁路货车铸造技术——摇枕、侧架、车钩

作　　者：王春山　编著

责任编辑：黄　璐　王风雨　　**编辑部电话**：010-51873138　　**电子信箱**：tdpress@126.com

封面设计：崔丽芳

责任校对：马　丽

责任印制：李　佳

出版发行：中国铁道出版社(100054，北京市西城区右安门西街 8 号)

网　　址：http://www.tdpress.com

印　　刷：北京尚品荣华印刷有限公司

版　　次：2014 年 3 月第 1 版　2014 年 3 月第 1 次印刷

开　　本：787 mm×1 092 mm　1/16　印张：20.75　字数：414 千

书　　号：ISBN 978-7-113-18089-8

定　　价：80.00 元

前言

信息、材料和能源是现代科学技术与人类文明进步的三大支柱。铸造技术作为材料科学技术的重要组成部分，是一门古老而又集多门现代科学技术于一体的材料成型技术。铸造技术的出现、应用和发展在人类社会发展中曾起到划时代作用，成为影响社会生产力发展的关键因素。今天，铸造技术在现代科学技术和人类生产活动中发挥着重要作用，在航天航空、交通运输、矿山冶金、电力机械、石油化工、现代国防等领域得到十分广泛的应用。

摇枕、侧架和车钩是铁路货车十分重要的铸钢件，不仅影响铁路货车的运行性能，而且关系到铁路运输的安全。我国铁路货车技术的不断发展，运行速度和载重逐步提高，对铁路铸钢件的制造技术和产品质量提出了更新、更高、更严的要求。积极推动铁路铸钢件制造技术进步，提升产品质量，对保证铁路运输安全具有极为重要的意义。

近年来，我国铁路货车铸造技术不断创新，尤其是以摇枕、侧架整体芯和自动化下芯工艺为代表的先进制造技术的研究应用，使我国铁路货车铸钢件制造技术达到世界领先水平，已形成一套系统的工艺方法、技术标准和管理规范。

本书系统地阐述了我国铁路货车摇枕、侧架、车钩的发展历程、技术规范、制造及检验技术，对我国铁路货车铸造技术的创新和进步进行了总结，是铁路货车铸造工程技术人员长期研究、实践成果的沉淀。本书是从事铁路货车研发、制造、检验及应用等工程技术人员，大、中专院校的师生，关注铁路货车铸造技术发展的相关人员系统、全面地了解中国铁路货车铸造技术的窗口。

本书由王春山编著、陈伯施主审。参加编撰的单位有：齐齐哈尔轨道交通装备有限责任公司、南车长江车辆有限公司、南车眉山车辆有限公司、内蒙古第一机械制造(集团)有限公司、晋西车轴有限公司、太原轨道交通装备有限责任公司、南车二七车辆有限公司。参加编写的人员有：焦辉、景丹、刘文中、贾非、郝施奇、李竹、苟春林、岳国志、刘俊岭、宋仲明、刘胜田、刘成勇、宋德晶、秦晓峰、高金生、马庆林、崔世海、肖利民、赵庚宁、唐忠云、李岩、李正强、贾敏、陈拥军、刘幼平、王之成、杨晓明、张超德、石胜平、杜伟。

鉴于编者水平有限，书中不足之处敬请读者批评指正。

编　者

目录

1 绪　　论 …… 1
1.1 我国摇枕、侧架及车钩制造技术的发展 …… 1
1.2 我国摇枕、侧架和车钩关键制造技术 …… 2
1.2.1 整体芯及自动下芯 …… 3
1.2.2 B+级钢 …… 3
1.2.3 钢水炉外精炼技术 …… 3
1.2.4 射线探伤 …… 3
1.2.5 荧光磁粉探伤 …… 3
1.2.6 超声波探伤 …… 4
1.2.7 尺寸检测 …… 4
1.2.8 热处理技术 …… 4
1.3 制造技术标准 …… 4
1.4 技术管理 …… 4
1.5 展　　望 …… 5
2 摇枕、侧架、车钩结构及运用 …… 6
2.1 摇枕、侧架 …… 6
2.1.1 货车转向架 …… 6
2.1.2 摇枕、侧架的发展 …… 8
2.1.3 摇枕、侧架结构 …… 9
2.1.4 摇枕、侧架运用工况 …… 12
2.1.5 摇枕、侧架典型运用故障 …… 14
2.2 车　　钩 …… 16
2.2.1 车钩发展 …… 16
2.2.2 车钩结构 …… 17
2.2.3 车钩运用工况 …… 22
2.2.4 车钩典型运用故障 …… 24

3 摇枕、侧架、车钩技术标准 …… 28
3.1 技术标准的发展 …… 28
3.1.1 摇枕、侧架标准 …… 28
3.1.2 车钩标准 …… 29
3.2 现行技术标准 …… 29
3.2.1 摇枕、侧架标准 …… 29
3.2.2 车钩标准 …… 38
3.3 国外技术标准 …… 40
3.3.1 美国摇枕、侧架制造和检验标准 …… 40
3.3.2 俄罗斯摇枕、侧架制造和检验标准 …… 42
3.3.3 美国车钩制造和检验标准 …… 46
3.3.4 俄罗斯车钩制造和检验标准 …… 46
4 铸造工艺设计 …… 48
4.1 铸钢工艺特点 …… 48
4.1.1 一般铸钢件工艺特点 …… 48
4.1.2 产品结构工艺性 …… 49
4.1.3 铸钢件工艺设计原则及内容 …… 49
4.2 摇枕、侧架铸造工艺特点 …… 50
4.3 车钩铸造工艺特点 …… 51
4.4 摇枕、侧架铸造工艺设计 …… 51
4.4.1 浇注位置与分型面 …… 51
4.4.2 浇注系统与冒口 …… 54
4.4.3 砂芯设计 …… 63
4.4.4 工艺参数 …… 64
4.4.5 冷铁和铸筋 …… 67
4.5 车钩铸造工艺设计 …… 69
4.5.1 浇注位置与分型面 …… 70
4.5.2 浇注系统与冒口 …… 71
4.5.3 砂芯设计 …… 76
4.5.4 工艺参数 …… 77
4.5.5 冷铁和铸筋 …… 79
5 铸造工艺数值模拟 …… 81
5.1 铸造工艺数值模拟目的和意义 …… 81
5.2 铸件充型和凝固 …… 82
5.2.1 充　型 …… 82
5.2.2 凝　固 …… 83

5.3 铸造模拟技术原理 …… 83
5.4 国内外铸造模拟软件 …… 84
5.5 铸件数值模拟软件应用 …… 85
5.5.1 软件组成 …… 85
5.5.2 数值模拟的使用 …… 87
5.6 摇枕、侧架铸造过程模拟 …… 89
5.6.1 摇枕、侧架浇注过程模拟计算结果 …… 89
5.6.2 模拟结论 …… 97
5.6.3 试验验证 …… 98
5.6.4 摇枕、侧架热应力及变形分析 …… 98
6 造型技术 …… 101
6.1 概　　述 …… 101
6.2 水玻璃砂造型 …… 101
6.2.1 水玻璃自硬砂造型 …… 101
6.2.2 CO_2硬化水玻璃砂造型 …… 108
6.2.3 水玻璃砂真空置换硬化造型 …… 110
6.3 自硬树脂砂造型 …… 111
6.3.1 呋喃树脂自硬砂造型 …… 111
6.3.2 碱性酚醛树脂自硬砂造型 …… 115
6.4 V法造型 …… 115
6.4.1 V法造型工艺流程 …… 116
6.4.2 V法造型注意事项 …… 118
6.5 湿型砂造型 …… 119
6.5.1 湿型砂性能和影响因素 …… 119
6.5.2 湿型砂的配比 …… 120
6.5.3 湿型砂混碾 …… 121
6.5.4 湿型砂造型注意事项 …… 121
6.6 涂　　料 …… 121
6.6.1 涂料的作用及性能 …… 121
6.6.2 涂料的种类 …… 122
6.6.3 涂料的涂敷 …… 123
6.6.4 涂料的应用 …… 123
7 制芯技术 …… 127
7.1 概　　述 …… 127
7.1.1 摇枕、侧架制芯技术发展 …… 127
7.1.2 车钩制芯技术发展 …… 131

7.2 芯砂及制芯工艺…… 133
7.2.1 酯硬化水玻璃砂制芯…… 133
7.2.2 甲酸甲酯硬化水玻璃砂制芯…… 134
7.2.3 CO_2硬化水玻璃砂制芯…… 135
7.2.4 CO_2硬化碱性酚醛树脂砂制芯…… 136
7.2.5 三乙胺催化固化树脂砂制芯…… 136
7.2.6 Pep-set 酚醛树脂砂制芯…… 137
7.2.7 呋喃树脂自硬砂制芯…… 137
7.2.8 聚丙烯酸钠树脂砂制芯…… 138
7.2.9 覆膜砂制芯…… 138
7.3 整体芯制芯工艺…… 139
7.3.1 摇枕、侧架传统制芯工艺…… 139
7.3.2 整体芯制芯基本方法…… 142
7.3.3 振实挤压整体制芯工艺…… 144
7.3.4 盒内挤压锁芯整体制芯工艺…… 148
7.3.5 冷芯盒整体射芯工艺…… 151
7.3.6 壳芯锁芯整体制芯工艺…… 154
7.3.7 中央方框承台整体芯…… 156
7.3.8 车钩整体芯…… 157
7.4 制芯工装…… 159
7.4.1 芯盒结构…… 159
7.4.2 吊具结构…… 162
7.5 制芯设备…… 162
7.5.1 摇枕、侧架制芯线…… 162
7.5.2 摇枕、侧架整体芯射芯机…… 163
7.5.3 车钩射芯机…… 165
7.5.4 砂芯智能化存放库…… 165
8 下芯、合箱、浇注技术…… 167
8.1 下芯技术…… 167
8.1.1 下芯技术的发展…… 167
8.1.2 摇枕、侧架自动下芯…… 168
8.1.3 车钩机械或自动下芯…… 177
8.1.4 自动下芯的效果…… 178
8.2 合　箱…… 178
8.3 浇　注…… 180
8.3.1 钢包与浇注方式…… 180

8.3.2　浇注工艺参数…………………………………………………………… 181
9　冶炼技术………………………………………………………………… 183
9.1　电弧炉冶炼方法概述………………………………………………… 183
9.2　电弧炉设备…………………………………………………………… 184
9.3　冶炼工艺制订原则…………………………………………………… 185
9.3.1　冶金质量控制…………………………………………………… 185
9.3.2　技术经济指标…………………………………………………… 185
9.4　碱性电弧炉氧化法冶炼……………………………………………… 185
9.4.1　补　　炉…………………………………………………………… 185
9.4.2　装　　料…………………………………………………………… 186
9.4.3　熔化期……………………………………………………………… 186
9.4.4　氧化期……………………………………………………………… 189
9.4.5　还原期……………………………………………………………… 194
9.4.6　出　　钢…………………………………………………………… 197
9.5　钢水精炼技术………………………………………………………… 198
9.5.1　炉外精炼…………………………………………………………… 199
9.5.2　摇枕、侧架、车钩钢水精炼……………………………………… 199
9.6　冶炼新技术…………………………………………………………… 201
9.6.1　冶炼设备…………………………………………………………… 201
9.6.2　电炉底吹搅拌技术………………………………………………… 203
9.6.3　泡沫渣埋弧技术…………………………………………………… 203
9.6.4　二次燃烧技术……………………………………………………… 204
10　材料及热处理技术 ……………………………………………………… 205
10.1　材　　料 ……………………………………………………………… 205
10.1.1　摇枕、侧架用铸钢……………………………………………… 205
10.1.2　车钩用铸钢 ……………………………………………………… 207
10.1.3　合金元素对铸钢性能的影响 …………………………………… 207
10.1.4　有害元素及气体对铸钢性能的影响 …………………………… 210
10.2　金相组织及夹杂物 …………………………………………………… 211
10.2.1　典型金相组织 …………………………………………………… 211
10.2.2　非金属夹杂物 …………………………………………………… 212
10.3　热处理技术 …………………………………………………………… 214
10.3.1　热处理工艺 ……………………………………………………… 214
10.3.2　热处理设备 ……………………………………………………… 221
11　清理及焊补 ……………………………………………………………… 225
11.1　概　　述 ……………………………………………………………… 225

11.2 清砂及浇冒口去除 …… 225
11.2.1 清砂方法 …… 225
11.2.2 浇冒口去除 …… 226
11.3 抛丸处理 …… 229
11.3.1 抛丸强化工艺 …… 229
11.3.2 抛丸设备 …… 233
11.4 焊　补 …… 234
11.4.1 焊补前缺陷清除 …… 234
11.4.2 焊前预热 …… 235
11.4.3 焊条选择 …… 235
11.4.4 焊补操作 …… 236
11.4.5 焊补质量要求 …… 238
11.5 精　整 …… 238
11.5.1 精整的内容和方法 …… 238
11.5.2 表面质量评定 …… 238
12 摇枕、侧架、车钩检测及试验 …… 243
12.1 概　述 …… 243
12.2 几何尺寸检测 …… 243
12.2.1 样板检测 …… 243
12.2.2 划线基准的确定 …… 245
12.2.3 三坐标检测 …… 248
12.2.4 超声波壁厚测量 …… 248
12.3 材料检验 …… 252
12.3.1 化学成分检验 …… 252
12.3.2 金相组织检验 …… 257
12.3.3 力学性能试验 …… 262
12.4 摇枕、侧架强度试验 …… 270
12.4.1 静载荷试验 …… 270
12.4.2 疲劳试验 …… 272
12.5 车钩强度试验 …… 273
12.5.1 静强度试验 …… 273
12.5.2 疲劳试验 …… 274
13 无损检测 …… 275
13.1 磁粉探伤 …… 275
13.1.1 摇枕、侧架的磁粉探伤 …… 276
13.1.2 车钩磁粉探伤 …… 280

13.2 渗透探伤 …… 283
13.2.1 渗透探伤的工作原理和操作步骤 …… 283
13.2.2 渗透探伤痕迹和缺陷的评定 …… 286
13.3 超声波探伤 …… 287
13.3.1 摇枕、侧架超声波探伤 …… 287
13.3.2 耦合剂 …… 287
13.3.3 探伤灵敏度 …… 289
13.3.4 探伤工艺过程 …… 289
13.3.5 缺陷判别 …… 289
13.4 射线探伤 …… 290
13.4.1 射线检测系统 …… 291
13.4.2 射线探伤工艺 …… 291
13.5 DR和工业CT检测 …… 301
14 铸造技术管理 …… 306
14.1 技术管理要点 …… 306
14.1.1 工艺管理及文件控制 …… 307
14.1.2 原辅材料的管理 …… 308
14.1.3 测量装置和生产装备的管理 …… 309
14.1.4 标志和可追溯性 …… 309
14.1.5 人力资源 …… 311
14.2 主要过程控制 …… 312
14.2.1 冶炼 …… 312
14.2.2 造型、制芯、合箱 …… 314
14.2.3 焊修 …… 314
14.2.4 热处理 …… 315
参考文献 …… 317
结束语 …… 319

1 绪　　论

20 世纪 90 年代以来，我国铸造业快速发展。2000 年开始我国各类铸件总产量连续稳居世界首位，2007 年各类铸件总产量达 3 127 万吨，约占世界铸件总产量的 1/3[1]。近年来，铸造基础理论研究、制造技术和材料研究等方面取得的丰硕成果，装备能力和产品质量的大幅提升，为我国从铸造大国向铸造强国的转变奠定了良好基础。

随着国民经济发展和铁路货车重载提速运输的需要，我国铁路货车关键技术取得重大突破，形成了较为完善的研发平台和标准体系，整机制造水平逐步达到了世界先进水平，铁路货车大量出口至多个国家。

铸造技术在机车车辆行业中占有重要地位，铸钢件年产量约 22 万吨，占全国铸钢件产量的 20%左右；在货车三大件结构转向架中，铸钢件约占转向架总重的 50%左右。经过铸造工作者不断努力和创新，我国铁路货车摇枕、侧架和车钩制造水平得到了长足发展，特别是近几年来，铁路货车制造业联合攻关，对摇枕、侧架、车钩铸造技术进行了系统研究，我国铸钢摇枕、侧架、车钩的工艺、材料、检测技术得到了大幅度提升，制造技术和产品质量达到了世界领先水平。

1.1 我国摇枕、侧架及车钩制造技术的发展

摇枕、侧架和车钩涉及铁路货车的运行性能，关系到铁路运输的安全，是铁路货车十分重要的零部件。摇枕、侧架的制造技术和产品质量一直受到各国铁路车辆主管部门以及制造企业和运营商的高度重视。

20 世纪 50 年代，原苏联发明 CO_2 硬化水玻璃砂工艺，该工艺方法简便易行、价格低廉、污染程度低。我国机车车辆制造行业从 50 年代开始推广采用水玻璃砂工艺生产摇枕、侧架和车钩，到 60 年代中期，水爆清砂工艺的使用，解决了水玻璃砂清砂困难的难题，并逐步形成了完整的水玻璃砂生产普通碳素钢摇枕、侧架和车钩的工艺和装备体系。

由于水爆清砂要求铸件在高温下入水(650 ℃左右),铸态组织铸件在激冷条件下容易产生毛细裂纹,从而大大缩短了摇枕、侧架和车钩的疲劳寿命。为改善水爆清砂工艺带来的弊病,从 1987 年开始,我国在摇枕、侧架和车钩制造工艺上推广水浴清砂工艺,将铸件清砂入水温度降低到 500 ℃以下,一定程度上减小了铸件裂纹倾向。

随着国内外对水玻璃粘结、改性机理研究的深入和对采用树脂砂生产铸钢件工艺技术的不断改进,“九五”和“十五”期间,技术上突破了有机酯—水玻璃砂仅应用于单件或小批量生产铸钢件的局限性,大部分铁路货车摇枕、侧架和车钩生产企业对原有传统水玻璃砂系统进行了技术改造,采用有机酯—改性水玻璃砂工艺大批量生产摇枕、侧架和车钩,并实施干法清砂。部分企业建成了摇枕、侧架和车钩有机酯—改性水玻璃砂造型、制芯生产线,还有部分企业建成了树脂砂造型线、潮模砂抛砂造型生产线和 Pep-set 树脂砂制芯线、潮模砂气冲造型生产线、真空置换硬化改性水玻璃砂造型(简称:改性水玻璃砂 VRH 法造型)生产线。淘汰水浴清砂工艺,解决了铸件因激冷而产生毛细裂纹的问题。

20 世纪 80 年代中期,为提高材料的综合力学性能,我国对世界发达国家铁路标准体系和铁路运用情况进行了系统分析研究。1986 年研制了 B 级钢,并开始用于生产铁路货车摇枕、侧架;1987～1989 年研制了 C 级钢和 E 级钢,逐步用于生产5 000 t、10 000 t 货物列车车钩。

20 世纪末开始,逐步淘汰了燃重油热处理炉。21 世纪初,采用整体磁化连续法湿法磁粉探伤方法对摇枕、侧架和车钩关键部位进行检测。

综上所述,从 20 世纪 90 年代中后期开始,我国铁路货车摇枕、侧架和车钩的制造技术发展,主要有以下几个方面:

(1)采用干法清砂工艺,淘汰水浴清砂。

(2)全面采用 B 级钢生产摇枕、侧架,采用 C 级钢和 E 级钢生产车钩,淘汰普通碳素钢材质。

(3)采用炉温自动控制热处理炉进行热处理,淘汰燃重油热处理炉。

(4)采用整体磁化连续法湿法磁粉探伤方法对摇枕、侧架和车钩重要部位进行检测等。

这些技术的实施,初步改变了我国摇枕、侧架和车钩制造技术水平落后局面,产品质量也有了进一步提高。实践表明,我国摇枕、侧架和车钩制造技术随着国民经济的发展和铁路运输的需要、社会科技进步和铁路技术政策的激励,始终在不断发展、进步。

1.2 我国摇枕、侧架和车钩关键制造技术

随着我国铁路货车重载提速运输快速发展,对摇枕、侧架和车钩的产品质量和制造技术提出了更高要求。从 2005 年开始,铁路货车制造企业对货车摇枕、侧架和车钩等关键零部件的制造技术进行了联合攻关,依靠自身力量进行技术创新和管理创新,

并取得了重要成果,适应了铁路运输快速发展的需要,铸件可靠性有了质的飞跃。

1.2.1 整体芯及自动下芯

世界各国摇枕、侧架铸造工艺普遍采用分层分段制芯、组合下芯工艺,该制芯技术难以满足高质量铸件的批量生产要求。通过自主创新,我国开发了长大复杂砂芯整体制芯技术和整体砂芯机器人自动下芯工艺,实现了铸件内腔无披缝、无台阶,提高了铸件壁厚的尺寸精度,大幅减少了砂眼和芯撑熔合不良等铸造缺陷。

车钩钩体采用整体射芯工艺,提高了主要作用面尺寸精度。钩舌 S 面采用整体芯工艺,增加钩舌 S 面连挂受力面积,提高了钩舌疲劳寿命。

1.2.2 B+级钢

通过系统研究低合金铸钢材料成分、组织和性能的关系,研制了 B+级钢材料(ZG25MnCrNi)。B+级钢通过提高钢中奥氏体组织的稳定性,降低了热处理的临界转变温度 Ar_3,细化了铁素体和珠光体组织,铸件的力学性能、抗疲劳性能得到较大提高,最大疲劳循环次数比 B 级钢提高 30%以上,材料的临界裂纹尖端张开位移(CTOD)比 B 级钢提高了 10%。

1.2.3 钢水炉外精炼技术

在优化冶炼工艺和规范操作的基础上,采用了 LF 钢包炉、钢包吹氩+喂丝等钢水精炼技术,钢的气体和有害元素的含量大幅降低,改善了钢中夹杂物的形貌,减少了夹杂物数量,提高了钢水纯净度,钢的综合力学性能和铸件内在质量进一步提高。

1.2.4 射线探伤

对铸钢摇枕、侧架射线照相检验技术进行了系统的研究,通过对摇枕、侧架的射线检验和疲劳试验检验以及实物解剖验证,获得了大量的试验数据和摇枕、侧架 A 部位和 B 部位铸件内部各类缺陷 X 射线图片,确定了缺陷定性、定量标准,并制定了射线照相检验标准图谱,为铸造工艺和过程质量的改进提供了依据。

为进一步提高铸钢摇枕、侧架和车钩内部缺陷的检测能力,X 射线 DR 成像检测系统和工业 CT 成像检测系统开始用于铸钢摇枕、侧架、车钩等关键铸钢件生产过程中的工艺研究。

1.2.5 荧光磁粉探伤

通过开展紫外线辐照度与环境白光照度之间对应关系的研究,测试和绘制了白光强度与紫外线辐照强度关系曲线图,为无暗室荧光磁粉探伤的应用提供了理论和实践依据。摇枕、侧架和车钩表面采用整体磁化连续法湿法荧光磁粉探伤工艺,提高了铸件表面缺陷的对比度和识别度,从而提高了产品的可靠性。

1.2.6 超声波探伤

通过探索铸件内部缺陷特征与超声波反射传播之间的关系，进行了大量试验，积累了数以万计的基础数据，系统研究摇枕、侧架超声波探伤技术，并用于生产质量控制和工艺改进，提高了摇枕、侧架内部缺陷的日常检测和控制水平。

1.2.7 尺寸检测

摇枕、侧架和车钩生产过程中，采用三坐标测量仪检测铸件的形位尺寸，采用超声波测厚仪检测铸件壁厚尺寸，提高了铸件检测精度和检测效率。

1.2.8 热处理技术

采用温度自动控制和全纤维炉衬热处理炉、连续式自动控制热处理炉，对摇枕、侧架、车钩进行热处理，提高了炉温均匀性，改善了铸件金相组织，提高了铸件力学性能，降低了能源消耗，减少了环境污染。

1.3 制造技术标准

通过大量基础研究、试验验证、运行考验，逐步完善了摇枕、侧架和车钩的制造技术标准，形成了金属材料、制造工艺、检测技术等制造技术标准体系。

(1)降低钢中磷、硫等有害元素，以及氧、氢等气体含量，使钢水达到优质钢标准。

(2)增加了金相组织及非金属夹杂物的检测要求，其中Ⅰ、Ⅲ、Ⅳ型非金属夹杂物要求比 TB/T 2451 提高了一个等级。

(3)增加了表面湿法荧光磁粉表面探伤要求和内部缺陷的超声波、射线探伤检查要求。

(4)提高了摇枕、侧架疲劳试验标准。

1.4 技术管理

制订和实施了摇枕、侧架、车钩生产技术管理要点。该要点以管理为基础、过程为核心、质量为目标、安全为导向，对策划、设计、试制和生产等过程和环节的技术管理要点作出了详细规定，提高了管理水平和产品质量，实现了全员、全过程、全要素的质量管理，保证了摇枕、侧架、车钩工艺和质量的稳定性。

为强化行业管理，实行了摇枕、侧架、车钩生产准入制度，并对各生产企业实行定期的质量稳定性评估，强化了行业管理。

1.5 展　望

随着铁路货车重载提速运输的发展以及科学技术进步，我国摇枕、侧架和车钩等铸钢件制造技术，将在以下方面做进一步探索：

(1)研究高强度、高韧性、抗疲劳的新型金属材料，实现摇枕、侧架、车钩轻量化。

(2)研究精确成型技术提高摇枕、侧架和车钩的形位尺寸精度和内、外表面质量，保证和改善车辆性能。

(3)研究应用纯净、低消耗的钢水冶炼技术。

(4)研究发展先进、可控的凝固技术，获得更精细、致密的凝固组织，控制宏观组织(凝固组织形态和尺寸)、微观组织(亚晶界、枝晶间距等)、强化相的形态和分布，保证组织的均匀性，进一步提高摇枕、侧架和车钩的可靠性。

(5)应用仿真技术和快速制造技术，实现摇枕、侧架、车钩的快速制造。

(6)发展低能耗、低污染的环境友好型制造工艺技术，提高综合社会效益和经济效益。

2

摇枕、侧架、车钩结构及运用

2.1 摇枕、侧架

2.1.1 货车转向架

国内外应用的货车转向架种类繁多，根据结构形式划分，主要有两种类型，即欧洲国家普遍采用的焊接构架式转向架和中国、俄罗斯、美国及澳大利亚等国家普遍应用的铸钢三大件式转向架。铸钢摇枕、侧架是三大件式货车转向架主要部件。

铸钢三大件式货车转向架主要有以下类型，一是交叉支撑转向架，包括中交叉支撑转向架（如转 K1 型）和下交叉支撑转向架（如转 K2 型、转 K6 型），如图 2-1、图 2-2 所示；二是摆动式转向架（如转 K4 型、转 K5 型），如图 2-3 所示；三是径向转向架（如转 K7 型），如图 2-4 所示；四是控制型转向架，如图 2-5 所示。

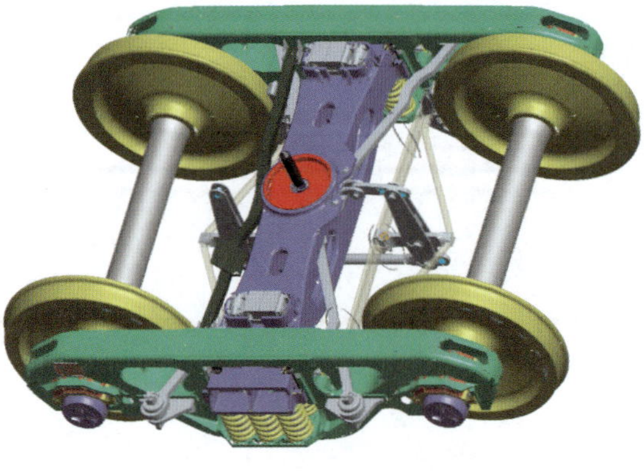

图 2-1　转 K1 型转向架

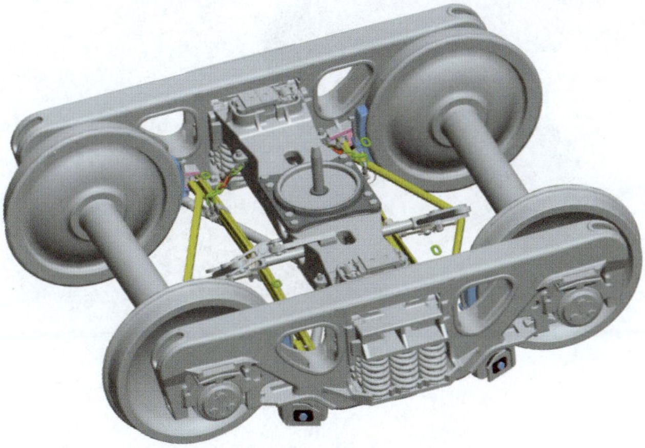

图 2-2 转 K6 型转向架

图 2-3 转 K5 型转向架

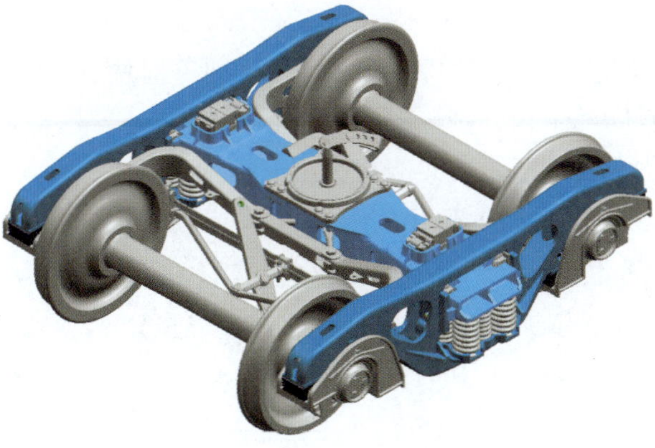

图 2-4 转 K7 型转向架

图 2-5　控制型转向架

上述转向架的共同点是，它们的组成中都包括一个摇枕和两个侧架。虽然各种转向架为了提高动力学性能采用了不同形式，转向架摇枕、侧架具体结构上也有一定的差别，但这些摇枕、侧架在大的结构上基本一致。

2.1.2　摇枕、侧架的发展

转向架摇枕、侧架承受货车运行的各种复杂载荷，摇枕、侧架的制造质量直接影响列车运行品质和安全。新中国成立后，中国铁路货车经历了两个阶段，实现了三次大的升级换代。第一阶段是从 1949～1957 年的仿制国外产品阶段，第二阶段是从 1957 至今的自行研发、自主创新阶段。在这两个阶段中，中国铁路货车实现了三次大的升级换代：1957 年，中国铁路货车实现了载重由 30 t 级向 50 t 级的第一次升级换代；1978 年，中国铁路货车实现了载重由 50 t 级向 60 t 级的第二次大的升级换代；2005 年，中国铁路货车实现了载重由 60 t 级向 70 t 级、速度由 70～80 km/h 向 120 km/h 的第三次大的升级换代。在历次货车升级换代和新型货车研发过程中，摇枕、侧架结构、材质、技术要求、制造工艺的发展起了很大的作用。先后出现的主型摇枕、侧架有 21 t 轴重的转 8 型(转 8A 型、转 8G 型)、转 K2 型和转 K4 型，25 t 轴重的转 K5 型、转 K6 型和转 K7 型，以及正在研发的 27 t 和 32.5 t 轴重摇枕、侧架。摇枕、侧架产品均以箱形结构为主，但局部结构、壁厚变化比较大，如侧架外导框截面，转 8A 型侧架为工字结构，转 8G 型、转 K2 型转向架侧架为箱形结构，内腔的立筋及壁厚有所改进，使摇枕、侧架的结构强度不断增加，运用安全性也有较大提高。

1958 年参照原苏联 цнии-х3-о(哈宁)转向架结构，设计了转 8 型转向架摇枕、侧架，1964 年对转 8 型转向架摇枕、侧架进行了结构改进，定名为转 8A 型转向架，所采用的材质为 ZG25(ZG230-450)，执行的标准为《货车铸钢侧架、摇枕技术条件》(TB/T 1248—77 和 TB/T 1248—86 等)。

1998 年转 K2 型提速转向架的研制成功，为中国铁路货车全面提速奠定了基础，铁路货车速度提高至 120 km/h。2003 年以后，C_{80} 等 80 t 级运煤专用敞车、C_{70} 等

70 t级通用货车研制成功，120 km/h货车技术全面应用，铁路货车在速度、载重和技术性能上有了质的飞跃。

为保证铸钢件的铸造质量，增强铁路货车的安全性，1999年起先后对摇枕、侧架的材质、制造工艺以及相应的检测标准进行了较大的修改。摇枕、侧架材质由B级钢取代了原来的ZG230-450，材料的力学性能有较大提高，冲击性能（KV_2 −7 ℃≥20 J）、晶粒度和夹杂物等级作为B级钢摇枕、侧架的验收条件，并制定了《铁道货车B级钢摇枕、侧架供货技术条件》（运装货车〔1999〕39号）。该技术条件对B级钢的化学成分、力学性能、生产工艺方法、铸件清理质量、焊补工艺要求和报废条件等作出了相应的规定；明确了摇枕、侧架采用干法落砂，取消水浴清砂。2000年制定了《铁路货车摇枕、侧架磁粉检测技术条件》（运装货车〔2000〕129号），规定摇枕、侧架关键部位采用磁粉探伤，2004年实现整体湿法磁粉探伤。在此期间，增加了摇枕、侧架寿命管理的要求，并修定了相应的铁路技术发展政策，鼓励采用先进的工艺方法生产摇枕、侧架。

由于货车技术性能的提升，对整车和配件的要求也进一步提高，同时，摇枕、侧架的产品结构更加复杂、尺寸精度更高，对表面和内在的质量要求也更高。2005年制定了《铁道货车铸钢摇枕、侧架磁粉检测》（TB/T 3105—2005）。2006年制定了《铁路货车铸钢摇枕、侧架生产技术管理要点》（运装货车〔2006〕79号）和《铁道货车铸钢摇枕、侧架技术条件》（TB/T 3012—2006），进一步规范了摇枕、侧架的生产技术管理，提高了摇枕、侧架制造标准和检测水平。

在以“装备保工艺、工艺保质量、质量保安全”方针的指导下，推进了工艺技术创新，进一步提高了货车制造质量，特别是摇枕、侧架的制造质量。2007年先后制定了《摇枕、侧架整体砂芯工艺方案》（运装货车〔2007〕100号）、《B+级钢（ZG25MnCrNi）铁道货车摇枕、侧架技术条件》（运装货车〔2007〕161号）和《铁道货车摇枕、侧架无损检测技术条件》（运装货车〔2007〕310号）。新造货车摇枕、侧架全面采用整体芯工艺及机器人自动下芯技术；材质由B级钢升级到B+级钢；在检测手段上，采用射线探伤、荧光磁粉探伤、超声波探伤工艺对摇枕、侧架进行质量检测，采用三坐标测量仪检测摇枕、侧架的形位尺寸，采用超声波测厚仪检测铸件的壁厚尺寸，提高了产品质量及稳定性。

2.1.3 摇枕、侧架结构

2.1.3.1 摇枕结构

交叉支撑式转向架、摆动式转向架和径向式转向架摇枕均为箱形结构，摇枕沿长度方向呈鱼腹形；上平面中部为心盘座，设有心盘销孔，用于安插中心销，周边设有心盘螺栓孔；两端上平面设有旁承座，下平面设有突出的圆脐或弹簧止挡，用于弹簧定位；端部两侧设有4个斜楔槽和摇枕挡；内腔常设置各种结构的立筋。通常情况下，摇枕侧面中部的两个椭圆孔用于安装通过式基础制动、交叉支撑装置。摇枕上平面和底部设有对称的工艺孔，这种结构既能保证摇枕具有足够的强度，又可节约材料、减轻自重。摇枕结构如图2-6所示。

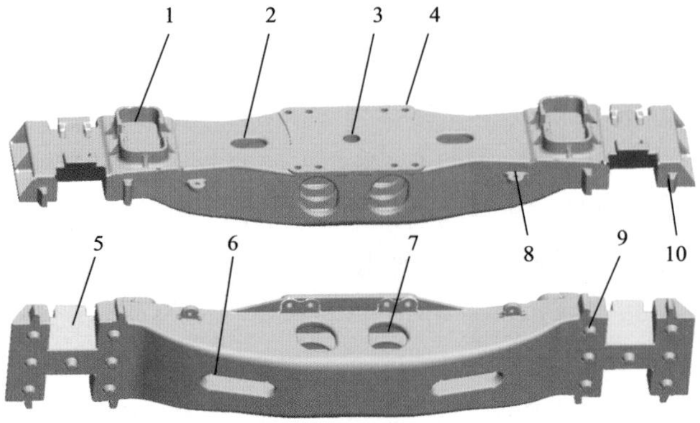

图 2-6 转 K6 型转向架摇枕简图

1—旁承座;2—工艺孔;3—中心销孔;4—心盘螺栓孔;5—楔块槽;
6—工艺孔;7—拉杆孔;8—制动梁安全链吊耳;9—圆脐;10—摇枕挡

控制型转向架的摇枕采用加宽主副摩擦面的楔块式常摩擦减振装置,在摇枕端部的斜楔槽下面增加一个减振弹簧承台,如图 2-7 所示。

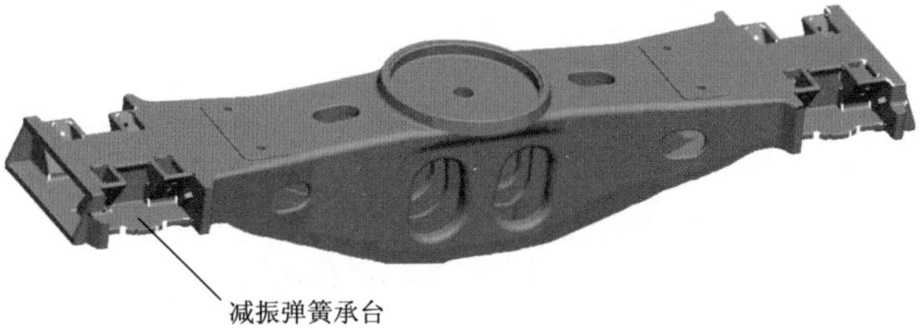

图 2-7 控制型转向架摇枕

摇枕的质量一般在 350～1 000 kg 之间,鱼腹底部壁厚一般较厚,侧面和上面较薄,几种常用转向架摇枕壁厚、轮廓尺寸及毛坯质量见表 2-1。

表 2-1 常用转向架摇枕壁厚、轮廓尺寸及毛坯质量

转向架类型	产品名称	主要壁厚(mm)	最大壁厚(mm)	最小壁厚(mm)	最大轮廓尺寸(mm)	铸件净重(kg)	轴重(t)
中交叉支撑式	转 K1 型转向架摇枕	17～25	30	17	2 484×495×450	620	23.5
下交叉支撑式	转 K2 型转向架摇枕	16～23	33	14	2 230×480×420	590	21
摆动式	转 K4 型转向架摇枕	15～43	43	15	2 422×422×358	490	21
摆动式	转 K5 型转向架摇枕	15～38	64	12	2 461×438×456	651	25
下交叉支撑式	转 K6 型转向架摇枕	18～28	45	14	2 429×503×427	690	25
径向式	转 K7 型转向架摇枕	15～29	38	15	2 430×470×440	620	25
控制型	C_{63} 型车用摇枕	16～24	24	16	2 396×380×353	430	21

2.1.3.2 侧架结构

不同类型三大件转向架侧架结构存在较大差异。交叉支撑式转向架和控制型转向架的侧架结构基本相同，两端各有一个导框；中部有一较大的方框，在方框两侧的立柱侧平面上可固定安装磨耗板，立柱两侧设有止挡，控制摇枕横向位移，方框的下部为弹簧承台面，承台面上设有固定弹簧用的圆脐或止挡；内侧设有制动梁滑槽，两侧设有三角形检查孔，用于观察、更换闸瓦，如图 2-8 所示。

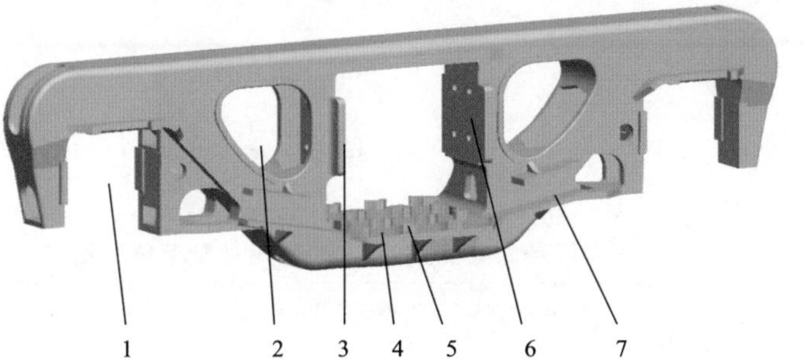

图 2-8 转 K6 型转向架侧架简图

1—导框；2—检查孔；3—止挡；4—弹簧承台；5—弹簧止挡；6—立柱；7—制动梁滑槽

摆动式转向架侧架与交叉支撑式转向架侧架结构差异主要有两部分，一是侧架中央方框下部无弹簧承台面，是一个安装摇动座、摇动座支撑的 U 形凹槽结构，通过摇动座、摇动座支撑将左右侧架连接在一起。二是两端导框顶面为能容纳导框摇动座的凹槽结构，侧架通过其顶部导框摇动座分别支承在前后两承载鞍上，如图 2-9所示。

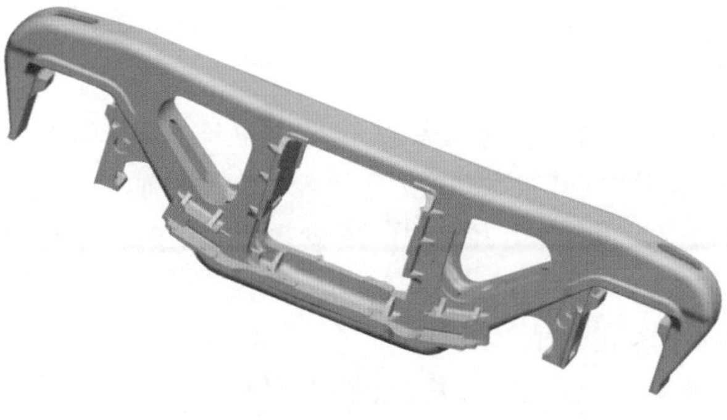

图 2-9 转 K5 型转向架侧架

径向式转向架侧架与交叉支撑式转向架侧架结构区别主要是两端导框部分。该侧架导框部位为安装副构架的 U 形结构，其传递纵向力的橡胶堆支承面外高内低，如图 2-10 所示。

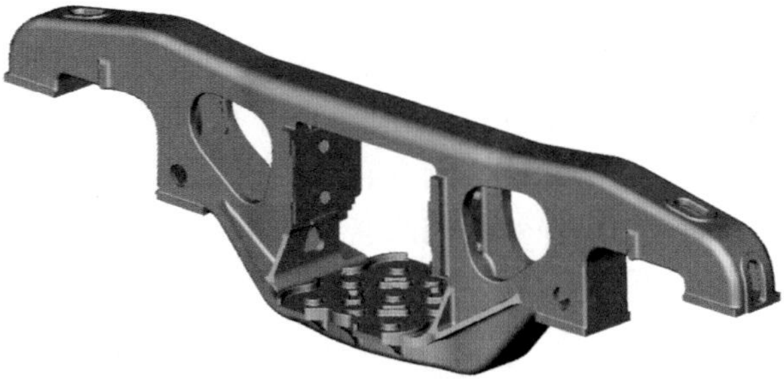

图 2-10　转 K7 型转向架侧架

侧架的毛坯质量一般在 300～600 kg 之间，由于轴重的不同，轮廓尺寸和壁厚差异较大，见表 2-2。

表 2-2　常用转向架侧架壁厚、轮廓尺寸及毛坯质量

转向架类型	产品名称	主要壁厚（mm）	最大壁厚（mm）	最小壁厚（mm）	最大轮廓尺寸（mm）	铸件净重（kg）	轴重（t）
中交叉支撑式	转 K1 型转向架侧架	15～28	33.5	15	2 510×440×651	450	23.5
下交叉支撑式	转 K2 型转向架侧架	16～22	25	14	2 210×610×420	345	21
摆动式	转 K4 型转向架侧架	13～42	42	13	2 220×600×288	313	21
摆动式	转 K5 型转向架侧架	12～29	50	12	2 300×280×602	320	25
下交叉支撑式	转 K6 型转向架侧架	17～25	29	14.3	2 374×631×440	464	25
径向式	转 K7 型转向架侧架	16～30	30	16	2 500×640×444	385	25
控制型	C_{63} 型车用侧架	14～18	18	14	2 210×425×610	320	21

2.1.4　摇枕、侧架运用工况

转向架的主要作用是支承车体，承受和传递从车体至车轮之间或从轮轨至车体之间的各种载荷及作用力，并使轴重均匀分配；保证车辆在直线和曲线线路上安全运行；缓和车辆和线路之间的相互作用，减少振动和冲击，提高车辆运行平稳性和安全性。

作为关键承载部件，在车辆运行中，摇枕、侧架承受、传递各种载荷和作用力。随着我国铁路货车重载提速技术进步，特别是货车轴重和速度提高以后，铁路货车转向架摇枕、侧架承受的载荷工况也将更加复杂和恶劣。

摇枕、侧架在实际运用中的受力状态比较复杂，根据转向架的结构和运用情况，对于无横向联系梁的铸钢摇枕和侧架而言，主要承受垂向静载荷、垂向动载荷、侧向力（离心力和风力等）及轮轨间作用力引起的载荷、制动引起的载荷以及调车作业纵向单端冲击时引起的附加载荷等。

摇枕在运用过程中的载荷主要有：以车体重力为主产生的垂向载荷、沿车体纵向因牵引和制动等作用产生的水平载荷。摇枕承受的垂向载荷一般不超过转向架轴重与轴数的乘积减去转向架自重。直线运行时，垂向载荷以集中力形式通过下心盘作用在摇枕中央截面上；曲线通过时，部分载荷通过旁承作用在摇枕旁承座上，摇枕两端弹簧支承面处提供支承，如图 2-11、图 2-12 所示。

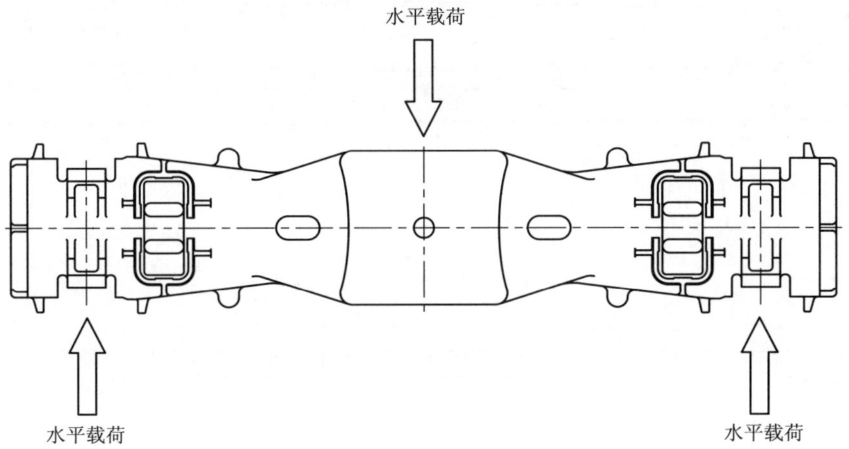

图 2-11 摇枕水平载荷示意图

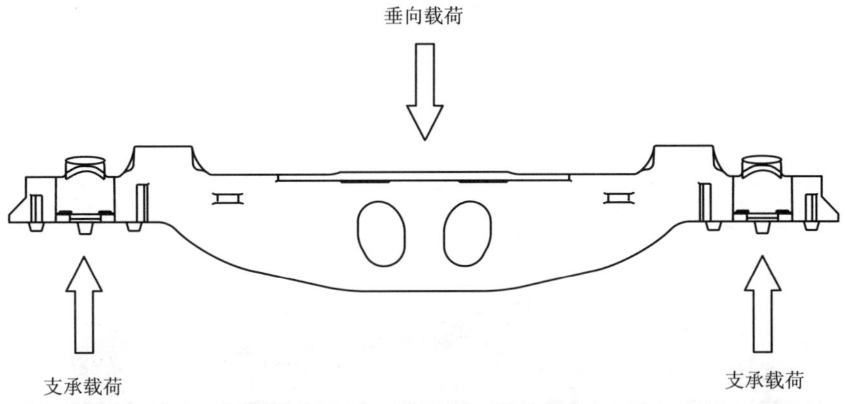

图 2-12 摇枕垂向载荷示意图

侧架在运用过程中的载荷主要有：垂向载荷和沿车体横向作用的水平载荷，垂向载荷主要作用在弹簧支承面上，两端导框提供支承力。而水平载荷作用在中央方框的两个立柱上，如图 2-13、图 2-14 所示。

由于线路存在曲线和各种不平顺，以及制动、缓解等复杂工况，车辆运行时摇枕、侧架承受的载荷通常为交变载荷。

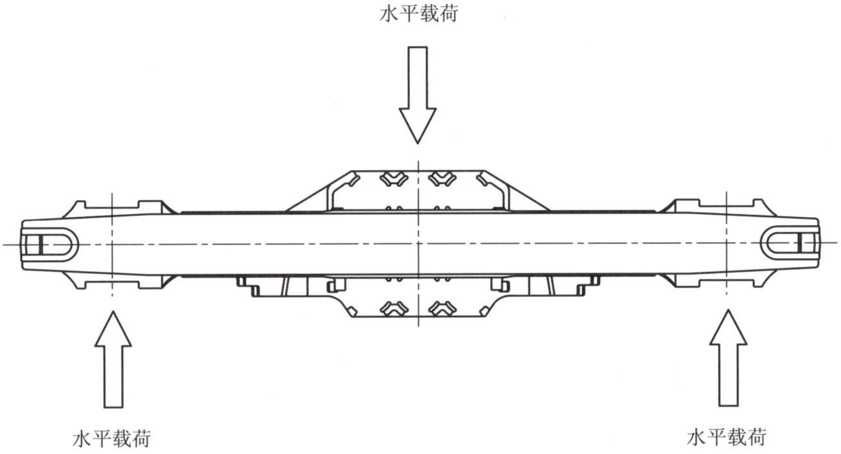

图 2-13　侧架水平载荷示意图

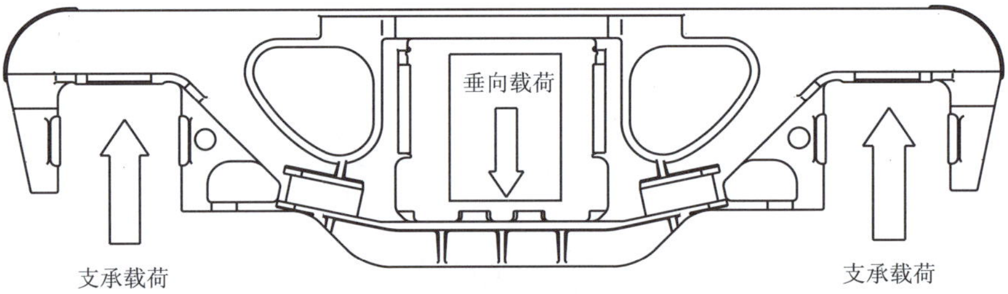

图 2-14　侧架垂向载荷示意图

2.1.5　摇枕、侧架典型运用故障

摇枕、侧架典型运用故障主要包括裂纹和磨耗，摇枕、侧架裂纹，如图 2-15、图 2-16所示。

图 2-15　摇枕裂纹

图 2-16 侧架裂纹

摇枕、侧架在运用过程中产生裂纹的主要原因有：

(1)因结构原因存在应力集中部位，如摇枕斜楔根部、侧架弹簧承台弯角等。摇枕、侧架各部位应力状态差异较大，应力幅值较大部位容易造成疲劳破坏，如图 2-17、图 2-18 所示。

(2)因制造过程的缺陷造成应力集中，如摇枕工艺孔边缘的铸造缺陷或存在的尖角、棱边，会降低转向架运行可靠性，严重时可造成行车安全事故。

(3)线路异常、非正常使用。

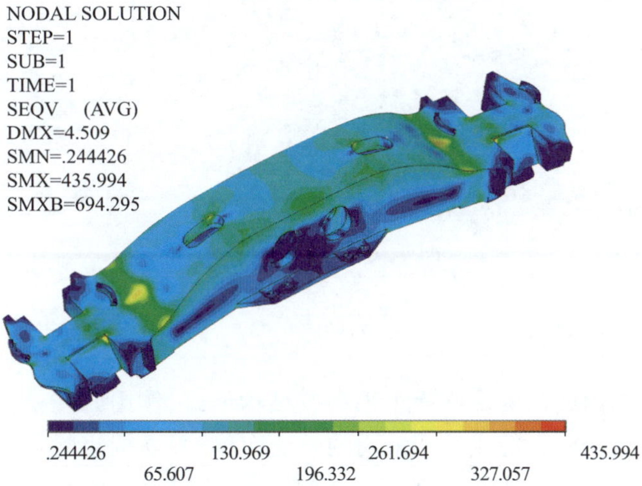

图 2-17 摇枕应力分布状态图

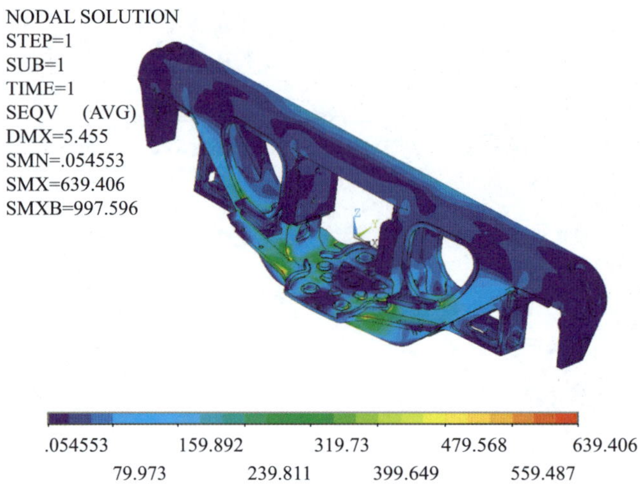

图 2-18　侧架垂直载荷下应力分布状态图

2.2　车　钩

车钩是铁路货车车钩缓冲装置的重要组成部分，它的作用是实现机车和车辆、车辆和车辆之间的连挂，传递列车运行中产生的牵引力和冲击力，并使车辆之间保持一定的距离。车钩连挂状态，如图 2-19 所示。

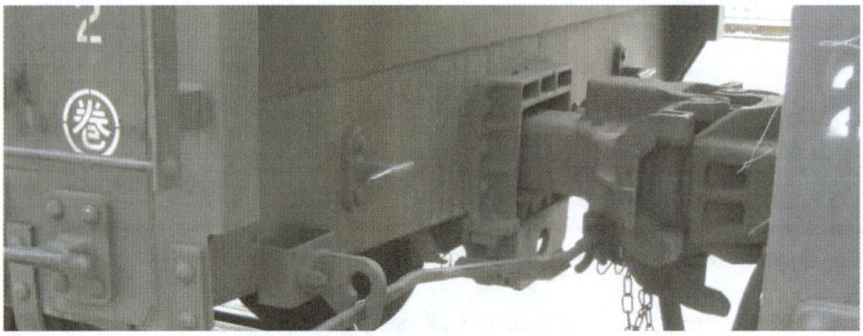

图 2-19　车钩连挂状态

2.2.1　车钩发展

目前世界范围内使用的铁路货车车钩按结构形式、作用原理划分主要有三种，分别是欧洲联盟（简称欧盟）等成员国采用的螺旋车钩、独立国家联合体（简称：独联体）等成员国采用的 CA-3 系列车钩和美国 AAR 系列的 E 型、F 型等关节式自动车钩。螺旋车钩因强度较低、安全性差，在重载运输发达的国家没有得到应用；CA-3 系列车钩与 AAR 系列车钩连接轮廓不同，无法连挂，因此只在独联体等成员国应用。

建国以来，我国铁路货车先后采用的车钩类型有 2 号、13 号、13A 型、13B 型、16

型、17 型，以上车钩从结构形式、作用原理上均属于关节式车钩。

1956 年，我国将 2 号车钩确定为标准车钩。由于 2 号车钩强度不够，在运用中裂纹较严重，1965 年研制了 13 号车钩，材质为 ZG25（ZG230-450）。随着 60 t 级货车的生产使用，13 号车钩的材质逐步更新，采用了低合金 C 级钢材质，主要包括 ZG24SiMnVTi、ZG25MnCrNiMo、ZG29MnMoNi 等牌号。为降低列车纵向冲击，改善列车的动力学性能，在 13 号车钩的基础上改进并研制了 13A 型小间隙车钩。主要是对车钩连接轮廓进行了改进，缩小了车钩连挂间隙，于 2002 年开始在新造货车上推广使用。2007 年在 13A 型车钩基础上改进了钩舌和钩体尾部结构，提高了强度，定型为 13B 型车钩。

为满足大秦线运煤单元列车的特殊要求，我国还研制了 16 型联锁式转动车钩和 17 型联锁式固定车钩，采用该车钩不需分解列车（不需摘钩和摘解空气制动软管）即可在翻车机上翻卸货物，使车辆能够连续运转，卸货效率提高 25%。

随着我国铁路货车运行速度的提高和牵引吨位的增加，对车钩的强度要求更高，17 型连锁式固定车钩逐步成为通用货车车钩。

2.2.2 车钩结构

我国各型自动车钩结构和尺寸不尽相同，但基本组成和工作原理相似。操作上分为上作用式和下作用式。上作用式车钩主要由钩体、钩舌、钩舌销、锁铁（组成）、钩舌推铁、上锁销、上锁销组成等零部件组成；下作用式车钩主要由钩体、钩舌、钩舌销、锁铁（组成）、钩舌推铁、下锁销组成等零部件组成。

车钩均具有闭锁、开锁、全开三种作用状态，即三态作用。

车钩钩体主要有钩头、钩身、钩尾 3 个部分，钩舌通过钩舌销与钩头相连接，钩舌可绕钩舌销转动，钩头内部装有锁铁、钩舌推铁、上锁销（下作用式车钩为下锁销）等零件。钩身为箱形结构，车钩尾销孔通过钩尾销与钩尾框相连接，从而传递牵引力和冲击力。我国货车上使用的 13 号车钩，如图 2-20 所示。

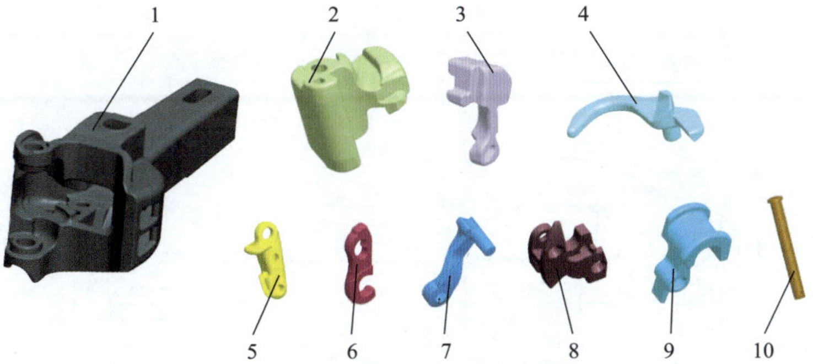

图 2-20 13 号车钩及车钩零件

1—钩体；2—钩舌；3—锁铁；4—钩舌推铁；5—上锁销（上作用）；6—上锁销杆（上作用）；
7—下锁销（下作用）；8—下锁销体（下作用）；9—下锁销钩；10—钩舌销

13 号车钩钩体与钩舌、钩舌与钩舌销之间存在一定间隙。在锁闭位置时，可使钩舌销不受力或较少地分担作用力，主要由车钩冲击台和牵引台承载作用力。采用 ZG230-450 制造的 13 号车钩的抗拉破坏力约 2 500 kN 左右，采用 C 级钢时，其抗拉破坏力可达 3 000 kN 以上。

13 号车钩钩体、钩舌及钩舌销之间的间隙配置，如图 2-21 所示。钩头与钩舌上、下两个牵引突缘之间的间隙 δ_1 最小，两个护销突缘之间的间隙 δ_2 稍大，钩耳孔与钩舌销之间的间隙 δ_3 最大，即 $\delta_1 < \delta_2 < \delta_3$。车钩受牵引时，两个牵引突缘最先受力，实际应用中，因磨耗使牵引突缘 δ_1 间隙增大后，它与护销突缘一起传递牵引力，当 $\delta_1 = \delta_2 = \delta_3$ 时，则牵引突缘、护销突缘与钩舌销三者共同承受牵引力。此外，钩耳孔设计为长圆形，保证了合理的纵向间隙，又避免了横向间隙过大。

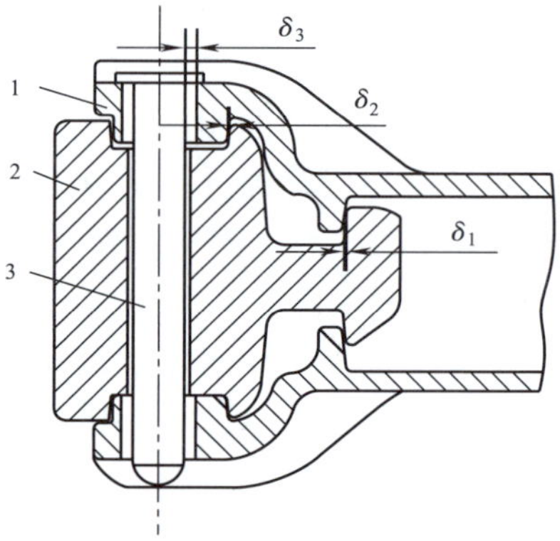

图 2-21 13 号车钩钩体、钩舌、钩舌销各部间隙

1—钩体钩头；2—钩舌；3—钩舌销

13A 型车钩为 13 号车钩的改进型车钩，如图 2-22所示。13A 型车钩主要是对钩舌外形尺寸进行了重要改进，如图 2-23 所示，为 13 号与 13A 型钩钩舌外形主要尺寸的对比。其中 S 形连接面尺寸的改变减小了车钩连挂间隙，13A 型车钩的连挂间隙为 11.5 mm，比 13 号车钩的连挂间隙(19.5 mm)减少了 41%，可有效地减小列车纵向冲击，改善列车的动力性能。

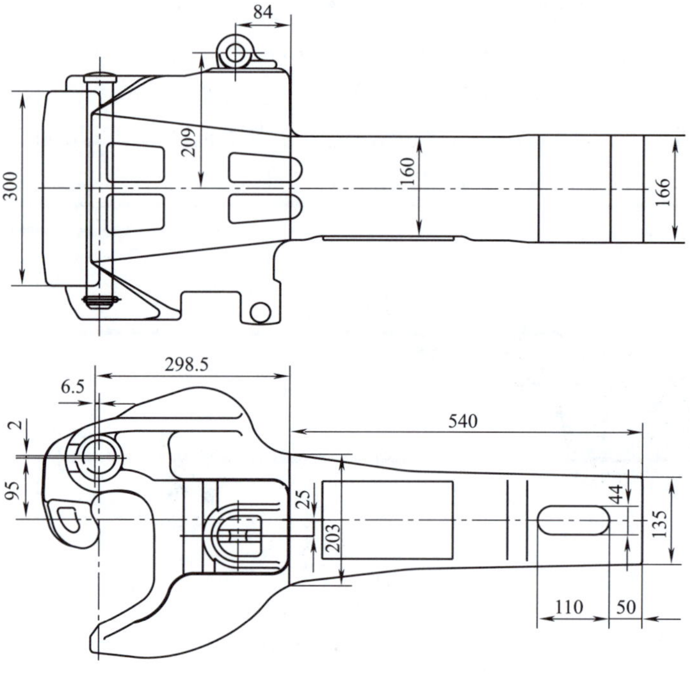

图 2-22 13A 型车钩

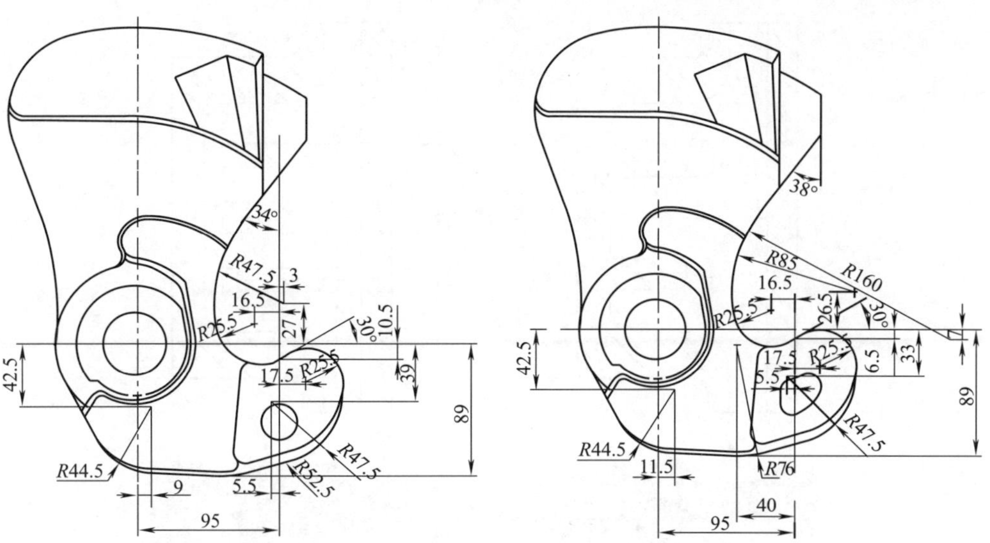

（a）13号钩舌　　（b）13A型钩舌

图 2-23　13 号车钩与 13A 型车钩钩舌外形主要尺寸

13A 型车钩可以与 13 号车钩互换，并能与 13 号、16 型、17 型车钩实现连挂。13A 型车钩钩体增设磨耗板，能方便检修，提高车钩的使用寿命和可靠性。

13B 型车钩钩体取消了 13A 型车钩钩体尾端工艺孔，增加钩尾销的承载面积，改善钩尾销的受力状态，钩体材质由 C 级钢升级为 E 级钢。钩舌推铁、锁铁、下锁销组成及钩舌销等零部件均采用 13A 型车钩零部件。

13B 型钩舌调整了钩舌鼻部内腔加强筋结构，加强筋数量由 2 条增加到 3 条，同时增加加强筋厚度，提高了钩舌的结构强度和疲劳可靠性，如图 2-24 所示。增加牵引 S 面无起模斜度和沿座锁面分型的要求，规定了锁面的起模斜度，改善了钩舌 S 面的应力集中状态；13B 型钩舌材质有 C 级钢和 E 级钢两种。

为提高 13 系列车钩的防分离性能，对 13 系列上作用车钩防跳装置进行了改进，将原上锁销组成的两连杆机构更改为三连杆机构，如图 2-25 所示，并利用车钩钩腔空间使上钩锁销杆呈反“Z”形，改进后上锁销组成防跳功能更好。

13 系列下作用车钩加装了防跳插销，防跳插销也可以用于铁路货车的 17 型车钩，通过控制车钩锁销组成转动而限制钩锁上移，避免钩锁上移后开锁，引起车钩分离。防跳插销由插销和插销吊链组成，其中插销呈“β”形，具有弹性回复能力。插销穿入车钩防跳插销孔（17 型车钩为闭锁指示孔）后，插销的凹槽卡在防跳插销孔处，控制锁销组成转动。

16 型联锁式转动车钩和 17 型联锁式固定车钩采用 AAR 标准 F 型车钩连接轮廓，车钩连挂纵向间隙为 9.5 mm。车钩连接后有联锁功能，能与 13 号或 13A 型车钩连挂。16 型车钩钩身为近似圆柱形，以适应车辆不摘钩进行翻转作业要求。

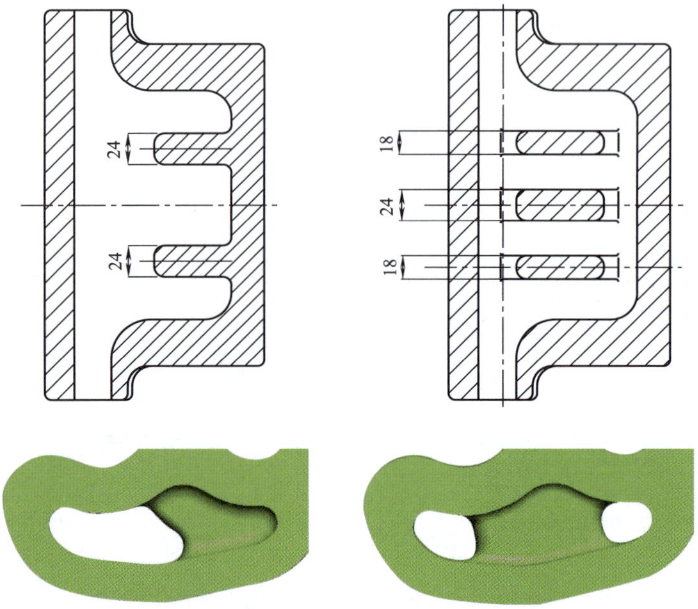

(a) 13A型车钩钩舌　　(b) 13B型车钩钩舌

图 2-24　13A 型、13B 型车钩钩舌剖视图

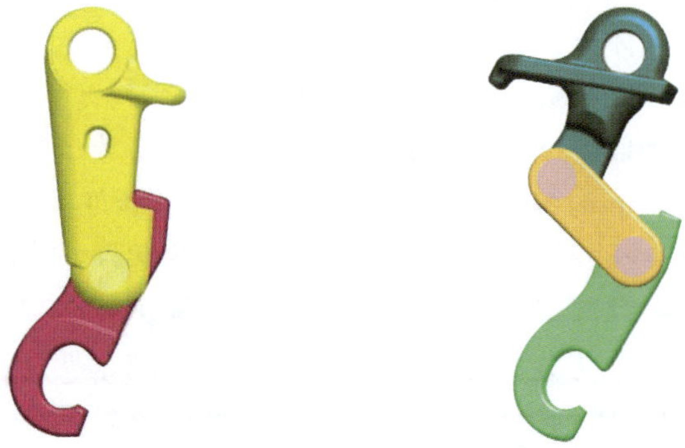

(a) 原上锁销组成　　(b) 防跳功能上锁销组成

图 2-25　13 系列上作用车钩防跳技术

16 型联锁式转动车钩的结构，如图 2-26 所示，由钩体、钩舌、钩舌推铁、钩舌销、锁铁组成、下锁销转轴和 16 型车钩下锁销等零部件组成。在钩体上设置联锁套头（口）和上、下调准平面结构，下部有联锁安全托，使车钩连挂后实现联锁和自动对中。

17 型联锁式固定车钩的结构，如图 2-27 所示，由钩体、钩舌、钩舌推铁、钩舌销、锁铁组成、下锁销转轴和 17 型车钩下锁销组成等零部件组成，钩头结构与 16 型车钩基本相同，其中钩舌、钩舌推铁、钩舌销和锁铁组成与 16 型车钩相同。

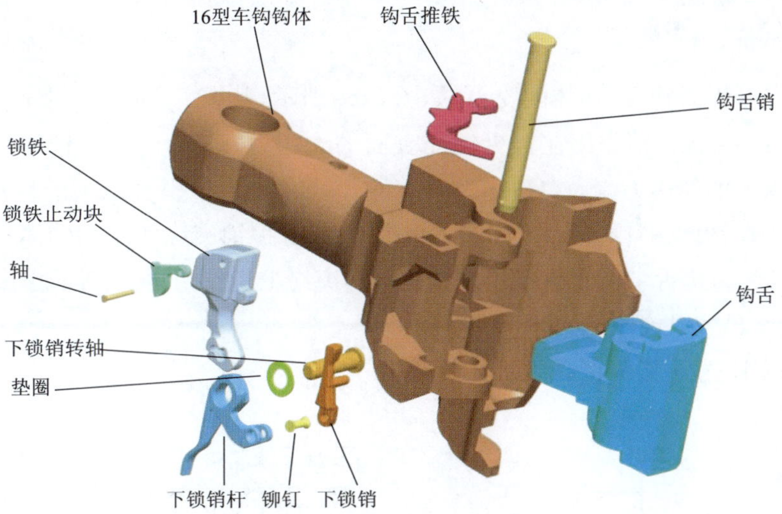

图 2-26　16 型车钩组成爆炸图

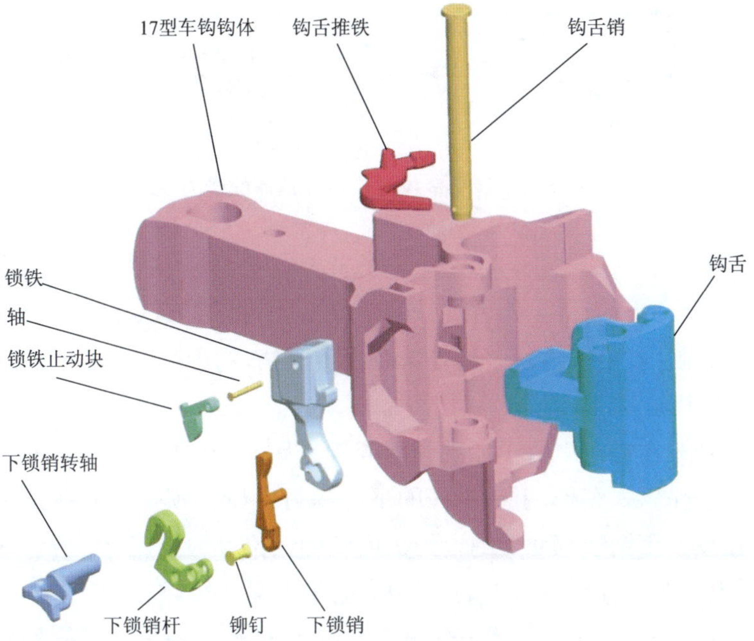

图 2-27　17 型车钩组成爆炸图

车钩缓冲装置设计时，综合考虑了组成车钩缓冲装置的钩舌、钩体、缓冲器、钩尾框以及车辆底架整个系统合理的强度匹配，强度由弱到强为钩舌、钩体、钩尾框、缓冲器、车底架。在整个系统中，钩舌的强度裕量最小，钩体稍大。以此类推，车底架强度裕量最大，这样在运用中如遇到意外大的牵引力或冲击力时，最经济、也是最便于更换的钩舌最先破坏，使缓冲器和车底架得到保护。

2.2.3 车钩运用工况

车钩受牵引时钩舌、钩体的受力，如图 2-28 所示，其中 F_1 为来自机车或相邻车辆的牵引力，F_2 为钩舌销作用在钩舌销孔表面的作用力，F_3 为钩体护销突缘作用在钩舌护销突缘上的作用力，F_4 为钩体牵引突缘作用在钩舌牵引突缘上的作用力，F_5 为钩舌销作用在钩体钩耳孔表面的作用力，F_6 为钩舌护销突缘作用在钩体护销突缘上的作用力，F_7 为钩舌牵引突缘作用在钩体牵引突缘上的作用力。在以上作用力中，F_3 与 F_6、F_4 与 F_7 为两组作用力和反作用力。

下面以 13 号车钩为例介绍其三态作用。

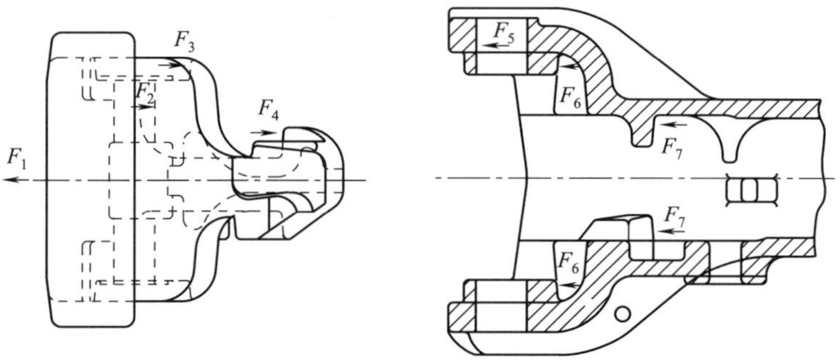

图 2-28　车钩受牵拉时钩舌和钩体的受力状况

2.2.3.1 闭锁位置

锁铁的中部台阶 a 坐落在钩舌推铁的一端 b 上，此时锁铁处于最低位置，钩舌尾部 c 受锁铁 d 处阻挡，锁铁的另一侧受钩腔内壁阻挡，钩舌被锁住不得转动，呈闭锁位置，如图 2-29 所示。

为了防止列车在运行中由于振动而引起锁铁跳动，造成自动脱钩的危险，设有防跳装置。对于上作用式车钩，上锁销杆的下部销钉沿着上锁销的弯孔滑下，致使上锁销杆下部弯钩及上锁销顶部 e 处倒入钩头内腔相应位置的挡棱 f 下方。这样，锁铁虽受振动，但因上锁销顶部被钩头内的挡棱所顶挡，起到了防跳作用。

对于下作用式车钩，下锁销沿着锁铁下部长圆孔滑至钩头下部的挡棱下方，当锁铁受振动虽有往上跳起的趋势，但下锁销顶部 e′受到钩头内相对应位置处的挡棱 f′的阻挡，限制了锁铁上升，起到了防跳作用。此外，下作用式车钩为防止因钩提杆摆动而发生自动开钩，还加装了二次防跳装置。图 2-29 中在下锁销杆的 m 处受钩体相对应的 n 处所阻挡，从而防止自动脱钩。

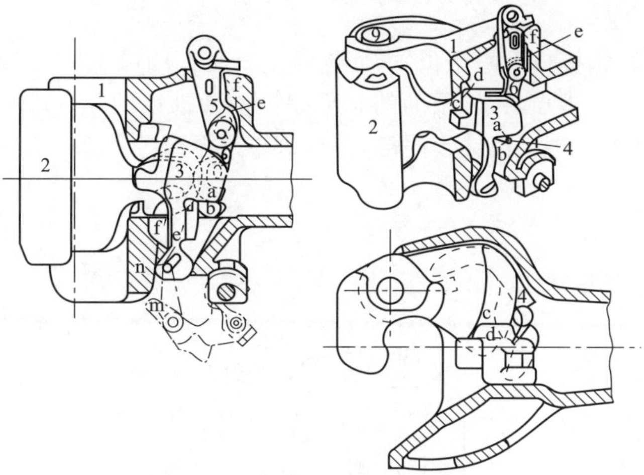

图 2-29　13 号车钩的闭锁位置

注：点画线为下作用式作用位置，图 2-30、图 2-31 雷同。

2.2.3.2　开锁位置

扳动钩提杆，提起上锁销杆，此时上锁销杆的下部圆销沿上锁销上部的弯孔上滑，使上锁销绕锁铁的小提梁转动，从而摆脱了挡棱 f 的阻挡，继而提起锁铁，使锁铁中部前面的下端与钩舌尾部几乎处于同一平面。锁铁的 g 处高于钩舌尾部，这时放下钩提杆，则锁铁因头重前仰使下部的缺口 h 处坐在钩舌推铁的一端 b 上，此时钩舌受牵引力即可自由转动，呈开锁位置，如图 2-30 所示。

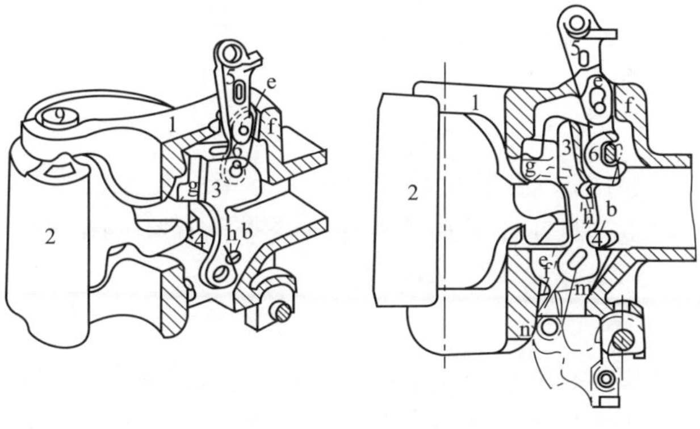

图 2-30　13 号车钩的开锁位置

对于下作用式车钩，当扳动钩提杆时，下锁销杆绕钩头下部的固定点转动，推动下锁销，使下锁销的耳轴沿着锁铁下部的长圆孔上滑，从而摆脱了钩头内腔挡棱 f′的阻挡，继而推起锁铁。与上述情况相同，锁铁坐在钩舌推铁的一端上面，呈开锁位置。

两连挂着的车辆欲要分开时，至少有一个车钩处于开锁位置。

2.2.3.3 全开位置

如果继续扳转钩提杆至极限位置，使锁铁上升至其前端上部的 i 处与钩头内腔的 j 处接触，并以此点为支点，锁铁下面的 k 部踢拨钩舌推铁的相应端，则钩舌推铁绕其转轴水平转动，其另一端踢拨钩舌尾部，使钩舌转开至全开状态。此即为全开位置，如图 2-31 所示。

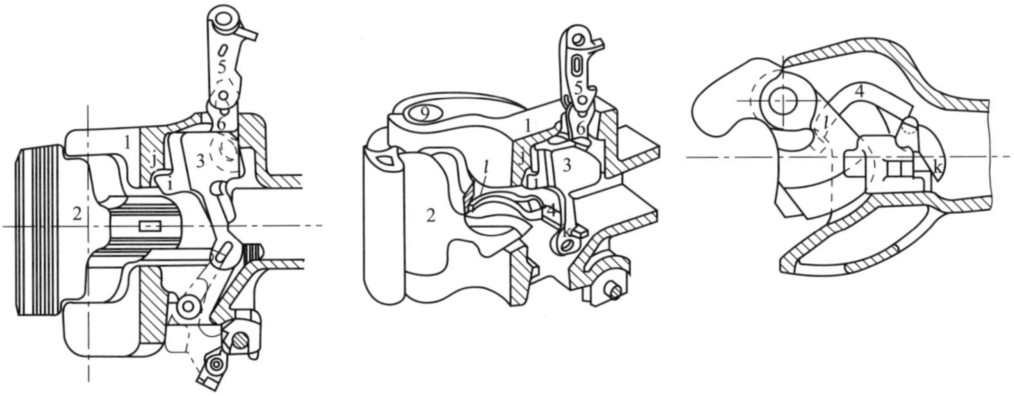

图 2-31 13 号车钩的全开位置

在车辆连挂之前，至少有一个车钩处于全开位置，才能实现自动连挂。13A 型、13B 型车钩基本结构与 13 号车钩一致，故其三态作用与 13 号车钩相同。

2.2.4 车钩典型运用故障

车钩运用故障主要有裂纹、变形、磨耗及三态作用不良等。

1. 钩体

(1)钩体裂纹

钩体出现裂纹的部位，一般多发生在钩头上下牵引突缘的根部、钩耳、钩尾销孔、钩肩等部位。以上部位均处于车钩应力集中或交变力作用的位置。13 号车钩钩体典型裂纹就是由于频繁冲击作用力形成的，如图 2-32 所示。

(2)钩体变形

钩体变形有钩身弯曲、钩身扭曲、钩耳变形和钩腕外胀等，主要是运行、翻车作业及调车作业中扭曲和冲击过大造成的。钩身弯曲过大时，在运用中将会产生较大的弯矩，容易造成钩舌及钩耳的裂纹。钩腕外胀严重时，易导致车钩自动分离。

(3)钩体磨耗

钩体磨耗是钩体与相配合零部件相对摩擦的结果，磨耗部位多发生在钩耳孔及牵引、冲击弧面，其次是钩尾端面、侧面、钩锁腔侧壁及钩锁腔内防跳台处。车钩磨耗后，削弱了强度，而且会影响车钩的作用。如防跳台磨耗后，将会使车钩失去防跳作用。钩体尾部球面磨耗，如图 2-33 所示。

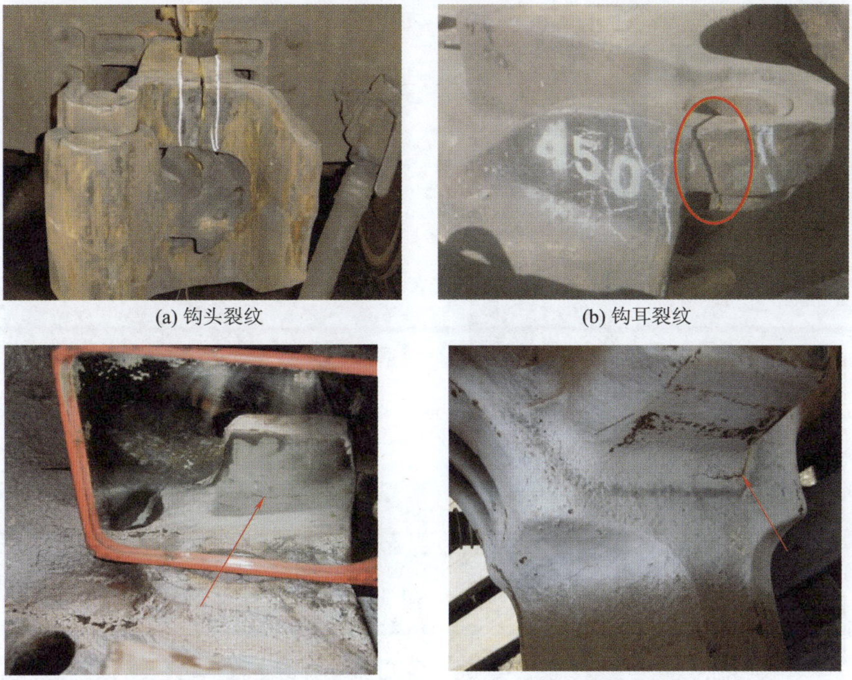

(a) 钩头裂纹　(b) 钩耳裂纹

(c)下牵引台裂纹　(d)钩肩裂纹

图 2-32　车钩钩体裂纹

图 2-33　钩体尾部球面磨耗

2. 钩舌

钩舌的主要故障有裂纹和磨耗。裂纹多发生在钩舌内侧面的上下弯角处，钩舌销孔、牵引突缘及冲击突肩的根部也经常发生裂纹。13 号及 16 型车钩钩舌裂纹，如图 2-34、图 2-35 所示。磨耗的主要部位是钩舌的内腕（S 面），其次是钩舌尾部侧面（与钩锁接触面）及钩舌销孔，如图 2-36 所示。

3. 钩锁腔内部零件

(1)锁铁

由于锁铁是承受压力的部件，故其裂纹及变形较少。锁铁的主要故障是磨耗，磨耗的部位大多在锁铁与钩舌尾部的接触面,如图 2-37 所示。

图 2-34　13 号车钩钩舌断裂

图 2-35　16 型车钩钩舌裂纹

图 2-36　钩舌磨耗

图 2-37　车钩锁铁磨耗

(2)钩舌推铁

钩舌推铁的主要故障是变形和磨耗,一般较少发生裂纹,如图 2-38 所示。当推铁变形量过大或受力过大时,甚至会发生推铁折断,如图 2-39 所示。推铁发生变形后,车钩便失去全开或开锁作用。

图 2-38　钩舌推铁变形

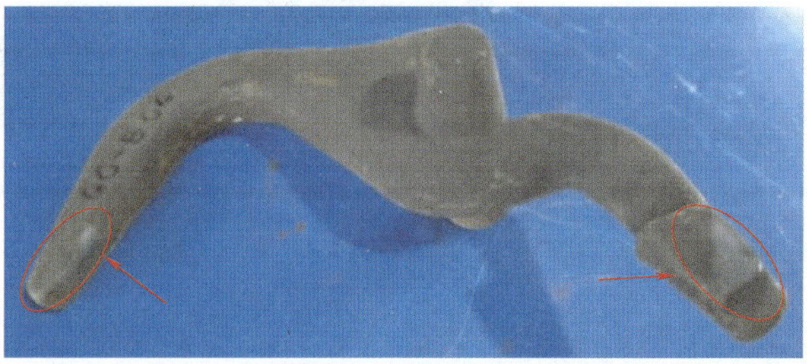

图 2-39　钩舌推铁磨耗

(3)钩锁销

钩锁销的主要故障是防跳台处的磨耗。磨耗严重时,使车钩失去防跳作用。

4. 钩舌销

钩舌销典型的故障是变形、断裂。车钩在长期使用后,钩体、钩舌的牵引凸台,钩体、钩舌的护销凸台先后磨耗超限，造成钩舌销与钩体的钩耳孔之间的间隙变小，钩舌销承受较大的剪切作用力，当这种作用力超过钩舌销的强度，钩舌销就会发生变形甚至断裂。钩舌销磨耗如图 2-40 所示。

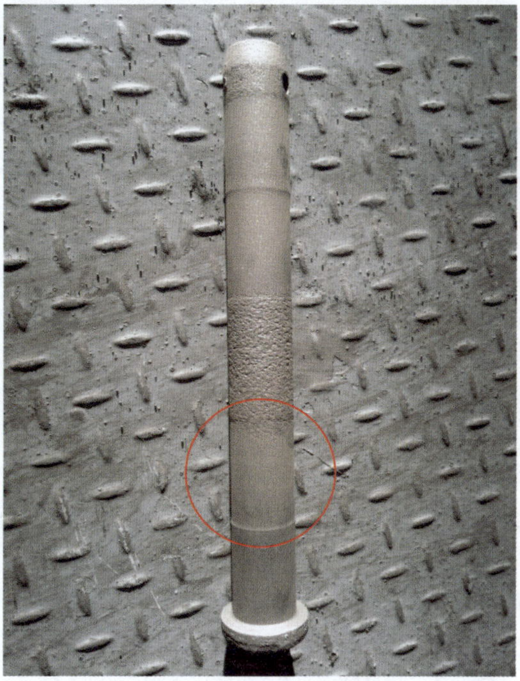

图 2-40　钩舌销磨耗

3

摇枕、侧架、车钩技术标准

3.1 技术标准的发展

3.1.1 摇枕、侧架标准

铁路货车铸钢摇枕、侧架制造和检验曾执行标准为原铁道部部颁标准和技术条件，较早的标准有《货车铸钢侧架、摇枕技术条件》(TB 1248—77、TB 1248—86)和《铁路货车侧架、摇枕技术条件》(TB/T 2238—91、TB/T 2239—91)，当时主型转向架为转 8A 型转向架，摇枕、侧架材质为 ZG230-450。

1999 年开始，先后制定了《铁路用铸钢件采购与验收技术条件》(TB/T 2942—1999)、《铁道货车铸钢摇枕、侧架采购与验收技术条件》(TB/T 3012—2001)、《铁道货车用 B 级钢摇枕、侧架供货技术条件(试行)》。当时主型转向架为转 8B 型转向架，摇枕、侧架材质为 B 级钢。与此同时，转 K2 型、转 K4 型等提速转向架相继投入使用。各项标准的颁布，规范了各制造企业 B 级钢摇枕、侧架制造过程。

2000 年，制定了《铁路货车铸钢摇枕、侧架磁粉检测技术条件》，摇枕、侧架开始采用湿法磁粉探伤对关键部位进行检查，提升了摇枕、侧架的检测水平。

2002 年，将《铁道货车用 B 级钢摇枕、侧架供货技术条件(试行)》修定为《铁路货车 B 级钢摇枕、侧架供货技术条件》。

2006 年，根据我国铁路货车重载提速发展需要以及 B 级钢摇枕、侧架生产实践经验，对铁路货车铸钢摇枕、侧架技术标准进行了全面梳理。一是修订了《铁道货车铸钢摇枕、侧架技术条件》(TB/T 3012—2006)，替代《铁道货车铸钢摇枕、侧架采购与验收技术条件》(TB/T 3012—2001)，同时对 2005 年制定的《铁道货车铸钢摇枕、侧架磁粉探伤》(TB/T 3105—2005)与之相悖的内容做出了修订；二是制定了《铁路货车铸钢摇枕、侧架生产技术管理要点》，作为铁路货车铸钢摇枕、侧架生产技术管理的指导文件，规范和提高了产品技术标准，提升了制造技术管理水平。

2007 年，先后制定了《摇枕、侧架整体砂芯工艺方案》、《B+级钢(ZG25MnCrNi)铁道货车摇枕、侧架技术条件》、《铁道货车铸钢摇枕、侧架射线照相检验技术条件》、

《铁道货车铸钢摇枕、侧架超声波探伤技术条件》、《铁道货车铸钢摇枕、侧架荧光磁粉探伤的规定》、《铁道货车铸钢摇枕、侧架超声波测厚技术条件》等文件。进一步规定了转 K5 型、转 K6 型和转 K7 型摇枕、侧架的制造和检验规范。

2009 年，对《铁道货车铸钢摇枕、侧架磁粉探伤》(TB/T 3105—2005)、《铁道货车铸钢摇枕、侧架射线照相检验技术条件》、《铁道货车铸钢摇枕、侧架超声波探伤技术条件》、《铁道货车铸钢摇枕、侧架荧光磁粉探伤的规定》进行了修订，增加射线照相检验和超声波检验部分，制定了《铁道货车铸钢摇枕、侧架无损检测》(TB/T 3105—2009)，共包括 3 个部分，分别为射线照相检验、超声波检验和磁粉检验，规范了摇枕、侧架无损检测的相关标准。

3.1.2　车钩标准

1964 年制定了铁路货车车钩行业标准《车钩、钩尾框及从板技术要求》(TB 456—64)，1974 年和 1984 年两次对该标准作了修订，1991 年修订为《车钩、钩尾框技术条件》(TB/T 456—1991)。

1996 年，为适应大秦线运煤专用敞车专用车钩的生产需要，制定了《回转和固定式联锁车钩、钩尾框技术条件》(TB/T 2703—1996)，用于指导 16 型、17 型车钩的生产和检验。

随着车钩型号、结构、用途和技术要求的不断发展，为了统一车钩制造标准，1998 年，对铁路货车车钩标准进行规范、整理、升级，并形成新的国家标准。修订后的车钩标准为《货车车钩、钩尾框采购和验收技术条件》(GB/T 17425—1998，调整转号TB/T 3170—2007)。

2004 年，制定了《铁道货车车钩制造技术条件》，在规范其制造要求的同时，增加了造型、制芯工艺技术标准，要求车钩钩体采用整体射芯工艺。2007 年新增了钩舌 S 面采用整体芯工艺等内容，进一步细化制造规范和工艺要求。

2007 年，制定了《E 级钢(ZG25MnCrNiMo)金相组织检验图谱》。

2008 年，在《货车车钩、钩尾框采购和验收技术条件》(GB/T 17425—1998)及《车钩、钩尾框技术条件》(TB/T 456—1991)的基础上，制定了《机车车辆用车钩、钩尾框》(TB/T 456—2008)，替代前两个标准，在车钩材料、力学性能、质量检测等方面提出了新的、更高要求。

3.2　现行技术标准

3.2.1　摇枕、侧架标准

2006 年制定的《铁路货车铸钢摇枕、侧架生产技术管理要点》和《铁道货车铸钢摇枕、侧架技术条件》(TB/T 3012—2006)，2007 年制定的《摇枕、侧架整体砂芯工艺方案》、《B+级钢(ZG25MnCrNi)铁道货车摇枕、侧架技术条件》，2009 年制定的《铁道货车铸钢摇枕、侧架无损检测》(TB/T 3105—2009)，规定了各种类型摇枕、侧架的制造和检验规范。

1. 铁道货车铸钢摇枕、侧架技术条件

《铁道货车铸钢摇枕、侧架技术条件》(TB/T 3012—2006)主要规定铁路货车用铸钢摇枕、侧架的技术要求、试验方法、检验规则、标记和质量证明书等方面的内容。主要包括摇枕、侧架的化学成分、力学性能、金相、制造过程的工艺要求、表面质量、焊补要求、热处理后焊补的处理、尺寸公差及形位公差、探伤、密实度、动静载荷试验、油漆等方面的内容,提出了具体的技术要求、试验方法、检验规则,并划分了重要部位及相应的评定等级。

该技术条件中,摇枕、侧架划分出了重要部位,即 A、B 部位,如图 3-1～图 3-8 所示。

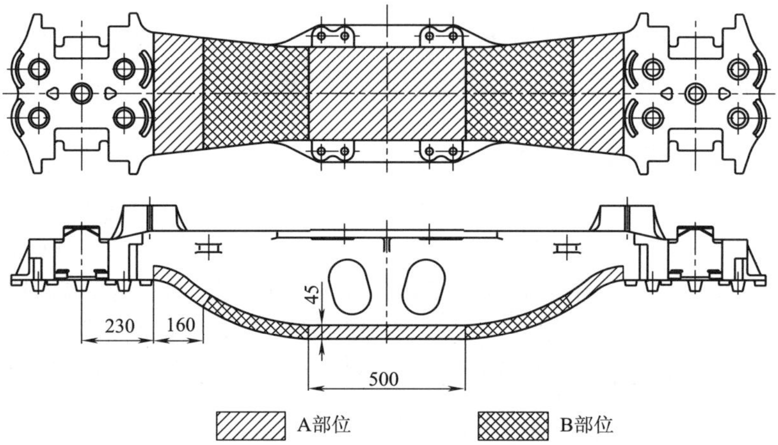

图 3-1　转 K2 型转向架摇枕 A、B 部位划分示意图(单位:mm)

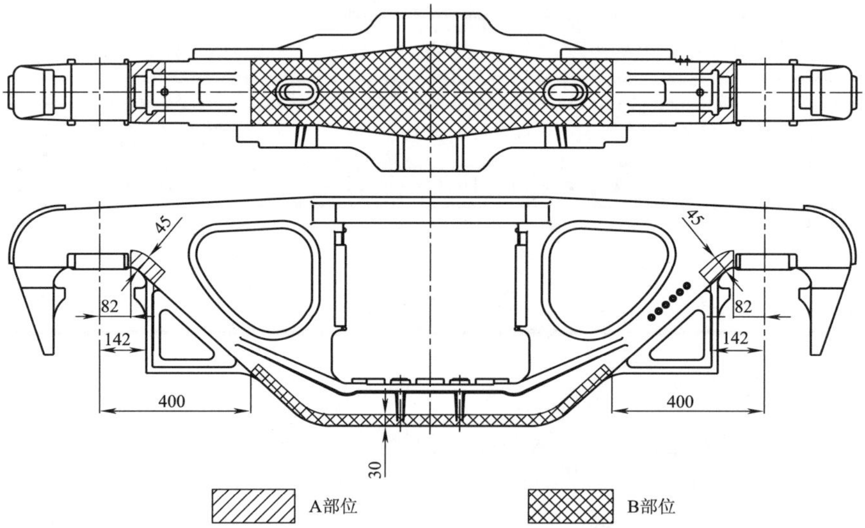

图 3-2　转 K2 型转向架侧架 A、B 部位划分示意图(单位:mm)

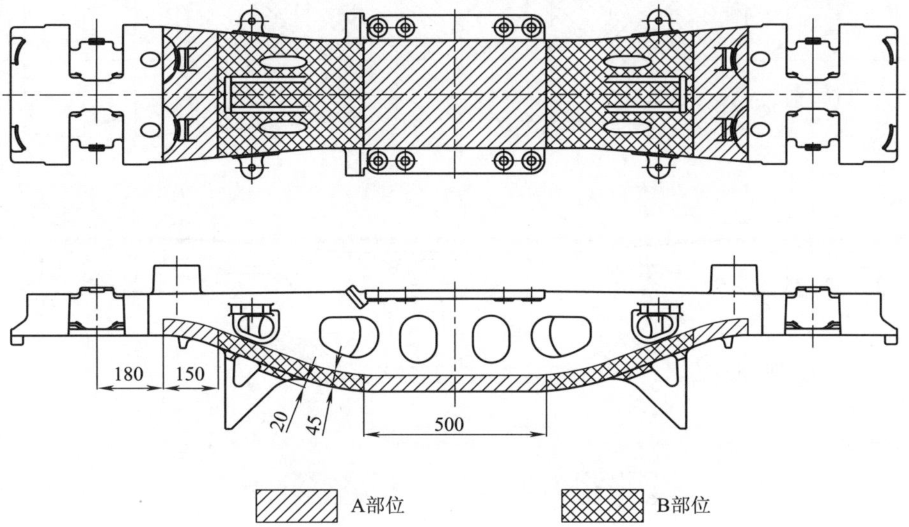

图 3-3　转 K4 型转向架摇枕 A、B 部位划分示意图(单位:mm)

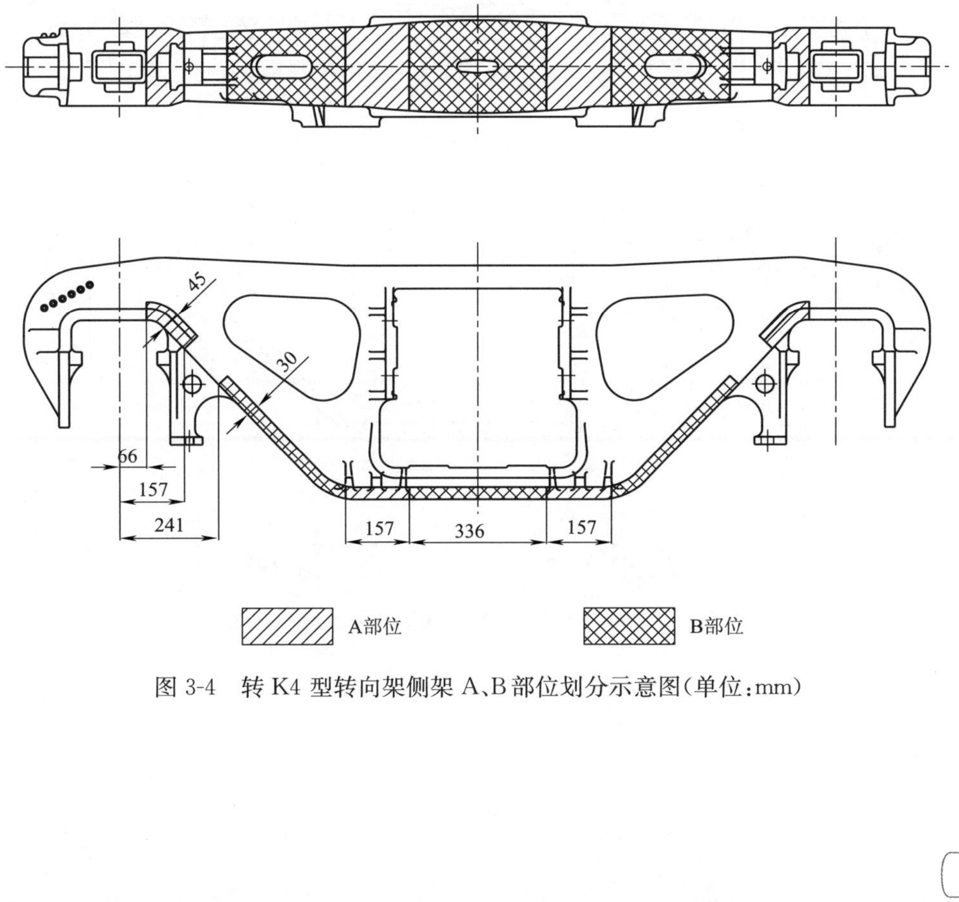

图 3-4　转 K4 型转向架侧架 A、B 部位划分示意图(单位:mm)

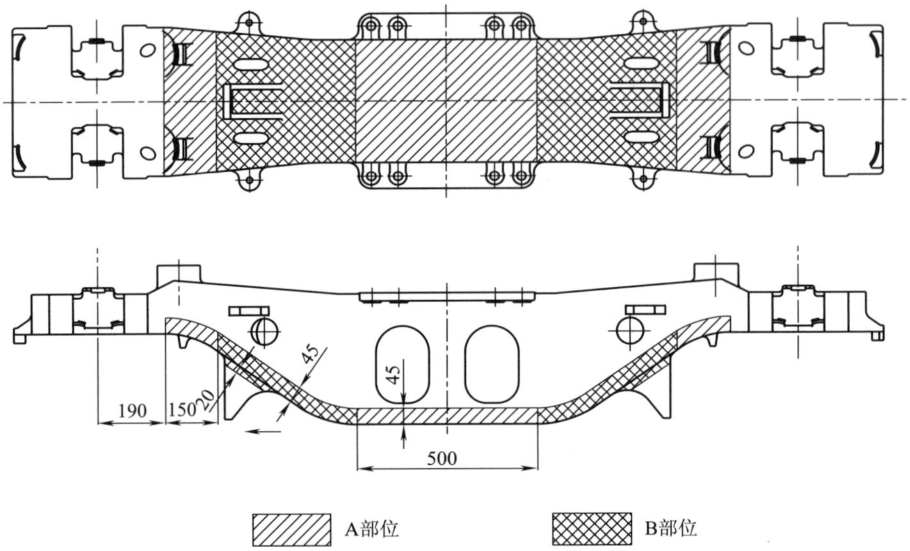

图 3-5　转 K5 型转向架摇枕 A、B 部位划分示意图(单位:mm)

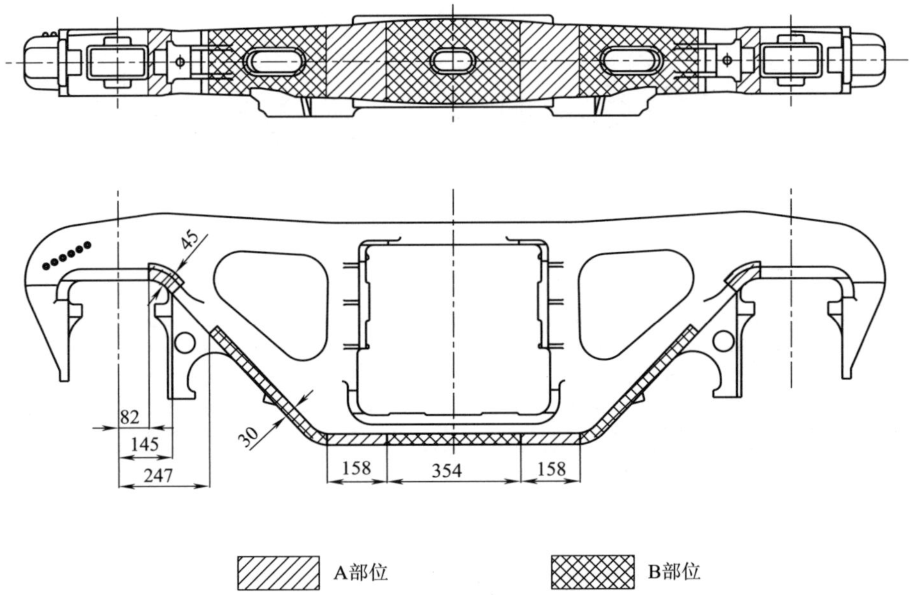

图 3-6　转 K5 型转向架侧架 A、B 部位划分示意图(单位:mm)

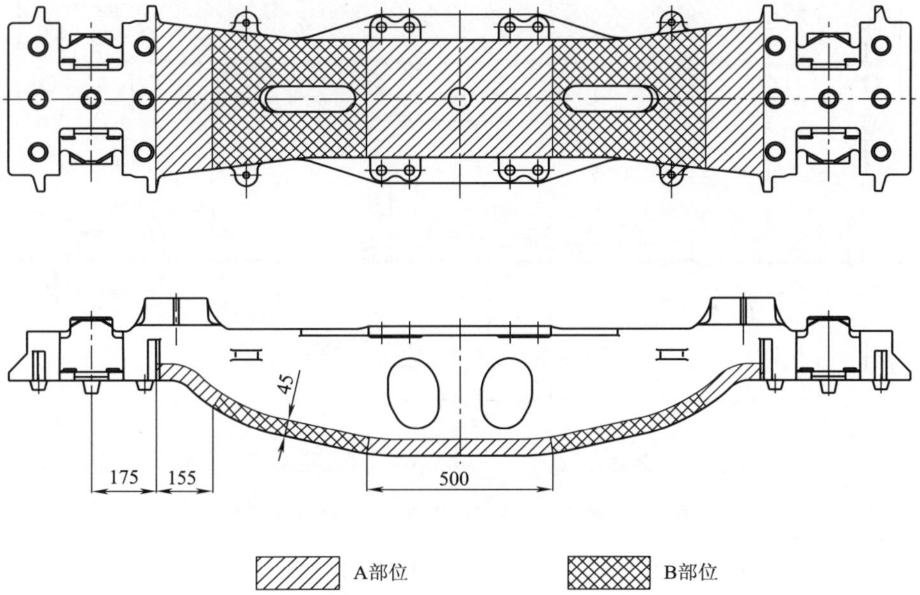

图 3-7 转 K6 型转向架摇枕 A、B 部位划分示意图(单位:mm)

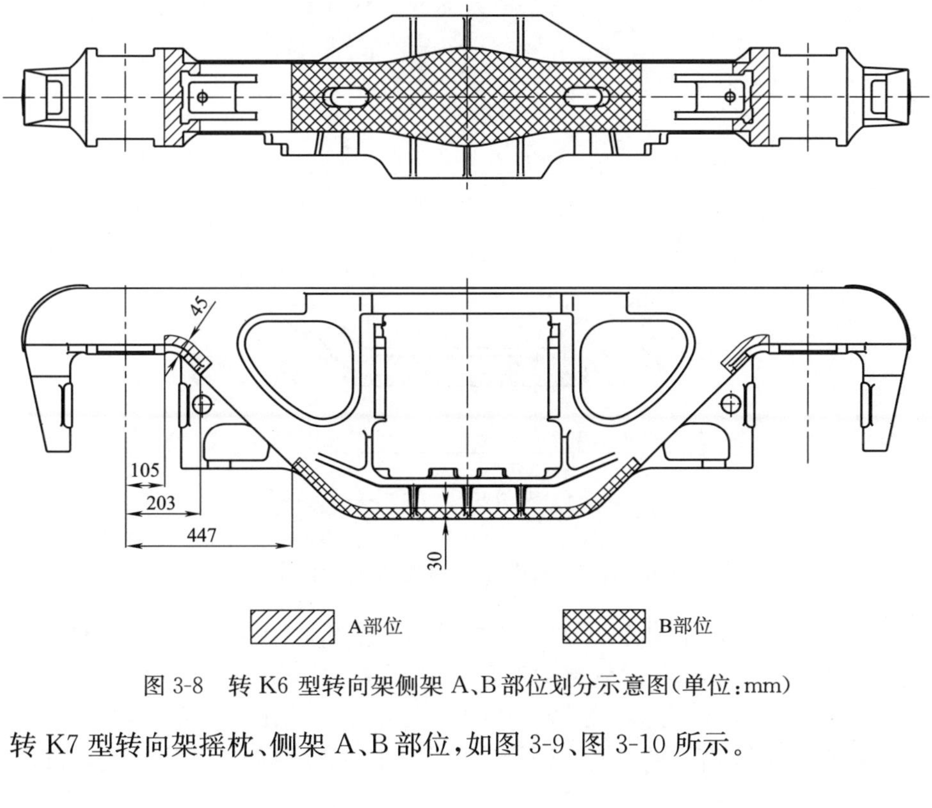

图 3-8 转 K6 型转向架侧架 A、B 部位划分示意图(单位:mm)

转 K7 型转向架摇枕、侧架 A、B 部位,如图 3-9、图 3-10 所示。

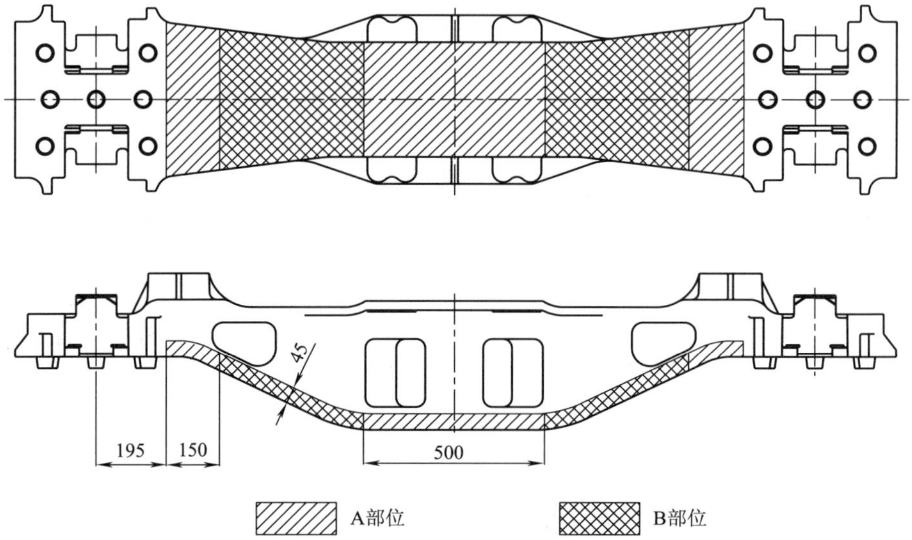

图 3-9　转 K7 型转向架摇枕 A、B 部位示意图

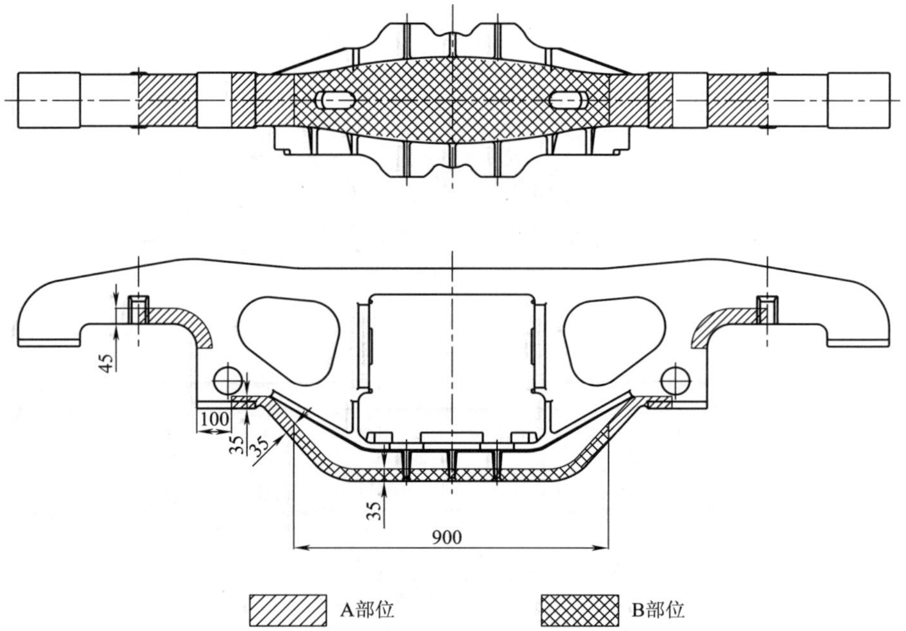

图 3-10　转 K7 型转向架侧架 A、B 部位示意图

在技术条件中规定了重要部位密实度、磁粉探伤和射线探伤等要求。铸件密实度是指铸件内部的缩孔和疏松等缺陷的严重程度，在摇枕、侧架密实度标准图片中供目视对照比较，以评定铸件密实度是否合格的标准实物图片，其显示的缺陷比例为1∶1，对照标准图片作出缺陷严重程度的评价。凡评定区域存在严重程度超过标准图片所

显示的内部缺陷，则铸件的密实度评定为不合格。

摇枕、侧架的解剖位置，如图 3-11～图 3-14 所示。图 3-11～图 3-14 中 T 为铸件壁厚，$T/4$ 为需评定区域的深度，剖面线部位为需评定密实度的断面区域，图 3-11～图 3-14中尺寸单位为毫米。

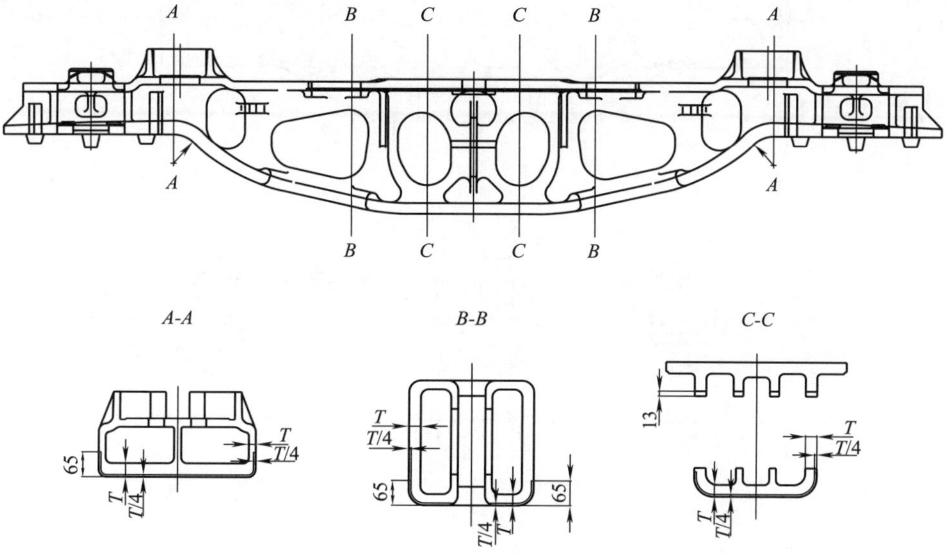

图 3-11　转 K2 型、转 K6 型转向架摇枕解剖位置

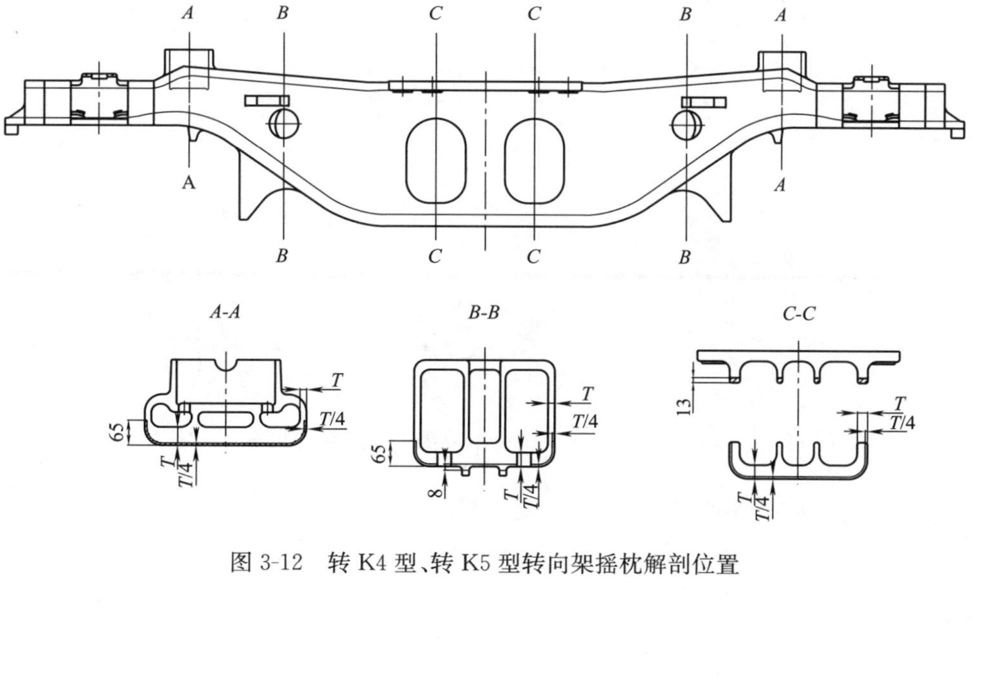

图 3-12　转 K4 型、转 K5 型转向架摇枕解剖位置

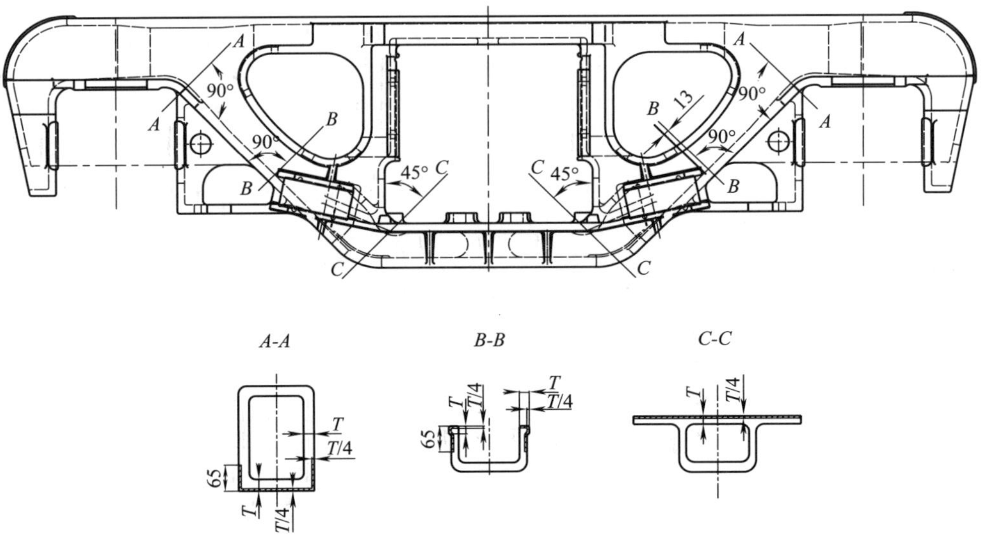

图 3-13　转 K2 型、转 K6 型转向架侧架解剖位置

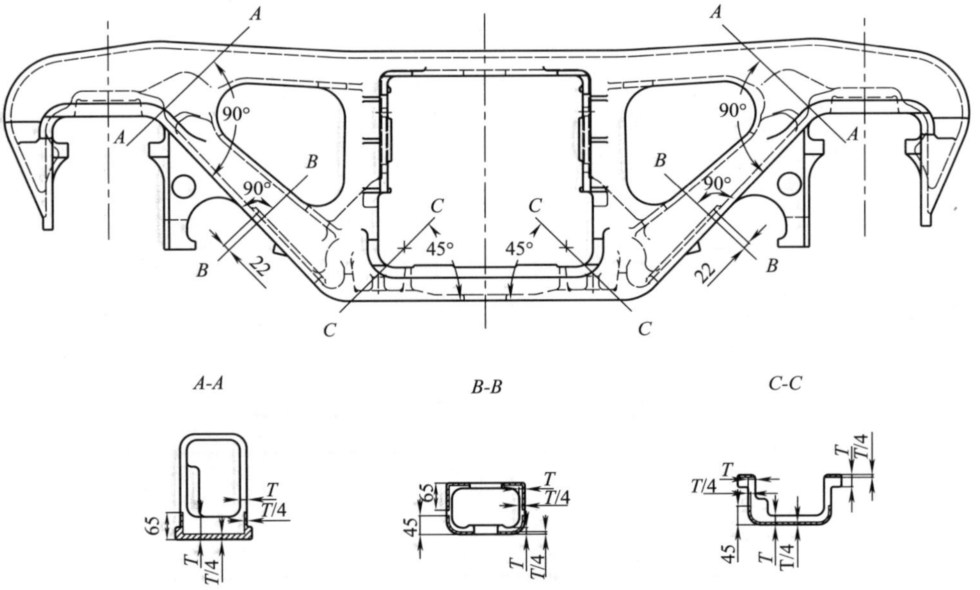

图 3-14　转 K4 型、K5 型转向架侧架解剖位置

转 K7 型转向架摇枕、侧架解剖位置，如图 3-15、图 3-16 所示。

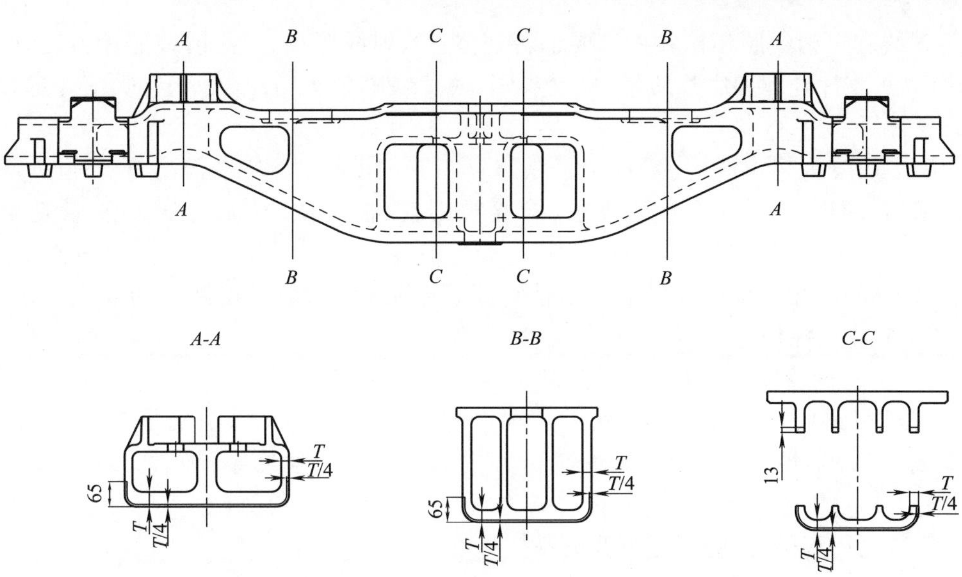

图 3-15　转 K7 型转向架摇枕解剖位置

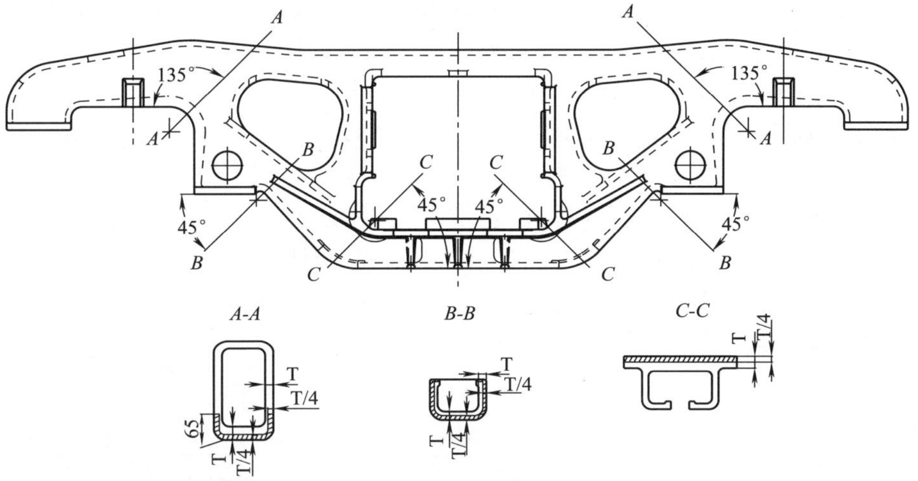

图 3-16　转 K7 型转向架侧架解剖位置

2. 铁路货车铸钢摇枕、侧架生产技术管理要点

《铁路货车铸钢摇枕、侧架生产技术管理要点》(运装货车〔2006〕79 号)是铁路货车铸钢摇枕、侧架生产技术管理的纲要，对摇枕、侧架生产过程控制与管理提出了规范性要求，完善了现有生产、技术和质量管理制度。

3. 铁道货车铸钢摇枕、侧架无损检测

《铁道货车铸钢摇枕、侧架无损检测》(TB/T 3105—2009)分为 3 个部分。

第 1 部分为射线照相检验，规定了铁路货车铸钢摇枕、侧架 A 部位、B 部位区域的 X 射线和 γ 射线照相检验人员要求、辐射防护、射线照相装置、射线照相方法、射线底片标志、胶片处理和底片质量、检验规则、底片缺陷分类与缺陷评定、质量评定及检验记录等要求。

第 2 部分为超声波检验，规定了铁路货车铸钢摇枕、侧架 A 部位、B 部位内部缺陷的术语、超声波探伤的人员要求、检验规则、探伤方法、缺陷分级及质量判定等内容。

第 3 部分为磁粉检验，规定了新造铁路货车摇枕、侧架磁粉探伤的技术要求、检验、质量验收及探伤记录，具体内容见第 13 章。

4. B＋级钢(ZG25MnCrNi)铁道货车摇枕、侧架技术条件

《B＋级钢(ZG25MnCrNi)铁道货车摇枕、侧架技术条件》明确了摇枕、侧架的化学成分、力学性能、金相、焊补等相关内容，具体内容见第 10 章、第 11 章、第 12 章。

5. 铁道货车摇枕、侧架超声波测厚技术条件

新造货车摇枕、侧架进行超声波测厚，具体内容见第 12 章。

3.2.2 车钩标准

现阶段车钩执行标准主要有《机车车辆用车钩、钩尾框》(TB/T 456—2008)、《E 级钢(ZG25MnCrNiMo)金相组织检验图谱》等。

1. 机车车辆用车钩、钩尾框

《机车车辆用车钩、钩尾框》(TB/T 456—2008)规定了机车车辆用车钩的 C 级钢和 E 级钢化学成分、力学性能、金相、制造过程的工艺要求、车钩性能、表面质量、焊补要求、热处理后焊补的处理、尺寸公差、磁粉检测、密实度、静载荷试验等方面的内容，划分了重要部位。其中 16 型钩舌、16 型和 17 型钩体焊补关键部位，如图 3-17、图 3-18所示。13B 型和 16 型钩舌、16 型和 17 型钩体密实度解剖位置和评定部位，如图 3-19、图 3-20 所示。

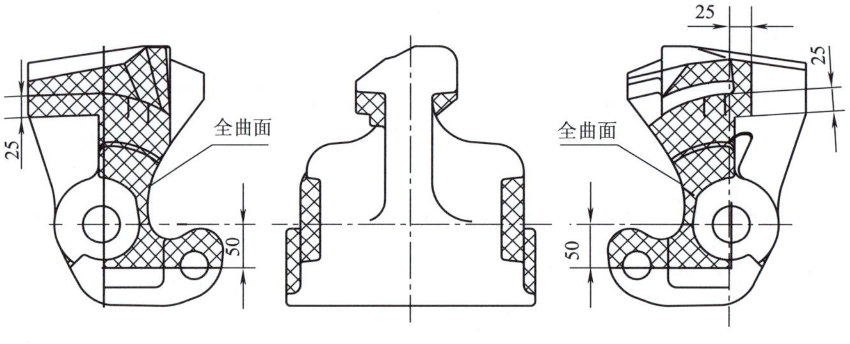

图 3-17　16 型车钩钩舌焊补关键部位(阴影区)

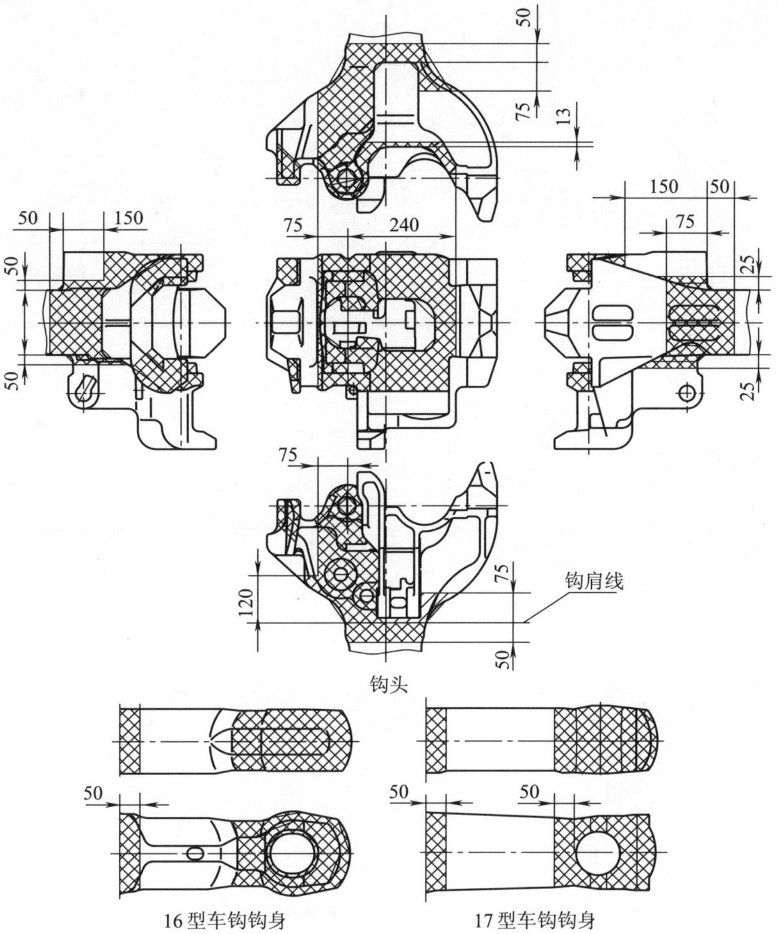

图 3-18 16 型、17 型车钩钩体焊补关键部位(阴影区)

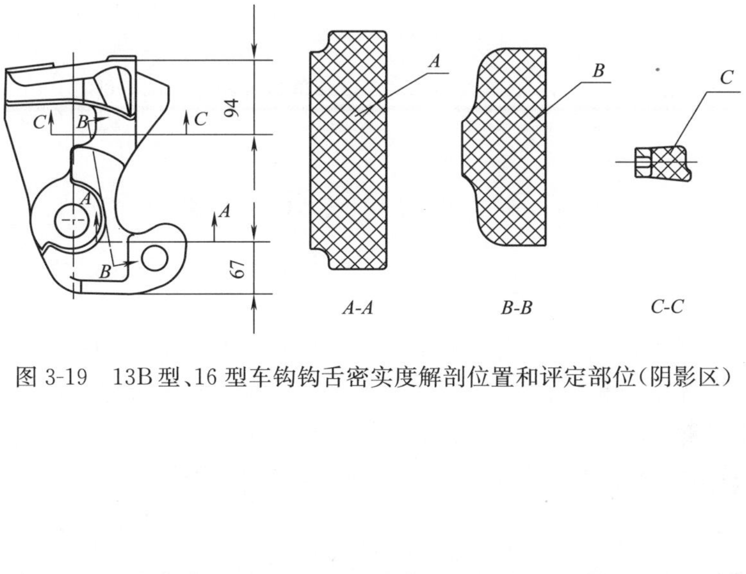

图 3-19 13B 型、16 型车钩钩舌密实度解剖位置和评定部位(阴影区)

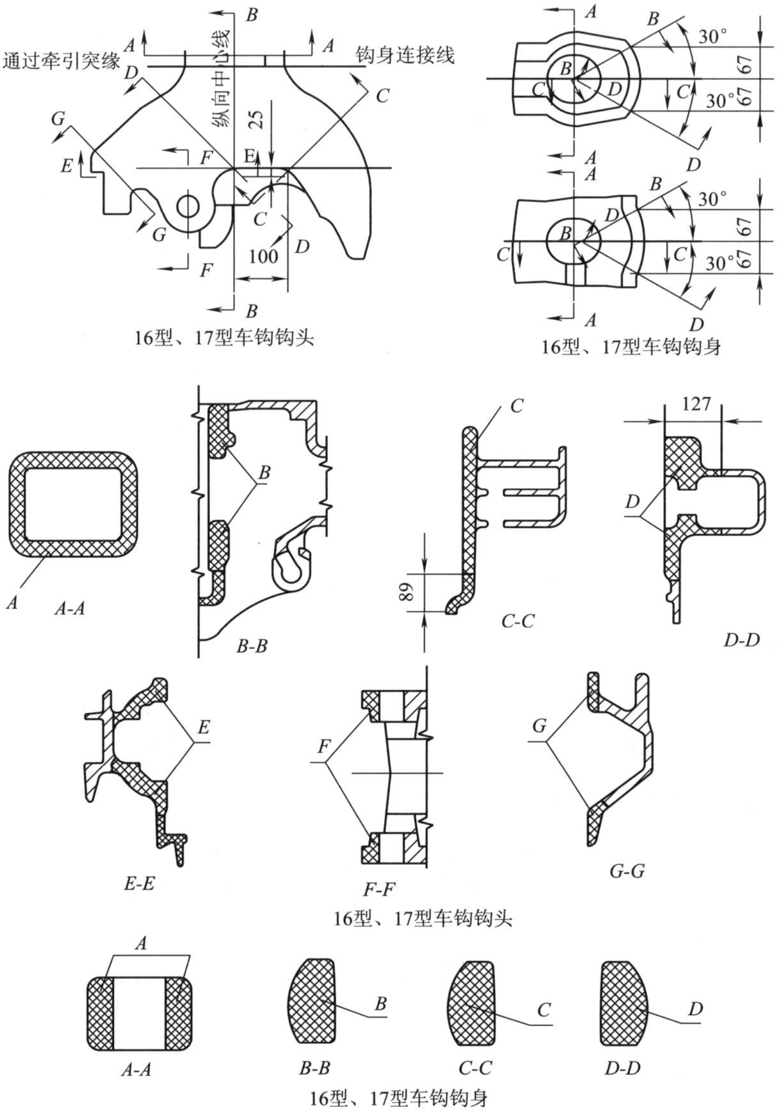

图 3-20　16 型、17 型车钩钩体密实度解剖位置和评定部位(阴影区)

3.3　国外技术标准

3.3.1　美国摇枕、侧架制造和检验标准

美国摇枕、侧架制造和检验标准由北美铁路协会(AAR)编制，主要有《铸钢件》(M-201)、《转向架摇枕铸件设计与试验》(M-202)、《转向架侧架铸件设计与试验》(M-203)、《AAR 批准的联运货车侧架 摇枕供货技术条件》(M-210-07)等，在以上标准中，《铸钢件》是通用规范，其他是设计、制造、检验、试验的专用规范。

1. AAR 批准的联运货车侧架 摇枕供货技术条件(AAR M-210-07)

《AAR 批准的联运货车侧架 摇枕供货技术条件》适用于 AAR 批准的二轴和三轴转向架侧架和摇枕。该技术条件于 1972 年颁布,后经多次修订。该技术条件包括适用范围、制造、化学成分和相关试验、力学性能和相关试验、产品的检验、对生产商的工艺要求等,并对检测的部位、使用的样板、焊补后不同位置的处理要求做出了具体描述。

《AAR 批准的联运货车侧架 摇枕供货技术条件》规定的摇枕、侧架关键区域,如图 3-21、图 3-22 所示。

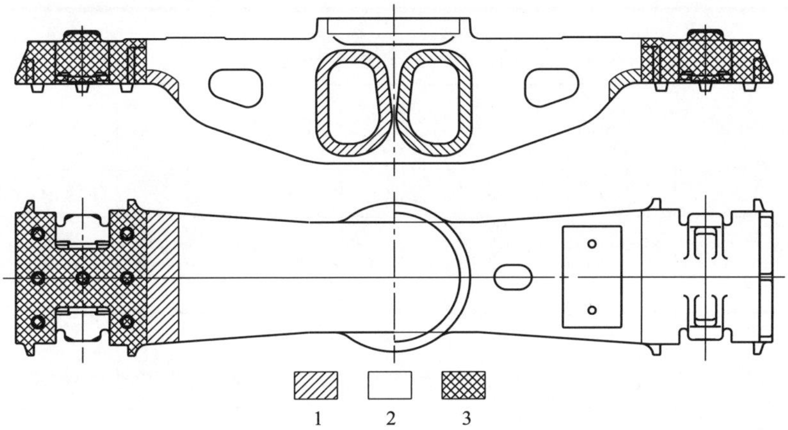

图 3-21 摇枕重要区域划分示意图

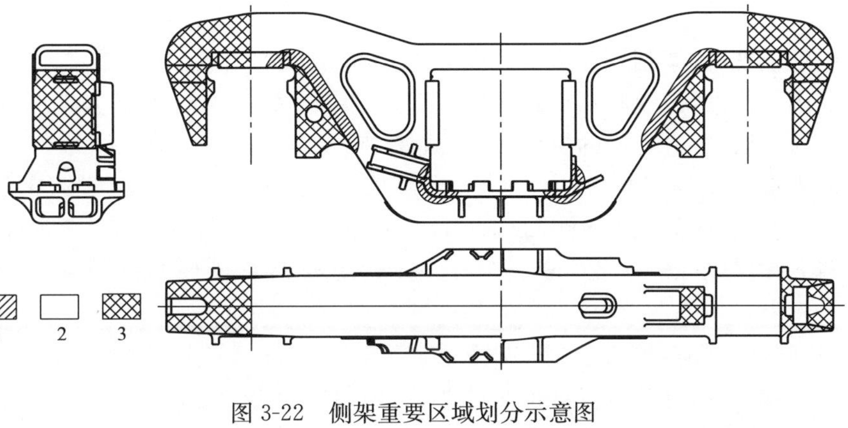

图 3-22 侧架重要区域划分示意图

2. 铸钢件(AAR M-201)

《铸钢件》适用于机车车辆采用 A 级钢、B 级钢、B+级钢、C 级钢、D 级钢和 E 级钢铸造的碳钢和合金钢铸件。标准规定了铸钢件制造的生产工艺、检验标准和频次等内容,包括冶炼和热处理工艺、设备,以及化学成分、力学性能、焊补工艺及评定等。

标准要求采用平炉、电弧炉、坩埚炉、转炉或氧气顶吹转炉等其中一种或几种方法进行熔炼,其化学成分,见表3-1。铸钢件的热处理根据铸钢等级的不同,分别采用完全退火、正火、正火+回火、淬火+回火的热处理工艺,其力学性能,见表3-2。

表3-1 铸钢化学成分

主要化学元素	A、B和B+	C、D和E	主要化学元素	A、B和B+	C、D和E
C最高(%)	0.32	0.32	S最高(%)	0.04	0.04
Mn最高(%)	0.90	1.85	Si最高(%)	1.50	1.50
P最高(%)	0.04	0.04			

表3-2 铸钢力学性能

性能	A级钢		B级钢	B+级钢	C级钢	D级钢	E级钢
	不退火	退火或正火					
拉伸强度(千磅/平方英寸)	≥60	≥60	≥70	≥80	≥90	≥105	≥120
屈服强度(千磅/平方英寸)	≥30	≥30	≥38	≥50	≥60	≥85	≥100
2英寸的延展率(%)	≥22	≥26	≥24	≥24	≥22	≥17	≥14
断面收缩率(%)	≥30	≥38	≥36	≥36	≥45	≥35	≥30
冲击韧性(英寸·磅)	—	—	≥15(+20℉)	≥15(+20℉)	≥15(0℉)	≥20(−40℉)	≥20(−40℉)
布氏硬度(HBW)	108~160	108~160	137~228	137~228	179~241	211~285	241~311

3.3.2 俄罗斯摇枕、侧架制造和检验标准

俄罗斯摇枕、侧架制造和检验的标准较多,既有俄罗斯联邦交通部制定的标准,也有俄罗斯国家标准,以及联邦铁路运输代理处制定的安全标准,而且多年未更新,补充标准较多,标准执行过程中的难度较大,需仔细识别。

俄罗斯联邦交通部制定的标准有OCT32.183《1 520 mm轨距货运车辆双轴转向架铸造侧架和摇枕技术条件》、УВЗ-50-41-2002《货车车辆转向架侧架和摇枕补充技术条件》、ТТЦВ-32-695-2006《1 520 mm轨距铁路车辆低合金钢铸造侧架和摇枕》。

俄罗斯国家标准,包括ГОСТ9246《1 520(1 524)mm轨距干线铁路货运车辆的双轴转向架技术条件》、ГОСТ977《钢铸件总技术条件》、ГОСТ26645《金属和合金铸件机械加工的尺寸、质量和余量公差》、ГОСТ5639《钢材及合金晶粒度显示与测定方法》、ГОСТ7565《铸铁 钢及合金确定化学成分的取样方法》、ГОСТ1497《金属材料拉伸试验方法》、ГОСТ9454《金属在低温、室温和高温下冲击弯曲试验的方法》、ГОСТ3212《模具、铸造斜度、砂芯头、尺寸公差》等。

联邦铁路运输代理处制定的标准有《铁路机车车辆金属产品安全标准》。

(1)二轴转向架铸造侧架和摇枕技术条件(OCT32.183)

标准适用于按ГОСТ9246制造的1 520 mm轨距双轴货车转向架的侧架和摇枕。

并保证在符合ГОСТ15150 1类“УХЛ”气候条件下极限工作温度－60 ℃范围内车辆运营的安全。

标准主要规定了应用范围、技术要求、安全要求、验收规则、试验方法、运输和保存、运行和维修指南、厂家保证等内容。还对摇枕A区、侧架A区和B区、摇枕和侧架无损检测区、侧架和摇枕附铸试块断面检查示意图等进行了描述。

侧架和摇枕用电炉或马丁炉进行熔炼，采用碱性炉衬、铝脱氧。侧架和摇枕的牌号和化学成分，见表3-3。

表3-3 摇枕、侧架主要钢种及化学成分

钢种	代号	C（%）	Si（%）	Mn（%）	S（%）	P（%）	Cr（%）	Ni（%）	Cu（%）	V（%）	Ti（%）
20ГФЛ	Б	0.17～0.25	0.30～0.50	0.90～1.40	≤0.04	≤0.04	≤0.30	≤0.30	≤0.60	0.07～0.13	—
20ГЛ	В	0.17～0.25	0.30～0.50	1.10～1.40	≤0.04	≤0.04	≤0.30	≤0.30	≤0.60	—	—
20ГТЛ	Г	0.17～0.25	0.30～0.50	1.10～1.30	≤0.04	≤0.04	≤0.30	≤0.30	≤0.60	—	0.01～0.03
20ХГНФТЛ	Е	0.17～0.22	0.30～0.50	0.90～1.25	≤0.02	≤0.02	0.30～0.50	0.30～0.50	≤0.60	0.08～0.12	0.01～0.03

注：当20ГФЛ，20ГЛ和20ГТЛ牌号的钢中铬、镍、铜的总含量超过0.90%时，碳含量不应超过0.24%。这些牌号的钢中硫和磷的总含量比不应超过0.060%，而烧重油的马丁炉钢不应超过0.070%。

侧架和摇枕热处理工艺为正火或正火＋回火，力学性能见表3-4。

表3-4 摇枕、侧架钢种力学性能

钢号	屈服强度 σ_T² (MPa)	抗拉强度 σ_B² (MPa)	延伸率 δ（%）	断面收缩率 Ψ（%）	在以下温度时的冲击功[J(N·m)] 20 ℃ KCU	－60 ℃ KCU	－60 ℃ KCV
		不低于					
20ГФЛ 20ГЛ 20ГТЛ	294～343	490	20	30	49.0(5.0)	24.5(2.5)	16.7(1.7)
	≥343	510	18	25	49.0(5.0)	24.5(2.5)	16.7(1.7)
20ХГНФТЛ	≥373	540	20	35	54.0(5.5)	29.4(3.0)	19.6(2.0)

注：1. 每月抽查V形缺口试样的冲击吸收能量不少于10次，试验结果不作为产品报废的依据。

20 ℃冲击功的检查根据订购方要求选定。

标准规定了摇枕、侧架的重要区域，如图3-23、图3-24所示，重要区域要求进行无损检测。

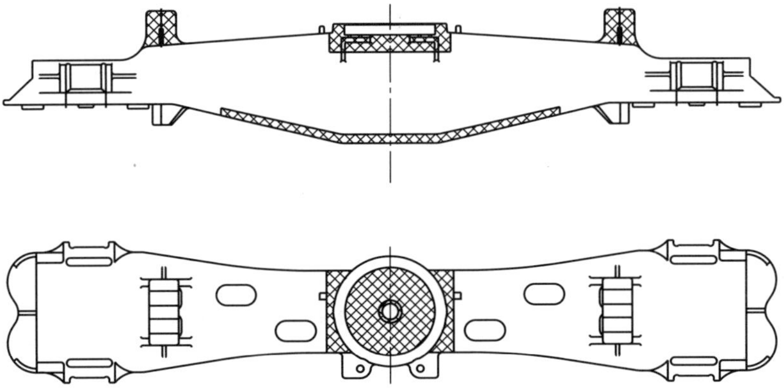

图 3-23 18-100 摇枕重要区域划分示意图(阴影部位为 A 区)

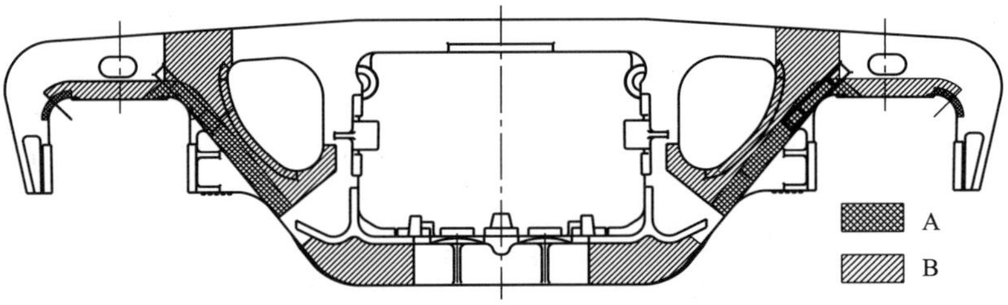

图 3-24 18-100 侧架重要区域划分示意图

(2)货车车辆转向架侧架和摇枕补充技术条件(УВЗ-50-41-2002)

УВЗ-50-41-2002 用于1 520 mm轨距货车车辆转向架侧架和摇枕,是OCT32.183-2001 和图纸技术要求的补充。技术条件包括对摇枕、侧架铸件的总要求和特殊要求。其中对铸件的总要求主要涉及铸件的表面清理、焊补、修磨的具体标准及表面质量的具体要求,例如侧架和摇枕应切除飞边,清除粘砂、氧化皮和芯骨等。在难清除的地方,允许存留粘砂和氧化皮,在 A 区的外表面和侧架的 B 区不允许存在砂眼,允许用堆焊和镶焊对弹簧脐和加强筋的浇不足缺陷进行修补等。

(3)1 520 mm 轨距铁路车辆低合金钢铸造侧架和摇枕(ТЦВ-32-695-2006)

标准适用于货车转向架铸造摇枕和侧架,是标准 OCT32.183-2001 的补充。标准补充了摇枕、侧架铸件的总要求和特殊要求,较 УВЗ-50-41-2002 规定的更加详细、严格,增加了铸件的报废标准。包括摇枕下翼缘 A 区和侧架 A 区圆角 $R55$ 处的热裂纹,离圆角边缘 10 mm 处侧表面上的热裂纹;长度大于 50 mm 的热裂纹;侧架 A 区和 B 区外表面上的气孔;贯通铸造缺陷;未与本体金属熔合的冷铁和芯撑等情况。

此外,标准对试验、检验方法进行了补充,如采用磁粉或超声波方式进行无损检测等,对热处理前需要处理的缺陷、热处理后发现缺陷的具体规定进行了详细说明。利用铁磁探伤法对摇枕、侧架进行磁粉检测。例如用 MCH-10 型磁化装置在标明的点上测量侧架表面的磁场强度，如图 3-25 所示。以 5～8 mm 的间距扫描侧架轴箱孔支撑部分、轴箱孔外角和内角区，如图 3-26 所示。对摇枕下心盘的支撑面的圆形扫描，如图 3-27 所示。

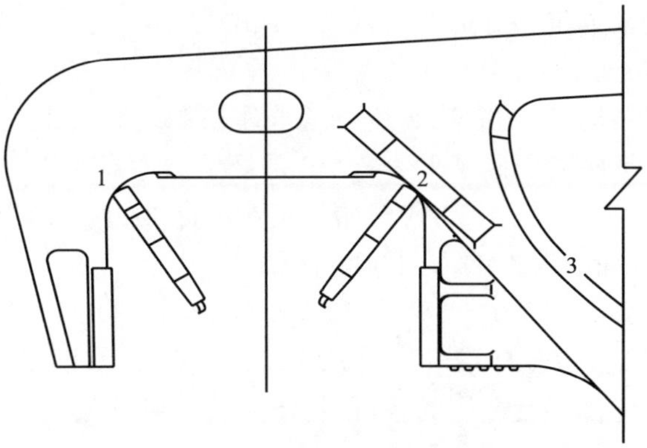

图 3-25　测量侧架表面磁场强度时物理场状态

1—轴箱孔外角；2— 轴箱孔内角；3—斜凸缘

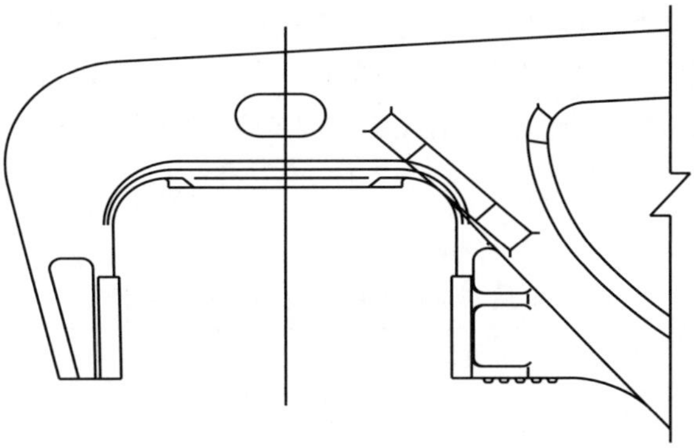

图 3-26　侧架轴箱检测

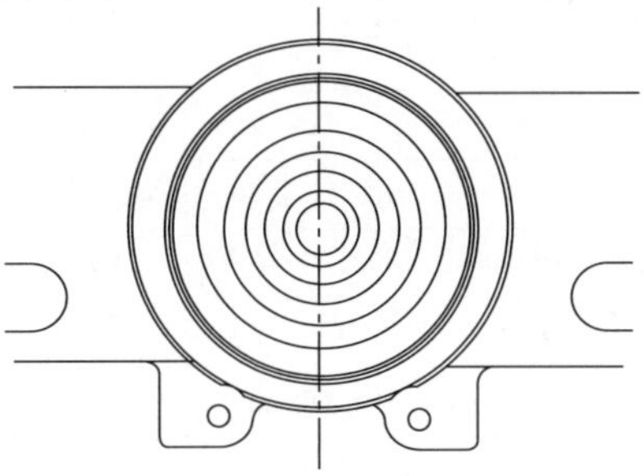

图 3-27　摇枕下心盘的支撑面的圆形扫描

3.3.3 美国车钩制造和检验标准

19 世纪美国车钩的生产、制造没有统一的规定。为此，美国国会于 1893 年提出并在 1898 年通过法令规定，凡从事美国州间运输的铁路货车必须安装自动车钩。安全法令公布之后，激发了车钩制造商对自动车钩的研制与改进。致使后来在铁路上使用的自动车钩多达四五十种，但却不能保证一种车钩与另一种车钩相连挂。19 世纪末，为了统一车钩的结构，车钩制造商达成了合作研制一种供北美铁路使用的标准车钩的协议。于 1916 年成功研制了 D 型车钩，是最早的零部件均可互换的车钩。

北美铁路协会自 20 世纪 20 年代开始了车钩的标准化工作，并不断把有关结构设计和材料开发研究方面的成果纳入到标准中去。

1972 年 AAR 第一次发布了《AAR 货车车钩、尾框采购和验收技术条件》(AAR M-211)，作为车钩制造、检验标准。标准从 1972 年发布后，已修订多次，最近一次修订是 2013 年。标准包含了制造厂的认可、新产品的认可和相关试验、表面质量要求及合格标准等。

3.3.4 俄罗斯车钩制造和检验标准

俄罗斯车钩制造和检验标准对自动车钩钩体、钩尾框、前后挡、锁卡、锁卡支架、锁卡提销、提销辊、定心梁等 1 520 mm 轨距铁路货车车钩装置的零部件的材质、性能、表面质量、静载荷判定标准以及验收规则进行了规定。该标准将所有零件分为两组，第一组包括自动车钩钩体、钩尾框；第二组包括前后挡、锁卡、锁卡支架、锁卡提销、提销辊、定心梁，上述零件根据使用性能的不同，分别采用 1、2、3、4 级钢，其主要钢种及化学成分，见表 3-5。

表 3-5 自动车钩零件主要钢种及化学成分

钢种	C (%)	Mn (%)	Si (%)	Cr (%)	Ni (%)	Cu (%)	V (%)	Ti (%)
20ГЛ	0.17～0.25	1.10～1.40	0.30～0.50	≤0.30	≤0.30	≤0.30	—	—
20ФЛ	0.17～0.25	0.80～1.20	0.30～0.50	≤0.30	≤0.30	≤0.30	0.06～0.13	—
20ГТЛ	0.17～0.25	1.00～1.30	0.30～0.50	≤0.30	≤0.30	≤0.30	—	0.01～0.03
20ФТЛ	0.17～0.25	0.70～1.20	0.30～0.50	≤0.30	≤0.30	≤0.60	0.01～0.06	0.005～0.025
20ГФТЛ	0.17～0.25	1.00～1.30	0.30～0.50	0.30～0.50	≤0.30	≤0.30	0.04～0.07	0.01～0.02
20Г1ФЛ	0.17～0.25	0.90～1.40	0.30～0.50	≤0.30	≤0.30	≤0.30	0.06～0.13	—
20ГСФТЛ	0.17～0.25	0.90～1.40	0.30～0.60	0.30～0.60	≤0.30	≤0.60	0.01～0.06	0.005～0.025
20ХГСФАЛ	0.17～0.25	1.10～1.40	0.30～0.70	0.30～0.60	≤0.30	≤0.30	0.07～0.11	—
20ХТСФТАЛ	0.17～0.25	1.10～1.40	0.30～0.70	0.30～0.60	≤0.30	≤0.30	0.04～0.08	0.010～0.025
20ХГ2СЛ	0.17～0.22	1.50～1.70	0.30～0.60	0.30～0.60	≤0.30	≤0.30	—	—

上述钢种中的 S、P 含量需符合 ГОСТ977《钢铸件总技术条件》中的相关规定。根

据标准要求，车钩钩体、钩尾框采用 3 级和 4 级钢制造。采用上述铸钢生产的零件力学性能，见表 3-6。

表 3-6 自动车钩零件力学性能

钢等级	σ_{T}^{2}（MPa）	σ_{B}^{2}（MPa）	δ（%）	Ψ（%）	KCU（－60 ℃）（J/cm^2）	K1C（－60 ℃）（MPa・m）	硬度（HB）
第一组零件							
1	400	540	15	30	25	—	170～240
2	450～500	560	15	30	25	—	192～262
	500 以上	600	12	25	25	—	
3	600～700	740	12	30	25	100	211～285
	700 以上	840	10	25	25	100	
4	700	840	8	25	25	100	241～311
第二组零件							
5	295～345	490	20	30	—	—	
6	345 以上	510	18	25	—	—	

自动车钩钩体需进行静强度试验。在静载荷作用下，其垂直轴位移 50 mm 的屈服载荷以及永久变形载荷的 0.2%应不低于 2 450 kN (250 t)。

零件需进行外观检查、超声波和磁粉检查，检查完成合格后，抽取一件进行残余应力、力学性能、硬度和抗疲劳检测。

4

铸造工艺设计

4.1 铸钢工艺特点

4.1.1 一般铸钢件工艺特点

铸钢件是由钢液直接一次浇注成形并随即凝固而得到的零件，具有对产品结构设计限制少的优点，铸钢件的工艺特点如下：

(1)铸钢的熔点高，但钢液的过热度较小，保持液态流动的时间短。另外钢液的温度高，在铸型中的散热速度快，析出枝晶的速度快，降低钢液流动能力，钢的流动性不好。

(2)钢属于固溶体型合金，在结晶过程中只形成一个或主要形成一个固溶体相。铸件组织主要是柱状晶和等轴晶。

(3)铸钢的凝固方式受碳的质量分数影响，一般情况下，碳的质量分数增加，碳钢的结晶温度范围 Δt_c扩大。在砂型铸造条件下，铸件断面的温度梯度较小，凝固区域随 Δt_c变化。碳的质量分数范围不同，其凝固方式不同，低碳钢一般为逐层凝固方式，中碳钢一般为中间凝固方式，高碳钢一般为体积凝固方式。

(4)钢液过热温度每下降 100 ℃，液态收缩率约为 1.5%～1.75%。凝固收缩率随着含碳量的升高而增加，例如含碳量 0.10%的铸钢凝固收缩率为 2%，含碳量 0.35%的铸钢凝固收缩率为 3%。固态时的线收缩率随着含碳量的升高而降低，但数值相差不大，例如含碳量 0.14%的铸钢线收缩率为 2.46%，含碳量 0.35%的铸钢线收缩率为 2.40%。

B+级钢浇注温度在 1 530～1 595 ℃范围内，流动性为 285～388 mm；1 561～1 613 ℃范围内，线收缩为 1.91%～1.99%；1 569～1 593 ℃范围内，体收缩为7.65%～9.75%。

E 级钢浇注温度在 1 530～1 580 ℃范围内，流动性为 250～450 mm，自由线收缩为 2.0%～2.4%。

(5)由于钢的熔点较高，结晶温度间隔较宽，体收缩和线收缩都较大，导致钢液流动性不好、收缩率大、吸振性差，易产生内应力、变形、开裂、缩孔、疏松等。

(6)壁厚变化对力学性能影响较小,壁厚增大力学性能不是成比例增大,壁厚越厚,冷却速度越慢,易导致组织疏松,在一定条件下力学性能反而降低[2]。

4.1.2 产品结构工艺性

产品结构工艺性是指所设计的产品在满足使用的前提下,制造的可行性和经济性。铸钢件的结构影响铸件的质量、成本、生产率及劳动条件。研究产品的结构工艺性的目的在于保证产品质量的前提下提高生产效率,降低消耗,减少工艺准备、制造、技术服务和修理的时间。这对产品设计师提出了很高的要求,即所设计的产品,要满足本企业或本行业的实际情况,能采用合理、先进、可行的制造方法,使产品达到预期的技术和经济效果。

铸件结构工艺性的基本要求一般有:

(1)每一种铸造合金的铸件,都有其合适的壁厚范围,而且壁厚过渡应均匀,尽量避免壁厚突变,局部壁厚突变和热节部位应便于补缩冒口的设置;

(2)铸件圆角尤其是内圆角要合理,避免尖角;

(3)铸件的结构应尽量简化,减少分型面、分芯面,便于造型、制芯,以及模型、芯盒制造;有合理的拔模斜度,便于起模;

(4)铸件结构要有利于砂芯的固定和排气;

(5)加强筋的厚度和分布应合理,起到分散热节、提高铸件载荷性能的作用,避免冷却时铸件变形和产生裂纹,加强筋应不妨碍起模和清砂;

(6)铸件的结构与材料工艺性能相适应;

(7)结构不能全封闭,工艺孔的设置应便于砂芯支撑和定位、清砂、修理及检查;

(8)铸件结构要有利于满足铸件的尺寸公差,与其他零件存在装配时,要考虑公差要求,避免铸件尺寸偏差而妨碍装配;

(9)铸件结构应综合考虑制造经济性。

4.1.3 铸钢件工艺设计原则及内容

铸钢工艺和铸件质量有着极为密切的关系,更确切地说,只有先进合理的铸钢工艺才有可能生产出优质的铸钢件。铸造工艺的合理性和先进性,是生产优质铸钢件的前提。

4.1.3.1 铸钢件工艺的设计原则

设计铸造工艺时,应考虑生产车间的具体条件,如铸造装备的情况,生产能力、生产批量及工人的技术水平和操作习惯等。工艺设计对产品的质量起着决定性的作用,应遵循质量好、成本低、效率高、操作性强的原则。

(1)工艺设计应与产品质量要求相适应。

(2)根据铸件精度、材质、结构选择型(芯)砂工艺,对于尺寸精度和表面粗糙度要求高、结构复杂的铸件,应选择砂型紧实度高、刚度高的型砂工艺。

(3)根据铸件产量、批量和品种选择造型(制芯)设备,产量大、批量大、品种单一的铸件宜选用生产效率高或专用的造型(制芯)设备,小批量、多品种铸件宜选用工艺灵活、生产组织方便的造型(制芯)设备,单件生产以手工造型(制芯)为宜。

(4)根据铸件形状、大小和质量确定生产工艺和工艺装备,在条件许可时,结构相似、大小及质量差异不大的铸件应选用同一工艺和生产设备。设计砂箱时,砂箱结构也应尽量统一。

(5)模样的尺寸精度、结构、材质和表面粗糙度要求应与所选用的工艺、造型设备、生产批量相匹配。尺寸精度高、生产批量大时宜选择金属模样,小批量生产可选择木质或塑料模样。

(6)综合考虑造型车间的配套能力,考虑其生产能力、工艺水平、运输条件、工艺流程等,用系统的观点进行分析,选择较为合适的生产工艺和装备。对于需要新增的设备,优先选用环保、节能和安全的设备。

4.1.3.2 铸钢件工艺设计内容

铸钢件工艺设计应涵盖每个生产环节。对于常用的砂型铸造而言,铸钢件工艺设计内容包括选择缩尺、分型面和造型方法,以及确定砂芯的尺寸数量和芯头位置大小、加工余量、分型负数、尺寸公差、工艺补正量、拔模斜度、反变形量等。

对于摇枕、侧架、车钩,要充分理解铸件的结构、用途和执行的检验标准,确保制造工艺的稳定性及质量的可靠性。

4.2 摇枕、侧架铸造工艺特点

摇枕、侧架是典型的薄壁箱形结构,材质为低合金铸钢,工艺难度较大。

(1)摇枕、侧架用钢一般为含碳量 0.20%~0.32%的低合金钢,属于亚共析钢,凝固结晶温度范围较宽,如果凝固方式控制不当,易产生裂纹。由 $Fe\text{-}Fe_3C$ 相图可知,亚共析钢由液相到固相要经历二次相变。从液相线开始析出体心 δ-铁,1 493 ℃开始发生包晶反应,δ-铁与液相反应生成面心 γ-铁(奥氏体),随后进行包晶转变,残余液相全部形成奥氏体。伴随这一转变而出现的体积变化是引起铸钢件热裂纹的原因之一。

(2)在相邻壁厚差异较大的部位,相交处形成热节,浇注时铸件温度场不均匀,在不采取特殊措施的情况下,既不能完全实现顺序凝固,又不能实现同时凝固。由于铸件各部位不能同时收缩,最后凝固部位收缩受阻,易产生热裂纹、缩孔等缺陷。

(3)局部壁厚较大的地方,如果没有良好的补缩通道,易出现缩孔、疏松。

(4)长度与截面尺寸比值较大,铸造过程易产生形变,旁弯倾向较为明显。

(5)装配部位尺寸公差精度较高,局部平面度要求严格,工艺控制难度较大。

(6)局部铸造圆角较小,铸造应力较大,容易产生裂纹。

4.3 车钩铸造工艺特点

车钩钩体、钩舌及钩膛小件材质均为低合金铸钢，结构差异较大，而且主要配合尺寸精度要求均在 CT8 级以上，工艺难度较大，除与摇枕、侧架的合金凝固特性相近外，还主要体现在以下几方面：

(1)车钩各零部件的产品结构属于不规则的铸钢件，且各相邻平面壁厚差异较大，相交处易形成热节，易产生热裂纹、缩孔、疏松缺陷。

(2)车钩钩体、钩舌局部(主要在冲击台、牵引台以及钩舌销孔处)壁厚较大，很难设置良好的补缩通道，易出现缩孔、疏松。

(3)零部件装配部位尺寸精度高，主要配合面均不加工，要求零部件实现互换，工艺控制难度较大。

(4)局部铸造圆角较小，铸造应力较大，容易产生裂纹缺陷，如钩体内腔各弯角部位。

4.4 摇枕、侧架铸造工艺设计

4.4.1 浇注位置与分型面

4.4.1.1 摇枕浇注位置与分型面

铸型浇注位置与分型面的选择密切相关，国内制造企业在摇枕工艺设计中心盘位于上箱，分型面一般选择在上部，大多数国家也采用这种方式，如图 4-1 所示。以俄罗斯摇枕工艺设计为代表的心盘位于下箱，分型面设计在摇枕中部。为便于论述，心盘位于下箱的分型面简称为 E 形浇注位置，如图 4-2 所示。

图 4-1　心盘在浇注位置位于上箱

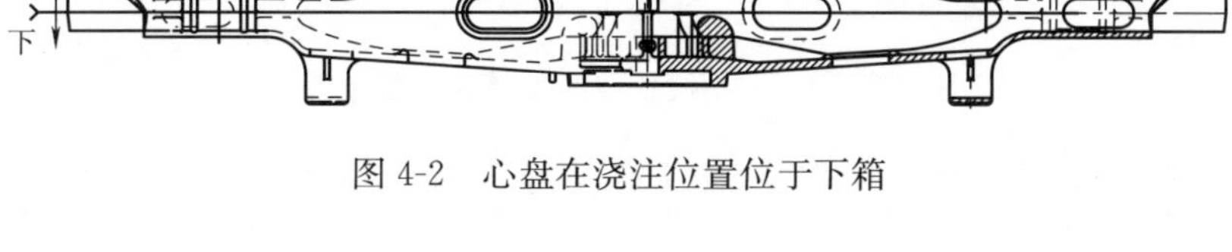

图 4-2　心盘在浇注位置位于下箱

单纯从摇枕结构来看，摇枕采用 E 形浇注位置比较合理，旁承盒、主要加工部位和大平面位于浇注位置的下箱，有利于该部位的质量控制。浇注系统开设容易实现底返式，浇注过程充型平稳，能够避免浇注过程出现紊流。上型呈弓形，顶部没有显著突出结构，液流上升平面逐渐收窄，有利于在铸件浇注位置最高处设置冒口对铸件进行集中补缩，同时排气顺畅。

E 形浇注位置也存在弊端，从摇枕结构设计和受力角度讲，重要承载部位处于浇注位置的上箱顶面，易产生砂眼、皮下气孔等缺陷，铸造质量相比之下较难控制。

研究表明，同时凝固状态下，不同壁厚的铸件，表面与心部散热条件存在差异，壁厚越厚，铸件心部组织越疏松，强度越低[3]，如图 4-3、图 4-4 所示。

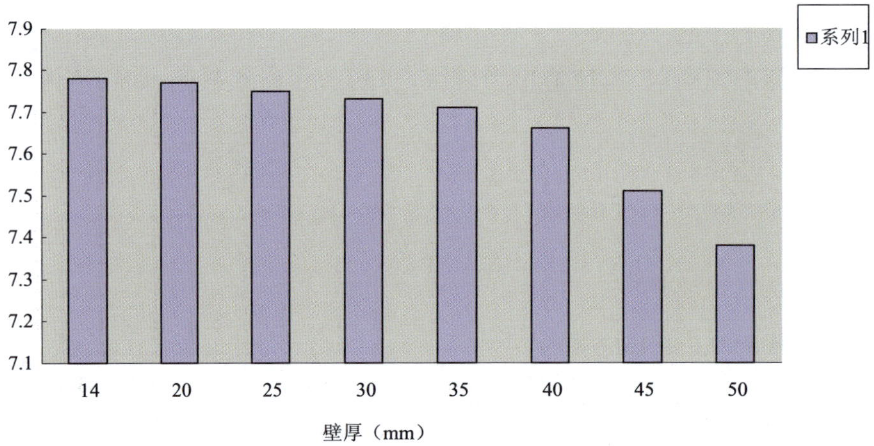

图 4-3　不同壁厚心部密度

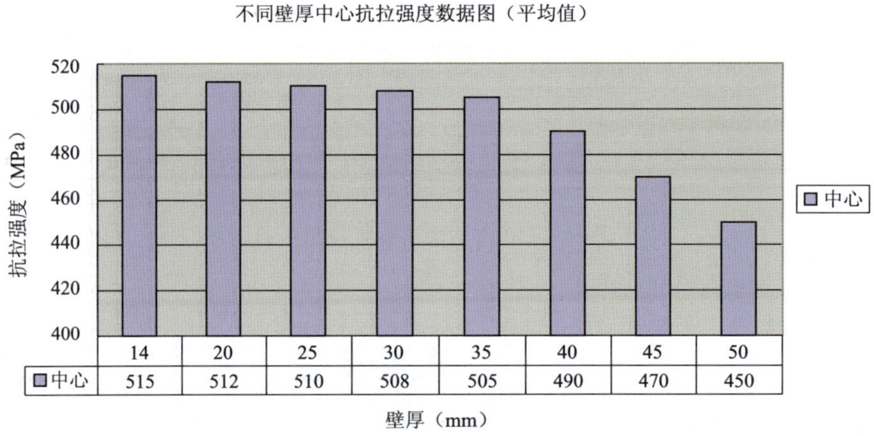

图 4-4　不同壁厚心部抗拉强度

摇枕变壁厚使 E 形浇注位置更难以实现同时凝固，尤其壁厚厚大部位处于浇注位置上箱顶面，重要部位的铸造质量会有所降低，削弱了铸件的运用可靠性。

此外，心盘部位位于下箱底面，心盘与两侧壁形成分散热节，心盘部位密实度不容易保证，对一体式心盘结构的摇枕尤为不利。俄罗斯设计制造的摇枕，在心盘对应内腔允许铸留冒口，如图 4-5 所示，冒口质量不做评定，满足心盘部位的质量要求，解决了心盘部位难以补缩的工艺难题，但增加了摇枕的质量，减小了车辆的载重。

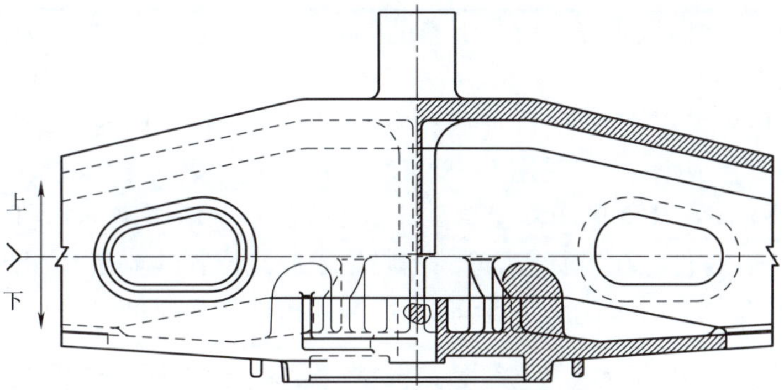

图 4-5　俄罗斯摇枕心盘部位结构

我国制造企业普遍采用心盘位于浇注位置上箱的形式，分型面尽量上移，使内腔砂芯大部分位于下型，砂芯定位更准确，提高了下芯及合箱精度。同时，重要承载部位位于浇注位置的下箱，铸造质量易得到保证。心盘面可设置冒口对心盘部位进行补缩，冒口位于顶部，有利于浇注过程中的排气、排渣，心盘加工质量可以得到充分保障。缺点是内浇口在铸件的相对高位，不易实现底返式浇注。如浇注系统设计不当，浇注过程出现紊流时间较长，会产生飞溅和碰撞，导致各种铸造缺陷的产生。

4.4.1.2　侧架浇注位置与分型面

侧架一般以水平浇注方式进行浇注，分型面一般选定在纵向中心面上，制动梁滑槽位于浇注位置的上箱或下箱，如图 4-6、图 4-7 所示。

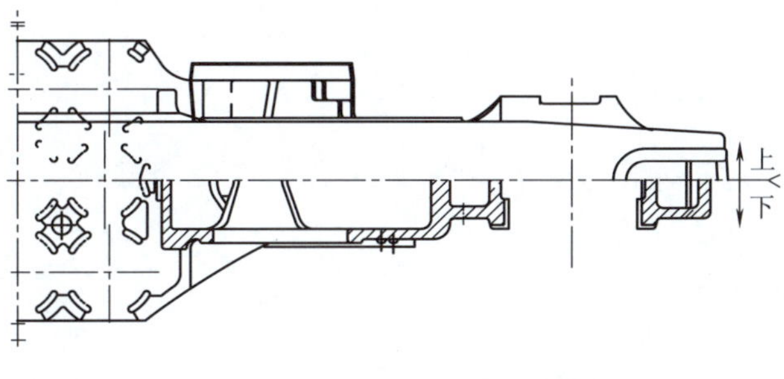

图 4-6　制动梁滑槽位于上箱

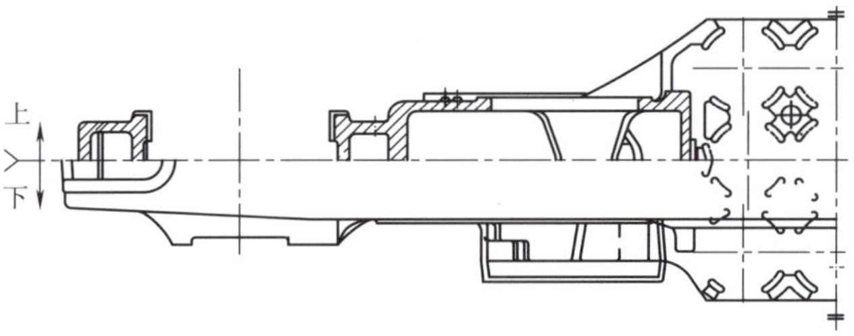

图 4-7　制动梁滑槽位于下箱

为便于论述，滑槽位于浇注位置上箱的形式简称 U 形浇注位置，滑槽位于浇注位置下箱的形式简称 D 形浇注位置。

侧架浇注位置采用 U 形和 D 形两种方式都普遍存在。以转 8A 型侧架为代表，滑槽可由外模直接成型，一般采用 U 形浇注位置形式。以转 K2 型、转 K6 型侧架为代表，滑槽需下芯，采用 D 形浇注位置居多，滑槽置于下箱便于下芯和定位。采用 D 形浇注位置形式，铸件的生产标志、追溯号码位于浇注位置的上箱，易出现不清晰或未铸出情况，不利于侧架可追溯管理，同时也影响了铸件表面质量，如图 4-8 所示。

(a) D形浇注位置

(b) U形浇注位置

图 4-8　侧架两种分型面形式铸字质量对比

滑槽位于上箱，砂芯需采用吊芯方式来实现，质量不容易得到保证。可采用预埋砂芯或芯头与外型粘合的方式解决下芯和定位问题，从而实现 U 形浇注位置形式，解决滑槽位于下箱铸字不清晰的问题，提高铸件的表面质量。但滑槽位于浇注位置的上箱，高于上箱大平面，若该部位排气不畅，会导致滑槽两翼板呛火，严重时滑槽两翼板成型不良。

4.4.2　浇注系统与冒口

浇注工艺直接决定钢水充型状态，补缩工艺结合激冷措施主要决定钢水凝固方式，对铸件质量的影响至关重要。

4.4.2.1　浇注系统设计

(1)浇注系统设计原则

浇注系统是否合理，直接影响铸件质量。气孔、砂眼、浇注不足、裂纹等缺陷，多与浇注系统设计不合理有关。根据摇枕、侧架轮廓较大、壁厚较小且相对均匀等结构特点，浇注系统的设计一般应符合如下原则：

①保证钢水平稳地流入铸型，上升速度适当，避免钢水紊流。

②内浇口位置应尽量缩短钢水在铸型内流动的行程，以免出现冷隔等缺陷。

③内浇口位置宜使钢水沿切线方向进入铸型，尽量避免钢水直接冲击型壁或砂芯，同时内浇口尽量开放，圆滑过渡，以减小钢水的冲击作用。

④内浇口开设应有利于实现同时凝固和向冒口部位的顺序凝固。

⑤内浇口位置应避免铸件产生过大内应力，导致变形和开裂。

⑥结构尽量简单、流畅，各部分截面尺寸恰当，减少钢水的消耗。

(2)浇注系统计算[2]

摇枕、侧架采用底注式钢包浇注，为防止夹砂、冷隔等缺陷，浇注时钢水应快速充满型腔。在设计浇注系统时，首先要确定浇注时间。

理论浇注时间(式 4-1)：

$$t=Q/(nq) \tag{4-1}$$

式中：t——浇注时间(s)；

Q——浇注质量(kg)；

n——钢包注孔数量(个)；

q——钢水的流量[kg/(s·个)]。

钢水流量 q 可参照铸造手册中按不同的注口直径选取。

按照验证公式对浇注时间进行验证(式 4-2)：

$$v=\mathrm{H/t} \tag{4-2}$$

式中：v——钢水在型腔内的上升速度(mm/s)；

H——铸件高度(mm)；

t——浇注时间(s)。

根据摇枕、侧架结构特点，钢水最小上升速度 v 值可按照不低于 8 mm/s 选取。

按照所选用注孔截面积确定内浇口、横浇口、直浇口的总截面积，其比例关系为：

$$F_{孔}:F_{直}:F_{横}:F_{内}=1:(1.8\sim2):(1.8\sim2):(2\sim2.5)$$

4.4.2.2 冒口设计

(1)冒口设计原则

为了对铸件凝固过程进行补缩，防止因凝固收缩引起的缺陷，使缩孔集中在冒口里，以便得到致密的铸件。铸钢件冒口设计一般要遵循以下原则：

①应设计在铸件最高和最后凝固的部位，同时采取措施(变更内浇口位置、加补贴、使用冷铁等)，实现冒口区域的顺序凝固。

②避免设置在铸件应力集中的部位，否则易造成铸件变形或开裂。

③尽量放置在加工面上，以减少铸件不必要的加工或修整。

(2)冒口尺寸设计

影响冒口尺寸的因素较多，如铸钢的材质、浇注温度、铸件的结构以及技术要求、被补缩部分热节大小等。确定冒口尺寸的常用方法有模数法、比例法、补缩液量法和现代的计算机模拟设计法。比例法是根据铸件热节处的内切圆直径确定冒口各部位尺寸，方法简单、实用。模数法是根据铸件被补缩部分的模数和冒口补缩范围内铸件的凝固收缩量确定冒口尺寸，计算复杂但比较可靠。

无论什么方法设计的冒口，其实际结果通常不是富余就是欠缺，可以通过解剖冒口及铸件后调整冒口尺寸。因钢水温度、浇注操作等因素的波动，冒口补缩一般要有10%～20%的富余量。理论设计采用补缩液量法比较准确，冒口的理论尺寸 D（直径）×H（高度）计算方法如下（式 4-3～式 4-5）。

$$D=d+T \tag{4-3}$$

式中：D——冒口直径；

d——铸件需要补缩的钢水按球体计算的直径；

T——补缩部位的热节圆直径。

$$H=AD \tag{4-4}$$

式中：H——冒口高度；

A——保险系数；

D——冒口直径。

$$d=\sqrt[3]{\frac{6\varepsilon n V_{件}}{\pi}} \tag{4-5}$$

式中：d——铸件需要补缩的钢水按球体计算的直径；

ε——钢的总体收缩率；

n——被补缩铸件的数量；

$V_{件}$——1 个铸件被补缩部位的体积。

式(4-3)、式(4-5)中的 $V_{件}$ 与 T 有紧密的关系，需要进行计算及分析。

4.4.2.3 摇枕浇注系统设计

摇枕内浇口开设的位置一般在两端或一端，也有开设在摇枕侧壁的，如图 4-9、图 4-10所示。

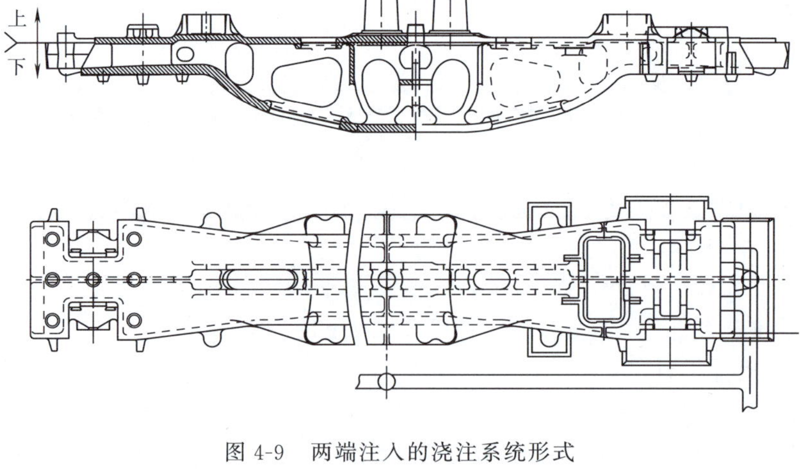

图 4-9 两端注入的浇注系统形式

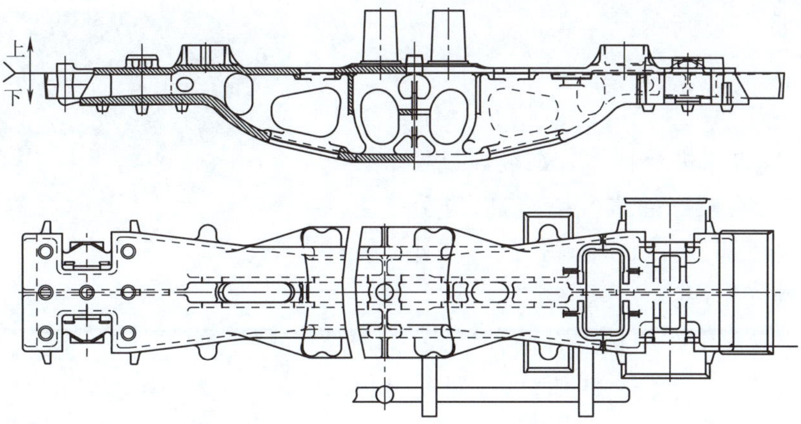

图 4-10 侧壁注入的浇注系统形式

两端注入的形式，若采用过桥浇口箱，增加了浇注的难度，钢水从过桥浇口箱通过后，压头降低，同时钢水温降明显，尤其浇注后期钢水流动性变差，易造成铸件上箱局部成型不良，影响表面质量。但采用过桥两端注入可降低砂铁比，浇口布置容易，易实现一箱两件的造型方式，造型线宽度和砂箱宽度可有效减小。两端注入与一端注入相比，钢水行程缩短一半，对于长大铸件来讲，有利于钢水充型。对于长大且壁厚相对较小的宽轨摇枕，不宜采用一端注入的形式，以免浇口远端成型不良或出现浇不足现象。

摇枕侧壁注入的形式，内浇口在分型面两侧，设置简单。由于内浇口在分型面位置，钢水充型前期落差较大，易造成钢水飞溅和撞击，浇注过程处于紊流状态时间较长，易产生气孔、砂眼、裂纹等缺陷。对于真空密封造型工艺（也称负压造型工艺或减压造型工艺，简称 V 法造型工艺），易造成局部薄膜烧损，真空度缺失，从而导致铸型塌箱、铸件砂眼、气孔和夹杂等缺陷[4]，如图 4-11、图 4-12所示。同时，内浇口正对摇枕内腔砂芯，对砂芯的冲击较大，容易产生砂眼、多肉等铸造缺陷。

图 4-11 塌箱导致铸件不完整

图 4-12 铸件表面气孔缺陷

对比不同浇注系统对铸件质量的影响，内浇口从摇枕侧壁注入时，A 部易产生裂纹缺陷,如图 4-13 所示。

4.4.2.4 摇枕冒口设计

摇枕心盘面处热节较大,位于浇注位置上箱,便于设置冒口进行补缩。在浇注过程中会产生气体,需要有较好的排气措施,以避免产生气孔缺陷。心盘部位冒口多为明冒口,在补缩铸件同时起到排气作用。

摇枕心盘部位在结构上有两种形式,一种是一体式心盘结构,如图 4-14 所示;一种是分体式结构,如图 4-15所示。

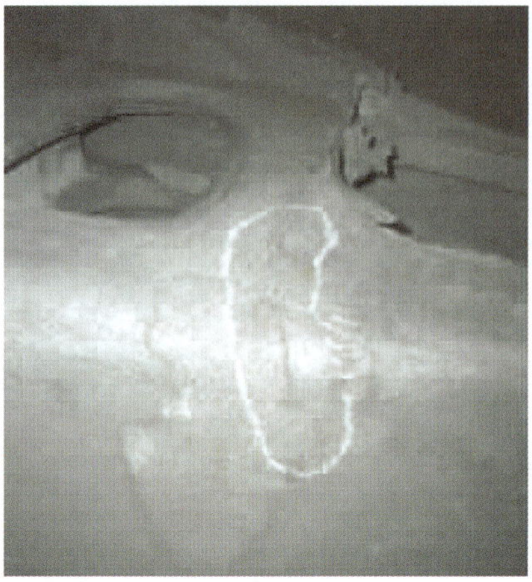

图 4-13 摇枕 A 部位的裂纹缺陷

图 4-14 一体式心盘结构摇枕

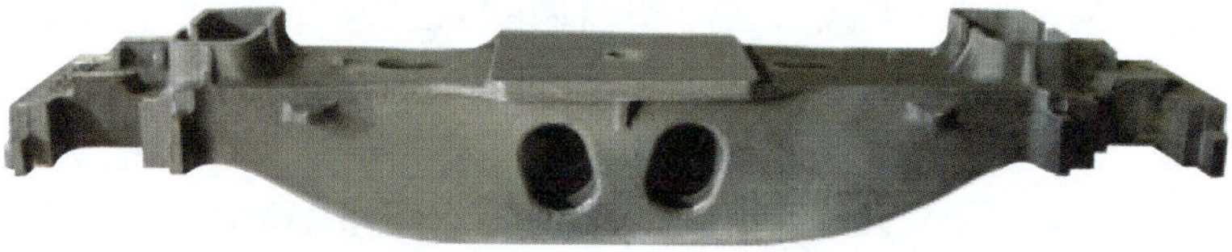

图 4-15 分体式心盘结构摇枕

分体式结构摇枕的热节主要位于侧壁和心盘底面相交处,设计冒口时应考虑对该部位的补缩和排气。实践证明,如冒口设计对排气问题考虑不足,心盘面加工后易出现气孔缺陷,如图 4-16 所示。

图 4-16 摇枕心盘加工后的气孔缺陷

一体式心盘结构摇枕的热节位于侧壁以及内腔中央立筋与心盘底面交汇处，4个热节尺寸基本相当，为方便设计和制造，一般按照相同冒口尺寸设计，如图4-17所示。与分体式结构摇枕一样，除对该部位进行补缩之外，要重点考虑排气问题。冒口清理较困难，切割冒口时易产生毛细裂纹缺陷，增加铸件修理工作量，如图4-18所示。

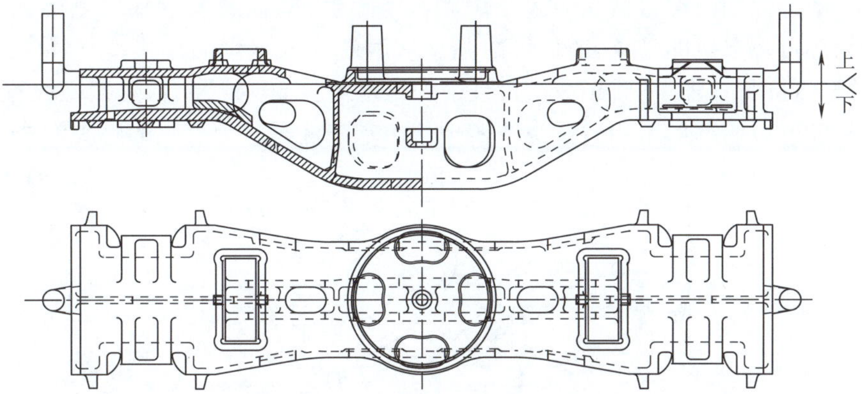

图4-17 一体式心盘结构摇枕冒口

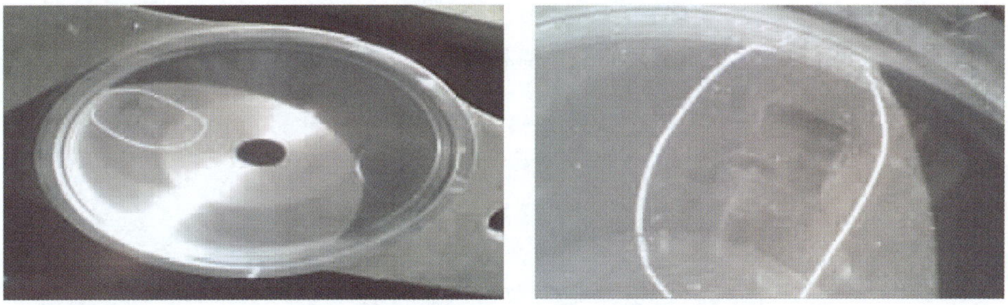

图4-18 一体式心盘结构摇枕冒口下部毛细裂纹缺陷

摇枕斜楔挡顶部处于浇注位置较高的平面，该部位相对较厚，易产生缩孔和呛火缺陷，该部位应设置冒口，如图4-19所示。冒口采用明冒口或带排气的暗冒口，可设置易割冒口，减少清理的工作量。

图4-19 摇枕斜楔挡顶部冒口

4.4.2.5 侧架的浇注系统设计

侧架内浇口开设位置通常为侧架导框两侧、中央方框顶部、中央方框两侧、上弦杆，如图 4-20～图 4-24 所示。

侧架采用从导框口两端注入的浇注系统形式，钢水充型平稳，可避免大的冲击和飞溅。导框外侧的内浇口截面应大于内侧内浇口截面，以减弱钢水对侧架 A 部位的冲击和局部过热造成的裂纹、疏松等缺陷。从两端注入钢水的形式，若横浇口由砂型制出，砂箱宽度将增加 150 mm 左右，且增加钢水消耗 50 kg 左右，受造型线宽度的限制，砂箱宽度增加较难，采用过桥浇注实现从两端浇注是一个有效的解决方法。

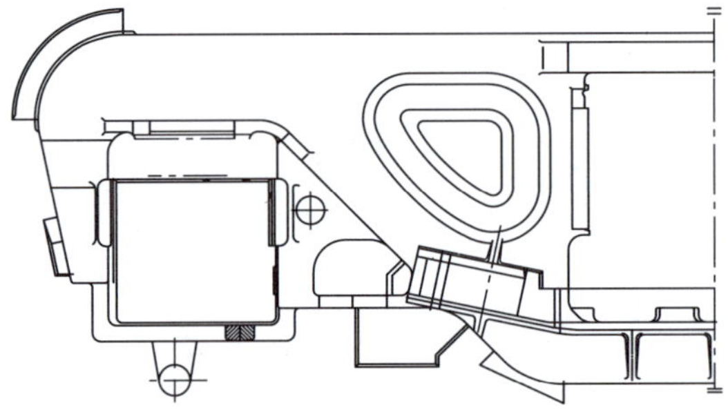

图 4-20　侧架导框两侧注入的浇注系统

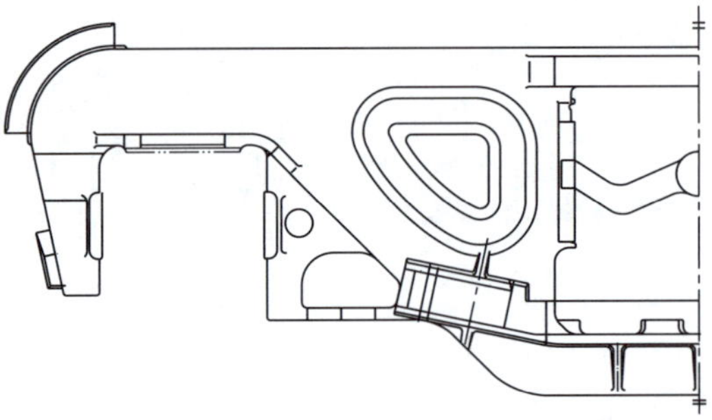

图 4-21　侧架中央方框两侧注入的浇注系统

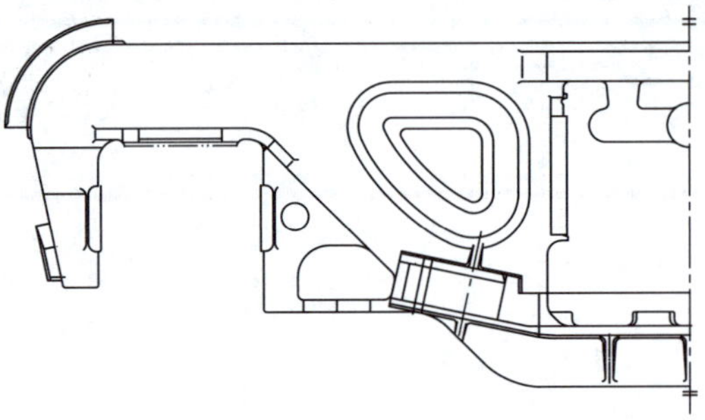

图 4-22　侧架中央方框顶部注入的浇注系统

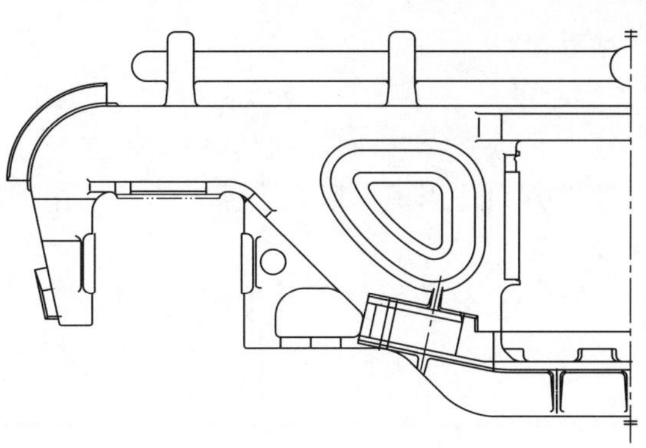

图 4-23 侧架上弦杆注入的浇注系统

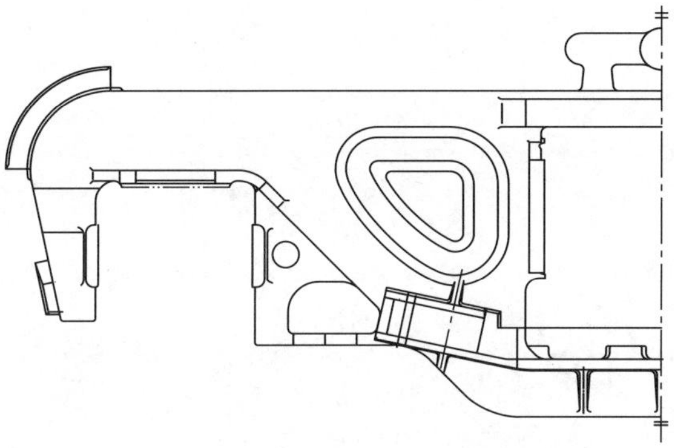

图 4-24 侧架上弦杆中央方框对应位置注入的浇注系统

中央方框处设置内浇口分为顶部、两侧注入钢水等形式。内浇口在中央方框处，钢水从中央向四方充型，可有效缩短钢水行程，浇注系统设计简单。但浇注过程中的紊流状态时间较长，不利于侧架充型。实践研究表明，不同的内浇口引入方式，缺陷的形式和部位不同，中央注入形式可能产生裂纹等缺陷，如图 4-25 所示，图 4-25 中阴影部位是可能产生裂纹的部位。

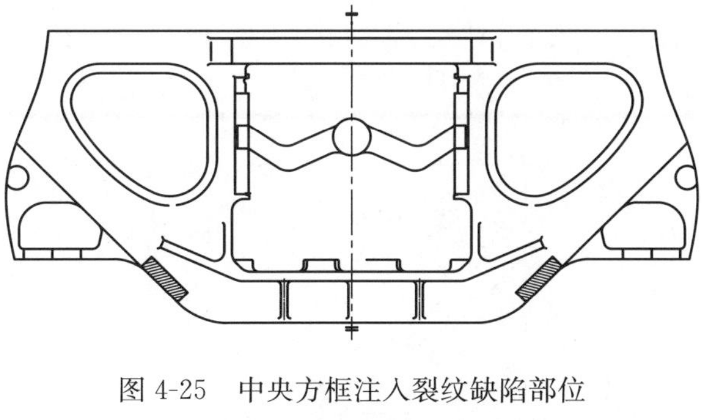

图 4-25 中央方框注入裂纹缺陷部位

侧架中央方框两侧立柱磨耗板组装平面尺寸精度高，且不允许存在倒“八”字的情况。钢水在中央方框处注入，该部位靠近内浇口处，过热时间较长，易导致两立柱磨耗板组装平面发生变形、粘砂。

从侧架上弦杆注入钢水的浇注系统，内浇口在分型面两侧，设计简单。但浇口正对砂芯，对砂芯的冲击较大，容易产生砂眼等缺陷，应使钢水与砂芯成一定的角度方向进入型内，且内浇口向铸件方向适当扩大以减小钢水的冲击作用。

4.4.2.6　侧架冒口设计

侧架分散性的小热节较多，有的部位不易采用冒口进行补缩。从温度场模拟看出，侧架需要设置冒口补缩的部位一般在侧架 A 部、中央方框上下弯角部位等，如图 4-26所示。

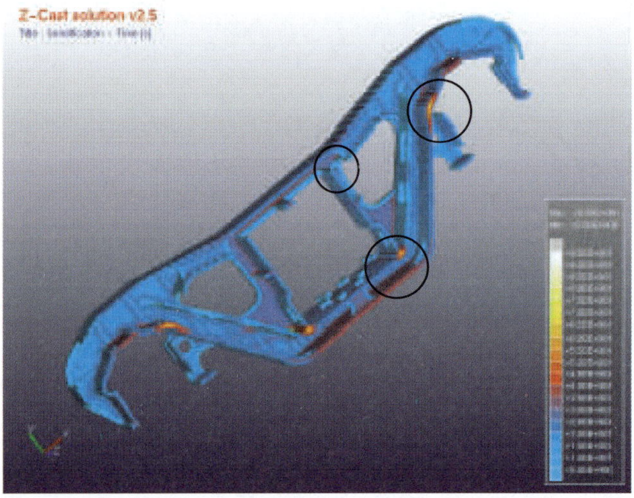

图 4-26　侧架温度场模拟图

实际应用中，中央方框上弯角部位热节较小，可不设置冒口。中央方框下弯角热节相对较大，结构上不易设置补缩冒口，部分制造企业采用外冷铁和铬铁矿砂等激冷材料，以减小或消除热节。

侧架 A 部位壁厚一般较大，且为重要承载部位，需采取补缩措施。形式一般有两种，一种是冒口直接作用于热节部位上部，如图 4-27 所示。一种是在导框承载面设置冒口，与外冷铁共同作用，如图 4-28 所示。

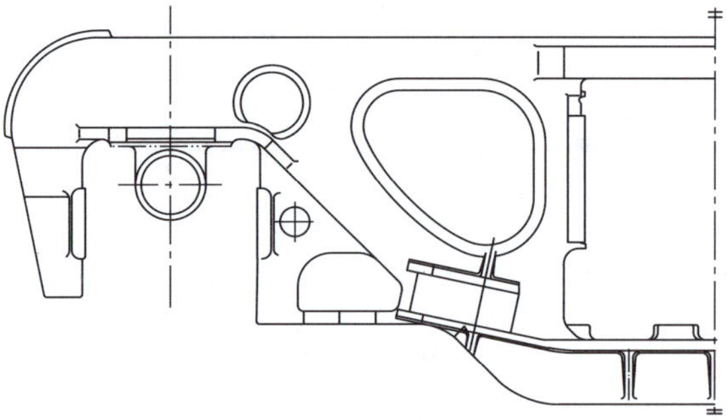

图 4-27　直接作用于 A 部的冒口设计

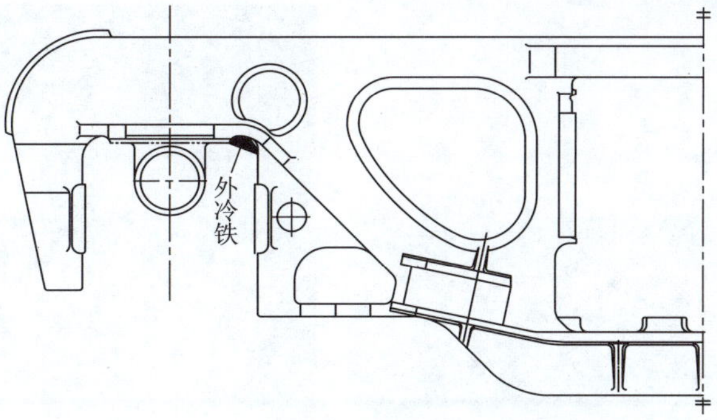

图 4-28 导框顶部的冒口设计

第一种方式铸件 A 部位密实度最好，但该部位热作用时间较长，冒口根部应力集中可能导致毛细裂纹，该面为非加工面，冒口切割和清理工作量大，切割作业易造成冒口根部毛细裂纹。第二种方式方式对 A 部位补缩的作用相对较弱，但冒口位于加工面上，铸件裂纹等缺陷较少、表面质量较好。

弹簧承台位于浇注位置最高处，容易产生呛火缺陷，应设置明冒口加强排气。侧架常见冒口设计，如图 4-29 所示。

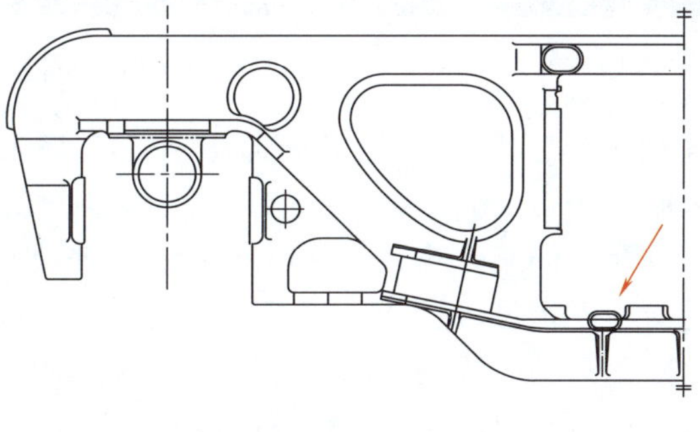

图 4-29 侧架常见冒口设计

4.4.3 砂芯设计

摇枕、侧架的砂芯设计有两种形式，一种是分体芯、一种是整体芯。整体芯工艺是 2007 年我国首创的制芯工艺。

2007 年前，我国铁路货车铸钢摇枕、侧架制造企业采用分体芯工艺，其内腔砂芯的结构形式大致相同，摇枕内腔一般分为 6 块砂芯，即中央 2 块(图 4-30)，上下各一，两端对称上下各 2 个砂芯。中央砂芯与两端砂芯在 B 部分段，如图 4-31 所示。侧架内腔一般分为 6～8 个砂芯，上弦杆、弹簧承台下部以及两端外弯钩各 1 个砂芯，两端三角区域 2～4 个砂芯，如图 4-32 所示。三角区砂芯与弹簧承台下部砂芯在侧架的 B 部分段[5]，如图 4-33 所示。

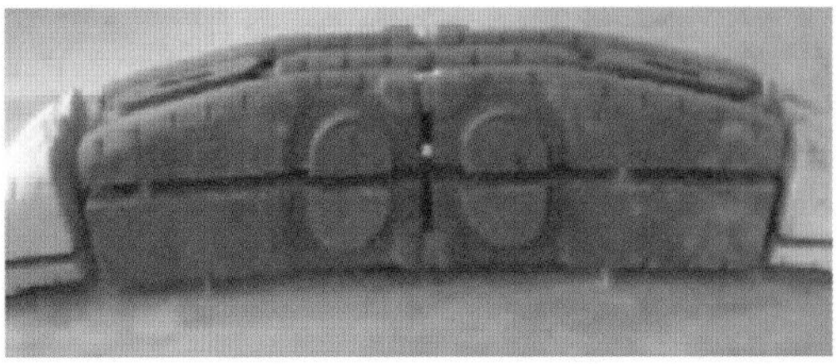

图 4-30　摇枕中央砂芯

图 4-31　摇枕分段砂芯下芯图

图 4-32　侧架三角区域砂芯

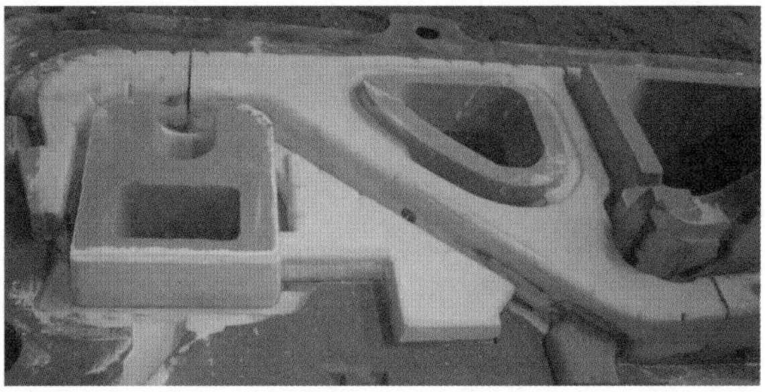

图 4-33　侧架分段砂芯下芯图

分体芯设计时，摇枕、侧架内腔分段应尽量远离 A 部位以及工艺孔等处，避免因砂芯分段产生裂纹、砂眼等铸造缺陷，降低其疲劳寿命。疲劳试验研究和运用表明，工艺孔处横向断裂较多。摇枕、侧架砂芯之间预留间隙应合理，避免在分芯处产生大的飞边、毛刺。砂芯设计应考虑定位，保证铸件内腔尺寸精度，尽量减少芯撑使用数量。

分体芯工艺使摇枕、侧架的一些关键部位产生了披缝、裂纹等缺陷，为避免带缺陷的铸件在运用过程中出现故障，由此提出了整体芯概念。摇枕、侧架整体芯工艺，就是采用机器制芯，并在下芯之前完成包含 A、B 部位及扩展区域在内的形状完整、各表面光滑平顺的一体砂芯，避免因砂芯分段、分层而出现披缝、台阶、裂纹等缺陷（详见第 7 章制芯技术）。

4.4.4　工艺参数

工艺参数指与模样和芯盒尺寸有关的工艺余量，包括加工余量、拔模斜度、收缩率、工艺补正量、分型负数和反变形量等内容。加工余量、拔模斜度等工艺参数设计可按照铸造手册或经验选取。

4.4.4.1　收缩率

为保证铸件冷却后尺寸符合要求，在制作模样时应加以适当的缩尺，缩尺是根据铸件的线收缩率确定的，收缩率可用公式 4-6 表示。

$$E=(L-L')/L'\times 100\% \qquad (4\text{-}6)$$

式中：E——金属线收缩率；

L——模样尺寸；

L'——铸件尺寸。

不受阻碍的收缩称为“自由收缩”，受阻碍的收缩称为“阻碍收缩”。铸件在凝固过程中受型芯、铸件结构以及冷却条件等的影响，一般形成阻碍收缩。

摇枕、侧架缩尺选取范围为1.7%～2.2%，根据造型工艺和产品结构进行确定。如采用CO_2硬化水玻璃砂生产转8A型转向架摇枕、侧架选用1.7%，自硬砂普遍选用2.0%。制定工艺要结合本企业造型工艺特点和产品结构来确定各部位的工艺尺寸。

4.4.4.2 反变形量

由于摇枕、侧架结构原因，产生变形的倾向较大，如摇枕旁弯、侧架导框外张、侧架弹簧承台平面上翘或下弯、中央方框立柱磨耗板组装平面外胀等。这些变形部位如不采取相应的措施，将难以符合图样和标准的要求。

一般认为，摇枕、侧架旁弯是在凝固和冷却过程产生的，除结构的原因外，受造型质量、浇注温度、冷却速度影响较大。实践表明，浇注和凝固过程变形规律并不明显，绝大部分铸件旁弯在允许的标准值范围内，工艺设计时可不考虑反变形量，如图4-34所示。

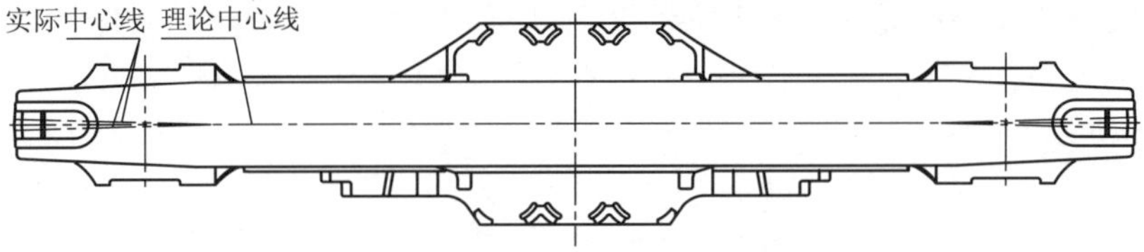

图4-34 侧架变形趋势

摇枕弹簧承台面易形成“抬头”或“低头”，一般的这种“抬头”或“低头”规律性较强，可以在工艺上取反变形量的方式予以控制，反变形量根据摇枕结构特点取1～3 mm不等，如图4-35所示。

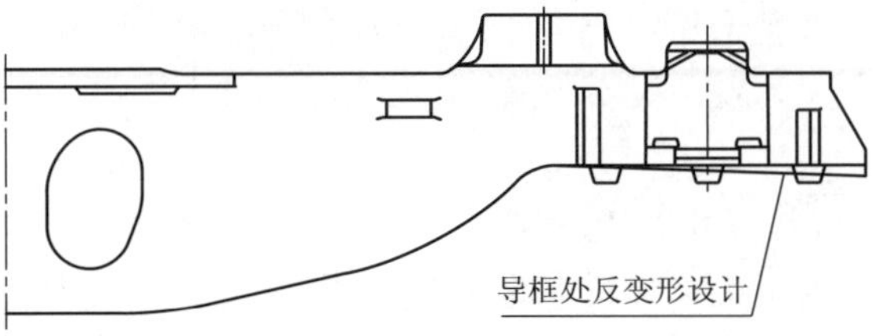

图4-35 摇枕弹簧承台部位反变形量设计

侧架导框呈U形，一般U形处设置拉筋，外弯钩一侧再取一定的反变形量，以保证导框处的尺寸精度，根据铸件结构不同反变形量大小也不同，如图4-36所示。

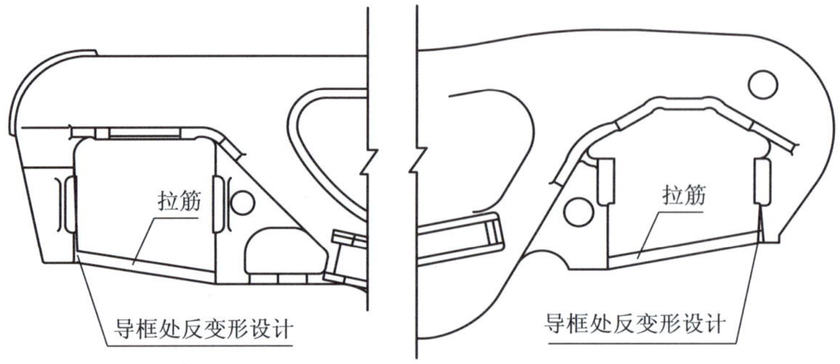

图 4-36　导框反变形设计

侧架弹簧承台平面为加工组装定位平面，一般在凝固过程会有中央向上凸起的趋势，应预留 1～6 mm 左右的反变形量。

侧架中央方框立柱磨耗板组装平面，根据内浇口位置不同反变形量也不同。两端浇注的反变形量呈倒“八”字留取，下口一般较上口小 0～3 mm，如图 4-37 所示。中央浇注方式除了要考虑两立柱磨耗板组装平面上下变形外，浇注位置上下两端也会有一定的变形。

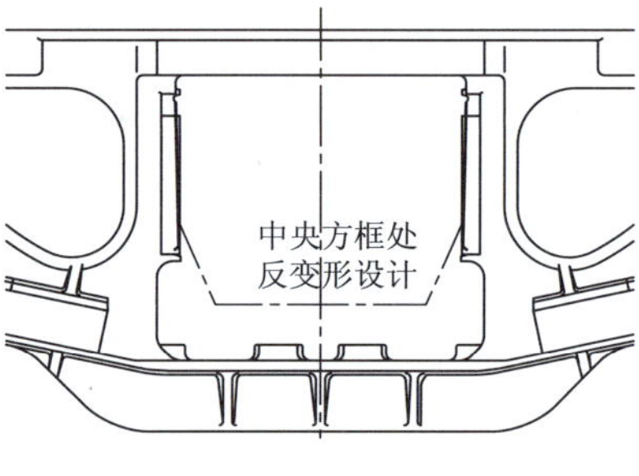

图 4-37　中央方框反变形设计

4.4.4.3　分型负数

砂型铸造时，由于起模后的修型或烘干过程中砂型的变形引起分型面凹凸不平，使合型不严密，为了防止浇注时从分型面跑火，合型时需在分型面上放置耐火泥条或石棉绳，这就增加了型腔的高度。另外，由于砂型的反弹也可造成型腔高度尺寸的增加。为了保证铸件尺寸符合图样要求，在模样上减去相应的高度，减去的数值称为分型负数[6]。分型负数一般在采用干型和表干型工艺上设置，潮模砂或自硬砂（硬化后起模）工艺一般不设置，其参考值，见表 4-1。

表 4-1　分型负数

砂箱高度（mm）	分型负数（mm）
≤1 000	1
1 001～2 000	2
2 001～3 500	3
3 501～5 000	4
＞5 000	6

确定分型负数时要注意下列几点：

（1）分型负数应根据产品结构、造型方法和分型面的设置等因素选取。若模样为两半，且上、下对称，一般分型负数在上、下两半模样上各取一半。

（2）多箱造型时，每个分型面都要留分型负数，且以每节砂箱高度为依据。

（3）处在分型面上的芯头高度方向间隙不应小于分型负数。

（4）对于摇枕、侧架、车钩等产品，采用普通水玻璃砂工艺的，合箱时在分型面放置耐火泥条或石棉绳的，需要适当设置分型负数，一般为 1 mm 左右。

4.4.5 冷铁和铸筋

冷铁与浇冒口配合应用，控制引导铸件局部同时凝固和冒口区域的顺序凝固，防止铸件产生缩孔、疏松、裂纹等缺陷。铸筋可防止铸件产生裂纹、变形缺陷。

4.4.5.1 冷铁

冷铁分为外冷铁和内冷铁两种。外冷铁作用于铸件壁厚两侧，容易清理；内冷铁作用于铸件内部，成为铸件的一部分。

外冷铁按形状分为圆柱形外冷铁、随形外冷铁和平板形外冷铁。

摇枕、侧架外冷铁采用圆钢和随形外冷铁较多，一般在圆角半径不大于 15 mm 时多采用圆钢外冷铁，圆角半径大于 15 mm 时多采用成形外冷铁，冷铁厚度一般以壁厚的 0.8 倍左右为宜。

外冷铁的使用需注意以下事项：

(1)外冷铁应设置挂砂脚，防止冷铁脱落或掉入型腔。

(2)外冷铁与铸件接触部分必须光滑平整，回用的外冷铁与钢水接触表面须光洁，不得有局部凸起。

(3)尽量安放在砂型(砂芯)的上面或侧面。

(4)在排列时应相互交错、间距适当，以免在相邻两冷铁的接缝处产生裂纹。

(5)厚度不宜过大，对于摇枕、侧架应控制在 40 mm 以内为宜，对于局部特别厚大难以采用冒口的非重要部位，可考虑内冷铁方案。

(6)由于外冷铁激冷作用强，有时易在冷铁附近产生裂纹，此时可以考虑放置具有激冷作用的型砂(如铬铁矿砂)或采用外冷铁表面敷砂的办法(即暗外冷铁)，减缓冷铁对铸件的激冷作用，防止裂纹的产生。

(7)厚大冷铁的端部一般制出倒角，减缓分界面温度梯度，避免冷铁端部处的铸件产生裂纹。

内冷铁的形状有圆钢内冷铁、螺旋形内冷铁、条状内冷铁以及栅格内冷铁等。摇枕、侧架内冷铁应用一般以圆钢和条状内冷铁为主。

内冷铁的使用需注意以下事项：

(1)摇枕、侧架内冷铁的碳含量应不大于 0.25%，成分最好与铸件一致或相近。

(2)使用前应经喷丸、抛丸或酸洗处理，除去冷铁表面的铁锈和油污，处理后的内冷铁应及时使用，以防生锈。

(3)合箱后应尽快进行浇注，防止冷铁上凝聚水分致使铸件产生气孔。

(4)内冷铁不得采用镀锌等影响材料性能的表面处理方式。

(5)在摇枕、侧架关键部位不得使用内冷铁。

摇枕、侧架 A 部及侧架承台弯角部位由于壁厚相对较大，为实现铸件的同时凝固，需要设计随形外冷铁，如图 4-38、图 4-39 所示。

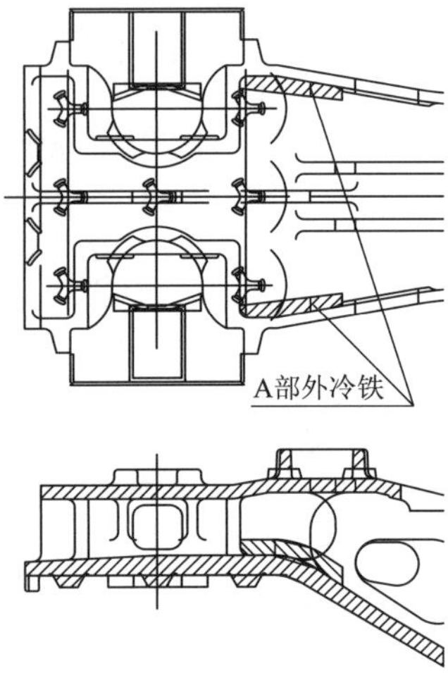

图 4-38 摇枕 A 部冷铁

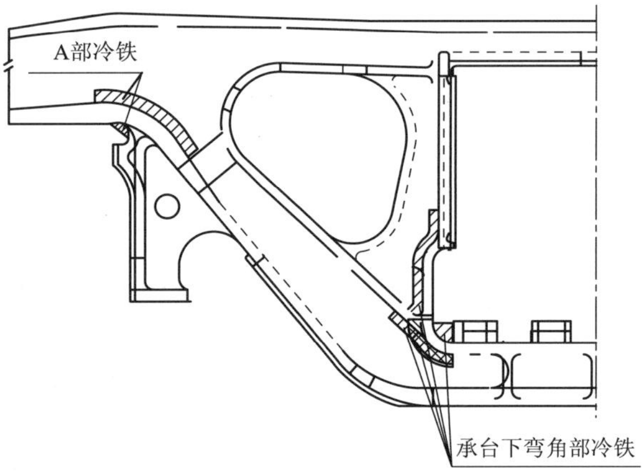

图 4-39 侧架 A 部及承台弯角冷铁

4.4.5.2 铸筋

铸筋是为了防止铸件裂纹或变形而设置的，防止裂纹的铸筋也叫防裂筋，防止变形的铸筋通常叫拉筋。

(1)防裂筋

防裂筋放置在铸件易产生热裂纹的部位，由于它比铸件先凝固，强度比较高，能承受铸件凝固收缩时因受阻碍而产生的应力，防止铸件产生热裂纹。为了保证防裂筋比铸件先凝固，其厚度必须根据设置铸筋处铸件的壁厚选取。摇枕、侧架的内腔拐角部位容易产生热裂纹，除局部采用冷铁等措施外一般都要设置防裂筋。摇枕、侧架壁厚一般在 16～30 mm 之间，防裂筋的厚度选取一般在 6 mm 左右，防裂筋根部设置合理的过渡圆角。

(2)拉筋

铸件结构呈 U 形、L 形、半圆形等形状时，在冷却过程中会因收缩受阻而引起较大的变形，采用拉筋可以有效地减少这一变形倾向。对于变形倾向较大的结构，拉筋一般应在热处理后去除，以防止热处理过程中产生新的变形。侧架导框处由于其结构呈 U 形，工艺设计时一般应设置拉筋。从导框两侧注入的浇注系统，可以采用浇注系统兼作拉筋，如图 4-40、图 4-41 所示。

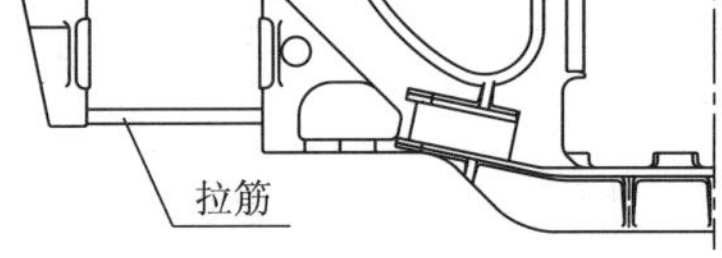

图 4-40 侧架导框拉筋

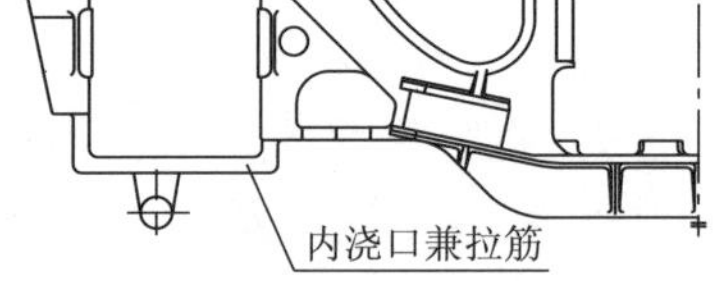

图 4-41 侧架浇注系统兼作拉筋

摇枕、侧架的铸造工艺要根据铸件的结构特点和制造企业的实际情况来设计，在工艺研究和现实生产中，应不断对造型材料、工艺方法进行研究和改进，提高铸件质量。摇枕、侧架典型工艺设计，如图 4-42、图 4-43 所示。

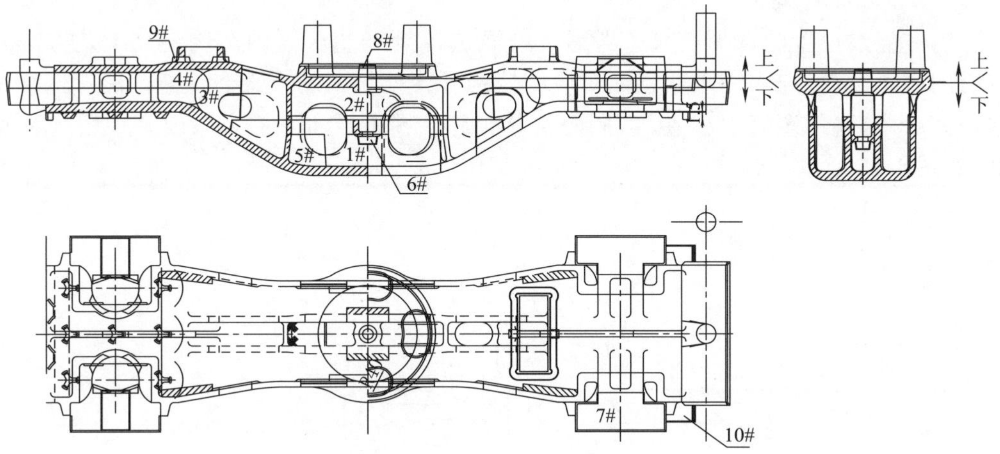

注：1#～10#为砂芯编号

图 4-42　摇枕工艺设计简图

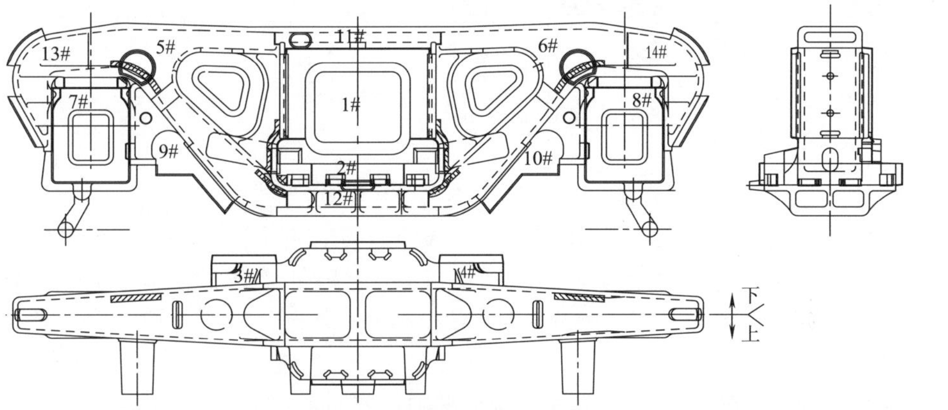

注：1#～14#为砂芯编号

图 4-43　侧架工艺设计简图

4.5　车钩铸造工艺设计

车钩组成中的铸件主要包括钩体、钩舌、锁铁、推铁、上锁销杆、下锁销杆等。钩体、钩舌根据其结构、质量特点采取砂型铸造工艺。锁铁、推铁等小件为了保证其铸件尺寸精度，通常采用熔模铸造工艺。

钩体、钩舌造型工艺主要有潮模砂造型工艺、CO_2硬化水玻璃砂工艺、酯硬化改性水玻璃砂工艺等。制芯工艺主要有 CO_2硬化水玻璃砂工艺、CO_2硬化聚丙烯酸钠树脂砂工艺、CO_2硬化碱酚醛树脂砂工艺、三乙胺催化硬化尿醛树脂砂工艺等。

4.5.1 浇注位置与分型面

4.5.1.1 钩体浇注位置与分型面

钩体浇注位置的选择需统筹考虑分型面选择等工艺。国内车钩浇注工艺方案基本沿用成熟经验，选取钢水从锁面对应的钩腕外臂处引入的方式。此方式能够保证钢水充型平稳，避免紊流引起卷气，同时与钩体锁腔保持合适距离，保证了锁腔尺寸精度，如图 4-44 所示。

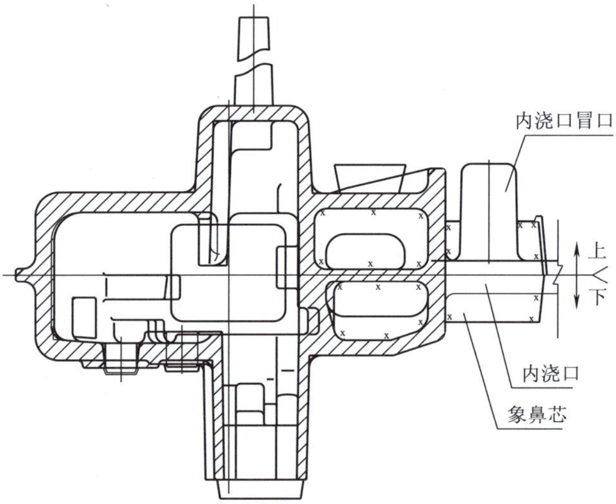

图 4-44　钩体浇注位置及分型面的选择

为避免内浇口切割面产生裂纹或缩孔缺陷，可在靠近铸件的内浇口处设置冒口。浇注位置应结合适当的保温和冷却措施，控制铸件整体的凝固顺序，保证钩体密实度。与浇注位置对应的型腔末端区域和高点，应充分考虑排气，可设计排气冒口或排气道。

钩体分型面一般为钩体工作状态的水平中心平面，不能正常拔模部位(沿起模方向的凹槽)采用下芯成型。13A 型和 16 型钩体分型面设计，如图 4-45、图 4-46 所示。

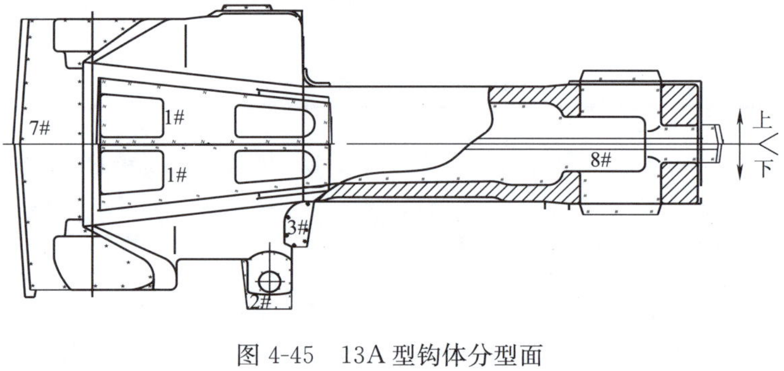

图 4-45　13A 型钩体分型面

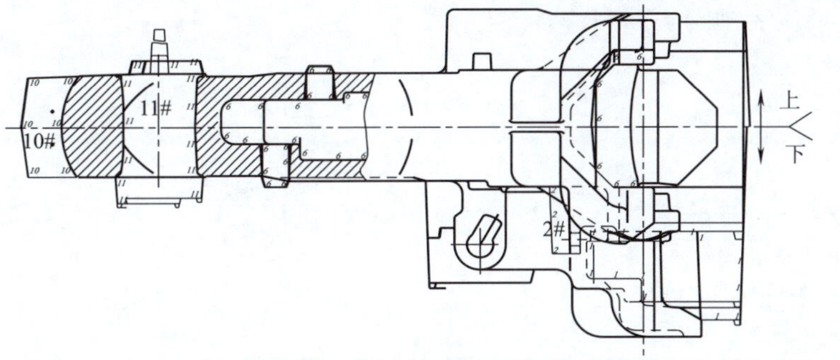

图 4-46 16 型钩体分型面

4.5.1.2 钩舌浇注位置及分型面

国内外钩舌的浇注位置及分型面基本相近。在背面直线段设内浇口，同时内浇口又是冒口颈。在此设内浇口，一是对钩舌的 S 面等主要部位有补缩作用，二是容易清理，三是钢水流程最小。分型面选在水平中心面，有利于起模、出芯头及模型设计、制作。钩舌的下工作面设于下箱，可以保证下工作面的表面质量。在上箱最高处设冒口，起到排气、补缩的作用。钩舌的浇注位置及分型面，如图 4-47 所示。

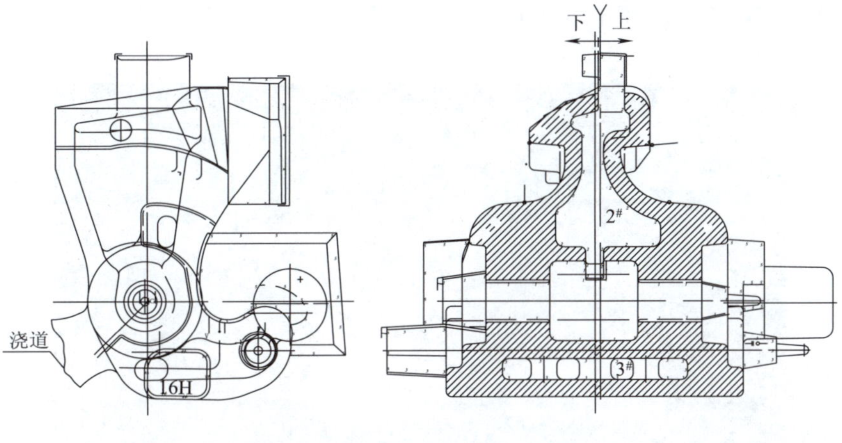

图 4-47 钩舌浇注位置及分型面

4.5.2 浇注系统与冒口

4.5.2.1 钩体浇注系统

钩体造型分为一型两件和一型一件，如图 4-48、图 4-49 所示。浇注速度控制在 20～30 s 以内，可保证液面上升平稳，不至于产生水纹和冷隔。

浇注系统设计应注意：

(1)圆角设计应流畅，在浇道拐角、内浇口部位的内圆角宜大于 $R10$ mm。

(2)采用涂料提高浇注系统高温强度，起到耐冲刷作用。

(3)可采用成型耐火材料浇注系统。

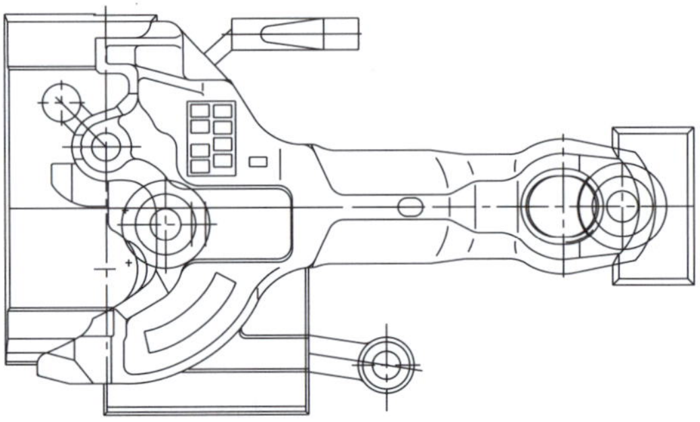

图 4-48　一型一件浇注

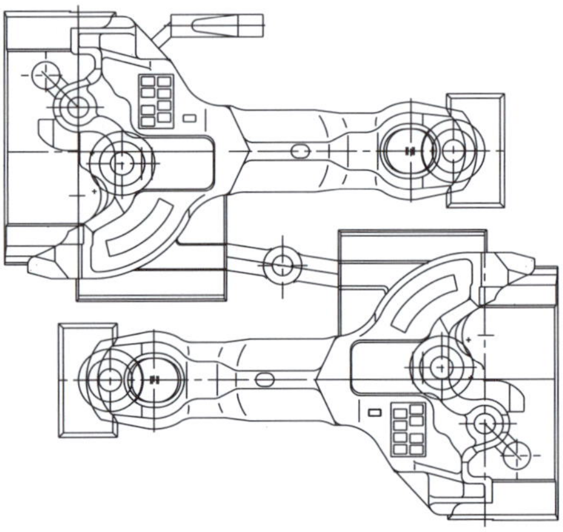

图 4-49　一型两件浇注

4.5.2.2　车钩钩体冒口

钩体结构复杂,热节多,需要补缩的位置较多,但利于设置冒口的位置较少,钩体一般在其头部和尾部设置冒口。为确保补缩,部分制造企业在尾部选择保温明冒口,如图 4-50 所示。也有在尾部采用暗冒口的。

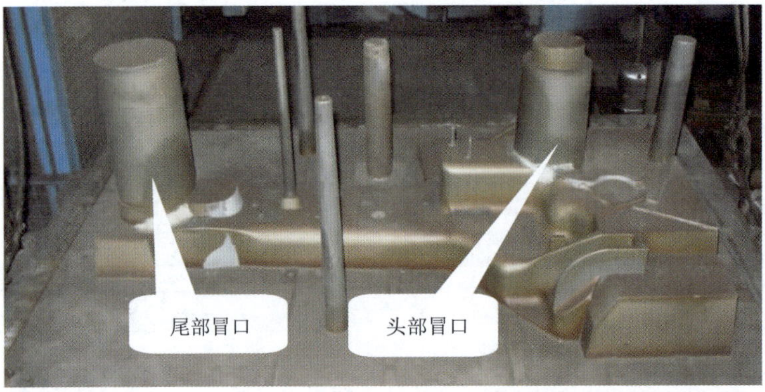

图 4-50　17 型车钩钩体冒口布置

为使冒口最后凝固,冒口模数应大于对应热节模数。需要注意的是,在热节正上方设计冒口时,冒口本身与下方热节结合部位易形成接触热节。因此,设计冒口时,尽量避免接触热节,减少缩孔、疏松、裂纹等缺陷的产生,如图 4-51 所示。

当冒口尺寸确定后,若冒口不采取保温措施,其几何模数即为有效模数;当冒口采用保温措施,如使用保温冒口套,其有效模数往往比几何模数大,增加的比例根据保温冒口套发热系数来决定,如图 4-52、图 4-53 所示。

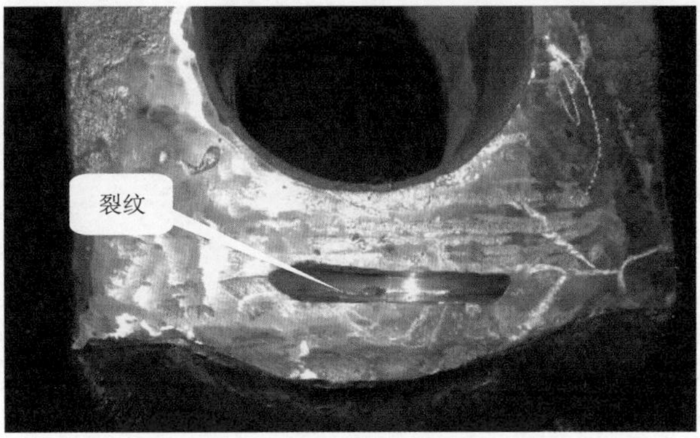

图 4-51 冒口根部存在的裂纹

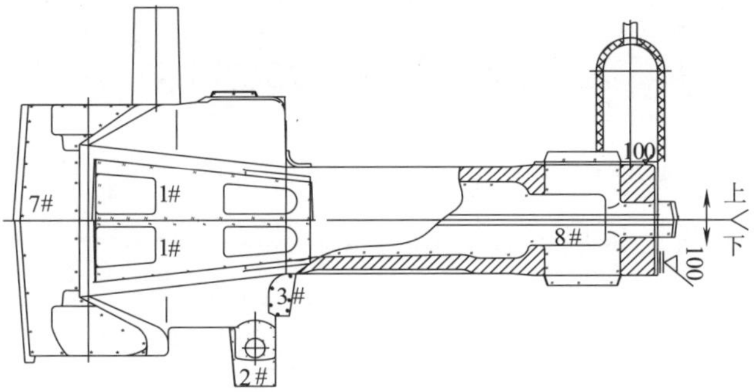

图 4-52 普通保温冒口

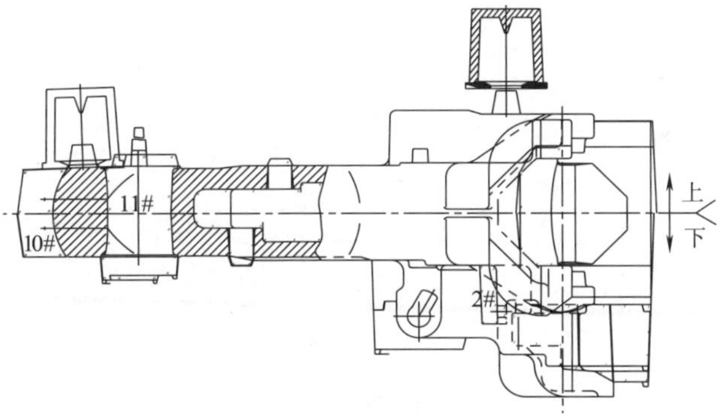

图 4-53 发热保温易割冒口

发热、保温易割冒口是由发热、保温材料制成冒口套主体，能够使冒口内钢水保持相对高温状态，充分发挥补缩效果，控制局部凝固顺序，利于铸件补缩，达到同等补缩效果所需体积比普通保温冒口大大减小，能有效节约钢水；易割片通道截面积小，仅占冒口主体截面积的 20%～25%左右，如图 4-54 所示。去除冒口后，铸件表面平整，清理工作量小，并不易产生裂纹、缩孔等缺陷。

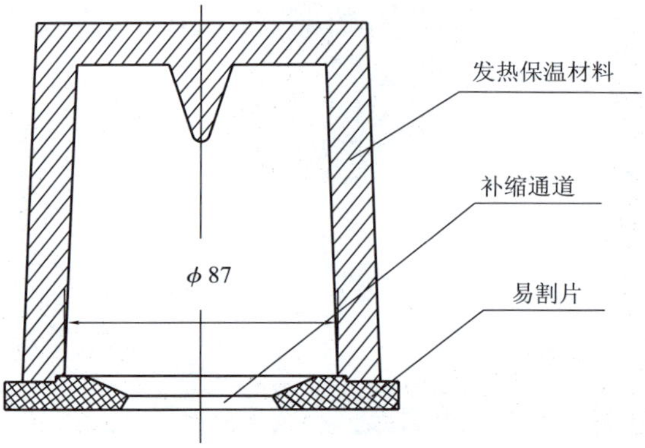

图 4-54　发热保温易割冒口

4.5.2.3　钩舌浇注系统

钩舌的浇道设计包括浇注速度、浇道位置、浇道截面积、浇道形状及结构、浇道布置等内容。

由于钩舌的结构特殊，绝大部分表面均为毛坯配合面，内浇口一般选择在与 S 面相对的背部注入，如图 4-55 所示。

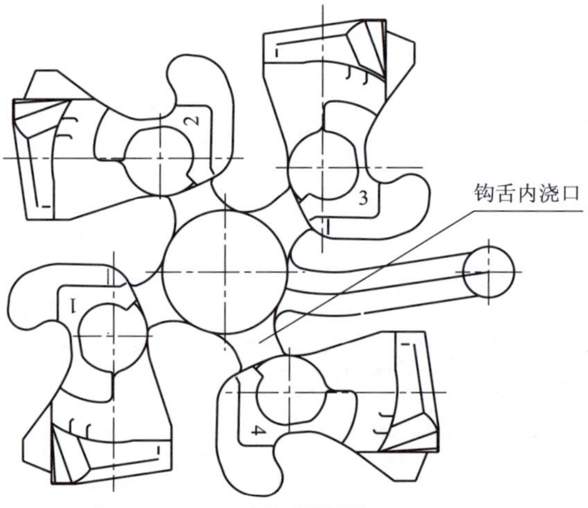

注：1、2、3、4为钩舌模型号

图 4-55　钩舌内浇口位置简图

一般在工艺设计中，40 kg 以上的铸钢件，液面最小上升速度 v 值取 8 mm/s，实际生产中上升速度在 10～18 mm/s。

由于钩舌的内浇道兼冒口颈，因此内浇道既要保证浇道的开放性又要保证补缩通道的畅通及补缩范围，内浇道宽度与热节圆直径相近或略大，内浇道主要分布在上箱，高度高于附近的热节，符合顺序凝固的原则，如图 4-47、图 4-56 所示。

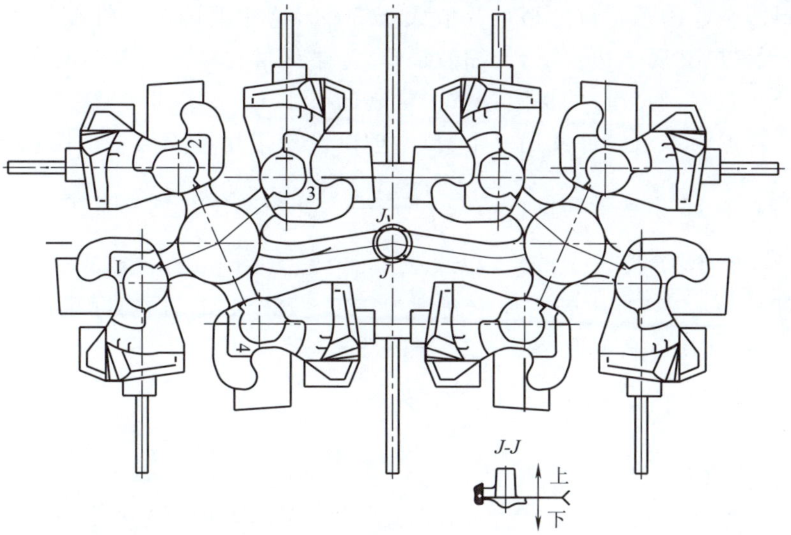

注：1、2、3、4为钩舌模型号

图 4-56 钩舌浇口及模样位置简图

模样布置的原则是在保证铸件质量且设备匹配的前提下，尽可能多布置铸型，以提高生产效率及工艺出品率。现国内模样布置有多种，最多的是一型 16 件，一次浇 8 件，如图 4-56 所示。

4.5.2.4 钩舌冒口

由于钩舌没有较大的平面，因此普通的冒口在钩舌上不易设置，只能采用浇注系统连接的边冒口形式，如图 4-57 所示。该冒口颈兼做内浇口，浇口处壁厚较厚，可以实现顺序凝固，实现对 S 面等主要部位的有效补缩。另外冒口容易清理，钢水流程小，符合铸钢件浇冒口设计的原则。

图 4-57 钩舌冒口布置

现各制造企业钩舌冒口的裕量一般大于30%，这主要因为要补缩的钩舌S面距离冒口较远，冒口又属于边冒口，补缩效果差，为了增加冒口压头及温度梯度而加大了冒口的直径及高度，使冒口的保险系数由常规的1.1～1.2增加到1.5～1.6。16型车钩钩舌冒口特点为多个铸件共用一个冒口，理论设计采用补缩液量法比较准确。以1个冒口补缩4个16型钩舌为例，$d=\sqrt[3]{\frac{6\varepsilon nV_{件}}{\pi}}$，补缩部位的热节圆直径$T=47$ mm，冒口有效补缩距离为$2T\sim2.5T$，$V_{件}=(2.1\sim2.9)\times10^3$ mm^3，ε取5%，$n=4$，经计算理论冒口直径为140～150 mm，理论高度为168～180 mm。而实际生产中冒口直径取160～180 mm，冒口高度取230～270 mm。

4.5.3　砂芯设计

4.5.3.1　钩体砂芯

为满足车钩组装精度要求，钩体内腔、尾销孔、尾部球面需采用整体芯，17型钩体砂芯，如图4-58所示。13A型车钩钩体尾销孔与内腔整体芯一体制出，如图4-59所示。内腔整体芯采用射芯工艺，射芯整体成型关键部位拔模斜度小于30′，能够确保相关尺寸准确，且内腔无分体芯造成的披缝。

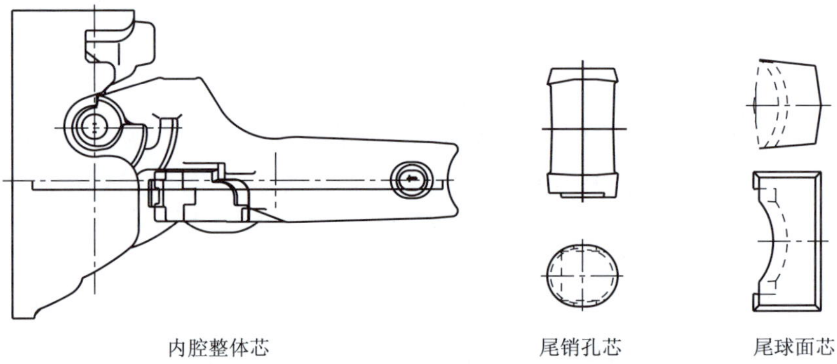

图4-58　17型车钩钩体砂芯

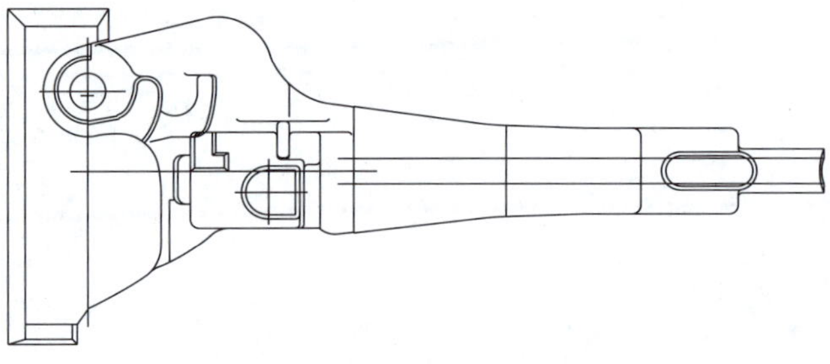

图4-59　13A型车钩钩体内腔整体砂芯

对于字号等标记，通常采用预埋芯或下芯。砂芯采用合脂砂或覆膜砂工艺，可避免成型不良，减少焊补量。

4.5.3.2 钩舌砂芯设计

钩舌内腔砂芯的特点是高而单薄，且几乎全封闭在铸件里，设计时应注意以下两个方面。

一是芯头要有足够的高度及较小的芯头间隙，以保证下芯后砂芯相对位置的稳定性。为了保证下芯精度，有些制造企业将内腔的相通部位整合为一个整体芯，如图 4-60所示。钩舌销孔芯的芯头尺寸分大、小两种，大芯头增加了砂芯的稳定性也保证了钩舌销孔与回转台基准的同一性，如图 4-61 所示。

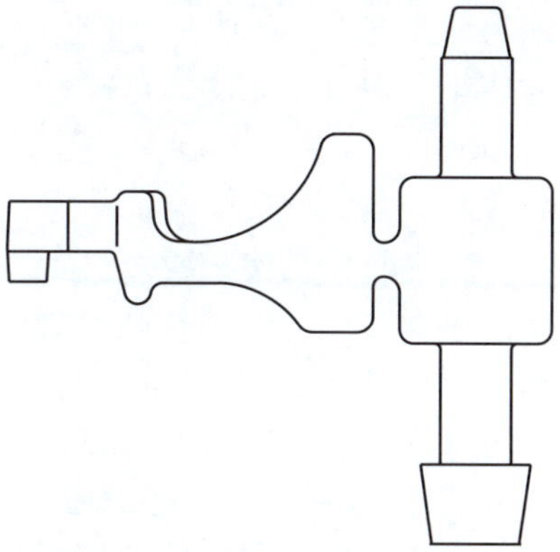

图 4-60 钩舌整体芯

二是砂芯排气。芯砂以树脂砂或合脂砂为主，发气量大，砂芯应设排气道将气体排到铸型外，避免铸件呛火。

钩舌 S 面边缘的铸造圆角在 S 面整体砂芯中制出，减小了 S 面边缘的应力集中。

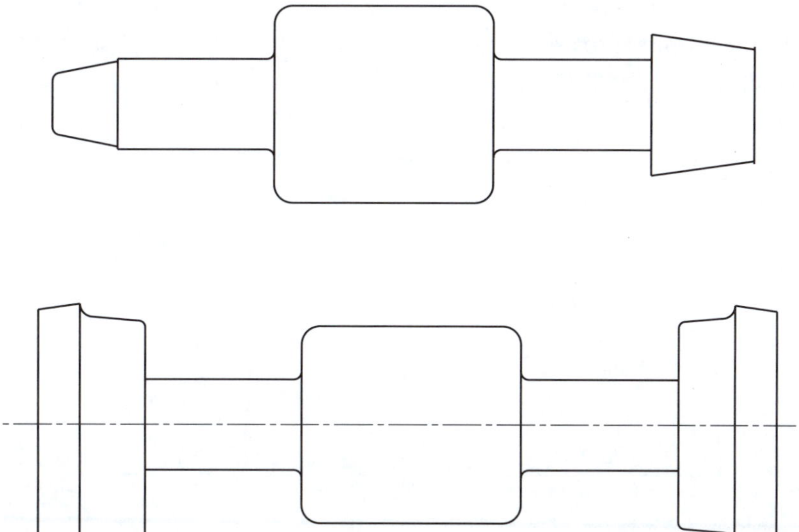

图 4-61 钩舌销孔芯

4.5.4 工艺参数

4.5.4.1 收缩率(缩尺)

钩体缩尺一般取 2.0%。因考虑热处理氧化皮损失、切割修磨损失和结构原因，局部厚大部位和孔洞缩尺需单独考虑。如钩尾销孔受周围厚大部位影响，几乎不收缩。而尾部球面厚度 89^{+2}_{-0} mm 基本为自由收缩，缩尺一般取 4.0%，如图 4-62 所示。

钩舌在高度方向收缩阻碍小，缩尺选取在1.9%～2.1%之间，在水平方向收缩阻碍较大，缩尺选取在1.8%～2.0%之间，多数制造企业缩尺取1.8%。有时为了工艺的需要，对部分尺寸作工艺补正，如对受力较大的S面加厚0～2 mm。

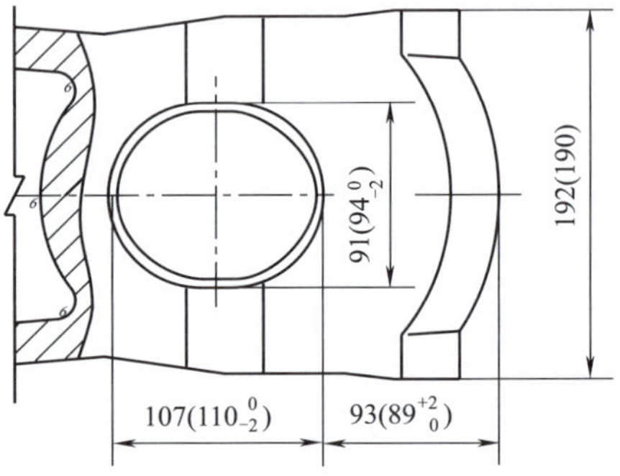

图 4-62　钩体尾部缩尺

4.5.4.2　反变形量

钩体整体结构紧凑，总体上不会产生变形，变形主要在上下钩耳孔凸台之间。上下钩耳孔凸台呈“U”形结构，收缩受阻，通过设计反变形量可保证组装尺寸精度，如图 4-63所示。

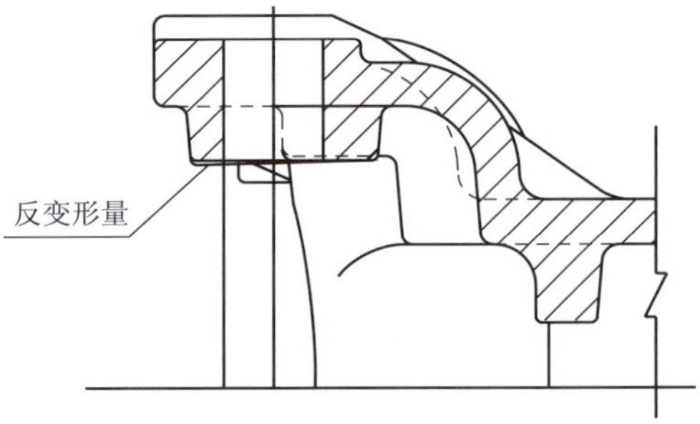

图 4-63　钩耳孔部位反变形量

4.5.4.3　拔模斜度及芯头间隙

潮模起模和硬化后起模工艺拔模斜度一般取45′，车钩重要配合部位可取30′或更小。拔模斜度的取法通常为取正、取负或取正负。为提高铸件品质，方便操作，宜优先采用取正，即将铸件分型面处轮廓尺寸按选定的缩尺放大，准确锁定分型面轮廓，再取拔模斜度。其优点在于：工艺设计基准、模型制造基准、日常尺寸检验基准得到统一，当需要分析生产中尺寸问题时，可利用分型面模型基准直接查找原因，如图 4-64所示。

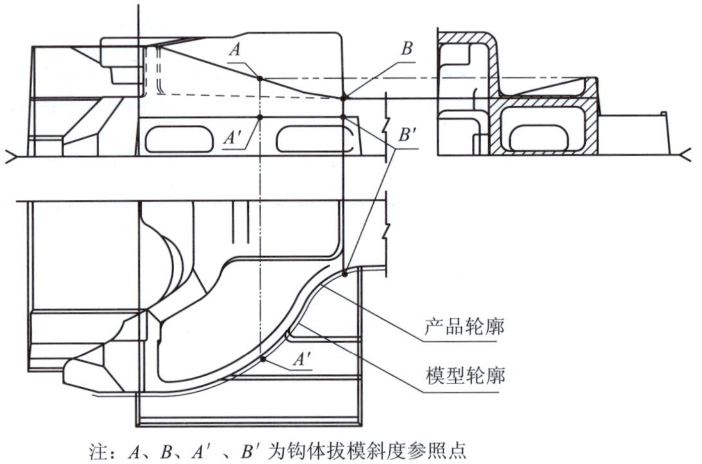

注：A、B、A′、B′为钩体拔模斜度参照点

图 4-64　拔模斜度取正

为确保砂芯定位准确和合箱顺利，下箱侧面芯头间隙设计一般比上箱小。此时

同一砂芯对应上箱芯头于分型面上对应的轮廓比下箱大，在检测分析时需引起注意。

钩舌的大部分外轮廓都是作用面，拔模斜度大则与零件图的偏差大，会使钩舌作用不良，因此在零件图未规定拔模斜度的部位一般取负拔模。

4.5.5 冷铁和铸筋

车钩采用的外冷铁主要有随形冷铁和铆钉。内冷铁一般为圆钢和条状内冷铁，如图 4-65 所示。

车钩重要部位一般不设置内冷铁。

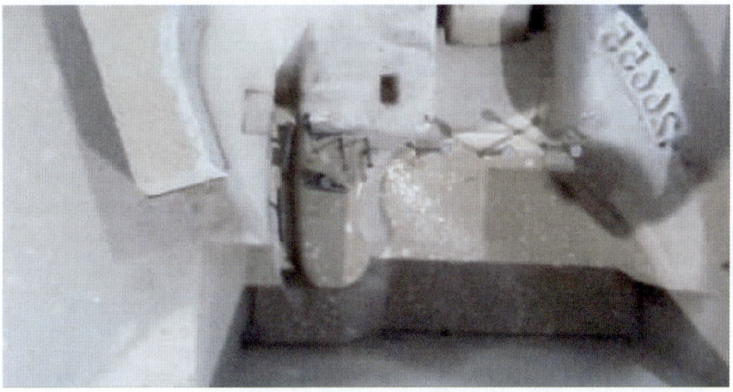

图 4-65 17 型车钩内冷铁

因钩体结构紧凑，无需设置防变形拉筋。钩身内腔拐角易产生热裂纹缺陷，可适当设置防裂筋，如图 4-66、图 4-67 所示。

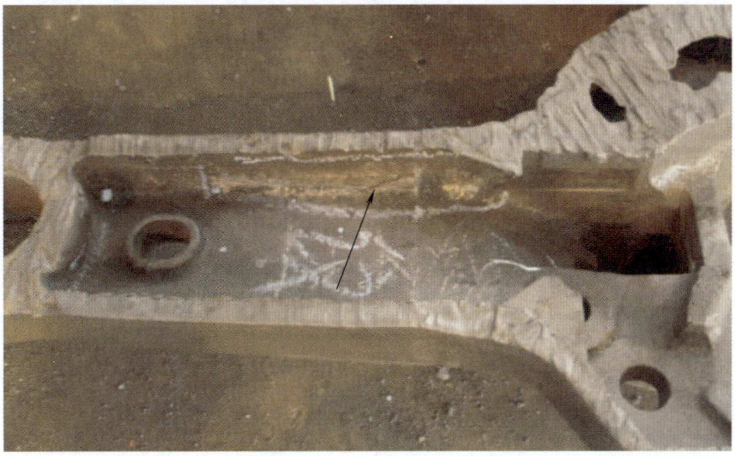

图 4-66 钩体内腔拐角裂纹

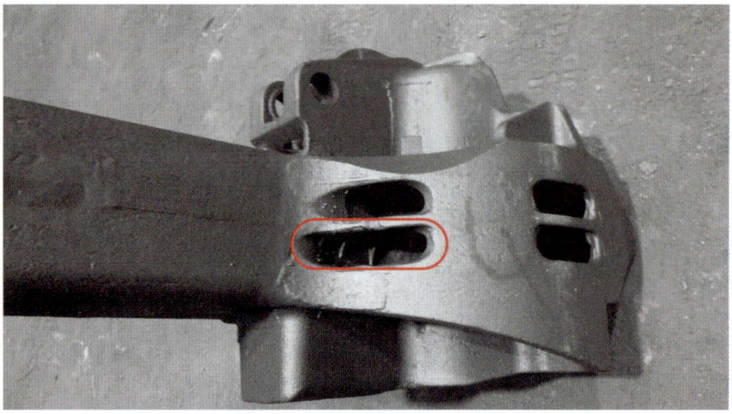

图 4-67　钩体内腔拐角防裂筋

5

铸造工艺数值模拟

5.1 铸造工艺数值模拟目的和意义

在铁路货车车辆制造过程中，许多关键零部件如摇枕、侧架、摇动座、车钩等采用铸造方法生产，这些铸件的质量及可靠性对车辆的性能产生重大影响。铸造过程是一个极为复杂的物理化学过程，依靠经验和传统的分析方法往往难以解决铸造过程中的诸多问题，而且费时费力、成本高、效率低。计算机模拟技术的飞速发展及其在铸造生产中的广泛应用，为解决上述难题提供了良好的工具和手段，不仅有利于提高生产效率，降低生产成本，同时又促进新技术和新工艺的不断出现，使铸造生产从主要依靠经验走向科学理论指导生产的阶段。

铸造工艺模拟分析主要是铸件充型和凝固过程计算机数值模拟，这种方法以数值计算为核心，用数值计算方法求解充型和凝固成形的物理过程所对应的数学离散方程。对铸造过程中流场、温度场、应力场及微观组织形貌进行模拟，从而帮助工艺设计人员对不同时刻的金属流态、凝固过程温度分布、应力分布、结晶晶粒尺寸形貌等重要物理参数有直观了解。并以此为依据，预测是否有缩孔、疏松、夹杂、偏析及热裂等缺陷，可以实现铸造工艺设计—校验—优化设计的全过程。流动充型过程模拟、流动传热耦合计算以及结晶凝固模拟技术可以有效指导实际生产。铸造工艺模拟分析技术已经成为提高铸造业技术水平的有效手段。

充型和凝固过程数值模拟不仅可以形象地显示液态金属充填型腔和在型腔中冷却凝固的进程，还可预测可能产生的缺陷，所以可在制造计划实施前，综合评价各种工艺方案和参数，优化工艺方案，取代或减少现场试制，降低成本。由于凝固过程数值模拟可以揭示许多物理本质过程，也促进了凝固理论的发展。通过微观组织模拟，可预测晶粒大小和力学性能。

铸造工艺模拟分析和其他系统模拟一样，可简单地描述为数学模型与计算机控制方法的一个循环，其过程可按如下过程描述，如图 5-1 所示。

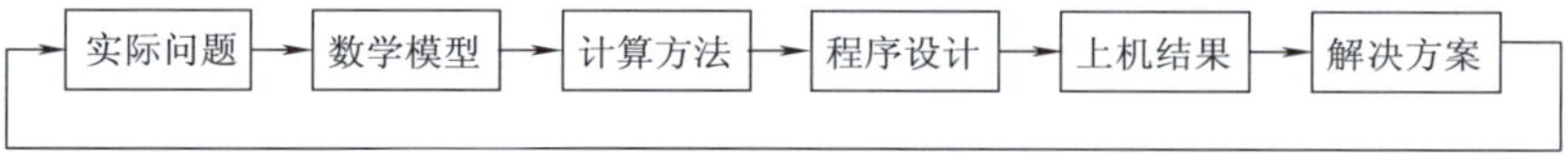

图 5-1　铸造工艺模拟分析流程

铸造工艺模拟分析已逐步成为先进制造技术系统(CAD/CAE/CAM)的重要组成部分,并能预测铸件的安全可靠性。铸造模拟分析与新型物理模拟实验方法及装置结合,改进测试技术以获取准确的基础数据,包括铸件、模具、铸型、介质等材料的热物性参数、高温力性参数、几何参数、界面间隙、气体析出参数、结晶潜热等各种初始条件、边界条件,合理处理数值模拟与物理模拟或实验验证之间的关系,实现精确模拟[7]。

5.2　铸件充型和凝固

液态金属成形有两个基本过程,充填铸型和冷却凝固。这两个基本过程可在重力场或其他力的作用下完成。充填铸型主要是一种运动速度变化的机械过程,冷却凝固则为结晶和组织变化的热量传递过程。

5.2.1　充　　型

液态金属充满铸型型腔,获得形状完整、轮廓清晰铸件的能力,称为液态金属充填铸型的能力,简称液态金属的充型能力。液态金属的充型能力首先取决于金属本身的流动能力,同时又受外界条件,如铸型性质、浇注条件、铸件结构等因素的影响,是各种因素的综合反映。提高充型能力的措施主要有如下几方面。

1. 金属方面

正确选择合金的成分。在不影响铸件使用性能的情况下,一般选用结晶温度范围小的合金。对某些合金进行变质处理使晶粒细化,也有利于提高其充型能力。

选择合理的熔炼工艺。去除原材料上的锈蚀和油污,在熔炼过程中尽量使金属液不接触或少接触有害气体,对钢水要充分脱氧去气,减少非金属夹杂物和气体。

2. 铸型方面

减小铸型的蓄热系数。铸型的蓄热系数与造型材料的性质、型砂成分的配比、型砂的紧实度、冷铁等因素有关。

减小铸型中气体的反压力。适当降低型砂中的含水量和发气物质的含量,即减小型砂的发气性。提高砂型的透气性,在砂型上扎出气孔,或者在离浇注端最远或最高部位设出气孔。

3. 浇注方面

对于薄壁铸件或流动性差的合金,适当提高浇注温度可改善充型能力。但是,随着浇注温度的提高,铸件一次结晶组织粗大,容易产生缩孔、疏松、粘砂、裂纹等缺陷,必须综合考虑。

采用合适的充型压头。生产中,常用增加金属液静压头的方法提高充型能力。此外,应合理设计浇注系统。

4. 铸件结构方面

铸件模数越小、结构越复杂,越不容易充满。因此,对于薄壁复杂件,应正确选择浇注位置,尽量简化浇注系统。

5.2.2 凝　　固

铸件凝固的方式一般分为三种:逐层凝固、体积凝固(糊状凝固)和中间凝固。这是由金属凝固区域宽度决定的,凝固区域窄或等于零时呈逐层凝固,凝固区域比较宽或很宽时,呈体积凝固,凝固区域中等宽度时呈中间凝固。

1. 逐层凝固方式与铸件质量

铸件在以逐层凝固方式进行时,浇入铸型的高温液态金属,在型壁吸热和传导散热作用下,首先开始从接触和靠近型壁处凝固,并逐层向中心部延伸,其凝固前沿总是和液态金属直接接触,在凝固收缩发生的同时,随时都得到液态金属的补充,所得到的组织致密,力学性能优良。当铸件最后凝固区域内液态金属凝固时,由冒口内的液态金属来补充,在最后凝固的冒口中心部位形成集中缩孔,获得组织致密无缩孔缺陷的铸件。

2. 体积凝固方式与铸件质量

对这种凝固方式,当温度降至凝固温度区间,会在整个液态金属的各个部位几乎同时开始出现固态晶核,并自由长大成树枝状晶。当树枝晶长大到某程度时,树枝晶生长前沿会接近于接触,把尚存的金属液分割成相互似通非通的微区,进而成为相互不通的微区,由此再凝固收缩,至最后完全凝固时,都不能得到液态金属的弥补而形成微缩孔,即铸件形成较大范围的疏松。

3. 中间凝固方式与铸件质量

铸件按中间凝固方式进行时,既有形成集中缩孔的倾向,又有形成分散疏松的一面。对形成集中缩孔而言,可合理设置冒口,使其转移至铸件范围以外的冒口区;对于形成分散疏松而言,因为其程度比体积凝固方式要小得多,通过加大冷却速度,强化逐层凝固倾向,一般说来,也可获得组织致密且无疏松的优质铸件。

5.3　铸造模拟技术原理

充型和凝固过程数值模拟是一个数值试验过程,其目的就是通过对铸件充型和凝固过程的数值计算,分析工艺参数对工艺实施结果的影响。可以实现的具体目标有:预知凝固时间、开箱时间、确定生产率;预测缩孔和疏松形成的位置和大小;预知铸型的表面及内部的温度分布,方便铸型的设计;控制凝固条件,为预测铸件应力、微观及宏观偏析、铸件性能等提供必要的依据和分析计算的数据。

铸造过程数值模拟技术的基本原理是对铸件成形系统(包括铸型—型芯—铸件

等)进行几何上的有限离散,在物理—数学模型的支持下,通过数值计算来分析铸造过程有关物理场(主要是温度场、流场和应力场等)的变化特点,并结合有关铸造缺陷的形成判据来预测铸件质量。温度场、流场和应力场等与铸造过程紧密相关的3个物理场的变化分析为铸造缺陷预测奠定了基础。经数值模拟得出的铸件缩孔、疏松结果,可以用于铸造工艺的分析和优化。温度场计算是流场和应力场数值计算的基础。模拟金属液充型时的流动过程及传热现象,是铸造过程模拟的重要内容。通过分析金属液在浇注系统和型腔中的流动状态,进而优化浇注系统设计以减少吸气、流股分离、倒流、噎流等现象。同时通过模拟分析充型过程中金属液及铸型的温度变化,可预测冷隔和浇不足等铸造缺陷。铸造过程应力场的模拟计算能够预测和分析铸件残余应力、变形和裂纹,为控制应力应变造成的缺陷,优化铸造工艺,提高铸件尺寸精度及尺寸稳定性提供科学依据。

根据建立数值方程的方法不同,数值计算方法分为有限差分法(FDM)、有限单元法(FEM)、直接差分法(DFDM)和边界单元法(BEM)等4种。

数值计算的一般步骤是:

(1)汇集给定问题的单值性条件,即研究对象的几何条件、物理条件、初始条件和边界条件等;

(2)建立解决给定问题的物理—数学模型并确定相应的数值计算方法;

(3)将物理过程所涉及的区域在空间和时间上进行离散化处理;

(4)建立节点或单元的数值方程;

(5)将求解过程编制成计算程序,由计算机完成计算并求解。

5.4 国内外铸造模拟软件

铸造模拟的研究开发始于20世纪60年代,经过数十年的努力,已进入工程实用化阶段,大量用于飞机、导弹、汽车、发动机和铁路机车车辆等产品的铸造生产工艺设计分析及优化。

在我国,采用铸造模拟技术对铸件浇注和凝固过程中的流场、温度场和应力场的分析已成熟应用,采用有限差分法和有限单元法等方法,开发了各种数值模拟软件。例如SRIFCAST三维数值模拟软件,主要用于湍流与层流流动模式的铸件充型和充型凝固过程分析,可对不同工艺参数下的铸件充型和凝固过程进行质量预测,判断其是否产生缩孔、疏松等铸造缺陷[8]。FT-STAR模拟分析软件应用于大型铸钢件的铸件充型凝固过程[9]。Magma铸件凝固分析软件可以模拟分析两种不同工艺下铸钢轧辊浇注凝固过程中的温度场变化及产生的缩孔缺陷,并通过改进浇注系统和优化工艺消除了铸造轧辊容易产生的缺陷,生产出优质的轧辊[10]、[11]。在BUAA-CAST铸造过程模拟系统中,采用矢量箭头映射方式对铸造过程数值模拟中产生的矢量数据进行映射,并实现了具有光照明暗效应的矢量箭头图标显示算法,可真实地显示蜡模及铸件在充型过程中各时刻的物理量的分布情况,为铸造工艺优化提供了一种高级图形的显示手段[10]。华铸 CAE(InteCAST),采用有限差分法(FDM)对铸件凝固过程热应力场进行了三维数值模拟研究,开发了基于微机和Windows平台的通用FDM/FDM铸件热应力场数值模拟原型系统,以铸件充型过程、凝固过程数值模拟技术为核心对铸件进行铸造工艺分析,并采用典型应力框试件和实际铸件对所开发的系统进行验证[11]。

国际上采用的主要模拟软件有采用有限单元法(FEM)的ProCAST铸造模拟分析系统,采用有限差分法(FDM)的Magma、PamCAST铸造模拟分析系统,还有少数采用直接差分法(DFDM)的软件。

(1)MAGMAsoft几乎应用于所有铸造工艺及合金,如砂模铸造、金属模铸造、重力铸造、高压铸造等,且与所有CAD系列软件之间都具有快速、方便的几何数据转换接口。MAGMAsoft软件可以仿真充填时间和金属流动速度、金属熔液的温度及压力、区域凝固时间、缩孔和疏松的判定、冷却曲线、铸件及铸型的温度、枝状结晶的宏观结构及分布、力学性能、铸件的残余应力及变形等。

(2)QuikCAST采用有限差分法模拟材料在铸造过程中的温度变化、压力变化、材料流动速度变化过程以及砂芯制模过程,预测铸件的成型性和铸造后可能产生的缺陷与砂芯质量等问题。

(3)ProCAST铸造模拟分析系统是有限元(FEM)铸造全过程仿真分析软件,由网格划分MeshCAST、前后处理模块PreCAST/VisualCAST、传热分析模块Thermal、流动分析Fluidflow、应力分析Stress、热辐射分析Rediation、显微组织分析Microstructure、晶粒结构模块CAFE、高级孔洞分析模块APM、连铸模块及反向求解Inverse、优化模块Optimization等10余个模块组成。该软件可以对铸造过程进行流动、传热、应力宏观耦合,也能够实现晶粒、孔洞、偏析等微观分析。

5.5 铸件数值模拟软件应用

5.5.1 软件组成

铸造过程数值模拟软件系统的组成,如图5-2所示。通常包括三部分:前处理、中间计算和后处理。

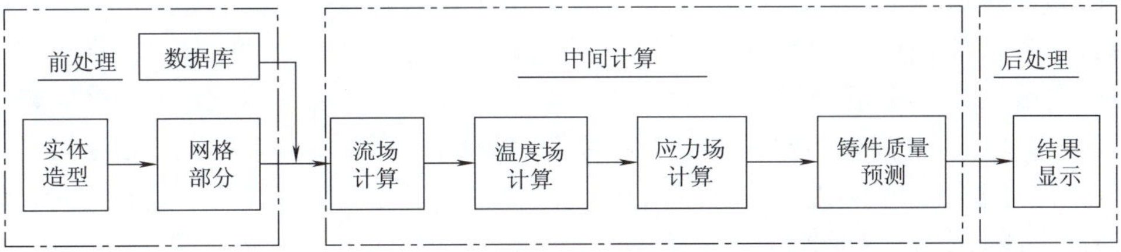

图5-2 铸造过程数值模拟软件系统的组成

前处理主要包括铸件和铸型的几何模型并进行网格自动剖分,铸造合金和铸型的材料性能数据库,有关铸造工艺信息。有两种方法建立铸件几何模型:一种是模拟软件自带几何造型系统,它通过实体模型或线框模型来建立铸件和铸型的三维交换模型并自动生成计算网格;另一种是借助其他软件的几何造型系统建立铸件几何模型,再通过一定的数据转换格式传送给铸造模拟软件。例如使用华铸 CAE10 的前处理系统软件进行网格剖分的前提是已经拥有由三维造型平台生成的 STL 文件,并且 STL 文件是全面的,包括铸件、砂芯、冷铁、铸型等。

中间计算部分是整个模拟软件系统的核心,主要根据铸造过程涉及的物理场及其相关的经典理论(如传热学、流体力学、弹塑性力学等)建立物理和数学模型。并根据铸件质量或缺陷与物理场的关系形成判据,以预测铸件质量。一个铸造过程数值模拟软件所具有的技术水平和功能主要体现在这部分。计算温度场大多基于傅里叶定律,以三维非稳态热传导偏微分方程为基本数学模型。计算充型过程流场的方法有两种:一是以伯努利方程和 Navier-Stocks 方程为基础的能量平衡法,主要用于计算浇注系统内金属液的流动;二是以动量方程为基础的动量平衡法如 SOLA-VOF 法,主要用于计算型腔内金属液的流动。应力场的数值模拟则以弹塑性力学为基础。有的软件只考虑了铸造过程的热交换,有的软件则具有温度场模拟和相关缺陷预测的功能,较好的软件可以模拟充型过程的流场,并与温度场的计算相耦合。好的软件考虑自由表面和对流对温度和密度的影响,这些软件还能够计算热传导、热对流和热辐射以及紊流等。国外许多软件已开始具有模拟凝固动力学进而预测铸件显微组织的功能,在我国对于采用前沿跟踪法、相场法[12]等凝固微观组织数值模拟方法进行了研究。也有些软件可将结果输出到商品化的应力分析软件中进行铸件残余应力模拟。

后处理主要是数值模拟计算结果的表达。经软件前两大模块处理后,系统从计算中得到铸件浇注、凝固过程流动场、温度场以及结晶相变等物理过程详尽、完整的大量数据,由于这些数据是基于时空四维空间的场物理量数值,非常繁琐、非常庞杂,不经过处理是无法阅读、识别的。后处理的任务就是分析、识别这些琐碎的数据,将其组织起来,构建出可视的三维图形,以模拟充型、凝固过程的视觉效果,让实物立起来、让过程动起来。通常采用的手段包括各种等值线的绘制、温度场及铸造缺陷的彩色图形显示、流场的动态显示等,让经过模拟后得到的过程"可视化"。可视化的意义就在于揭示那些被遮挡、被掩盖、被封闭的过程现象,使之能被看得见。同时,许多物质属性和物理函数的定量特性本不是视觉可以感知的,比如温度、压力、时间值等,视觉无法识别。还有些物理量,比如长度、体积、速度、方向等,视觉虽然可以粗略地感知,却不能精确地定量解读。需要经过可视化处理,虚拟显示那些已发生的、未发生的、可见的、不可见的、有形的、无形的、可定量的、不可定量的等各种过程现象和属性特征。采用图形、色彩、文字标志、乃至曲线、列表等各种手段,竭力地构建一个完整的、丰富的、真实的虚拟铸造过程和虚拟铸件。因此,作为铸造过程数值模拟商品化软件不仅要求数学模型科学合理,计算方法正确有效,而且要求有良好的后处理技术和用户界面。

5.5.2 数值模拟的使用

1. 数值模拟过程

数值模拟过程，如图 5-3 所示。

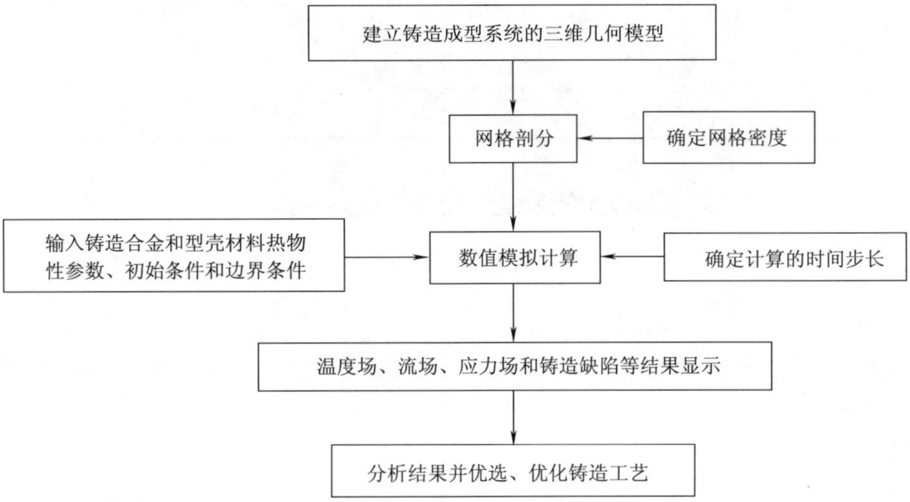

图 5-3 数值模拟过程

2. 建立三维几何模型

首先利用三维造型软件，建立包括铸件、浇冒口系统和型芯在内的三维几何模型，这些软件系统包括：AutoCAD、MDT、UG-Ⅱ、Solidedge、Pro/ENGINEER、I-DEAS、CADAM、SolidWorks、EUCLID、CATIA 等。

(1)建立产品的三维数值化几何模型，并在产品几何模型的基础上增加加工余量、工艺余量、铸造合金收缩率等。这个过程相似于由零件图设计铸件图的过程。

(2)完成产品的三维数值化几何模型设计后，进行铸件浇冒口系统和铸型的设计，包括铸件的浇注系统、冒口、砂芯、冷铁、冒口套、铸型等。不同材质的实体，造型时必须分开。相同材质的实体，可分开也可不分开。例如铸件、浇注系统与冒口的材质相同，造型时可以将此三部分作为一个实体进行造型，也可分为 3 个实体。各个实体必须按实际生产情况进行正确的装配。

(3)熔模铸造是壳型而不是实体型，所以还需要在模组(包括铸件和浇冒口系统)的三维模型外面加上一个均匀厚度(即型壳厚度)的壳层，以形成整个几何模型。

(4)三维造型完毕后，后续的工作就是输出文件以供分析软件系统使用。输出文件以前，各实体的绝对坐标一定保证符合装配状态。

例如，某型号侧架的铸造工艺要求为：采用砂型铸造，水平分型、一箱两件；铸造缩尺为 2%，未注拔模斜度 $0°45'$，未注铸造圆角 $R5$；两个直浇口分别从侧架导框两头引入钢水，在上箱关键部位 A、B 部局部壁厚增加处分别设置明冒口，在热节处设置外冷铁。依据以上工艺要求，添加缩尺、加工余量、冒口、浇注系统等特征，同时在不影响铸件凝固数值模拟结果的真实性的前提下，去除不影响模拟结果的工艺参数，设计铸造主模型，如图 5-4 所示。

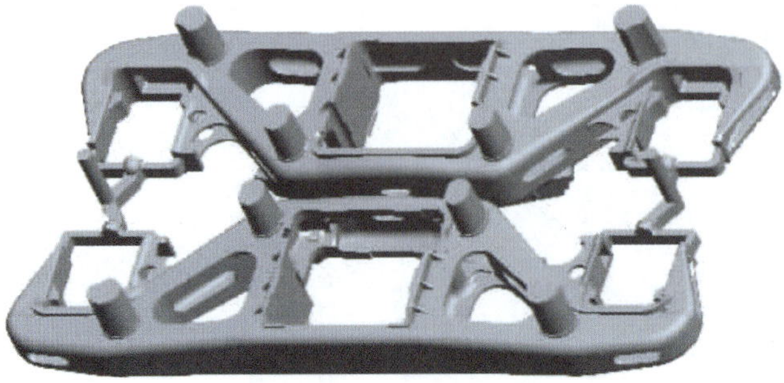

图 5-4　铸造主模型

3. 确定网格密度，创建网格

虽然网格剖分是由计算机自动完成的，但网格密度必须由人来确定。网格越密模拟结果越精确，计算工作量也越大。网格密度还与铸件形状复杂程度、壁厚等因素有关。对一般复杂程度铸件而言，剖分后最终应获得约数十万个网格单元、数万个节点。需要说明的是，当采用有限元算法时，往往需要分两步进行：首先在其他专门的 CAD 软件上建立铸件成形系统的三维几何模型及其表面网格模型，然后将该模型以适当的数据格式传送给铸造模拟软件，模拟软件就会在表面网格模型的基础上自动生成有限元实体网格模型。当采用有限差分算法时，网格多为立方体，剖分较简单，通常一次就能完成。

4. 确定模拟计算物理场的时间步长

在进行模拟运算前，需要设定模拟计算物理场的时间步长。一般来说时间步长越短，模拟结果越详尽、精确，当然计算工作量也越大，步长越长则反之。

5. 输入各项参数和条件

确定时间步长后，输入铸造合金和型壳材料热物性参数和初始条件、边界条件。

(1)材料热物性参数

铸造合金的热物性参数主要包括：热导率 λ、密度 ρ、比热容 c、界面传热系数 h、结晶潜热 H、固相线温度 Ts、凝固温度区间 ΔT 等。例如 B 级钢的热物性参数，见表 5-1。

表 5-1　B 级钢热物性参数

热导率 [W/(m·K)] (1 519 ℃)	密度 (kg/m^3) (1 519 ℃)	比热 [J/(kg·K)] (1 519 ℃)	固相率	液相线温度 (℃)	固相线温度 (℃)	潜热 (kJ/kg)	黏度 (cp)
27.8	7 010	781	1(1 519 ℃) 0(1 412 ℃)	1 519	1 412	280	6.1

型芯的热物性参数主要包括:热导率 λ、密度 ρ、比热容 c、界面传热系数 h、孔隙率等。以上这些数据通常可由铸造模拟软件中的数据库获得或查阅有关的资料。例如呋喃树脂砂热物性参数,见表 5-2。

表 5-2 呋喃树脂砂热物性参数

热导率 [W/(m·K)] (1 000 ℃)	密度 (kg/m^3) (900 ℃)	比热 [J/(kg·K)] (900 ℃)
0.7	1 520	1 170

(2)初始条件和边界条件

初始条件指凝固过程数值计算零时刻的温度场分布。初始温度场应当由耦合传热计算充填过程数值模拟计算的结果给出,而不能视为给定常数分布。边界条件则同时依赖于边界几何形状以及边界的换热状况。一般情况下多采用热阻的概念来统一处理凝固过程中的边界条件。这种方法通用性强,只要保证界面传热系数取值得当,完全可以获得工程精度范围内的温度场分布。铸件凝固过程的边界传热状况主要包括铸件、铸型热交换和铸型、环境热交换两部分。

6. 运行模拟软件及模拟结果分析

各项参数及初始条件和边界条件设定后,运行软件进行模拟计算。在计算时可以根据需要选择纯充型流动计算、充型与传热耦合计算等,计算完成后进入后处理系统,对计算后的结果进行处理,并根据需要进行可视化演示。表达的内容有铸件几何形状、铸型工艺结构、铸件铸型浇注及凝固过程温度的分布和变化、浇注过程速度场、压力场、涡流,凝固过程液相固相的相变转化,孤立液相的形成、重组,凝固过程缩孔、疏松的形成过程,铸件各单元凝固相变的先后次序,以及因糊状凝固引起的疏松的Niyama预测判断等。通过凝固过程液相分布的时序动画,可以显现凝固过程相变的细节,根据相变细节及相应的判据,可以得出铸件缩孔、疏松倾向及位置的判断,并为改进工艺提供依据,从而达到改进、优化工艺的目的。

经过计算机模拟,可以将各种铸造方案所得铸件物理场以及可能产生的铸造缺陷直观而形象地展示在我们面前,但对这些结果进行分析比较仍需要通过经验修正。

5.6 摇枕、侧架铸造过程模拟

摇枕、侧架设计的结构工艺性至关重要,既要具备设计强度的可靠性,又要体现良好的结构工艺性。因此,在结构设计同时,开始进行工艺设计,利用有限元对铸件进行强度计算,采用数值模拟技术对摇枕、侧架进行流场、速度场和温度场的分析和计算,根据有限元和数值模拟计算结果对产品结构、铸造工艺进行优化。

5.6.1 摇枕、侧架浇注过程模拟计算结果[13]、[14]

以某型号摇枕、侧架铸造过程模拟为例,其中摇枕浇注系统选择从两端头引入,侧架浇注系统选择从导框两端引入,摇枕在心盘部位设置 2 个明冒口。

1. 流场计算结果

流场是反映金属液在铸造型腔中的流动过程,也就是金属液在型腔中的充填顺序,以及充填过程中金属液的温度变化,根据流场可以预测铸造充型过程中可能产生的缺陷。从流场计算结果可以看出，由于摇枕、侧架结构复杂，连接部位较多，因此在充型开始时金属液流动不稳定，处于不平稳状态，随着充型过程的进行，金属液的流动状态逐渐趋于稳定，一方面是由于型腔扩大，另一方面金属液的重力也起到了平抑不稳定流动的作用，因此，在摇枕充型率超过45%、侧架充型率超过30%后，金属液的流动趋于平稳，液面稳定上升，如图5-5、图5-6所示。

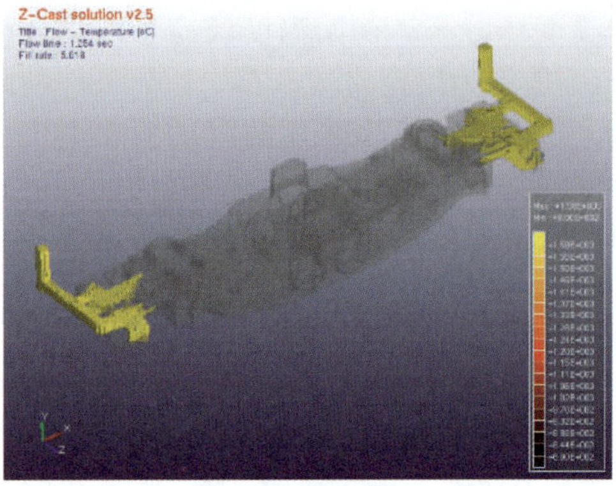

充型率5%

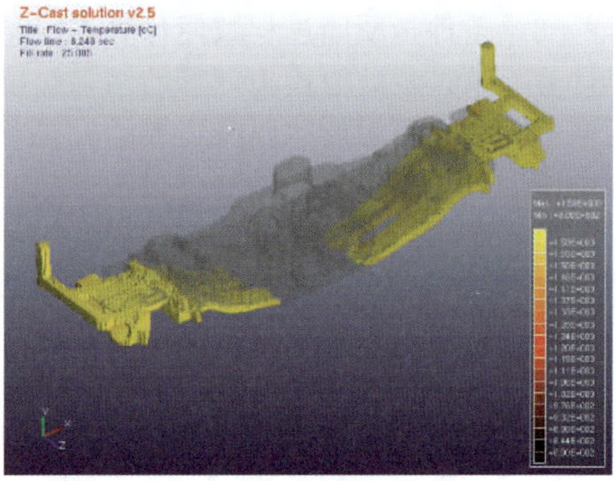

充型率25%

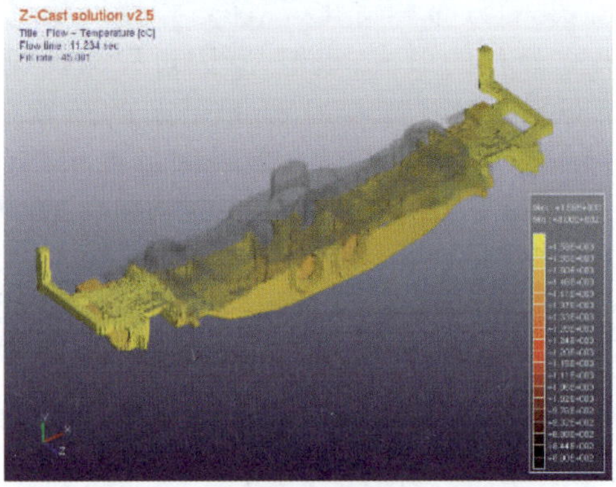

充型率45%

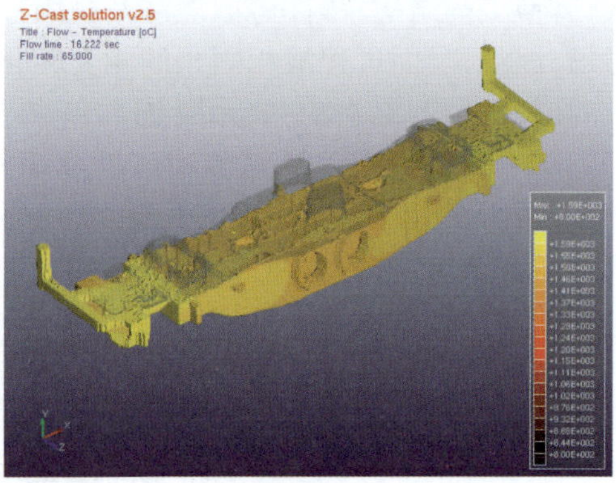

充型率65%

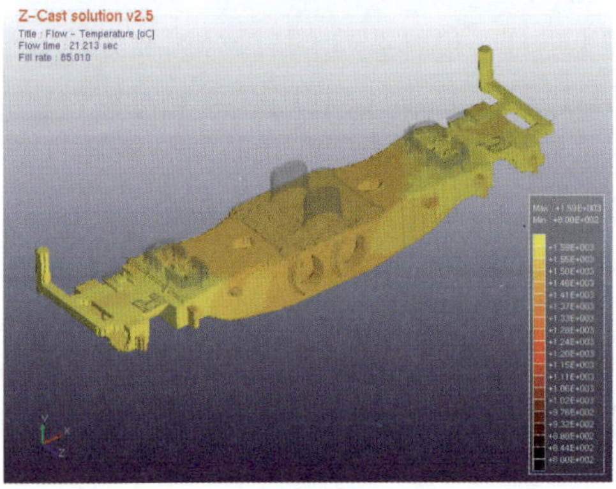

充型率85%

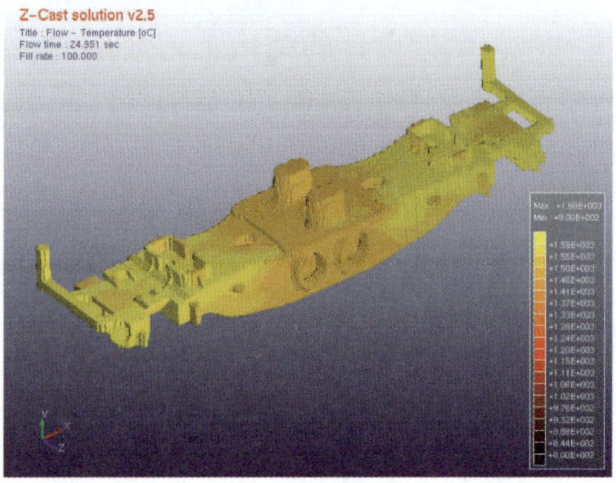

充型率100%

图 5-5　摇枕流场分布

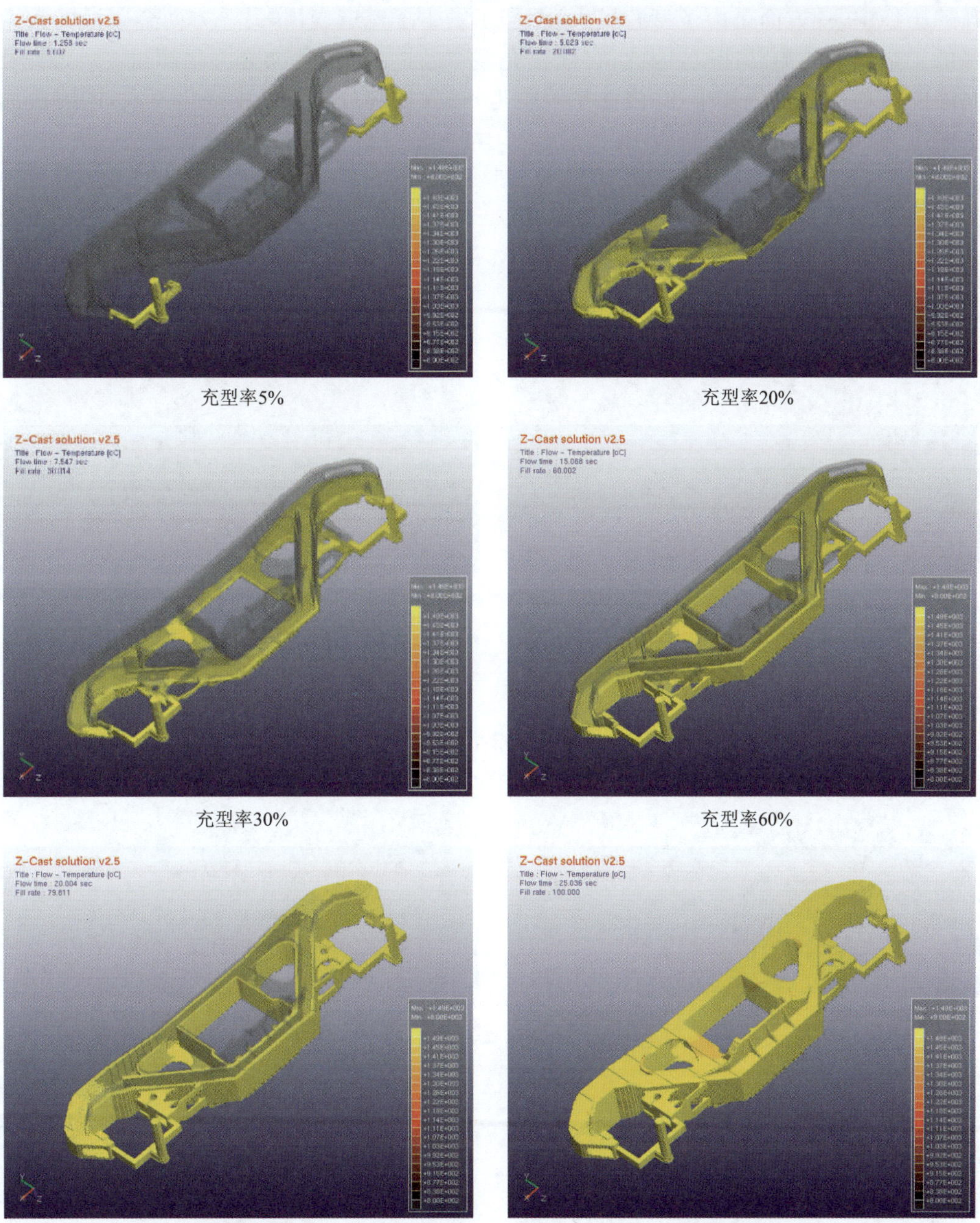

充型率5%　　充型率20%

充型率30%　　充型率60%

充型率80%　　充型率100%

图 5-6　侧架流场分布

2. 速度场计算结果

充型过程速度场反映充型过程中金属液流动速度的大小，与充型过程温度场配合分析，可以比较准确地发现金属液流动过程的铸造缺陷。从速度场计算结果可以看出，由于摇枕、侧架铸件结构复杂，连接部位较多，因此在充型开始时金属液流动速度变化大，金属液充型过程处于不平稳状态，随着充型过程的进行，金属液的流动速度逐渐趋于稳定，一方面是由于型腔扩大，相当于发生了流道变径，另一方面金属液的重力降低了金属液的流动速度，因此，在摇枕充型率超过 45%、侧架充型率超过 30%后，金属液的流动速度变化较小，除浇注系统附近，铸件大部分充型速度变化不大，同时液面稳定上升，如图 5-7、图 5-8 所示。

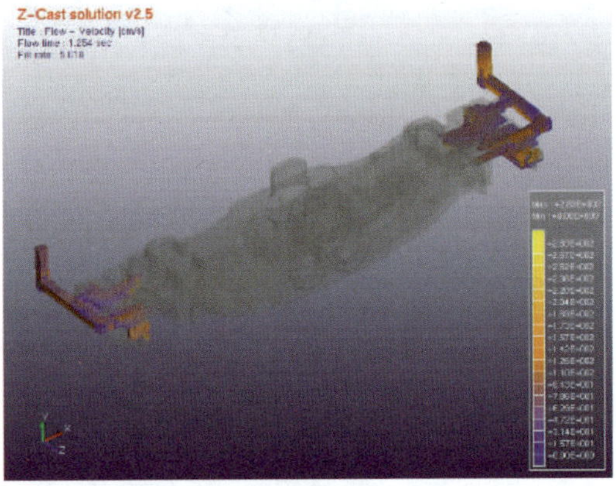

充型率5%

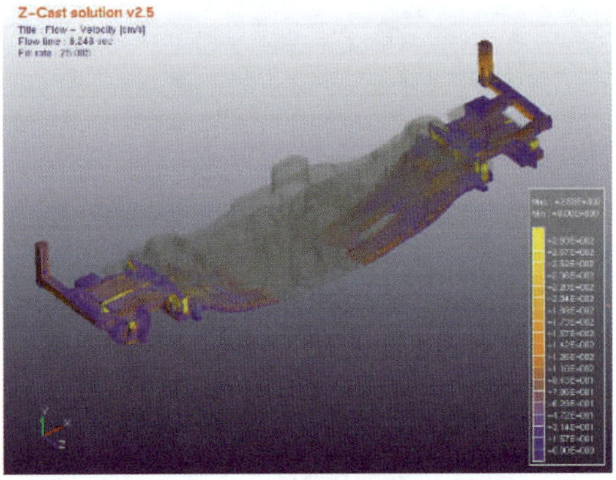

充型率25%

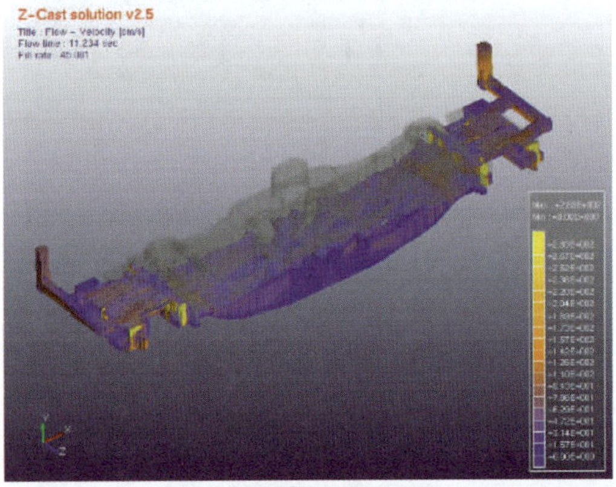

充型率45%

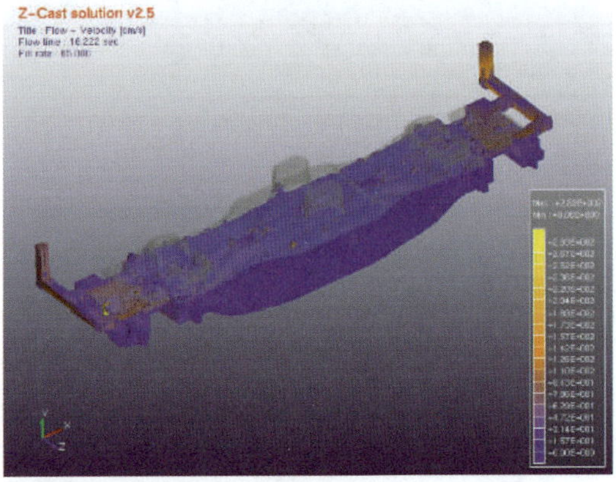

充型率65%

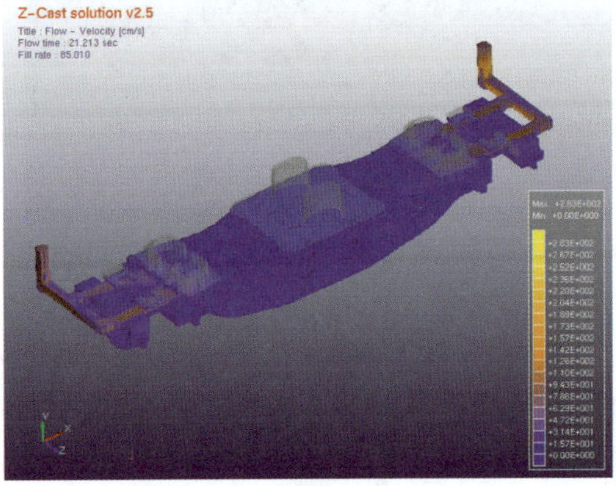

充型率85%

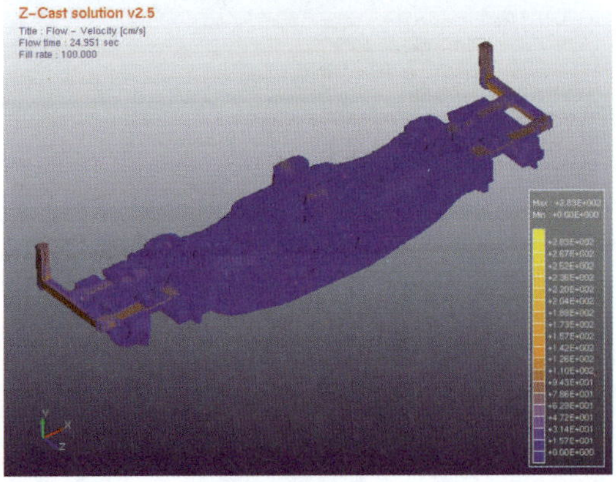

充型率100%

图 5-7　摇枕速度场分布

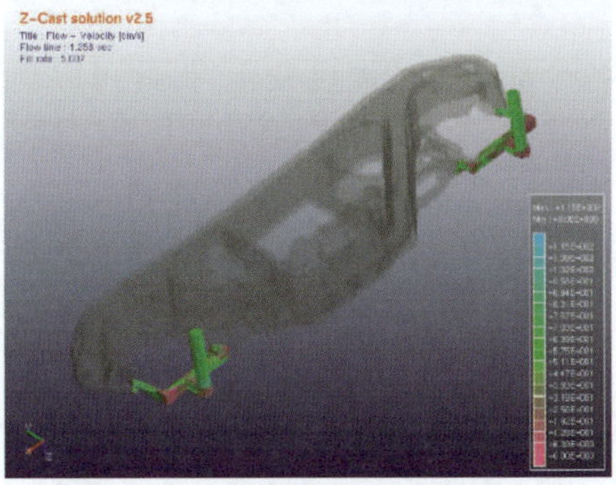

充型率5%

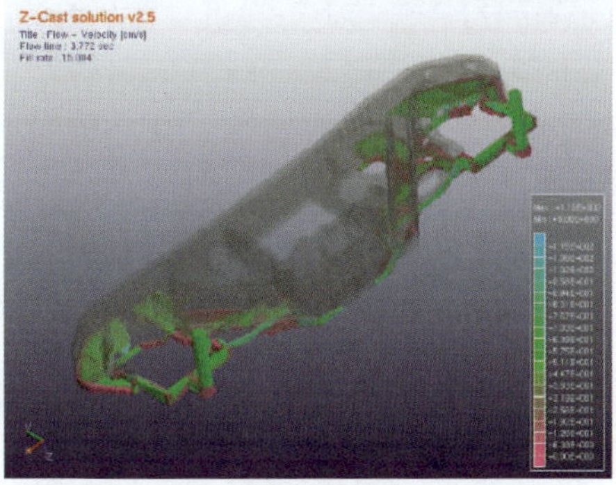

充型率15%

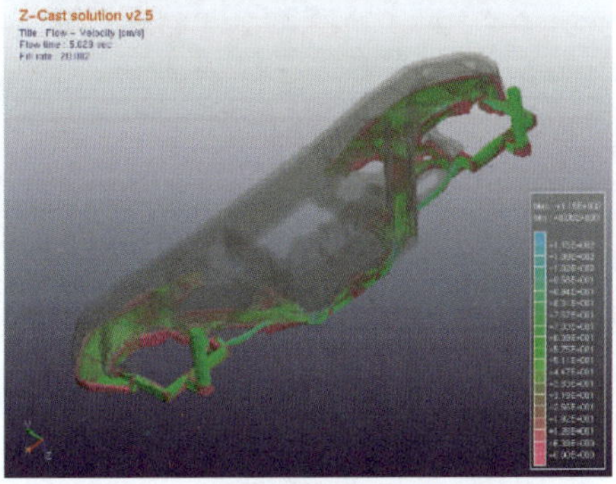

充型率20%

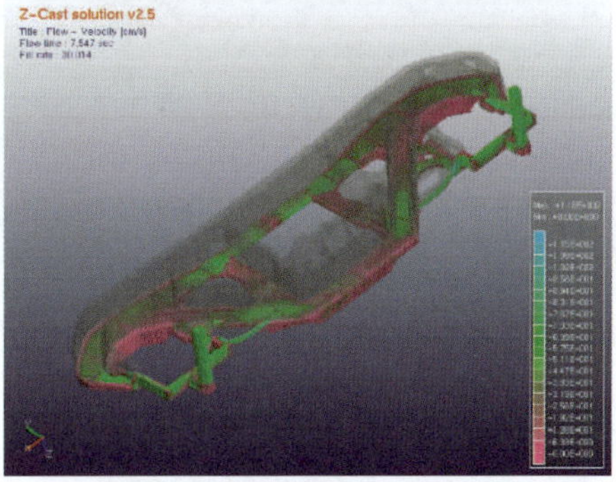

充型率30%

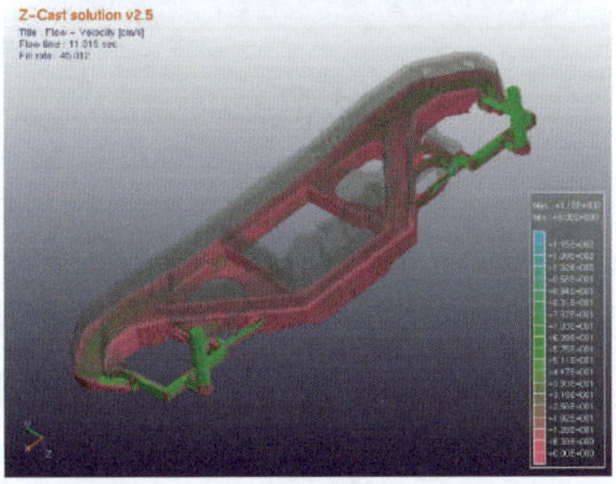

充型率45%

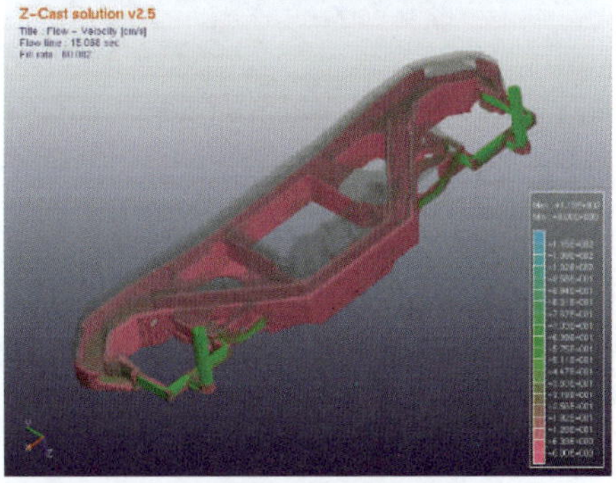

充型率65%

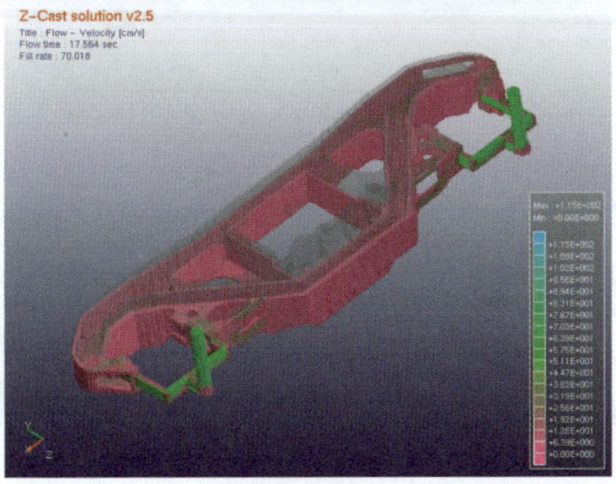

充型率70%

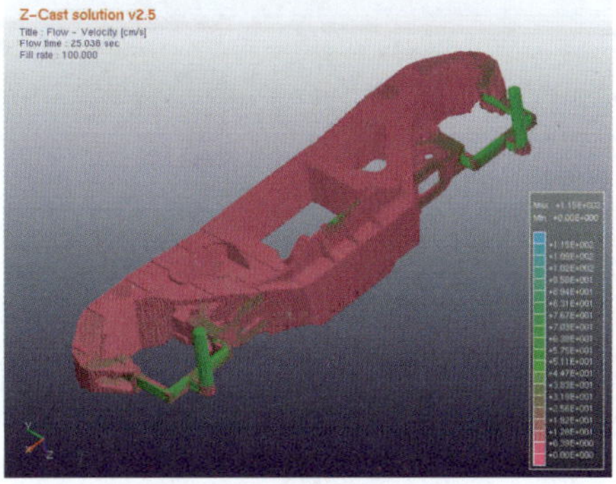

充型率100%

图 5-8　侧架速度场分布

3. 凝固过程温度场

凝固过程温度场是反映凝固过程中铸件各个部位上的温度变化，据此可以预测铸件凝固过程产生的铸造缺陷。从凝固过程温度场计算结果可以看出，由于摇枕、侧架各相连部位壁厚变化较大，热节较多，铸造工艺中适当设置冷铁，使铸件的凝固过程接近同时凝固。从温度场模拟结果可以看出冷铁发挥了很大作用，但是应该注意到摇枕固相率超过 33%、侧架固相率超过 35%之后，冷铁逐渐失去了作用，如图 5-9、图 5-10 所示。

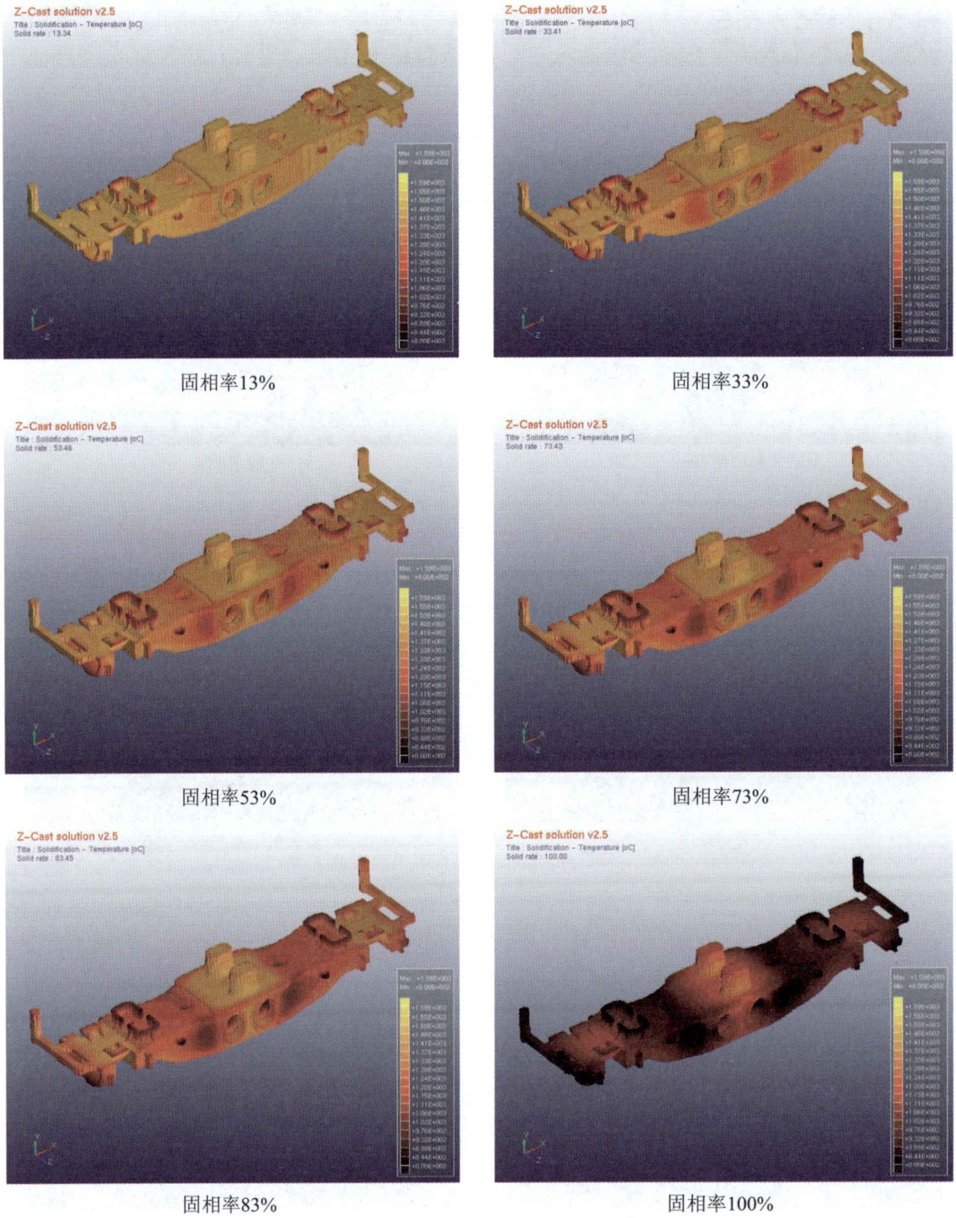

图 5-9　摇枕凝固过程温度场分布

因此随着时间的推移，铸件各部位凝固过程温度分布差异性越来越明显，冷铁能否有效解决凝固过程中所产生的缩孔、疏松问题，应该结合凝固时间来进一步判定。

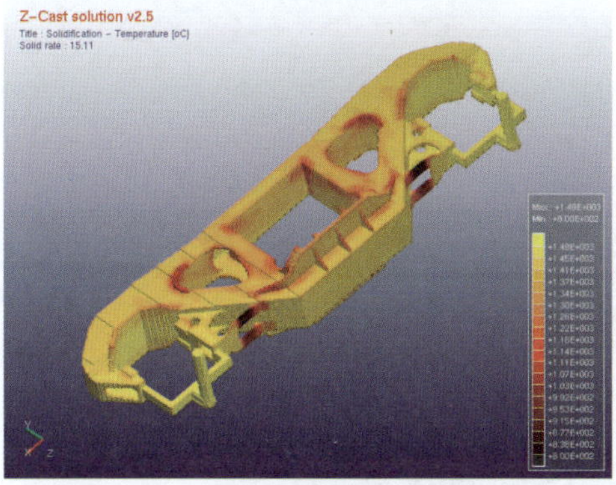

固相率15%

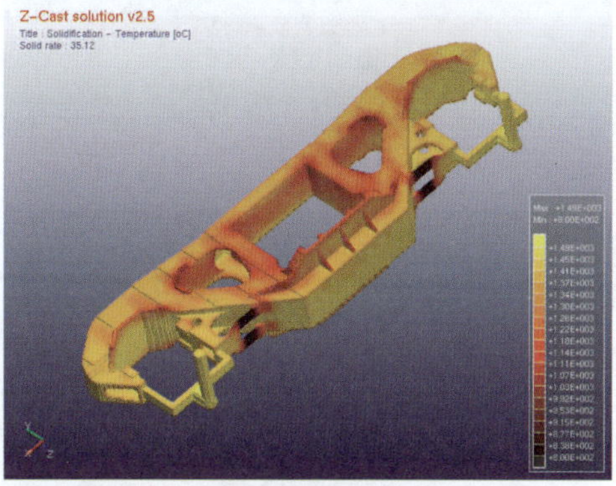

固相率35%

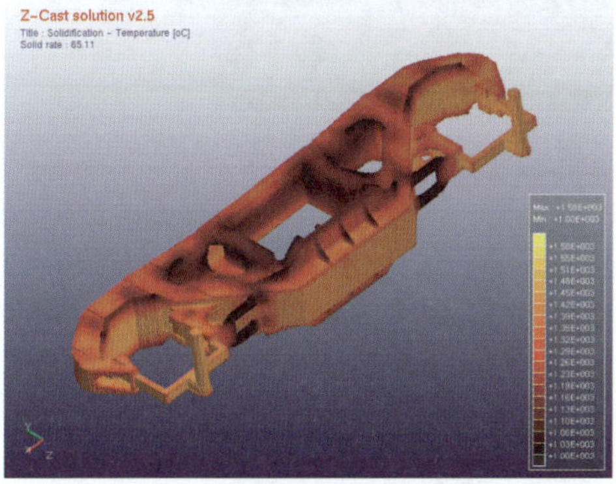

固相率65%

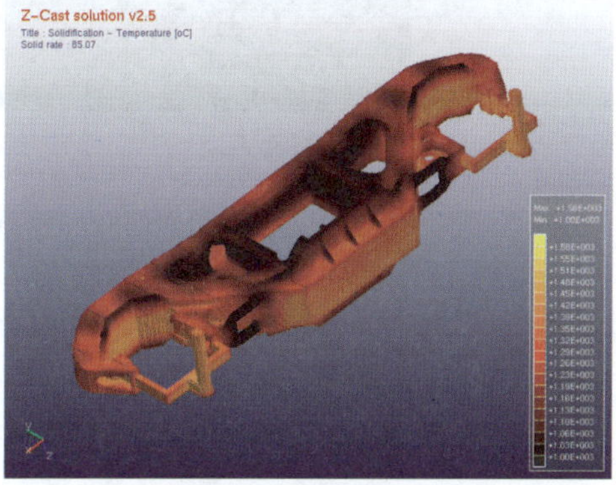

固相率85%

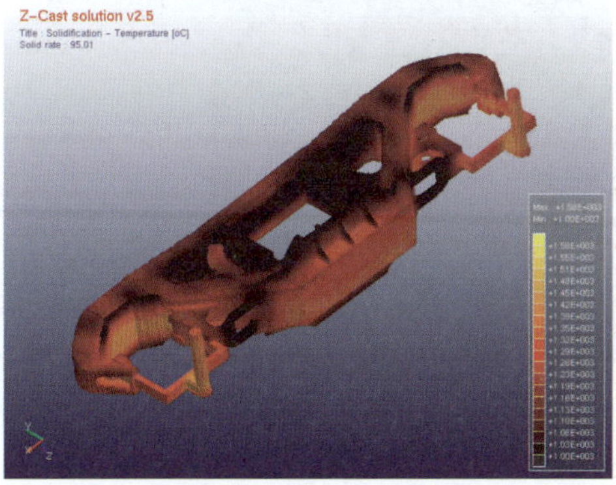

固相率95%

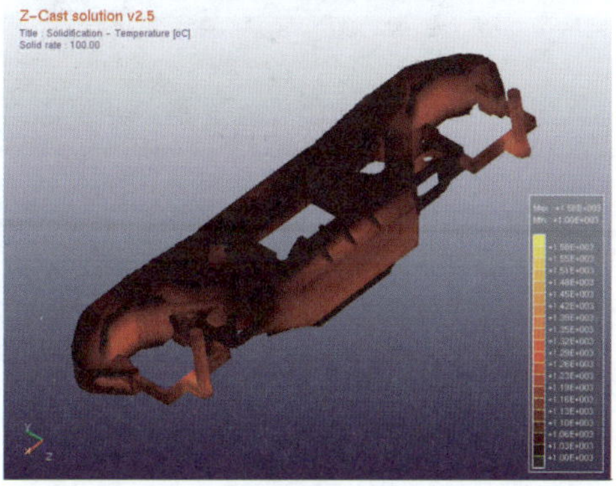

固相率100%

图 5-10　侧架凝固过程温度场分布

4. 凝固过程温度分布

凝固过程温度分布反映铸件在某时刻上各个部位的温度场。同一时刻，铸件上的温度分布，如图 5-11、图 5-12 所示，在图 5-11、图 5-12 中可以明显看到温度孤立区域，即热节所在，这说明冷铁并未完全消除热节。

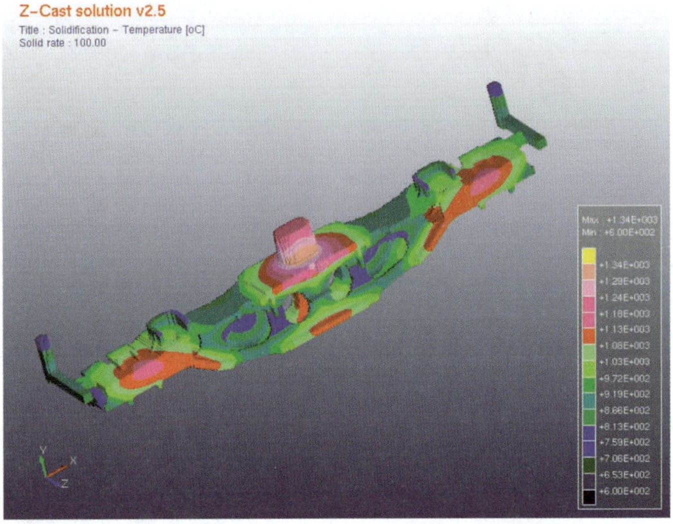

图 5-11　摇枕凝固过程某时刻温度场分布

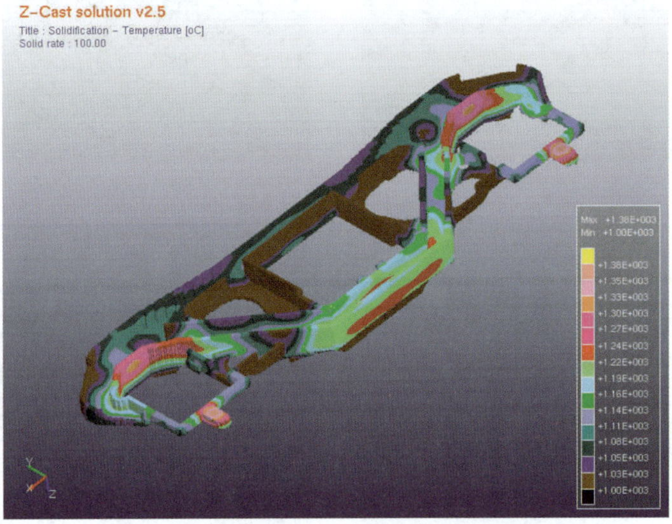

图 5-12　侧架凝固过程某时刻温度场分布

5. 凝固过程时间场

凝固过程时间场反映铸件各部位凝固的先后顺序，据此可以判断铸件局部是顺序凝固还是同时凝固，凝固过程中有无孤立凝固区域，是否会产生铸造缺陷。依据凝固时间分布，可以很准确的预测铸件凝固过程中摇枕、侧架局部可能出现的缩孔、疏松缺陷，如图 5-13 所示。

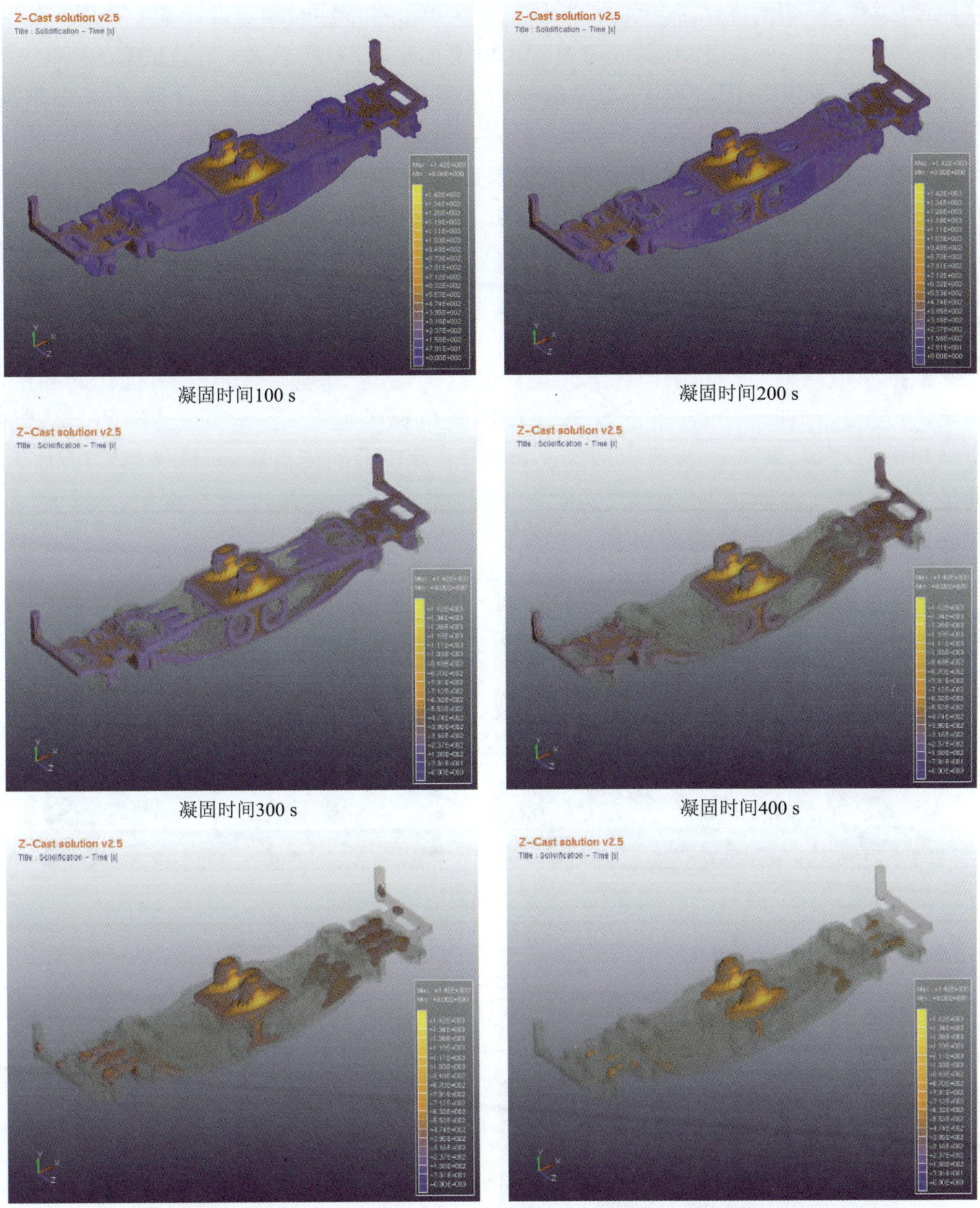

凝固时间100 s　　凝固时间200 s

凝固时间300 s　　凝固时间400 s

凝固时间500 s　　凝固时间600 s

图 5-13　摇枕凝固过程时间场

5.6.2　模拟结论

（1）在摇枕、侧架浇注初期，由于金属液流径发生较大变化，所以流动状态（充型过程和充型速度）很不稳定，因此，如果铸型排气不畅，在这一阶段容易发生卷气等铸造缺陷。但充型超过30%时，金属液的流动逐渐平稳，这对于这类铸件的充型过程极为有利，所以摇枕、侧架的浇注工艺如浇注系统、浇注温度和浇注时间等设计基本合理。如对摇枕浇注系统进一步优化，铸件充型过程可以更加平稳，有利于减少铸造缺陷的产生。

(2)摇枕、侧架凝固过程中，冷铁起了较大的作用，冷铁布置基本合理，但是根据凝固过程中的温度场和时间场分析结果，有一些部位可能产生铸造缺陷，即使不会产生大的缩孔类铸造缺陷，这些部位的铸造组织也是不可靠的，故需局部优化冷铁设计。

(3)总的来说，摇枕、侧架的铸造工艺方案基本合理，能够满足生产要求。为了生产出高质量铸件，应该对产品结构和铸造工艺作出进一步的优化设计。

5.6.3 试验验证

依据模拟结果对产品结构和工艺设计进行优化，经过现场验证表明，优化的摇枕、侧架铸造工艺合理，铸件表面光洁，未发现肉眼可见的缩孔、裂纹等铸造缺陷，关键部位经超声波检测、解剖和 X 光射线探伤检测，未发现大的铸造缺陷，铸件密实度优良，满足《铁道货车铸钢摇枕、侧架技术条件》的要求。关键部位密实度解剖断面，如图 5-14、图 5-15 所示。

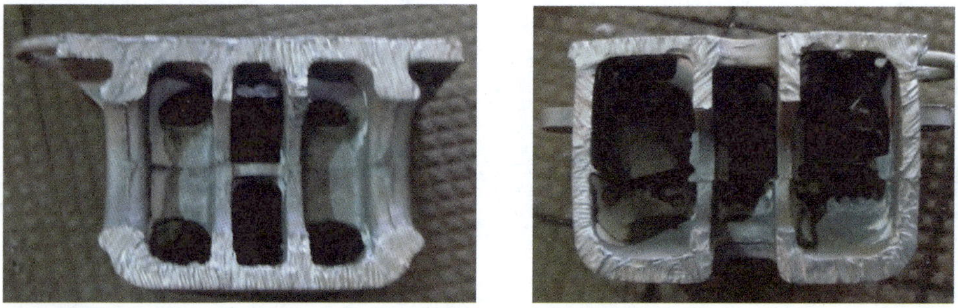

图 5-14　摇枕关键部位解剖断面

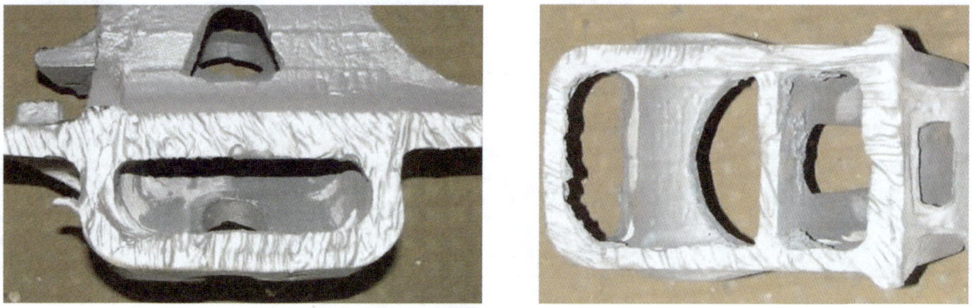

图 5-15　侧架关键部位解剖断面

5.6.4 摇枕、侧架热应力及变形分析

铸造系统的热应力数值模拟是相当复杂的，铸造应力是铸件在生产、加工和使用过程中产生变形和裂纹的主要原因，铸件由于变形和裂纹将导致其尺寸精度和使用性能大大降低[15]。对铸造过程的应力场进行模拟，可以预测铸件的变形、热裂和残余应

力等，为优化铸造工艺、减少应力/应变导致的铸件缺陷、提高铸件尺寸精度和使用寿命提供科学的参考依据[16]。对于摇枕、侧架，进行铸造应力及变形的分析，可以进行结构和工艺参数优化，确定应力集中的部位，有效防止热裂纹和变形的产生，如图 5-16、图 5-17 所示。

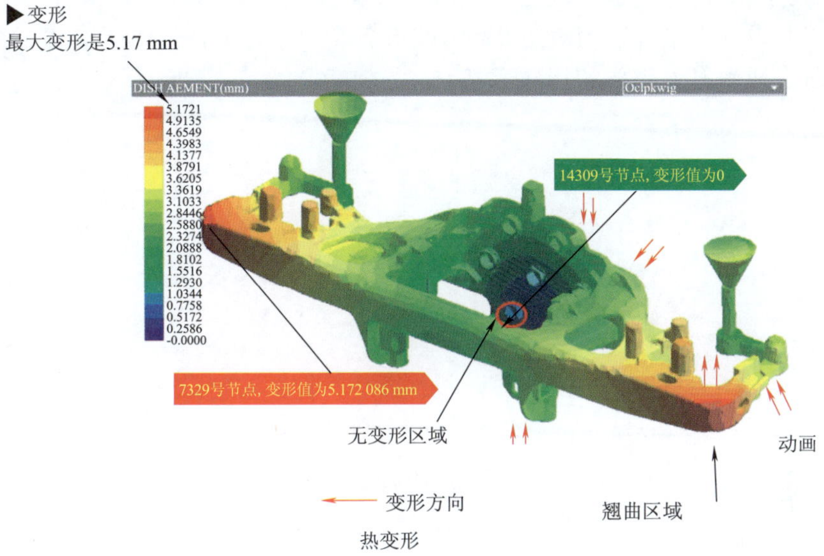

图 5-16 侧架变形分析图

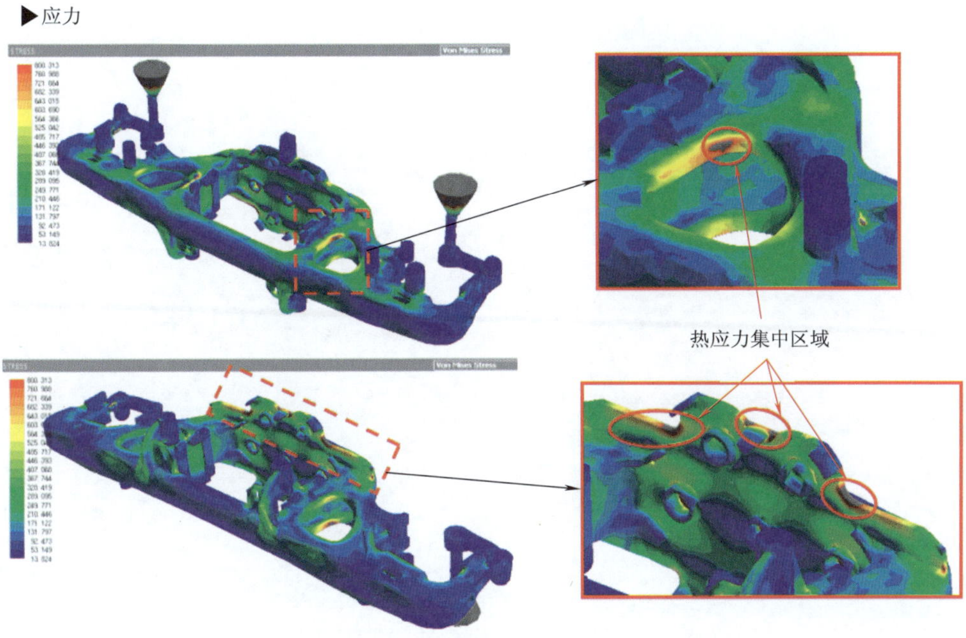

图 5-17 侧架最大铸造应力分析图

由上述实例可以看出，通过模拟软件对铸钢摇枕、侧架铸造过程进行数值模拟分析，可以较为准确地分析出铸件各部位在浇注和凝固过程中流场、速度场、温度场和应力场的分布，分析出铸造工艺和结构设计中的缺陷，预测出铸件缺陷产生的部位，提出工艺和结构的改进方案。因此在摇枕、侧架这样的复杂铸钢件结构和工艺设计上采用数值模拟技术，对铸件铸造过程进行模拟、计算，可以有效地提高铸件设计的结构工艺性，提高工艺设计水平，减少试验、验证、改进各个环节，对于提高结构和工艺设计质量、节约研发成本有着重要的指导意义。

6

造型技术

6.1 概　　述

造型是铸造生产中的一个主要环节，主要工艺过程包括：填砂、紧实成型、硬化、起模、涂料涂刷等，目前造型方法分为手工造型和机器造型。摇枕、侧架、车钩一般采用机器造型。

造型按不同的紧实成型方法可分为振实造型、振压造型、静压造型、抛砂造型、气冲造型和真空密封造型(V 法)等。而按粘结剂的种类可分为水玻璃砂造型、黏土砂造型、冷硬树脂砂造型和无粘结剂造型等，其中水玻璃砂造型还可以分为自硬水玻璃砂造型、CO_2硬化水玻璃砂造型、真空置换硬化水玻璃砂造型(VRH)等。

随着铸造技术的发展，以及对产品质量要求的提高，摇枕、侧架、车钩造型技术也得到了快速发展。在 20 世纪 90 年代之前，CO_2硬化水玻璃砂振实造型技术广泛应用于摇枕、侧架、车钩的生产，此后逐步出现了呋喃树脂自硬砂造型、潮模砂气冲造型和抛砂造型、水玻璃自硬砂造型等工艺。2003 年以来，水玻璃自硬砂造型技术趋于成熟并得到推广应用。

6.2 水玻璃砂造型

水玻璃砂造型是以水玻璃为粘结剂的造型工艺方法。按硬化方法的不同可分为自硬法、CO_2硬化法、真空置换硬化法等。主要优点是硬化快、硬化后强度高、退让性好，便于组织机械化、自动化生产，经济、环保。缺点是溃散性差、旧砂回用及再生困难，吸湿性较强，砂型容易吸湿而导致强度下降。

6.2.1 水玻璃自硬砂造型

水玻璃自硬砂由原砂、水玻璃、粉状固化剂或液态有机酯硬化剂、附加物等组成。

目前，摇枕、侧架、车钩广泛采用的是有机酯硬化水玻璃砂造型。

1. 有机酯硬化水玻璃砂性能及影响因素

有机酯硬化水玻璃砂流动性好，易于混均、紧实，工艺操作简便，砂型强度较高，铸件尺寸精度高，裂纹、气孔等缺陷少，溃散性较好，有利于实现干法清砂，生产成本低，但吸湿性较强。有机酯硬化水玻璃砂造型，如图 6-1 所示。

图 6-1　有机酯硬化水玻璃砂造型

影响有机酯硬化水玻璃砂性能的主要因素为原砂质量、固化剂和水玻璃种类及加入量、环境温度和湿度等。一般根据原砂的种类、水分、含泥量、粒形及粒度分布等，型砂的使用要求和外界条件（温度和湿度），选择相应的水玻璃、固化剂及加入量，使砂型具有良好的使用性能。型砂主要性能及影响因素，见表 6-1。

表 6-1　型砂主要性能及影响因素

影响因素		型砂主要性能				
		硬化速度	使用强度	可使用时间	起模时间	溃散性
有机酯	加入量↑	加快	降低	缩短	缩短	—
水玻璃	加入量↑	加快	增加	—	—	变差
原砂	角形系数↑	—	降低	—	—	—
	微粉及含泥量↑	—	降低	缩短	—	—
	砂温↑	加快	降低	缩短	缩短	—
环境	温度↑	加快	—	缩短	缩短	—
	湿度↑	降低	降低	延长	延长	—

(1)强度

有机酯硬化水玻璃砂的湿压强度很低，一般湿压强度随水玻璃加入量和黏度增加而增加。而使用强度则主要取决于水玻璃的模数、浓度及加入量，原砂的质量，环境温度和湿度，混砂工艺等。通常，影响有机酯硬化水玻璃砂使用强度的主要因素有：

原砂及再生砂：砂的种类和品质对有机酯硬化水玻璃型砂的常温强度有很大影响。

水玻璃：水玻璃的模数越高，硬化速度越快，硬化初期的强度较高，但型砂的终强度较低。水玻璃的加入量越大，其浓度越高，其常温硬化强度越高。

有机酯：固化剂的种类对水玻璃型砂的硬化强度有决定性影响。通常由慢固化剂获得的型砂终硬化强度较高，而由快固化剂获得的型砂终硬化强度较低。

环境温度：环境温度大于 30 ℃时，液料反应速度加快，砂型强度降低。温度低于 10 ℃时，液料反应速度变慢，砂型强度提升缓慢，生产效率低。

环境湿度：环境湿度增加，初始硬化速度加快，初始硬化强度有所增加；但硬化终强度有所下降，铸型的表面稳定性下降[17]。

(2)硬化速度和可使用时间

影响硬化速度和可使用时间的主要因素有环境温度、水玻璃模数、有机酯种类及加入量、空气湿度和原砂水分等。型砂硬化速度越快，可使用时间越短，砂型强度也会降低。硬化速度过慢，可使用时间延长，降低生产效率。超过可使用时间的型砂流动性极差，充型能力下降，造型后强度大幅降低，砂型表面稳定性较差，易造成冲砂或砂眼等缺陷。

(3)发气量

有机酯水玻璃砂的发气量主要取决于有机酯加入量和残留水分。加入量增加，发气量越大，残留水分越少，发气量越小。如果发气量过大，会导致铸件出现麻坑状缺陷，如图 6-2 所示。

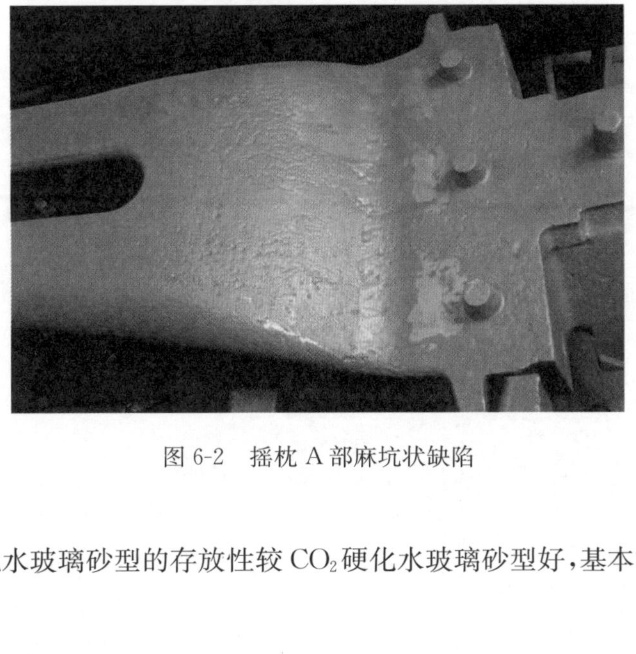

图 6-2　摇枕 A 部麻坑状缺陷

(4)存放性

有机酯硬化水玻璃砂型的存放性较 CO_2 硬化水玻璃砂型好，基本没有返碱粉化现象。但受环境湿度影响较大，当空气相对湿度>80%时砂型易吸潮发生蠕变，出现下沉现象，使铸件的尺寸精度下降，严重时造成铸件报废，如图 6-3 所示。

图 6-3　侧架壁厚不均

采用烘干措施可促进有机酯水解，水解后的酸与水玻璃发生反应，使水玻璃失水硬化，同时烘干可去除水玻璃砂型中的水分，有效提高砂型强度，改善砂型存放性。摇枕、侧架砂型烘干设备，如图 6-4 所示。

图 6-4　铸型烘干设备

2. 有机酯、水玻璃及原砂

(1)有机酯

有机酯水玻璃自硬砂采用的有机酯主要有二醋酸乙二醇酯、三醋酸甘油酯、乙二醇二丙酸酯等，其酯含量一般在 70%～98%，酯含量越高，相同温度下硬化速度越快。用于摇枕、侧架、车钩铸造生产的有机酯大都是不同酯按比例混合而成，以满足不同使用时间和硬化速度的需要。

(2)水玻璃

铸造生产中普遍采用钠水玻璃,影响水玻璃工艺性能主要参数有:模数、密度、含固量、黏度等。水玻璃通过物理和化学改性方法,可获得改性水玻璃,提高了水玻璃的比强度。摇枕、侧架、车钩铸造生产一般采用改性水玻璃,在模数、密度和温度相同的情况下,改性水玻璃的黏度低、润湿角大、表面张力小、型砂更易混匀。加入量相同时,改性水玻璃砂强度比普通水玻璃砂提高30%左右。

(3)原砂

摇枕、侧架、车钩造型采用的原砂一般为石英砂。原砂的品质不一,对水玻璃、有机酯加入量有一定要求,高质量的原砂有利于减少水玻璃和有机酯的加入量,并获得较高强度和较好的透气性。应对 SiO_2 含量、含水量、含泥量、粒度、集中度、角形系数等指标加以控制,技术指标见表 6-2。

表 6-2 石英砂技术指标

SiO_2 (%)	含水量 (%)	含泥量 (%)	粒度 (目)	集中度 (%)	角形系数	微粉含量 (%)
≥98	≤0.5	≤0.5	40/70	≥85	≤1.30	≤0.50

原砂中含水量过高会延缓硬化速度,降低强度。原砂中含泥量或含微粉量过高,会增加水玻璃及有机酯的加入量,并降低透气性。原砂温度过高会减少型砂的可使用时间,经烘干的原砂或再生砂须冷却后方可使用,温度一般不超过 40 ℃。

3. 型砂配制及混砂

摇枕、侧架、车钩造型用型砂常用配方见表 6-3。

表 6-3 有机酯水玻璃砂配方

原材料	原砂 (%)	改性水玻璃 (%)	有机酯(占水玻璃) (%)	备 注
配比	100	2.0～3.5	10～20	不同气候配比有差异

混砂工艺如下:

原砂+有机酯 $\xrightarrow{\text{混制}}$ 改性水玻璃 $\xrightarrow{\text{混制}}$ 出砂。

4. 造型及型砂再生设备

有机酯水玻璃自硬砂造型设备包括混砂机、微振造型振实台、翻转起模机等,如图 6-5所示。

有机酯水玻璃自硬砂通常采用干法再生,以去除砂粒表面水玻璃膜。首先对型砂进行加热,使砂粒表面水玻璃膜脆化,再通过机械冲击或搓擦方式去除,如图 6-6 所示。

(1)混砂机

造型用混砂机通常采用连续式混砂机,按混砂方式可分为单砂双混、双砂三混等。按结构形式可分为单臂式、双臂式等,如图 6-7 所示。

图 6-5　酯硬化水玻璃砂造型线

图 6-6　型砂再生设备

图 6-7　连续式混砂机

如需混制少量特种砂，可采用碗式混砂机，额定混砂量一般可选择 30～100 kg，如图 6-8 所示。

图 6-8 碗式混砂机

(2)微振造型振实台

有机酯水玻璃砂流动性较好，摇枕、侧架、车钩造型一般采用微振造型振实台，振动时间 6～10 s，如图 6-9 所示。

图 6-9 微振造型振实台

(3)翻转起模机

摇枕、侧架、车钩砂型较大，为保证起模质量，一般采用翻转起模机起模。翻转起模机多为“O”形四导柱结构，起模平稳，翻转能力、工位长度、起模高度可塑性大，有较强的适应性，如图 6-10 所示。

(4)造型生产线

有机酯硬化水玻璃砂造型生产线根据工艺流程进行布置，图 6-11 为某厂摇枕、侧架造型生产线工艺布局图，主要设备包括连续式混砂机、振实台、翻转起模机、砂型表干炉、合箱机、辊道、液料储存和输送系统等，如图 6-11 所示。

图 6-10　翻转起模机

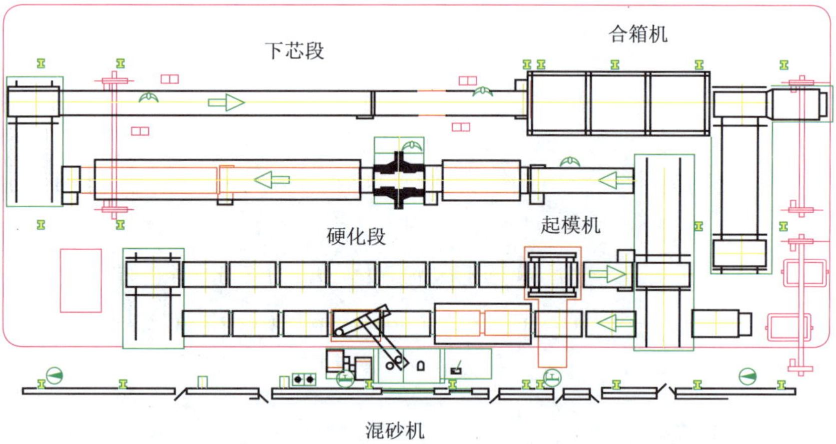

图 6-11　有机酯硬化造型生产线

6.2.2　CO_2硬化水玻璃砂造型

1. CO_2硬化水玻璃砂性能及影响因素

CO_2硬化水玻璃砂硬化快、砂型强度高、退让性好、操作简便、生产成本低、环境污染小、但溃散性差、落砂难度大、旧砂回用及再生困难、吸湿性较强。性能主要影响因素如下：

(1)强度

水玻璃砂的湿压强度较低。湿压强度随水玻璃黏度增加而增加。通常采用加入黏土等附加物来提高湿强度，以利起模，而硬化强度(干强度)则主要取决于：

①水玻璃模数越高，则湿强度越高，而充分硬化后的强度则低；

②水玻璃浓度大，硅酸钠固体多，硬化后的强度高；

③水玻璃加入量越高，硬化强度越高，溃散性差，清砂困难，因此水玻璃加入量不宜过高；

④加入 NaOH 后相当于降低了水玻璃模数，因此，可提高水玻璃砂干强度。

(2)透气性

在采用同样原砂时，水玻璃砂的透气性比普通黏土砂高，其透气性随着水玻璃及附加物的增加而降低。

(3)存放性

水玻璃砂的存放性较差，混好的砂放置过长，表层砂会硬化失效。故混砂与造型应很好的配合，做到及时供砂、及时使用。

(4)脱模性

水玻璃砂容易粘模，水玻璃加入量越多越易粘模。因此，模样应尽量光滑，并涂以快干漆或喷洒脱模剂。

(5)流动性

水玻璃砂的流动性与所用水玻璃的黏度和附加物加入量有关，加入柴油有利于提高流动性。

(6)高温性能

水玻璃砂热强度在加热初始阶段强度随温度升高而增加，达到一定温度(350 ℃)后强度出现峰值，随后随温度继续升高而下降。水玻璃的高温强度较低，因而具有较好的退让性，有利于铸件收缩。水玻璃砂的高温发气性主要取决于其残留水分，残留水分越少，发气量越少。

2. 水玻璃及原砂

(1)水玻璃

水玻璃的主要参数是模数和密度。

①水玻璃的模数

水玻璃中 SiO_2 和 Na_2O 的物质的量之比称为水玻璃的模数，用 M 表示，见式(6-1)。

$$M=\frac{n(SiO_2)}{n(Na_2O)}=\frac{\omega(SiO_2)}{\omega(Na_2O)}\times 1.033 \tag{6-1}$$

式中：$n(SiO_2)$和 $n(Na_2O)$——SiO_2 和 Na_2O 的物质的量(mol)；

$\omega(SiO_2)$和 $\omega(Na_2O)$——SiO_2 和 Na_2O 的质量分数(%)。

模数大小仅表示水玻璃 SiO_2 中和 Na_2O 的相对含量，而浓度能反映水玻璃中硅酸钠的绝对含量。

②浓度和密度

水玻璃的浓度和密度指 $SiO_2 \cdot mNa_2O$ 含量，一般用密度来表示，生产中常用波美密度计测出溶液的波美度，换算成密度。

(2)原砂

CO_2 硬化水玻璃砂对原砂的要求不如酯硬化水玻璃砂要求高，主要体现在对含水量、含泥量、集中度的要求上。以石英砂技术指标为例，见表 6-4。

表 6-4　石英砂技术指标

SiO_2 (%)	含水量 (%)	含泥量 (%)	粒度 (目)	集中度 (%)	角形系数
≥96	≤1	≤1.5	40/70	≥75	≤1.30

3. 型砂配制及混砂

常用水玻璃砂的配比(质量比)为:原砂 100%、水玻璃 5%～9%,膨润土 2%～3%。下面列出一些水玻璃砂的配方实例可供参考,见表 6-5。

表 6-5　水玻璃砂的配方

编号	配比							性能				用途
	原砂			水玻璃 (%)	NaOH溶液 (%)	膨润土 (%)	糊精 (%)	水分 (%)	湿透气性	湿压强度 (MPa)	干拉强度 (MPa)	
	品名	粒度 (目)	加入量 (%)									
1	石英砂	40/70	100	5～6	—	—	—	3～3.5	≥200	—	≥1.05	芯砂
2	石英砂	40/70	100	8～9	—	3.4～4	—	4.5～5.5	≥150	0.021～0.028	≥1.05	外型
3	石英砂	40/70 50/100	50 50	7.5	0.5～1	—	柴油 0.5	4～4.5	≥200	0.028～0.03	≥1.2	中小铸钢
4	石英砂	50/100	100	6.5～7	—	1～1.5	—	4.4～4.5	≥200	0.017～0.023	≥1.2	外型
5	石英砂	50/100	100	7.5	—	—	—	4.5～5	≥200	0.02～0.028	≥1.2	外型及砂烘干

混砂工艺如下:

原砂＋黏土等粉状物(干混 2～3 min)＋水玻璃等液体材料 $\xrightarrow{\text{混碾 2～3 min}}$ 出砂。

4. CO_2硬化水玻璃砂造型设备

CO_2硬化水玻璃砂造型设备包括碾轮式混砂机、振实造型机、起模机等。

6.2.3　水玻璃砂真空置换硬化造型

水玻璃砂真空置换硬化法,即 VRH 法(Vacuum Replacing Hardening-Process Vacuum Process),是 20 世纪 80 年代,日本铸造协会发明的一种水玻璃砂造型工艺,其过程可简述为:用水玻璃砂充填模样,形成铸型,然后将铸型放入真空室内,在真空泵(图 6-12)的作用下抽真空达一定的真空度后,通入 CO_2气体,保持一定时间后解除真空,铸型由于水玻璃脱水和水玻璃与 CO_2反应双重作用而硬化,它可以通过控制 CO_2的通入量来控制砂型的硬度和表面质量。

图 6-12 VRH 法用真空泵

VRH 法在造型线的布置与有机酯硬化水玻璃自硬砂造型线存在差异，在硬化工序增设了真空室。由于采取了抽真空方式，砂型的水分大部分汽化排出，砂型存放时间较长，铸件气孔缺陷少于其他水玻璃砂工艺。同时由于没有使用有机酯，材料成本较低。

6.3 自硬树脂砂造型

自硬树脂法是指将原砂、液态树脂及液态固化剂、催化剂混合均匀后，填充到砂箱中，稍加紧实即于室温下在砂箱内硬化成型的一种造型方法，自硬法可大致分为酸催化树脂砂自硬法、尿烷系树脂砂自硬法和酚醛—酯自硬法。常用的冷硬树脂砂有呋喃树脂自硬砂和碱性酚醛树脂自硬砂。

6.3.1 呋喃树脂自硬砂造型

呋喃树脂自硬砂于 1958 年开始应用，一般以酸为固化剂。20 世纪 70 年代初，呋喃树脂自硬技术引入我国，20 世纪 90 年代初，机车车辆行业开始采用呋喃树脂自硬砂造型工艺。

与其他造型工艺比较，优点为铸件尺寸精度高、清砂容易、易实现机械化和自动化，如图 6-13 所示。

图 6-13 落砂后的侧架

呋喃树脂砂缺点为高温强度高、退让性差，铸件表面易产生宏观热裂纹，如图 6-14所示。高温下有害元素硫向铸件表面渗透，导致铸件表面增硫，铸件易产生毛细裂纹，如图 6-15 所示。

图 6-14　侧架表面的热裂纹

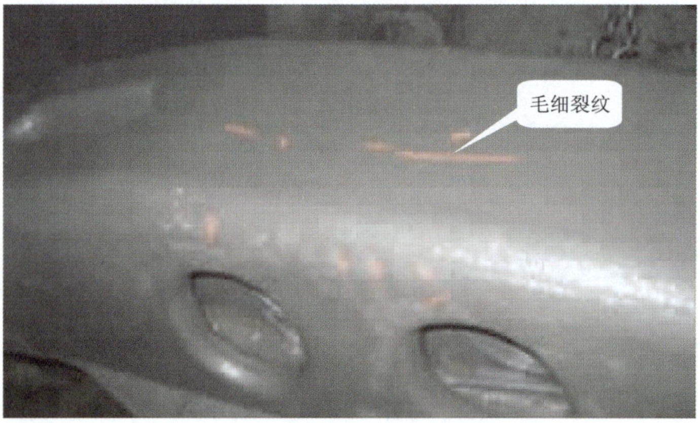

图 6-15　摇枕表面的毛细裂纹

1. 呋喃树脂砂性能

(1)硬化特性

铸造用树脂是由 C、H、O、N 等原子以不同形式结合而形成的液态有机化合物。在树脂生产阶段，各种原材料分子在高温和催化剂的作用下，初步聚合成具有两维空间的线形链状结构的初聚物分子。在铸造生产使用时，由于第二种催化剂(固化剂或硬化剂)的加入，促使分子间这种聚合继续反应，并形成三维空间结构的不溶性网状高分子聚合物。当三维结构聚合反应发生时，所形成的网状树脂结构将砂粒彼此粘结起来，形成坚硬的骨架结构。树脂砂硬化速度与砂温、环境温度、空气湿度以及固化剂的种类、加入量有关。

(2)可使用时间和起模时间

影响可使用时间和起模时间的因素主要有：树脂、固化剂种类和加入量、温度、湿度等。若树脂砂混好后不立即使用，强度随型砂的存放时间延长而降低。固化剂加入量增加，树脂和固化剂混合物聚合反应速度加快，可使用时间和起模时间越短，砂型的终强度越低。

2. 呋喃树脂、固化剂和原砂

(1)呋喃树脂

呋喃树脂以糠醇为主要原料,配以甲醛、苯酚或尿素等合成。铸造用自硬呋喃树脂按氮含量分类,见表6-6。按工艺试样抗拉强度分级,见表6-7。按游离甲醛分级,见表6-8。

表6-6 自硬呋喃树脂按氮含量分类

分类代号	含氮量(%)
W(无氮)	≤0.3
D(低氮)	>0.3~2.0
Z(中氮)	>2.0~5.0
G(高氮)	>5.0~13.5

表6-7 按工艺试样抗拉强度分级

等级代号	工艺试样抗拉强(MPa)			
	W	D	Z	G
1(一级)	≥0.8	1.3	2.2	1.9
1(二级)	0.5	1.0	1.8	1.6

生产中应优先选用无氮、高强度和低甲醛的树脂。

表6-8 按游离甲醛分级

等级代号	游离甲醛(%)
04(一级)	≤0.4
04(二级)	>0.4~0.8

(2)用于树脂自硬砂的固化剂有很多种,但对于低氮和无氮呋喃树脂来说,国内外广泛地采用芳香族的磺酸。以对甲苯磺酸作为固化剂,其主要性能指标,见表6-9。

表6-9 固化剂主要性能指标

牌号	季节	密度(g/cm^3)	黏度(MPa·s,20 ℃)	总酸度(以H_2SO_4计,%)	游离硫酸(%)
GC01	冬、春	1.16~1.40	30~50	24.5~27.5	5.0~7.5
GC02	夏	1.15~1.30	10~30	20.0~24.0	4.0~6.5

(3)原砂要求基本与有机酯硬化水玻璃造型工艺用原砂相同。

3. 型砂配制及混砂

(1)呋喃树脂砂配方

呋喃树脂砂造型分为有箱造型和无箱造型,无箱造型需要的型砂强度较高,树脂的加入量比例较大,有箱造型和无箱造型典型型砂配方,见表6-10。

表6-10 呋喃树脂自硬砂的配方

序号	原砂用量(%)	树脂(%)		固化剂(占树脂重量)(%)		硅烷(占树脂重量)(%)	24 h后抗拉强度(MPa)	备注
		型号	用量	类别	用量			
1	100	FFD-101	1.6~2.0	对甲苯磺酸水溶液	30~60	氯化铁粉2	>1	无箱
2	100	FFD-102	1.0~1.5	对甲苯磺酸水溶液	40~60	0.3	>0.5	有箱

(2)呋喃树脂自硬砂的混制

混砂工艺如下：

原砂＋固化剂 $\xrightarrow{\text{混制}}$ 树脂 $\xrightarrow{\text{混制}}$ 出砂。

呋喃树脂自硬砂采用连续式混砂机一次性混匀后即可使用。采用间隙式混砂机混制，先加入原砂，再加入固化剂，混碾 30～90 s 后加入树脂，再混碾 30～90 s，混匀后使用。原砂的温度范围在 20～25 ℃。混制好的型砂温度在 20～30 ℃ 为宜，温度过高则硬化时间缩短，过低则使硬化起模时间延长。

4. 典型缺陷控制

采用呋喃树脂自硬砂工艺生产铸件存在热裂纹、毛细裂纹倾向和呛火倾向，为减少裂纹和呛火倾向，可从以下几点进行控制：

(1)尽可能降低浇注温度；

(2)控制型砂透气性，布置合理的排气通道；

(3)控制呋喃树脂和固化剂的加入量；

(4)铸造圆角一般不小于 10 mm，适当设置防裂筋；

(5)使用冷铁，提高热节处的凝固速度，如图 6-16 所示；

图 6-16　侧架采用冷铁位置图

(6)使用特种砂(铬铁矿砂等)加强局部激冷，如图 6-17 所示；

图 6-17　放置特种砂的侧架砂型

(7)使用成型特种砂片激冷，造型时预埋砂片，如图 6-18 所示；

(8)砂型表面先涂刷特种涂料(防渗硫涂料、微晶刚玉涂料等)，再涂刷锆英粉涂料,如图 6-19 所示。

图 6-18　预埋特种砂片的摇枕砂型

图 6-19　表面涂刷涂料的侧架砂型

6.3.2　碱性酚醛树脂自硬砂造型

酚醛树脂是用酚类与醛类聚合而成的一类树脂的总称。将原砂、树脂、酸类固化剂混成型砂后在常温作用下硬化即为酚醛树脂自硬砂。

造型工艺特点、性能、对原辅材料的要求、混制工艺和造型线的布置等与呋喃树脂自硬砂造型基本相同。裂纹倾向略小于呋喃树脂砂工艺。

6.4　V 法造型

真空密封造型法(也称负压造型法或减压造型法),简称 V 法(Vacuum Process),是一种较新的造型生产技术,主要工艺特点是砂型是由没有粘结剂的干砂形成的,并用塑料薄膜密封,通过抽真空获得的压力差来使砂型紧实,在浇注完成并且熔融金属凝固之后,砂型恢复到正常压力。

V 法造型技术 20 世纪 70 年代初起源于日本,我国自 20 世纪 80 年代开始引进 V 法造型技术和设备,2005 年,开始应用于铁路货车摇枕与侧架的生产,生产的摇枕、侧架铸造表面光洁、尺寸精度高,如图 6-20 所示。

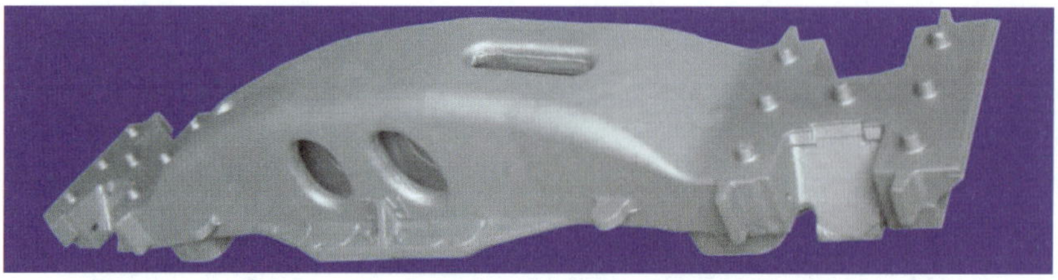

图 6-20　采用 V 法工艺生产的摇枕

但该工艺易产生带状气孔、夹渣等缺陷，真空度不足时易产生塌箱。

6.4.1　V 法造型工艺流程

1. 为使薄膜随型紧密覆盖于模样上，对模样进行检查，尤其是模样的边缘和关键部位的透气孔应保持畅通。

2. 将塑料薄膜加热到软化状态，一般选用的薄膜厚度为 0.2～0.55 mm，具有良好的伸缩性和较高的塑料形变率，如图 6-21 所示。

图 6-21　薄膜加热装置

3. 软化后的薄膜覆在模样上，通过真空装置产生负压，使薄膜与模样紧密随型贴靠，如图 6-22 所示。

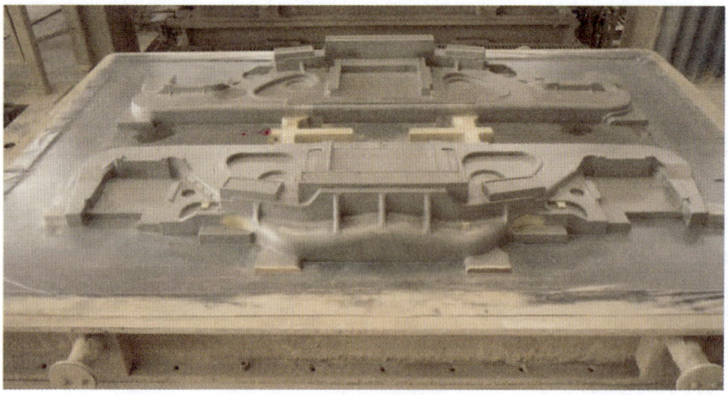

图 6-22　模型抽真空

4. 在模板真空装置真空吸力继续作用状态下，将砂箱放置在模板上，填充干燥、无粘结剂的原砂，如图 6-23 所示。

图 6-23 砂箱置于模型上

5. 填砂结束后，将砂子刮平，在砂型的顶部再覆上一层薄膜，对砂箱抽真空，随后释放模样承载板与薄膜间的真空度，在大气压力的作用下，砂箱中的砂子得到紧实并保持其原来的形状，然后砂型起模，如图 6-24 所示。

图 6-24 起模后的砂型

6. 使用机器人下芯，上型、下型在维持负压的状态下合箱，如图 6-25 所示。

图 6-25 下芯图

7. 浇注过程中砂型继续保持负压，待铸件冷却成型后，解除负压，不需振动，型砂、铸件直接从砂箱中落下，型砂冷却后返回系统直接循环使用。

6.4.2 V法造型注意事项

采用V法造型应注意以下几点：

1. 模板及模样应有较高的结构强度，避免在真空状态下变形。需保证模型表面清洁。

2. 一般薄膜置于加热器下300 mm处，用薄膜夹持框固定薄膜，通过夹片和吸附力保证薄膜不会下垂。避免薄膜过度加热，否则将会造成孔洞或粘模。

3. 模具在抽真空的状态下覆膜，真空压力范围约为2.66～53.2 kPa(20～400 mmHg)，若直浇道、通气孔和冒口不能同时覆膜，则应在覆膜完毕后用胶带修复。

4. 在铸型与模具分离以前，需先解除模具的真空状态。

5. 起模后，检查薄膜的破损状况并用塑料胶带修复。

6. 浇注时真空压力应约为53.2～66.5 kPa (400～450 mmHg)，如压力不足，易产生带状气孔等缺陷，严重时甚至塌箱，如图6-26、图6-27所示。

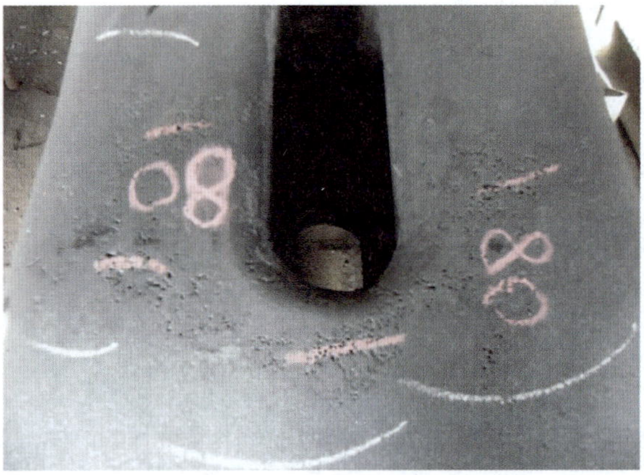

图6-26　摇枕带状气孔缺陷

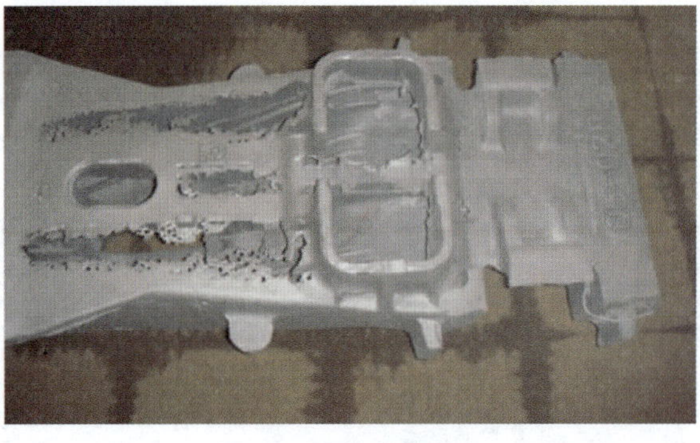

图6-27　摇枕塌箱

6.5 湿型砂造型

用黏土作粘结剂的型砂称为黏土砂，按铸型的干燥状态分为湿型砂、干型砂和表干砂。摇枕、侧架、车钩生产采用的湿型砂工艺，主要有抛砂造型和气冲造型工艺。

我国1993年起采用湿型砂气流冲击紧实造型工艺生产车钩。2002年，抛砂造型工艺开始应用于铁路货车摇枕和侧架的生产。生产的摇枕、侧架、车钩裂纹倾向小、清砂劳动强度低。

6.5.1 湿型砂性能和影响因素

湿型砂以膨润土作粘结剂，造型后不需要经过烘干即可直接合箱浇注。其优点是对造型方式的适应性强，可适应各种原砂[18]，生产效率高、能耗和成本较低。

湿型砂含水量一般为3.5%～5.5%，在浇注时，与高温的金属液相遇易产生大量的气体，同时砂型表面的水分受金属液的高温烘烤而迁移形成水分凝聚层，增加了铸件产生气孔、夹砂和结疤等缺陷的倾向，另外湿型砂的湿态强度一般较低，砂型的硬度和刚度比干型低，易造成铸件砂眼、多肉等缺陷。

湿型砂按照在砂型中的用途不同，分为面砂和背砂，对于中小铸件，往往只用单一砂。

1. 水分

为了得到所需的湿态强度和韧性，湿型砂需要含有适量的水分[19]。如果含水量过少，型砂的韧性差，砂型易破碎，起模困难，砂型表面强度低。如含水量过多，则型砂过黏，型砂的流动性差，导致砂型的紧实度不均匀，浇注时易产生大量的气体。对于高压、高速造型，由于砂粒之间的相对运动速度很高，砂型的强度一般较手工造型高出较多，因此对于高压造型型砂的水分不作严格要求，通常控制型砂的紧实率，例如气冲造型一般控制在35%～45%之间，相对应的水分一般在3.6%～4.2%。

2. 透气性

型砂能让气体透过而逸出的能力称为透气性[18]。型砂的透气性不是越高越好，因为砂型的透气性越高，表明砂粒间的孔隙直径越大，在其他条件相同的情况下，金属液易于渗入砂粒之间，造成铸件表面粗糙和发生机械粘砂。抛砂造型和气冲造型型砂的透气性一般控制在≥150 $cm^2/(Pa \cdot s)$（大孔）。

3. 湿态强度

对于湿型砂来说，一般需要控制其湿压强度、湿剪强度、热湿拉强度以及破碎指数。以气冲造型工艺为例，湿压强度一般在70～210 kPa。

4. 有效膨润土含量

湿型砂的有效膨润土含量，是为了保证型砂有必要的强度和抗夹砂能力。在高速、高压造型条件下，铸型的紧实度高，单位体积有效膨润土含量也高，必要时也可采用部分钠基膨润土或对膨润土加以“活化”。高压造型有效膨润土含量一般>8%。

6.5.2 湿型砂的配比

湿型砂使用的主要原材料包括原砂、粘结剂、附加物和水，其中粘结剂主要是钠基膨润土，附加物一般是淀粉类，如 α 淀粉、糊精等，湿型砂性能及配方见表 6-11、表 6-12。

表 6-11 湿型砂性能控制表

性能类别		含水量（%）	强度（kPa）			紧实率（%）	透气率
			湿压	湿拉	热湿拉		
控制范围	手工造型用砂	5～6	60～100	—	—	—	50～100
	机器造型用砂	4.5～5.5	80～120	10～20	—	—	60～100
	高密度造型用砂	3.2～4.2	100～160	18～25	≥2	35～45	60～100
说明		天气干燥取高值	铸件厚大取高值	—	—	—	铸件厚大取高值

表 6-12 湿型砂配方及性能实例

序号	配比（%）							性能				用途
	旧砂	新砂		膨润土	碳酸钠	糊精	其他	含水量（%）	透气性	湿压强度（kPa）	紧实率（%）	
		粒度	加入量									
1	—	—	100	7	—	0.6	α 淀粉 0.8	3.2～3.5	230～250	>50	55	高压造型面砂
2	100	—	—	0.2	—	—	α 淀粉 0.2	2.8	>150	≥40	45	高压造型背砂
3	—	—	100	11～14	0.2～0.4	—	纸浆 0.6～1.2 重油 2	4.8～5.8	>80	55～70	—	机器造型面砂
4	50	70/140	50	3	0.4	—	—	4～4.7	≥100	≥50	—	机器造型单一砂

由表 6-11、表 6-12 可以看出，湿型砂所使用的原材料中，粘结剂、附加物和水的比例影响型砂的各项性能。型砂强度的建立，实际上是粘结剂和水经过适当比例的混合后形成的粘结剂和水的一个系统，原砂由这一系统建立相互联系，换句话说砂粒就是镶嵌在膨润土—水系统的颗粒，如何使这一系统处于最佳状态是湿型砂工艺控制的关键。而附加物是进一步改善膨润土—水系统的调节剂，根据所生产的产品不同，针对

产品的特点调整组分，以改善型砂系统。

6.5.3 湿型砂混碾

湿型砂的混制设备多为碾轮式、摆轮式和转子式混砂机，混砂效果比较稳定。用碾轮式和摆轮式混砂机的制备工艺是：旧砂、新砂、膨润土、淀粉等固体材料先加入混砂机干混均匀，再加入水(最好是淋入或经雾化后加入)和其他液体湿混，待充分混匀即出砂。一般干混 3～5 min、湿混 4～5 min。

用转子式高效混砂机的制备工艺是：先把旧砂、新砂、膨润土和其他粉料加入混砂机，混合均匀后加入水(淋入或经雾化后加入)和其他液料，充分混匀后即可出砂用于造型。一般每碾混砂时间为 3 min 左右。

6.5.4 湿型砂造型注意事项

采用湿型砂造型，应注意以下几点：

1. 旧砂温度、水分控制。型砂温度太高，铸件容易产生夹砂、冲砂、气孔等缺陷；旧砂水分不稳定，在混砂机中加水混碾使之达到要求性能所需要的时间就越长，多次加水在线检测控制难度加大，易造成型砂过湿。较好的做法是：在旧砂冷却处布置一台双盘冷却器，不仅能起到旧砂冷却的作用，还有预混作用。

2. 旧砂中间砂斗、造型机上方砂斗的容量设置必须合理。旧砂中间砂斗应足够大、且不同状态的旧砂分开存储，保证旧砂每天周转次数少，其次有利于混砂时辅料加入量、初始加水量的控制。造型机上方砂斗必须综合考虑到混砂时间、送砂时间、造型生产节拍等因素，为了保证型砂的流动性，最好在砂斗上增加振动装置，控制砂流量大小。

3. 型砂性能。型砂紧实率、湿压强度、水分、透气性应定时检测，并得出造型现场与混砂机出口附近数据关系的经验值。型砂的流动性能要好，保证造型后砂型表面紧实度均匀，砂型硬度水平面一般不小于 80 硬度单位，垂直面一般不小于 70 硬度单位，以防止涨箱、穿底。

6.6 涂　　料

6.6.1 涂料的作用及性能

1. 涂料的作用

砂型、砂芯表面涂刷涂料是铸造生产过程中的一个重要环节，它的作用主要有：

(1)降低铸件表面粗糙度。一般比不用涂料的可降低 2～3 级。

(2)减少铸件粘砂缺陷。涂层封闭了铸件型、芯表层的孔隙，提供了一层耐火性和热化学稳定性高的屏障，从而减少铸件机械和化学粘砂。

(3)减少铸件砂眼和夹砂缺陷。涂料能明显提高铸造过程中型、芯的表面强度，改善型、芯抵抗金属液冲刷的能力，减少金属液对砂型的热辐射，从而减少铸件砂眼和夹砂等缺陷。

(4)采用树脂砂造型时,可防止或减缓某些树脂砂的热分解产物对铸件的不良影响。如涂料的屏蔽作用,减少了树脂砂易造成的氮气孔和不锈钢铸件的渗碳,以及铸件表层渗硫而引起的热裂。当采用含有氧化钙和硅酸二钙的涂料时,除具有屏蔽作用外,其分解产物对硫系气体还具有吸附作用,从而更有利于防止因渗硫而引起的上述缺陷。

(5)提高铸件的落砂和清整效率。

2. 涂料的性能[20]

涂料的性能主要包括物理性能、工艺性能、工作性能和流变特性等 4 个方面。根据涂料的不同种类、用途和涂敷方式以及生产、科研和质量控制等不同需要,可在这些性能中有选择地确定部分项目加以检测和控制。要获得优质涂料,需具有以下的性能:

(1)悬浮稳定性好。配制好的涂料储存和使用过程中,一定的时间内不发生沉淀和分层。一般水基涂料的悬浮率 6 h 不小于 95%,醇基涂料 6 h 不小于 90%。

(2)触变性好。涂料在涂刷时能变稀易涂刷,刷痕可自动消失,刷垂直表面不易流淌,不在局部堆积,不形成流痕,不破坏型砂表面的砂粒。

(3)渗透性适宜。一般要求涂料能渗入砂型(芯)深度为砂粒直径 2～3 倍。渗入深度太浅,涂层容易产生裂纹、剥落;渗入太深,会使留在砂型、砂芯表面的涂层很薄,必须增加涂刷次数,费工、费料。

(4)涂层厚度适宜。涂料要能一次涂敷达到适当厚度的涂层,一般为 0.16～0.4 mm,以防止粘砂和减少涂敷的劳动量。涂料厚度也取决于涂敷方法和操作形式。

(5)良好的抗急热性和高温稳定性。涂料必须能经受高温剧热时热应力作用而不开裂,且有足够的高温强度,耐钢水的冲刷和冲击。

(6)抗粘砂性好。浇注后的铸件不发生粘砂,铸件冷却后涂料层能从铸件表面自动剥离。涂料的抗粘砂性主要取决于涂料中耐火填料的性质、涂层厚度、渗入深度、抗裂纹性、涂层强度等。

(7)发气性低,气密性好。涂层的发气性应低,以免涂层产生气体造成气孔。

(8)储存性好。在运输、储存过程中受气温的变化,一般在 3～6 个月的储存期内,沉淀后易于再分散,不变质。

(9)涂料应满足劳动卫生方面的要求,对人体无害。

6.6.2 涂料的种类

在摇枕、侧架、车钩砂型铸造生产中,主要使用的涂料为醇基涂料和水基涂料两大类。

醇基涂料为有机溶剂涂料,其涂层经点燃后即硬化或者自干硬化,不用进窑烘干,既缩短生产周期,节约能源,减少烘干设备投资,又提高铸件表面质量,减少铸件清理劳动量[20]。醇基涂料的组成含有耐火粉料、悬浮剂、粘结剂、载体液体等,只不过载液比较特殊。国外载液常用异丙醇，其燃烧特性非常适合于铸造涂料，但是异丙醇的价格较高，而且生产量有限。我国常用工业酒精(乙醇)作载液，其性能不如异丙醇，但性价比适合，而且产量高。也有采用混合溶剂或者在乙醇中添加助燃剂，以达到异丙醇的效果。

水基涂料是最常用的铸造涂料，在水基涂料中，耐火粉料的质量分数应尽量高，以减少涂层在烘干或硬化后的收缩，并能一次刷成较厚的涂层，但必须保证有好的涂刷性等工艺性能[20]。

摇枕、侧架、车钩等铸钢件浇注温度高，因此必须采用化学惰性好、高温热稳定好的高耐火度涂料。常用的有锆英粉、刚玉粉涂料。

6.6.3 涂料的涂敷[20]

涂料涂敷方式的选择主要取决于生产方式、节奏、砂型(芯)的大小、结构等。

1. 刷涂法

刷涂法是用刷子将涂料刷到砂型、砂芯上的一种涂敷方法。它是最简易、灵活和常用的涂敷方式，在单件和小批量生产中被广泛应用。刷涂时涂料容易渗入砂型、砂芯表层孔隙，与砂型、砂芯的结合也较牢固，但生产率低，涂层质量也不稳定。使用刷涂方式时，要求涂料有较好的涂刷性和流平性。

2. 浸涂法

浸涂法是将砂芯浸入涂料槽中，经短时间后取出，使砂芯获得涂层的涂敷方式，浸涂法的生产效率高，容易获得光洁、均匀的涂层，也容易实现机械化作业，既适用于大批量流水线生产，也适用于小批量、单件、手工作业，但不适用于砂型，用于浸涂要求的涂料应有适当的稠度和屈服值，且表面不应有因分层而产生的液态载体层。

3. 喷涂法

在一定的压力下，使涂料呈雾状、细小的液滴状或粉状喷射到砂型、砂芯表面而形成涂层的涂敷方法称为喷涂法。喷涂法生产效率较高，适用于机械化流水生产线。用于大面积的砂型、砂芯，容易得到光洁、无刷痕、厚度较均匀的涂层。喷涂法可分为有气喷涂、无气喷涂和静电喷涂等。

4. 流涂法

流涂法是一种低压浇涂，靠流涂机将涂料压送出喷涂嘴后浇到砂型、砂芯表面的涂敷方法，水基和有机溶剂涂料都适用。多余的涂料则流入位于砂型、砂芯下面的涂料槽中，供继续使用。流涂法的生产效率高、涂层无刷痕、表面光洁、涂料浪费少、对环境污染小、容易操作，但涂层的厚度不易控制、对涂料的性能要求较严格。

6.6.4 涂料的应用

1. 呋喃树脂砂型(芯)用涂料

呋喃树脂砂可使用水基、醇基和氯化溶剂基涂料，用刷涂、喷涂或流涂的方式涂覆涂层。但是乙醇基涂料对过早起模的铸型(芯),其表层强度将因溶剂作用严重削弱,需在固化过程完毕后涂覆涂料。

由于呋喃树脂砂存在可使用时间短、起模时间长和硬透性差等缺点。使得摇枕、侧架铸型起模后涂覆涂料时间段不易掌握。由于影响因素多,通常是变更固化剂的用量以适应环境温度的变化,将相应的可使用时间、起模时间、涂覆涂料时间制成图表以指导生产。

涂料中的醇类载液对呋喃树脂自硬砂强度的影响比水类载液大。水基涂料比醇基涂料更稳定,效果更好,树脂砂宜采用水基涂料。采用呋喃树脂砂水基涂料工艺生产的摇枕、侧架,如图 6-28 所示。

图 6-28　采用呋喃树脂砂水基涂料工艺生产的摇枕、侧架

为有效地减少呋喃树脂自硬砂生产的摇枕、侧架表层渗硫,可采用防渗硫涂料。

(1)采用硅酸镁、铬铁矿粉与矿化助剂组成的烧结型涂料,因其烧结层致密,其防渗硫效果优于反应型涂料,若含有少量液相的烧结型涂料其防渗硫效果更好。

(2)单一烧结型涂料,或是反应型涂料,对于防止试样件表层增硫的效果受到限制,而烧结—反应复合型涂料是减少呋喃树脂砂生产的摇枕、侧架表层渗硫的最有效的途径。

2.水玻璃砂型(芯)用涂料

水基涂料不适用于水玻璃砂型,特别是水玻璃砂型烘干、硬化以后,如再涂水基涂料,涂料层干燥的同时立即出现裂纹。水玻璃砂型、砂芯的抗吸湿性不好,吸湿后强度大大降低,表面酥松,使铸件产生粘砂、气孔砂眼等缺陷。为防止砂型(芯)由于吸湿而产生的铸造缺陷,水玻璃砂型通常采用醇基涂料。

水玻璃砂型(芯)醇基涂料,一般以锆英粉为耐火粉料,添加 2%～5%的锂基膨润土或 1.5%的有机膨润土、2%～4%的酚醛树脂,同时添加 0.1%～1%的二氧化钛助剂,在常温下燃烧性能好,表面强度高,也可自然干燥,一般在 30～60 min 即有较好的强度,助剂二氧化钛可增加涂料塑性,易于涂覆,增加渗透性,实践证明醇基涂料的悬浮性、涂刷性能优良。涂刷醇基涂料的水玻璃砂侧架整体芯,如图 6-29 所示。浇注后的铸件表面质量良好,如图 6-30 所示。

图 6-29 涂刷醇基涂料的水玻璃砂侧架整体芯

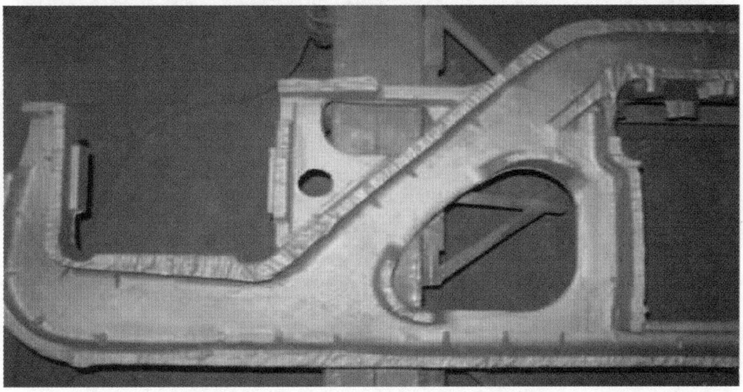

图 6-30 涂刷醇基涂料的水玻璃砂侧架内腔

3. 湿型砂造型用涂料

湿型砂铸造时如采用水基涂料，通常需进行表面烘干，否则易降低砂型表面强度，也使铸件易产生气孔缺陷。另外湿型砂表面强度低，刷涂涂料时容易带砂，操作不便，涂层不光洁。醇基涂料具有干燥快、生产效率高、适用范围广等特点，因此，湿型砂宜喷涂醇基快干涂料。该涂料应渗透性和抗裂性好，发气量小，粒度细、黏度低，悬浮性和抗流淌性好。

对于摇枕、侧架等铸钢件，涂料用的耐火粉料宜选用锆英粉、石英粉、棕刚玉粉、莫来石和高铝钒土粉。目前使用锆英粉居多，粒度一般以 260～400 目为宜。喷涂锆英粉醇基涂料时，要控制好喷嘴的直径（不小于 4 mm）和压缩空气压力（0.13～0.14 MPa为宜）。涂层厚度控制在 0.14～0.18 mm 之间较宜，涂料一般只需喷涂一次，对于易粘砂部位（热节处）也可喷涂二次，但需等第一层稍干或点燃干燥并适当冷却后再喷涂第二次。在保证涂料抗粘砂性能的前提下，涂层厚度应尽量降低，以节约涂料并提高涂层抗裂性。

4. V 法造型用涂料

V 法造型铸型处于负压状态，易发生金属渗透。填砂前在薄膜上喷涂料，浇注时，塑料膜烧失，但涂料仍附在铸型表面上起密封层的作用，代替烧失的塑料膜维护铸型，防止金属渗透。

V 法造型用涂料与砂型涂料相比，该涂料喷涂在塑料薄膜上而不是砂型上，该涂料有如下特点：

(1)良好的附着性能；

(2)较快的干燥速度；

(3)较低的流淌性。

摇枕、侧架采用V法造型工艺时，通常选用醇基涂料。其性能应满足与面膜有足够的附着力、较快的干燥速度、一定的常温及高温涂层强度的要求。V法造型涂料的施涂宜采用喷涂，涂层的厚度为0.6～1.0 mm，自然干燥或吹热风干燥，如图6-31所示。

图6-31　覆膜后涂敷涂料的模板

7

制芯技术

7.1 概　　述

砂芯是用来形成摇枕、侧架、车钩内腔、孔洞及外表面无法起模的凹陷部分，主要工艺过程包括：填(射)砂、紧实、硬化、起模、涂料涂敷等。在浇注时，砂芯大部分或部分表面被液态金属包围，经受钢液的热作用、机械作用，直接影响砂芯形状和尺寸精度。摇枕、侧架、车钩几何形状复杂，受力大，使用工况恶劣，对砂芯制造和使用质量要求更严。特别是车钩钩体和钩舌传递车辆作用力的曲面均为非加工面，均由砂芯形成，对砂芯的尺寸精度以及作用部位的性能要求高。

制芯技术可按不同的方法进行分类。

按照作业方式的不同可分为手工制芯和机械制芯，机械制芯又可分为生产线制芯和单机制芯。

按照制芯设备的不同可以分为射芯和振击式制芯等。

按照砂芯的分芯方式的不同可分为分块制芯和整体制芯。

按照粘结剂的不同可分为有机粘结剂砂制芯和无机粘结剂砂制芯，主要包括水玻璃砂制芯、树脂砂制芯等。

按照芯砂固化温度的不同可分为冷芯盒制芯和热芯盒制芯，冷芯盒制芯又可分为自硬和吹气硬化制芯。

目前铸造生产采用的自硬砂制芯方法主要有有机酯硬化水玻璃砂制芯、呋喃树脂自硬砂制芯、碱性酚醛自硬砂制芯等，吹气硬化制芯方法主要有 CO_2 硬化水玻璃砂制芯、聚丙烯酸钠树脂砂制芯、三乙胺催化固化 ISOCURE 冷芯盒树脂砂制芯和甲酸甲酯硬化水玻璃砂制芯等。热芯盒制芯主要是覆膜砂工艺制芯。

7.1.1　摇枕、侧架制芯技术发展

按照所采用的分芯方式、制芯设备及芯砂工艺的差异，我国摇枕、侧架制芯技术的

发展过程大致经过了以下 3 个阶段。

第一阶段，20 世纪 50 年代至 80 年代末，为普通水玻璃砂分块制芯阶段。

20 世纪 50 年代，原苏联发明了 CO_2 硬化水玻璃砂工艺，该工艺简便易行、价格低廉、污染程度低，我国机车车辆制造行业从 50 年代开始推广采用普通水玻璃砂分块制芯工艺生产摇枕、侧架。硬化方式采用加热硬化或 CO_2 硬化，大块砂芯的制芯作业方式由手工制芯逐步发展为震击式制芯机制芯，小块砂芯采用手工制芯。摇枕、侧架内腔由多个砂芯组成，下芯时，按照先后顺序将各砂芯下入型腔，组合成内腔砂芯。

这一阶段，制芯技术主要存在以下问题：

(1)水玻璃芯砂的溃散性差，铸件浇注后，清砂非常困难，不得不采用水爆或水浴清砂工艺，铸件在铸态和激冷条件下易产生毛细裂纹或目视可见裂纹。

(2)砂芯分块太多，导致铸件内腔披缝多、台阶多、芯撑多，造成铸件使用安全隐患较多。

(3)制芯作业以手工制芯为主，砂芯表面质量较差，尺寸精度较低。

(4)砂芯搬运和下芯的作业为人工操作吊运和手工下芯，砂芯局部损坏、型腔内浮砂吹不净带来的铸造缺陷，成为摇枕、侧架生产中的惯性质量问题。

第二阶段，20 世纪 90 年代初至 2007 年，为推广干法清砂，采用改性粘结剂芯砂分块制芯阶段。

为解决水浴清砂带来的铸件裂纹问题，各制造企业不断研究和采用新的制芯材料和工艺，解决了有机酯—水玻璃砂制芯工艺中，因硬化时间不确定而无法应用于摇枕、侧架批量生产的技术难题。研发、推广了生产摇枕、侧架的有机酯—水玻璃砂制芯技术和制芯生产线。同时，随着国内外对水玻璃砂粘结和改性机理研究的逐步深入，我国研制的摇枕、侧架有机酯—改性水玻璃砂制芯技术和制芯生产线更加完善，水玻璃加入量由原来 6%减少到 2.5%左右，有效地提高了水玻璃砂溃散性，解决了水浴清砂工艺带来的裂纹问题，实现了摇枕、侧架水玻璃砂芯的干法清砂。随着国内外树脂砂制芯工艺生产铸钢件的技术不断改进，树脂自硬砂制芯工艺开始应用于摇枕、侧架的生产。在这一阶段，具有代表性的制芯工艺有有机酯—改性水玻璃砂制芯工艺、呋喃树脂自硬砂制芯工艺、三乙胺催化固化 Isocure 冷芯盒树脂砂射芯工艺、CO_2 硬化水玻璃砂射芯工艺、Pep-set 树脂砂制芯工艺等，部分小砂芯采用 CO_2 硬化碱性酚醛树脂砂射芯工艺。这一阶段采用的铸造工艺较第一阶段更加完善，冷铁、特种砂、铸筋等工艺广泛应用，摇枕、侧架质量进一步提高。随着制芯设备的发展，摇枕、侧架制芯线和射芯机逐步推广应用，作业条件进一步改善。

这一阶段制芯技术仍存在以下问题。

(1)铸件内腔砂芯分块较多，人为因素影响大，导致铸件关键部位内腔易产生披缝、台阶、局部掉砂、多肉以及诸多芯撑熔合不良等缺陷，仍然存在铸件生产和运用过程中产生裂纹的倾向性，铸件部分关键尺寸难以保证。

(2)砂芯搬运和下芯的作业方式仍为人工吊运和手工下芯,砂芯局部损坏、型腔内浮砂吹不干净带来的铸件表面质量差等铸造缺陷仍然是摇枕、侧架生产中的惯性质量问题。

(3)铸造工艺不到位,在内腔A部位、B部位非评定区的热节处存在局部缩孔等缺陷。

第三阶段,2007年以后,为适应铁路重载提速运输发展的需要,进一步提高转向架的可靠性,我国摇枕、侧架制造企业在铁路主管部门的组织下,通过联合攻关,在提升摇枕、侧架整体制造技术水平的同时,优先发展了摇枕、侧架制芯技术,研发和推广采用摇枕、侧架整体砂芯和自动化下芯,大幅提升了摇枕、侧架制造技术水平和产品质量。

在国民经济快速发展的带动下,我国铁路货车重载提速运输迅速发展。在重载提速运输条件下,对摇枕、侧架制造技术提出了以下要求。

(1)提高铸件内腔质量,消除铸件内腔披缝、台阶等缺陷;取消关键部位的芯撑,减少疲劳裂纹源。

(2)提高铸件的形位尺寸精度,保证转向架始终处于良好的工作状态,改善零部件的运用条件。

(3)在降低钢中磷、硫、氧、氢等有害元素含量,使钢水达到优质钢标准的同时,减少铸件内部夹砂等铸造缺陷,增加铸件表面缺陷湿法荧光磁粉探伤和内部缺陷超声波、射线探伤检查要求,提高铸件表面和内在质量。

(4)在研制采用适合我国国情的B+级钢的同时,研制与B+级钢铸造性能相适应的制芯技术。

(5)加严对疲劳试验要求,其中摇枕在组合载荷试验条件下应达到100万次以上。

在铁路主管部门的组织下,通过联合攻关和技术创新,我国摇枕、侧架制造企业研发和推广了摇枕、侧架整体砂芯制造技术,并采用整体芯智能化自动下芯,摇枕、侧架制造技术水平大幅提升,满足了我国重载提速运输的安全需要。经过对国外同行业工艺和装备水平的对比分析,我国铁路货车摇枕、侧架的整体芯制造技术水平已经达到了世界领先水平,铁路货车摇枕、侧架整体芯制造技术已成为我国铁路铸造技术的标志。

生产实践和运用证明,采用整体芯工艺生产的B+级钢摇枕、侧架工艺先进、质量稳定、使用性能得到大幅提升,为我国铁路货车装备升级换代和铁路货车重载提速的快速发展打下了坚实的基础。

摇枕、侧架采用整体芯铸造技术后,其效果如下。

(1)大幅度提高了制造技术水平和产品质量。

铸件内腔表面光滑,曲面连续完整,消除了分体砂芯带来的铸件内腔裂纹、台阶、芯撑熔合不良等一系列质量缺陷和安全隐患,如图7-1、图7-2所示。

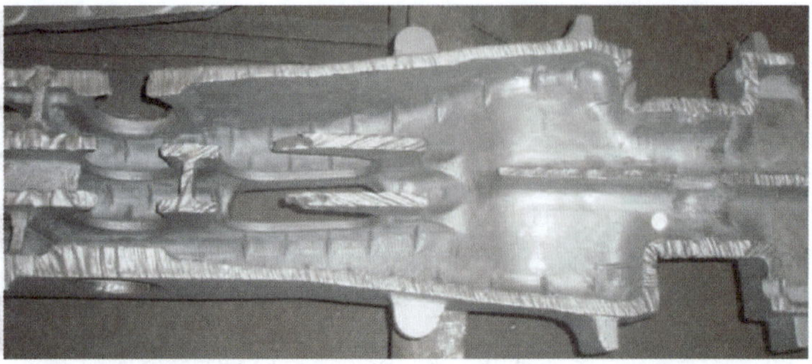

图 7-1　纵向解剖，摇枕内腔连续光滑，磁探无裂纹

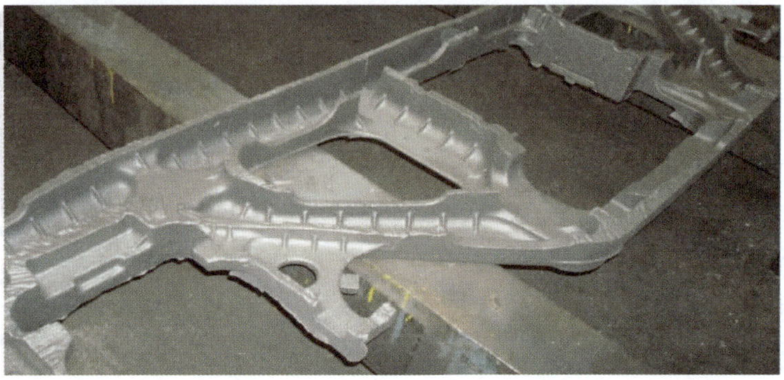

图 7-2　纵向解剖，侧架内腔连续光滑，磁探无裂纹

避免了分块砂芯组合下芯工艺带来的相对位置窜动，砂芯尺寸精度及稳定性高，提高了铸件的尺寸精度及其稳定性。

大幅减少了芯撑数量，重要部位取消了芯撑，保证了铸件有效承载面积，减少了疲劳裂纹源。避免了在安放使用芯撑时，受芯撑搓挤而脱落的型砂掉入型腔，在铸件内部或表面形成的砂眼。

整体制芯技术的研发和先进生产线的应用，提高了制芯和下芯生产效率及场地利用率，改善了作业环境和生产过程本质安全度，实现了制芯和下芯工序的精益化生产。

整体芯智能化存放库和机器人下芯技术等的应用，减少了人为因素的影响，大幅度提高了产品质量的稳定性，改善了劳动条件，如图 7-3、图 7-4 所示。

(2)整体芯 B+级钢摇枕、侧架疲劳强度大幅提高。

整体芯 B+级钢摇枕在组合载荷试验条件下，在完成标准规定 100 万次循环次数后，再加大试验载荷 20%继续试验，所有摇枕试件全部通过了加大载荷累计 120 万次试验。按上述试验和加载方法，生产的转 K6 型转向架摇枕最大循环次数累计达 184 万次，转 K5 型转向架摇枕累计达 200 万次。比原工艺和原材质生产的摇枕提高 60 万次～80 万次。整体芯 B+级钢侧架在完成标准规定试验循环次数后，加大试验载荷 40%继续试验，累计循环次数达到 50 万次无裂纹。摇枕、侧架疲劳循环次数远高于国外先进标准的要求。

图 7-3 摇枕(一型两件)整体砂芯机械手下芯

图 7-4 侧架(一型两件)整体砂芯机械手下芯

(3)采用超声波探伤和测厚、磁粉探伤和 X 射线探伤以及工业 CT 等对摇枕、侧架进行检查和判定,整体芯 B+级钢摇枕、侧架产品质量检测手段高于国外先进标准的要求。

(4)社会效益和经济效益

显著提高了产品质量、提高了零部件的可靠性和疲劳寿命,因而大幅度提高了铁路运输安全性,延长了摇枕、侧架使用寿命,提高了摇枕、侧架和车辆寿命期内的综合经济效益,具有显著的社会效益和经济效益。

减少了人为因素对产品质量的影响,提高了产品质量的稳定性,降低了质量损失。降低人工成本,改善劳动条件。大幅提高了我国铁路货车制造行业和企业的全球竞争能力。

7.1.2 车钩制芯技术发展

车钩制芯工艺按照分芯方式和所采用的设备及芯砂工艺的差异,分为两个阶段。

第一阶段，20 世纪 50 年代至 2004 年，为分体芯制芯阶段。这一阶段采用的芯砂工艺主要有水玻璃砂工艺、聚丙烯酸钠树脂砂工艺、覆膜砂工艺等。采用的分芯方式主要有水平分芯和垂向分芯两种。钩体水平分芯是沿钩体水平纵向中心线位置分芯，分别制出两块水平分体芯，然后用人工将两块水平分体芯粘合在一起，如图 7-5 所示。钩体垂向分芯是在钩头和钩身结合处分段，将钩体砂芯分为钩头芯和钩身芯两部分，如图 7-6 所示。

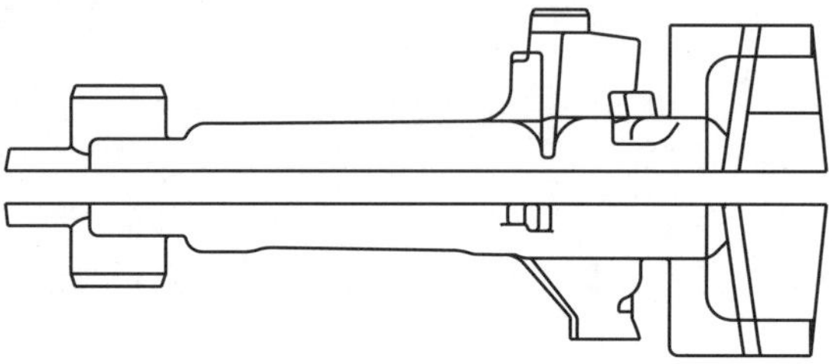

图 7-5　水平纵向中心线分芯的钩体砂芯

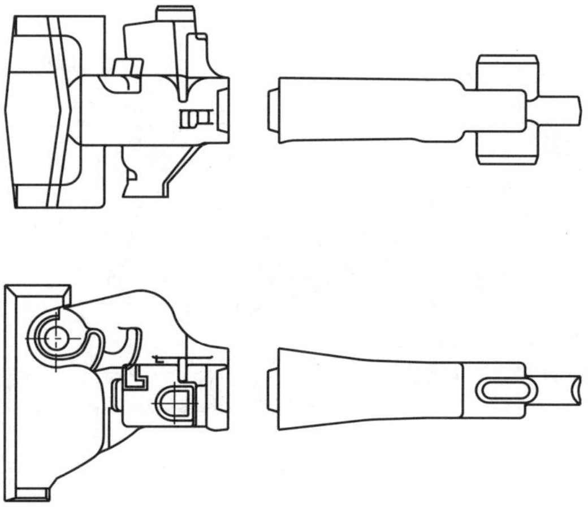

图 7-6　钩身分芯的钩体砂芯

钩体水平分芯容易导致钩头主要配合面的相对位置出现偏差，产生车钩三态作用不良，甚至无法组装等问题，还会产生上下牵引台错位，使零件严重偏载。钩体垂向分芯容易导致两个砂芯连接处产生批缝、台阶、裂纹，须在两砂芯连接处放置芯撑，从而降低车钩强度，甚至导致早期失效。

第二阶段，2004 年以后，为整体芯制芯阶段。这一阶段大型射芯机广泛应用于车钩整体芯制造。车钩钩体内腔采用整体芯射芯工艺，消除了分体芯工艺产生的三态作用不良、上下牵引台错位导致的偏载，以及内腔批缝、台阶、裂纹和关键部位芯撑等缺陷。钩舌 S 面采用整体芯工艺，消除了因拔模斜度在连挂的两钩舌 S 面形成局部接触，导致应力集中而产生 S 面局部裂纹扩展失效。此外，推广采用整体芯后，各制造企业车钩砂芯的生产工艺、工装得到统一，产品内腔作用尺寸规范，提高了车钩配件的互换性。

7.2 芯砂及制芯工艺

摇枕、侧架、车钩的芯砂主要采用树脂砂工艺、改性水玻璃砂工艺和覆膜砂工艺等。采用的芯砂固化方式主要有自硬、酯硬化、三乙胺催化固化、CO_2硬化工艺等。自硬砂工艺主要包括呋喃树脂自硬砂工艺和 Pep-set 树脂砂工艺。酯硬化工艺主要包括酯硬化水玻璃砂工艺、甲酸甲酯硬化水玻璃砂工艺。CO_2硬化工艺所使用的芯砂粘结剂有碱性酚醛、改性水玻璃、聚丙烯酸钠等。

芯砂工艺的选用应符合下述原则：

(1)流动性好，便于充模。

(2)易于控制硬化速度、硬化时间和可使用时间。

(3)砂芯强度满足使用要求。

(4)退让性好，不易产生裂纹缺陷。

(5)溃散性好，容易实现干法落砂。

(6)对型砂系统不产生负面影响。以酯硬化水玻璃砂工艺为例，如采用酸性粘结剂芯砂，再生后的芯砂用于型砂时，将与水玻璃发生化学反应，影响型砂性能和砂处理系统功能。

7.2.1 酯硬化水玻璃砂制芯

20 世纪 70 年代初出现的有机酯硬化(以下简称酯硬化)水玻璃砂工艺是水玻璃砂技术的重要进展。酯硬化水玻璃砂工艺与传统水玻璃砂工艺相比，充分发挥了水玻璃的粘结效率。在获得相同粘结强度的条件下，可大幅降低水玻璃加入量，改善了水玻璃砂的溃散性和旧砂的回用性。作为固化剂的有机酯，黏度低，容易在芯砂中分散，可采用连续式混砂机生产。

酯硬化水玻璃砂工艺保持了传统 CO_2硬化水玻璃砂的优点，即生产成本低，操作简便，铸件的裂纹、气孔等缺陷少。同时易混均、流动性好、易于紧实、砂芯自硬、强度高、生产的铸件尺寸精度高等优点。与自硬树脂砂工艺相比，具有环保等诸多优点。由于水玻璃加入量降低至 2%～3%之间，砂芯溃散性较好，完全可实现干法清砂。

但酯硬化水玻璃砂芯比 CO_2硬化水玻璃砂芯硬化时间相对较长，长时间存放易出现砂芯吸潮和蠕变现象。

酯硬化水玻璃砂属于自硬砂系列。为了减少水玻璃加入量，提高溃散性，同时提高砂芯强度和高温退让性，一般采用优质原砂和优质水玻璃粘结剂。水玻璃的模数一般为 2.2～2.9、浓度为 47～53°Be[21]。可根据天气变化适当调整水玻璃的模数，如某公司水玻璃主要技术指标，见表 7-1。

表 7-1 水玻璃主要技术指标

型号	等级	密度(20 ℃)(g/cm³)	铁含量(%)	水不溶物含量(%)	Na_2O 含量(%)	SiO_2 含量(%)	模数(m)
1号	一等品	1.436～1.465	0.05	0.60	10.2	25.7	2.6～2.9
	合格品		—	0.80			
2号	一等品	1.368～1.394	0.05	0.40	9.5	22.1	2.2～2.5
	合格品		—	0.50			

酯硬化水玻璃砂的硬化可分为三个阶段[21]：

第一阶段是有机酯在碱性水溶液中发生水解，生成有机酸和醇，这个阶段时间的长短决定了芯砂可使用时间，其化学反应通式为：

$$R-COOR'+XH_2O\xrightarrow{OH^-}RCOOH+R'OH。$$

第二阶段是有机酯和水玻璃反应，使水玻璃模数升高，且整个反应过程为失水反应，当反应时水玻璃的黏度超过临界值，芯砂便失去流动性而固化，其总的反应式为：

xRCOOR$'$$+Na_2O\cdot mSiO_2\cdot nH_2O+xH_2O\leftrightarrow(1-x/2)Na_2O\cdot mSiO_2\cdot(n+x/2)H_2O+xR'OH+x$RCOONa。

第三阶段是水玻璃进一步失水硬化。

酯硬化水玻璃砂中的固化剂(有机酯)是反应物，必须具备一定的数量使反应达到一定的程度，砂芯才能硬化。其数量与水玻璃加入量、模数、浓度和有机酯的种类、纯度有关。固化剂加入量过多，会使反应过度，砂芯强度下降；反之则硬化反应不充分，仍导致砂芯强度不足，并使砂芯在存放过程中产生蠕变。根据经验，在实际生产中固化剂一般占水玻璃加入量的10%～20%左右。固化剂的纯度对砂芯的力学性能的影响不容忽视，采用低纯度的有机酯，会破坏水玻璃膜的连续性，导致砂芯强度不足，并使砂芯在存放过程中产生蠕变。

有机酯硬化水玻璃砂主要由原砂、水玻璃和有机酯三部分组成，三种组分的配比与原材料的种类和性质、环境状况及使用要求有关。对于摇枕、侧架的砂芯，一般采用的配方为：原砂 100%，水玻璃 2%～3.5%，有机酯 10%～20%(占水玻璃总量)。水玻璃、有机酯的种类根据季节和环境温度的不同而适当调整，为保证操作的简便，通常采用一种水玻璃，而有机酯选择两种，即一快一慢，通过调整两种有机酯的加入量来调整芯砂的硬化速度和可使用时间。连续式混砂机混砂工艺如下：

$$原砂+有机酯\xrightarrow{搅拌}加水玻璃\xrightarrow{搅拌}出砂$$

采用酯硬化水玻璃砂生产摇枕、侧架优点较多，但是由于具有吸潮、蠕变等缺点，因此在生产摇枕、侧架砂芯，特别是生产整体砂芯时，对于原材料的选择以及现场控制需加强。原砂宜选择含水量、含泥量低，粒形较好的精选擦洗砂；水玻璃选择性能稳定，抗老化的改性水玻璃；选择硬化速度较慢的有机酯，将起模时间控制在 20～40 min之间。

7.2.2 甲酸甲酯硬化水玻璃砂制芯

甲酸甲酯硬化水玻璃砂工艺是根据液态有机酯自硬水玻璃砂工艺发展而来，具有

液态有机酯自硬水玻璃砂的大部分特点，芯砂流动性较好，使用强度与有机酯自硬水玻璃砂相当。与液态有机酯自硬水玻璃砂不同的是，固化剂为汽化的甲酸甲酯，硬化速度更快。与 CO_2 硬化水玻璃砂相比，甲酸甲酯硬化水玻璃砂工艺水玻璃加入量小、强度高、成型好、溃散性好。

甲酸甲酯硬化水玻璃砂工艺过程是：首先混制水玻璃砂（水玻璃的加入量一般控制在 3.0%左右），将水玻璃砂填入芯盒并紧实，或进行射砂紧实，最后将加热汽化后的甲酸甲酯吹入芯盒使芯砂硬化。

该工艺的芯盒结构与其他吹气硬化工艺的芯盒结构基本相同，只是吹、排气口的面积及布置有所不同，主要是排气口的面积要大于吹气口面积，如图 7-7 所示。砂芯尺寸较大时，甲酸甲酯吹入砂芯时易液化，导致砂芯底部的芯砂硬化不完全，解决方法是提高甲酸甲酯的温度、增设吹气口、提高吹气压力等，具体情况需要根据现场的实际情况确定。

图 7-7 甲酸甲酯硬化水玻璃砂工艺芯盒结构

与其他工艺相比，所增加的主要设备是气体发生器，如图 7-8 所示。另外，应对尾气进行处理，并对甲酸甲酯蒸汽供气系统进行密封，否则会对操作人员造成一定危害，所以，采用甲酸甲酯硬化水玻璃砂工艺的制芯设备通常需配置相应的尾气处理设备。

图 7-8 甲酸甲酯气体发生器

7.2.3 CO_2 硬化水玻璃砂制芯

CO_2 吹气硬化水玻璃砂适用于各种大、小砂芯的生产，是一种非常成熟的制芯工艺。该工艺优点是芯砂流动性较好、生产成本较低、退让性好、铸件产生裂纹缺陷的倾向小。但缺点是吹气硬化时间不好控制、溃散性差，对于箱形铸件，干法清砂非常困难、工人劳动强度大、生产效率低。

CO_2硬化水玻璃砂，大都由原砂加入 6.0%～8.0%的钠水玻璃配制而成，采用CO_2硬化水玻璃砂的芯砂 24h 抗拉强度一般不小于 0.6 MPa。对于具有特殊工艺要求的部位，可以局部采用铬铁矿砂、锆砂等特种砂。

随着优质改性水玻璃、溃散剂和新的吹气工艺方法的应用，水玻璃的加入量可以控制在 4.0%～6.0%左右；采用真空置换硬化(VRH)方法时，水玻璃加入量可降至 3.0%～4.0%左右，使清砂困难的问题得到改善。

7.2.4 CO_2硬化碱性酚醛树脂砂制芯

CO_2硬化碱性酚醛树脂砂制芯是最近几年逐渐发展成熟的一种制芯方法，该芯砂的组分比较简单，由原砂、碱性酚醛树脂构成，其中碱性酚醛树脂加入量占原砂的 2%～4.5%。树脂的加入量主要与原砂的粒形、含水量、含泥量以及树脂的品质有关。CO_2硬化碱性酚醛树脂砂可以用于射芯或手工制芯。

CO_2硬化碱性酚醛树脂砂流动性较好、砂芯较容易紧实、吹气硬化速度较快、溃散性好，但采用CO_2硬化碱性酚醛树脂砂方法生产的砂芯强度不高，可采用该工艺生产一些小型砂芯，例如侧架的导框芯等。如果生产大型砂芯，在使用时需要在砂芯中采用芯骨提高砂芯的强度，该工艺方法与水玻璃砂工艺相比易产生裂纹缺陷，而且由于砂芯尺寸过大时，硬化的吹气点较多，易出现硬化不均匀现象，且吹气点处砂芯表面质量较差，影响铸件的表面质量。

7.2.5 三乙胺催化固化树脂砂制芯

三乙胺催化固化法制芯工艺于 1968 年开始应用，国外常称 Isocure 法，或称酚醛—尿烷冷芯盒法[22]。三乙胺催化固化法在射芯机上应用较为广泛。

三乙胺催化固化法是将树脂砂射入芯盒后，导入硬化气或经雾化的液态固化剂，将砂芯硬化。该工艺粘结剂由两部分液体组成：组分Ⅰ为酚醛树脂，组分Ⅱ为聚异氰酸酯。催化剂为液态叔胺，可用三乙胺[$(C_2H_5)_3N$](TEA)、二甲基乙胺(DMEA)、异丙基乙胺和三甲胺[$(CH_3)_3N$](TMA)。混砂时，原砂加热至 25～35 ℃，将组分Ⅰ酚醛树脂加入砂中，混制 1 ～2 min，再加入组分Ⅱ(PAPI)，继续混制 1～2 min。通常两组分加入量相同，总量为原砂质量分数的 1%～2%。

芯砂混好后，在 0.30～0.35 MPa 压力下射入芯盒，再将体积分数为 2%的三乙胺气体，在 0.14～0.2 MPa 压力下吹入芯盒，使砂芯迅速硬化，硬化时间一般为几秒或几十秒钟。硬化后，紧接着通过原来吹气系统，吹入洁净干燥的空气，以便清洗砂芯中的残胺，并进一步提高它的强度。因三乙胺工艺对环境有污染，需对尾气进行处理。

采用三乙胺催化固化法制芯时，原材料主要是原砂、树脂和催化剂等。原砂为石英砂，一般要求原砂含水量小于 0.2%，含泥量小于 0.3%，也可使用锆砂、铬铁矿砂。原砂必须干燥，水分太高会减少芯砂的可使用时间，降低砂芯抗拉强度。

该工艺具有芯砂流动性好、硬化速度快、硬透性好、生产效率高等特点。采用该方法所生产的砂芯强度高、溃散性好、尺寸精度高、适合大批量生产。应用于摇枕、侧架的整体芯时，因砂芯尺寸和质量较大，对芯盒和气体发生器的要求较高，同时该芯砂工艺具有一定的热裂纹倾向，需要采用冷铁、特种砂等方法进行处理，增加了射芯操作难度。

为了减少粘砂、气孔等缺陷，提高铸件的表面质量，砂芯表面应涂敷涂料。

7.2.6 Pep-set 酚醛树脂砂制芯

酚醛树脂自硬砂工艺于 1970 年开始应用，国外称 Pep-set 法。采用的粘结剂由三部分组成，即苯基醚酚醛树脂—组分Ⅰ，聚异氰酸酯—组分Ⅱ，胺催化剂—组分Ⅲ，三种成分均为液体。组分Ⅰ和组分Ⅱ之比常采用 50∶50，或者为了减少含氮量而采用 60∶40。这两种成分的总加入量为原砂的 1.4%～1.6%。催化剂用于调整树脂砂的硬化速度，其加入量为组分Ⅰ质量的 1%～5%[22]。

酚醛树脂自硬砂混制工艺为：先将酚醛树脂与催化剂混合，使催化剂均匀地分散在树脂中，再将含有催化剂的酚醛树脂和聚异氰酸酯依次加到砂中。

7.2.7 呋喃树脂自硬砂制芯

呋喃树脂自硬砂工艺具有常温强度高、铸件尺寸精度高、表面质量好、溃散性好、旧砂回用率高等优点，但同时也存在硬化特性受环境温度和湿度影响较大而不易掌握硬化规律、产生铸造热裂纹和气孔等缺陷的倾向性大等缺点[23]、[24]。

呋喃树脂砂采用的原砂一般选择质量较好的天然精选砂或擦洗砂，其主要工艺参数为：SiO_2 含量不小于 96%，含泥量不大于 0.5%，酸耗值不大于 5 mL/50 g，含水量小于 0.5%，三筛粒度组成不小于 80%。有特殊需要也可以采用铬铁矿砂等作为原砂。

粘结剂一般采用低氮和无氮呋喃树脂，加入量控制在 1.0%～1.5%，其主要参数为：含氮量不大于 0.3%，游离甲醛含量不大于 0.4%，pH 值(20 ℃)为 6.5～7.5，水分含量不大于 3.0%，试样抗拉强度不小于 0.8 MPa。

用于树脂自硬砂的固化剂主要采用对甲苯磺酸，其加入量一般占自硬砂总量的0.48%～0.52%，并根据季节的不同，选择不同的固化剂。某企业芯砂配比及性能，见表 7-2。

表 7-2 芯砂配比及性能表

新砂(%)	再生砂(%)	树脂(%)	固化剂(%，相对树脂)	硅烷(%)
≥10	≤90	0.9～1.1	35～45	0.1～0.3
24 h 抗拉强度(MPa)		发气量(mL/g)	—	—
≥0.8		≤16	—	—

呋喃树脂砂连续式混砂机混砂工艺如下：

$$\text{砂+催化剂}\xrightarrow[\text{搅拌}]{\text{混拌}}\text{加树脂}\xrightarrow{\text{搅拌}}\text{出砂}$$

上述顺序不可颠倒，否则局部会发生剧烈的硬化反应，缩短可使用时间，影响树脂砂性能。

呋喃树脂砂制芯流程如下：芯砂混好后填入芯盒内，微振紧实，再经过 20 min～1 h即可硬化、起模。硬化、起模时间受所选择酸的种类和浓度、芯砂的温度和湿度、环境情况等因素的影响，应根据实际情况调整和控制。

砂芯表面涂敷完涂料后，经干燥、合箱、浇注、落砂等工序，旧砂经再生后可再次使用。呋喃树脂砂的旧砂回用率一般可达 90%以上，而且再生砂的某些性能还优于新砂，混砂时加入适量再生砂可减少树脂的加入量[25]、[26]。

7.2.8 聚丙烯酸钠树脂砂制芯

聚丙烯酸钠树脂砂工艺是以聚丙烯酸钠为粘结剂，消石灰[$Ca(OH)_2$]为促硬剂，制成砂芯后吹 CO_2 硬化，可用于射芯或手工制芯。该工艺也称为 Polidox 工艺[24]。

由于聚丙烯酸钠树脂砂不含任何苯类化合物，既克服了呋喃树脂等热芯盒树脂砂硬化需加热，环境污染大的缺点，又避免了聚异氰酸酯、酚醛树脂等冷芯盒树脂砂硬化过程中释放有毒有害气体的弊端[27]。聚丙烯酸钠树脂砂还具有吹气硬化速度较快，溃散性好等特点。但是，该工艺制作的砂芯强度不高，需要在砂芯中加入芯骨，且吸湿能力强，不适合湿度较大的地区使用。

采用聚丙烯酸钠树脂为粘结剂，$Ca(OH)_2$ 为固化剂的 CO_2 气体硬化树脂砂，是依靠吹气过程中，砂粒周围树脂膜里的 Ca^{2+} 置换聚丙烯酸钠树脂中的 Na^{+}，使树脂产生交联、固化，导致树脂砂硬化获得一定的强度[28]。为使芯砂使用强度符合需要，一般树脂的加入量在 3.8%～4.2%左右，消石灰粉加入量为 1.2%～1.5%，其混制工艺为：

$$\text{新砂}+\text{聚丙烯酸钠}\xrightarrow{\text{混碾 }3\sim5\text{ min}}+\text{消石灰粉}\xrightarrow{\text{混碾 }3\sim5\text{ min}}\text{出砂}$$

混好的芯砂应做好密封措施，避免空气中的 CO_2 对芯砂产生作用。

该种芯砂的流动性介于水玻璃砂和碱性酚醛树脂砂之间，在设置好排气的情况下，砂芯比较容易紧实。

7.2.9 覆膜砂制芯

二战时期，德国开发出用热固性酚醛树脂作粘结剂的壳型铸造工艺，20 世纪 50 年代各国相继采用。该工艺是在芯砂使用前，首先将酚醛树脂和六亚甲基四胺（即乌洛托品）等覆裹在原砂表面，制作出覆膜砂。制芯时，将金属芯盒加热至 260 ℃左右，然后将覆膜砂填入芯盒，使覆膜砂在加热的金属芯盒内表面形成 4～8 mm 左右的固化砂层，其余未粘接的干砂粒掉下，取模后得到壳芯。

覆膜砂壳芯制壳的方法有两种：翻斗法和吹砂法[29]。制造壳芯，一般采用吹砂法，吹砂法分为顶吹法和底吹法。对于制造钩舌的小砂芯，模具预热温度一般控制在230～290 ℃。对于形状不规则的钩舌小砂芯，覆膜砂壳芯制芯是比较适用的一种制芯工艺。

混制好的覆膜砂和砂芯可长期储存，砂芯固化时间短，砂芯强度高，覆膜砂消耗量小，质量轻。采用覆膜砂工艺铸件表面光洁和尺寸精度很高，易于实现批量生产和自动化，但砂芯发气量大、不易控制、且产生的烟尘较多。

7.3 整体芯制芯工艺

7.3.1 摇枕、侧架传统制芯工艺

摇枕、侧架传统砂芯采用分块组合砂芯工艺，如图 7-9、图 7-10 所示。

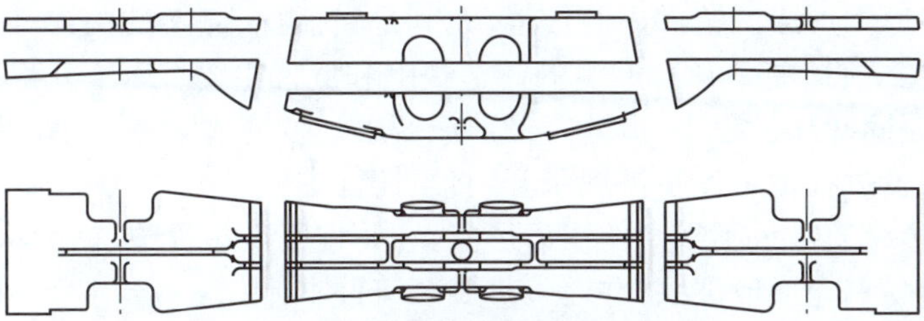

(a) 摇枕分块砂芯简图

(b) 摇枕分块砂芯照片

图 7-9 摇枕砂芯分为两层、三段

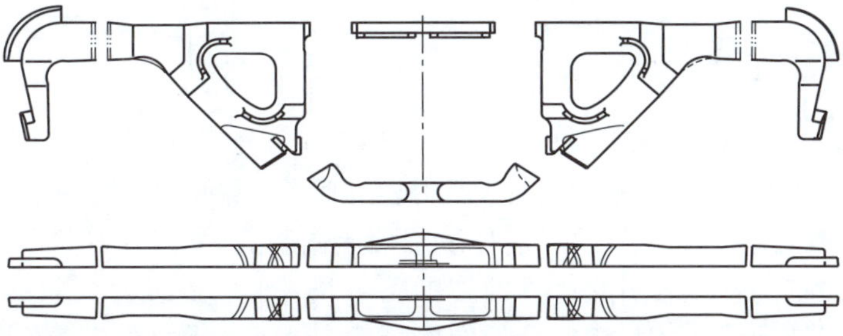

(a) 侧架分块砂芯简图

(b) 侧架分块砂芯照片

图 7-10 侧架砂芯分为两层、五段

采用分块制芯、组合下芯的工艺方法生产摇枕、侧架，主要存在以下缺点。

1. 砂芯的分层和分段处，在铸件内腔的纵向和横向产生较长的披缝，主要原因如下。

(1)芯盒数量多，芯盒变形的几率大，组合下芯时，砂芯接缝处难于贴合严密。

(2)多数砂芯比较薄长，运输过程中容易产生蠕变，组合下芯后，容易在组合芯的分层和分段处产生局部翘曲，形成砂芯局部间隙。

(3)砂芯数量多，容易产生较大的累计尺寸误差，且砂芯难以准确定位，造成砂芯接合部位产生较大间隙。

由于上述原因形成的铸件内腔披缝，尤其是在摇枕、侧架的关键部位(A、B 部位)内腔的披缝(图 7-11、图 7-12)，产生的铸造缺陷和危害主要有以下几点。

(1)铸件凝固冷却过程中，披缝容易形成裂纹。披缝清除不干净，留存在披缝中的裂纹在铸件服役过程中将逐步扩展张开，直至铸件本体。

(2)披缝边缘通常呈不规则的锯齿形状，在铸件服役过程中，锯齿状披缝边缘的尖锐凹陷处也容易首先形成裂纹，并逐步扩展至铸件本体。

(3)在铸件凝固和收缩过程中，披缝凝固速度快，并可阻碍铸件的收缩，容易在披缝与铸件连接的根部(通常为直角)产生裂纹。加之披缝与铸件连接的根部容易产生粘砂，掩盖在粘砂带下面的裂纹，在清理和检查过程中难以发现，从而产生非预期使用。

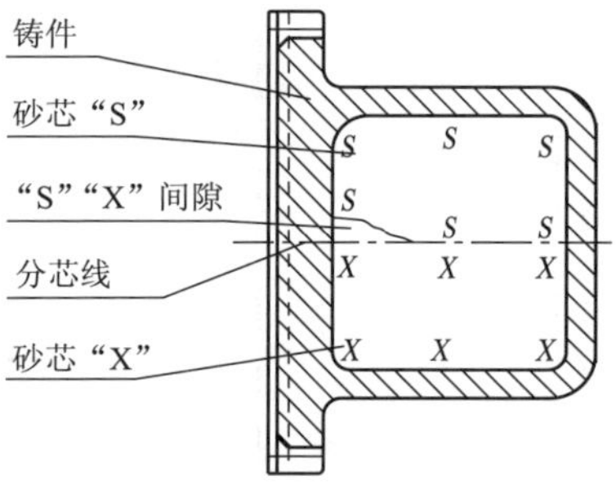

图 7-11　砂芯间隙

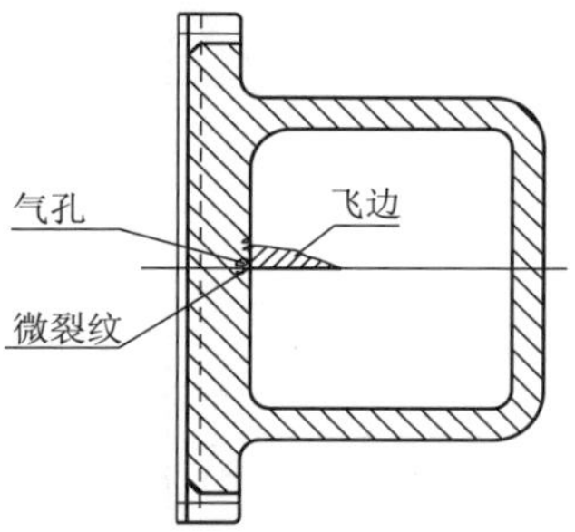

图 7-12　披缝(飞边)产生的气孔和裂纹

(4)披缝表面积大、厚度小，浇注过程中容易吸气，凝固过程中根部容易产生皮下气孔或毛细裂纹，如图 7-12 所示。这种缺陷位于内腔，不易发现和排除。

披缝造成的上述缺陷，引起铸件断裂如图 7-13、图 7-14 所示。

2. 由于砂芯变形等原因，在接合处的底部容易形成台阶，造成铸件壁厚突变和壁厚超差。铸件服役过程中，台阶处形成应力集中，壁厚较薄处应力增大，壁厚较大处往往组织疏松，铸件强度降低，导致铸件疲劳裂纹和断裂。

3. 制芯、搬运和组合下芯操作过程中，易在砂芯棱边处破损。破损砂芯下入型腔，则铸件相应部位形成局部多肉，与披缝危害相似，同时还可能造成局部凝固模数增大，形成缩孔或疏松。在组合下芯操作时将砂芯棱边碰坏或挤压破损，则造成严重危害。

4. 分块砂芯组合下芯通常为手工操作，反复搬运和碰撞砂芯，易使砂芯棱边处的冷铁松动，或脱落进入型腔，浇注时嵌入铸件内部，后工序不易发现，可能造成铸件服役时早期突然断裂。

5. 分块砂芯必须采用芯撑，一件摇枕或侧架使用芯撑数量 30 个左右，如图 7-15 所示。芯撑对铸件质量产生以下不良影响：

图 7-13 服役的摇枕 B 部位砂芯接头处出现的裂纹

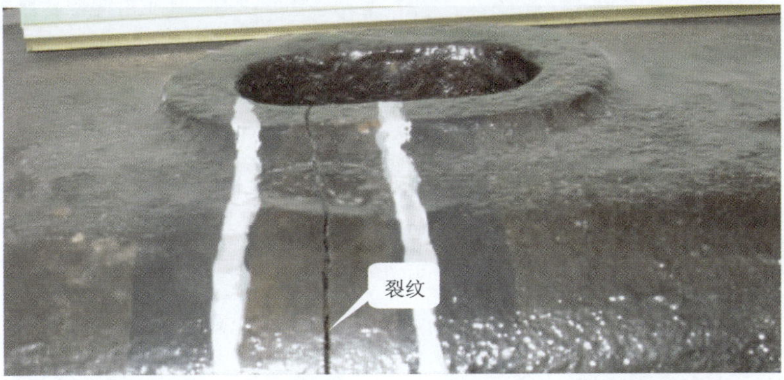

图 7-14 服役的摇枕 A 部位砂芯接头处出现的裂纹

(1)芯撑不能与铸件熔合，减少了铸件的有效承载面积，并成为疲劳裂纹源，如图 7-16所示。

图 7-15 定位芯撑及砂芯对接不良

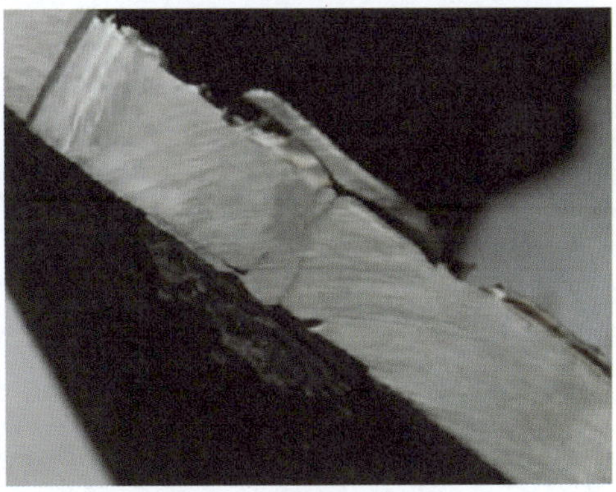

图 7-16 未熔合芯撑

(2)芯撑的表面锈蚀或镀层在浇注过程中易产生气体，镀层有害元素容易渗入钢中，使铸件局部性能恶化。

(3)受芯撑搓挤而脱落的型砂掉入型腔，在铸件内部或表面形成砂眼、多肉，如图7-17所示。而内腔出现的缺陷通常不易发现和处理。

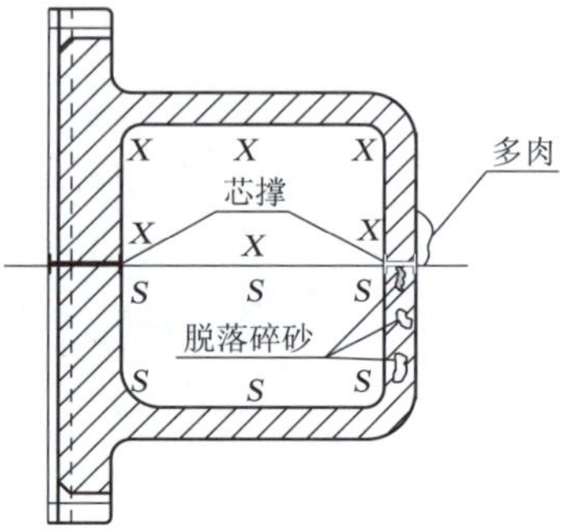

图7-17　受芯撑搓挤脱落的型砂掉入型腔

铸件上述缺陷的存在，容易引起摇枕、侧架在服役过程中产生断裂。为提高货车转向架摇枕、侧架的运行可靠性，满足铁路货车重载提速运输的需要，通过技术创新，研发的摇枕、侧架整体砂芯铸造技术与传统的分体芯技术相比，使铸件内外质量得到大幅提升。

7.3.2　整体芯制芯基本方法

整体芯制造工艺主要有振实挤压整体制芯工艺、盒内挤压锁芯成型工艺、整体射芯工艺、上下壳芯射芯锁芯整体砂芯工艺等。芯砂工艺主要有酯硬化改性水玻璃砂、三乙胺催化固化 Isocure 树脂砂、CO_2 硬化改性水玻璃砂等。

为开发整体芯制芯技术，摇枕、侧架制造企业与制芯设备生产厂联合研制开发了制芯的设备和工装，包括适合长大砂芯生产的射芯机、制芯线和各种芯盒，适应长大砂芯下芯用的机器人下芯装置、气囊吊具和薄膜气缸夹具、智能砂芯存放库、储运和翻转用胎型等。摇枕、侧架制芯材料、工艺、设备和工装均取得了突破，研发了诸多新工艺、新技术、新设备，不但满足了铁路货车重载提速运输的需要，而且推动了我国铸造行业的技术进步。

根据摇枕、侧架的结构和运用工况，对转K5、转K6型转向架摇枕、侧架整体砂芯的基本要求如下：

(1)摇枕、侧架A部位和B部位区域内及A部位、B部位交接处没有分芯面。

(2)转K6型转向架摇枕内腔两斜楔中心线之间的区域内或在此基础上向摇枕两端部延伸的区域内为一个没有分芯面的一体砂芯；转K5型转向架摇枕从两端A部位末端各向外延伸10 mm或以上的整个中部区域内为一个没有分芯面的一体砂芯。

(3)侧架两侧三角区内腔为包含导框内腔A部位在内的没有分芯面的一体砂芯；下弦杆内腔为：转K6型转向架侧架包含B部位、转K5型转向架侧架包含B部位及邻近A部位在内的没有分芯面的一体砂芯。

在满足上述基本要求和提高产品质量的前提下，还可将砂芯进一步整体化。摇枕、侧架整体芯基本工艺方法如下：

方法一：将摇枕、侧架内腔设计为一个砂芯，如图7-18、图7-19所示。

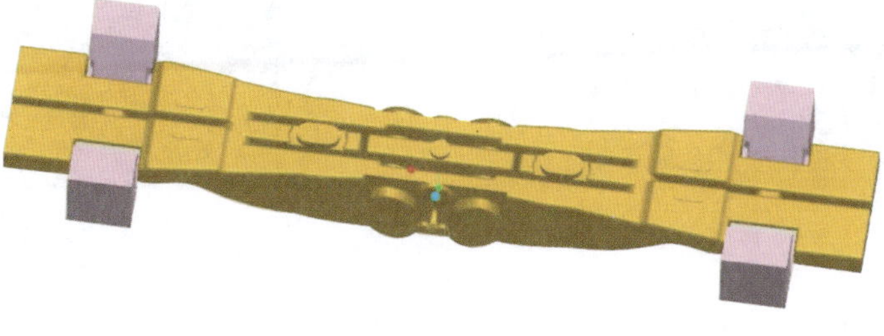

图7-18　摇枕整体砂芯

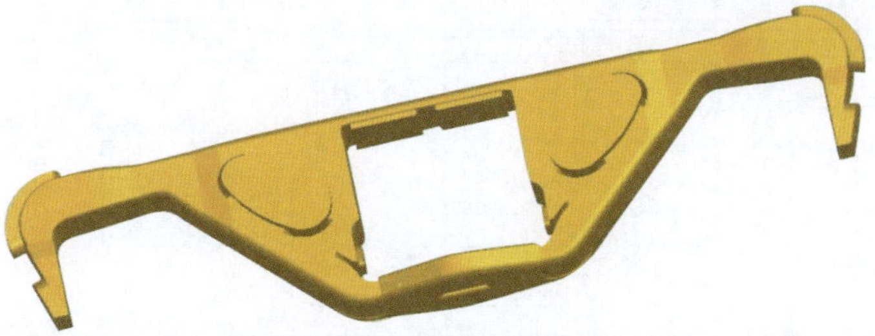

图 7-19 侧架整体砂芯

方法二：将摇枕、侧架内腔重要部位设为一个整体芯。转 K5、转 K6 型转向架摇枕、侧架整体芯设置，如图 7-20～图 7-23 所示。

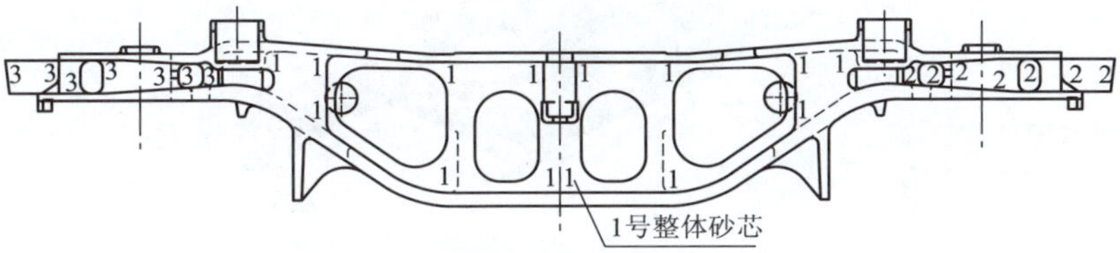

图 7-20 转 K5 型转向架摇枕整体砂芯(方案二)示意图

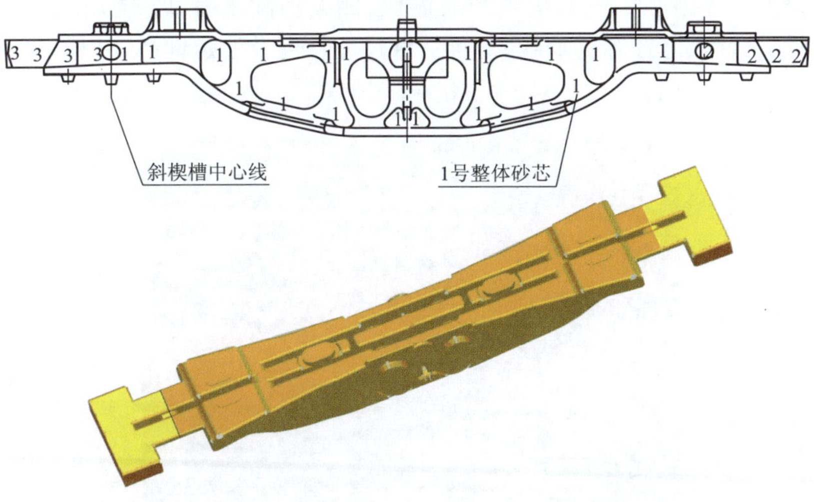

图 7-21 转 K6 型转向架摇枕整体砂芯(方案二)示意图

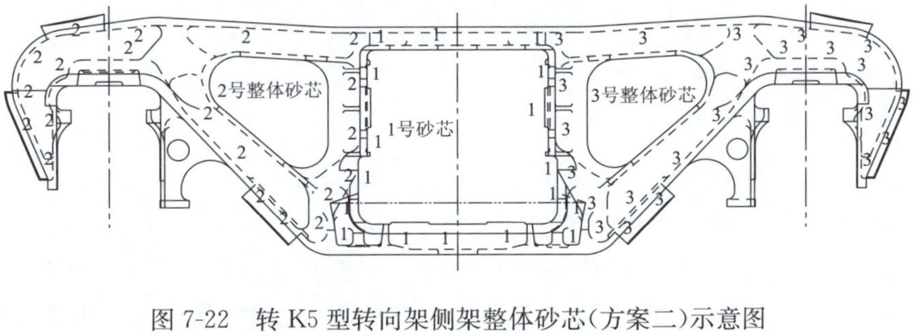

图 7-22 转 K5 型转向架侧架整体砂芯(方案二)示意图

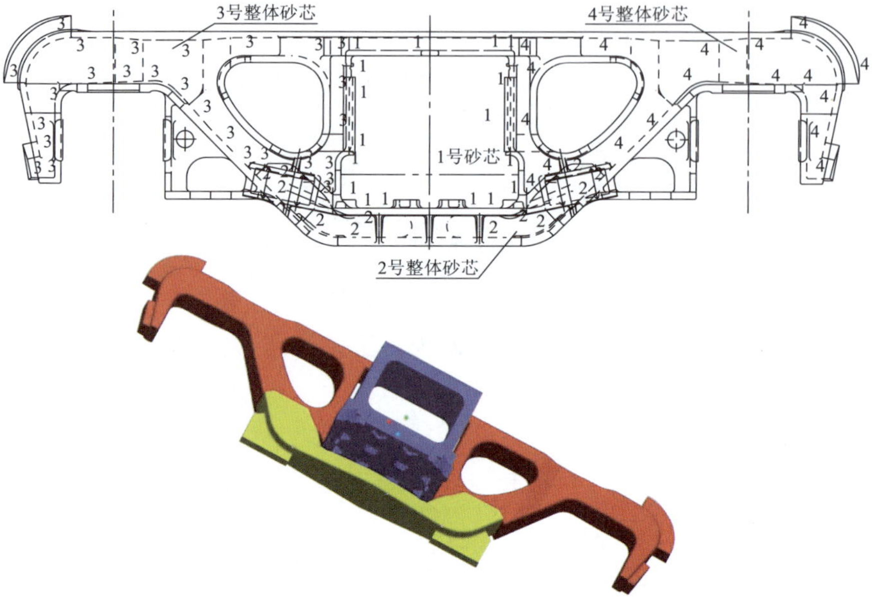

图 7-23　转 K6 型转向架侧架整体砂芯(方案二)示意图

符合以上整体砂芯工艺方案生产的摇枕、侧架消除了分块砂芯带来的内腔披缝(飞边)、裂纹、台阶、芯撑等铸造缺陷,且铸件尺寸精度及稳定性高,有利于提高转向架的运行性能和安全可靠性,如图 7-24、图 7-25 所示。

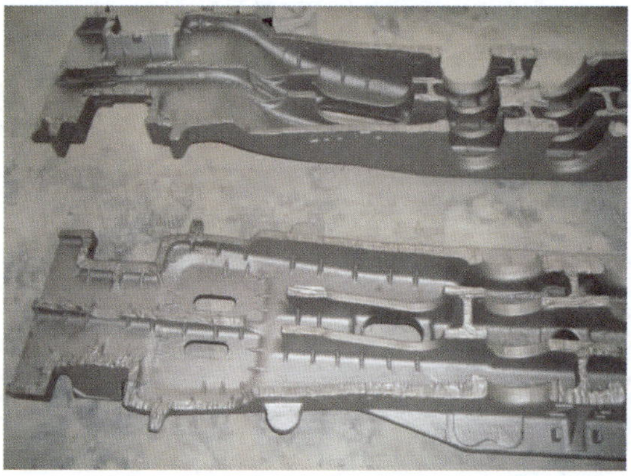

图 7-24　摇枕解剖后内表光滑,无接头缺陷

7.3.3　振实挤压整体制芯工艺

1. 振实挤压整体制芯工艺方法

振实挤压整体制芯工艺是依靠芯砂在振动和挤压过程中产生流动,整体芯盒刮砂面完成刮砂后,自上而下采用定位准确的随形上压模扣于刮砂面,同时对上压模实施微振(或压力),使随形上压模继续向下完成一定行程的压量,使局部平整的刮砂面按

照随形上压模的形状被挤压成符合要求的曲面形状，最终形成内腔截面完整的整体芯的制芯方法[30]。其工作原理，如图 7-26 所示。该工艺适用于具有一定流动性、湿压强度较小的酯硬化改性水玻璃砂、树脂砂等制芯工艺。

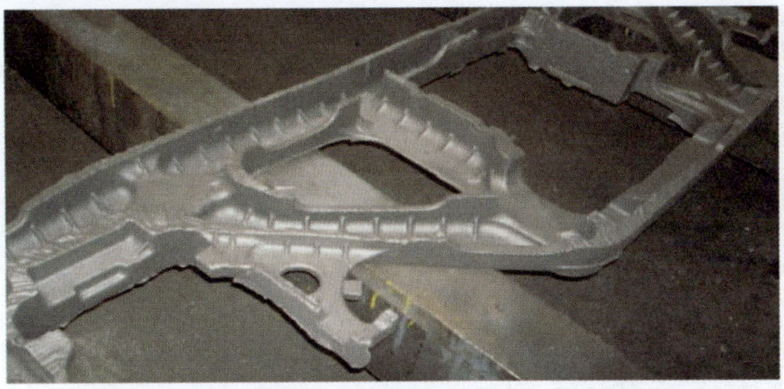

图 7-25 侧架解剖后内表光滑，无接头缺陷

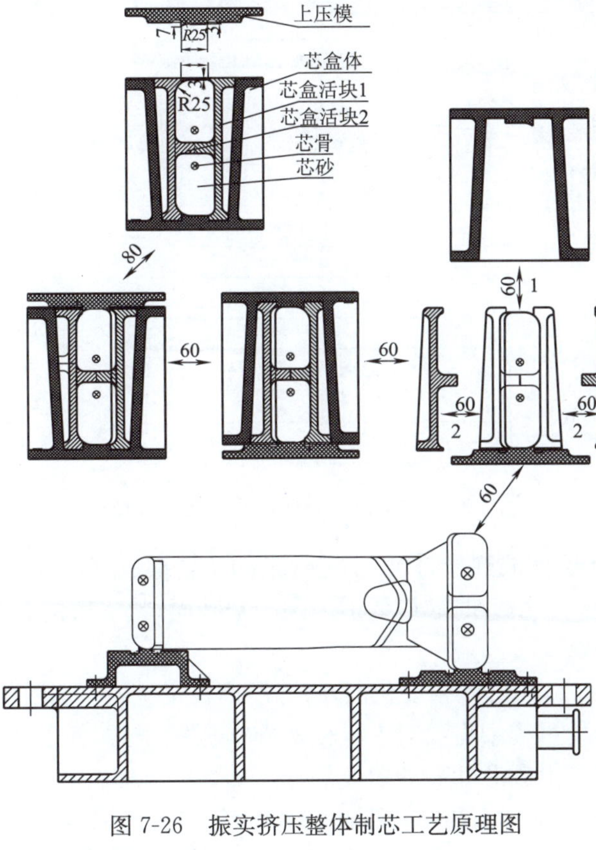

图 7-26 振实挤压整体制芯工艺原理图

2. 振实挤压整体制芯工艺流程

振实挤压整体制芯工艺主要流程：按传统的方法填砂、紧实，整体芯盒刮砂面完成刮砂后用压模使刮砂面重新成型并使砂芯封闭，从而完成砂芯的成型。主要包括填

砂、紧实、压型合模、翻转起模、取活块、砂芯硬化、取芯等工序。工艺流程，如图 7-27 所示，具体步骤如下。

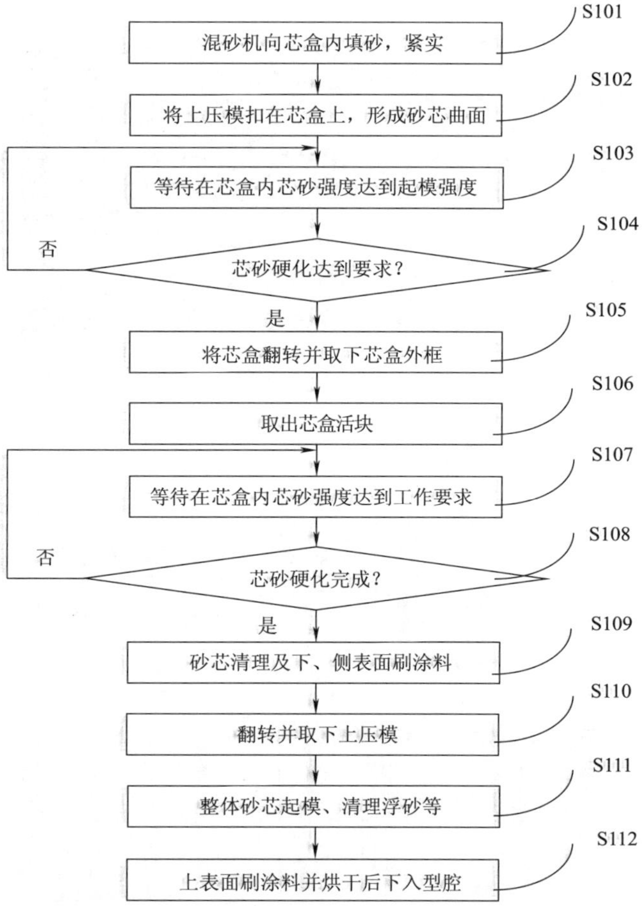

图 7-27 振实挤压整体制芯工艺流程图

步骤 S101，将活块摆放到位，按照工艺要求的位置摆放好冷铁、芯骨后，启动混砂机向芯盒内填充自硬砂，填砂时芯砂要适当高于刮砂面，紧实后刮去多余芯砂，使芯砂与芯盒顶面高度一致。

步骤 S102，填砂后，在芯砂未硬化前，将上压模在定位、定向销的导向作用下平行“扣”向芯盒体，在合模过程中需要对上压模实施微振及压力，使上压模基础面与芯盒顶面贴合，由上压模压出砂芯随型的曲线部分。

步骤 S103，上压模基础面与芯盒顶面贴合后，等待芯砂强度达到起模强度。

步骤 S104，判断芯盒内的芯砂是否硬化达到起模需要；若已达到起模强度，则进入步骤 S105；若否，则返回步骤 S103。此时的芯砂强度无需达到取芯强度，只要在取下芯盒及部分活块后短时间内不变形即可。

步骤 S105，将上压模与芯盒在锁紧状态下翻转 180°，使用配套设备完成起模动作，将芯盒体提起，留下活块包住砂芯。

步骤 S106，沿上压模基础面对应方向滑动取出活块。对于部分被砂芯压住的活块，制作备用活块，待砂芯再次翻转后取出。

步骤 S107，砂芯由上压模随型曲面托住，等待芯砂强度达到工作强度。

步骤 S108，判断芯盒内的芯砂是否硬化达到工作需要，若是，则进入步骤 S109；否则，则返回步骤 S107。此时的芯砂强度须达到可吊运及下芯的工作强度。

步骤 S109，砂芯进行清理及下表面、侧面刷涂料。

步骤 S110，砂芯进入翻转起模机，使用专用随型胎罩住砂芯，将上压模与砂芯在锁紧状态下翻转 180°，使用配套设备将上压模取出。

步骤 S111，取下剩余活块。

步骤 S112，砂芯上表面刷涂料并烘干后下入型腔。

3. 振实挤压整体制芯工艺特点

(1)采用振实挤压整体制芯工艺制得的整体芯表面连续光滑，曲面连接完整，生产的铸件内腔光滑、无接缝，可有效地避免铸造飞边、披缝，提高铸件内在质量。

(2)大量采用侧面活块可形成较为复杂的砂芯，如图 7-28 所示。

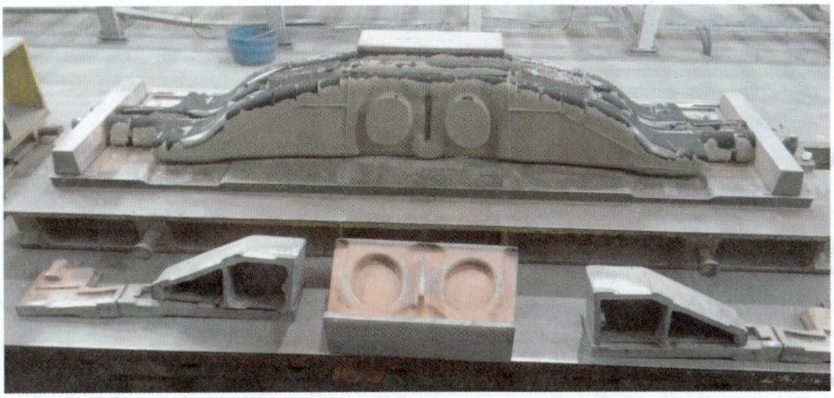

图 7-28　采用侧活块形成摇枕侧曲面

(3)利于按工艺要求准确放置冷铁、芯骨、排气管和铬铁矿砂等材料，有效解决各种铸造缺陷，如图 7-29 所示。

图 7-29　采用铬矿砂工艺的侧架整体芯

(4)充分利用成熟的制芯工艺和型砂工艺，工艺继承性和稳定性好。

(5)提高产品尺寸精度,砂芯整合后形成产品内腔相对尺寸不容易窜动,相对稳定,使铸件壁厚均匀。

(6)对设备适应性强,采用合模机完成上压模与芯盒的自上而下合模,容易实现机械化制芯。

(7)工装维护方便,针对产品局部变更或工艺调整,工装容易调整,适应性强。

7.3.4 盒内挤压锁芯整体制芯工艺

1. 盒内挤压锁芯整体制芯工艺方法[31]

盒内挤压锁芯整体制芯工艺是将芯盒分为上、下两部分,制芯时,在上、下芯盒内填砂、紧实,先将砂芯的上半部分插入锁芯销、固化、翻转,然后将已固化的砂芯上半部分与未固化的砂芯下半部分合模,利用尚未硬化的下半芯盒内芯砂的粘结性,以及通过自动合芯机实现上下两半芯盒内芯砂之间相互挤压,利用锁芯销对芯砂锁紧,使已经硬化的上半芯盒内芯砂与未硬化的下半芯盒内芯砂粘合为一体,即通过合芯过程中凸出的砂台和专用锁芯销实现上下芯盒内芯砂的粘合、挤压与锁紧,使之成为整体砂芯。如图 7-30 所示。

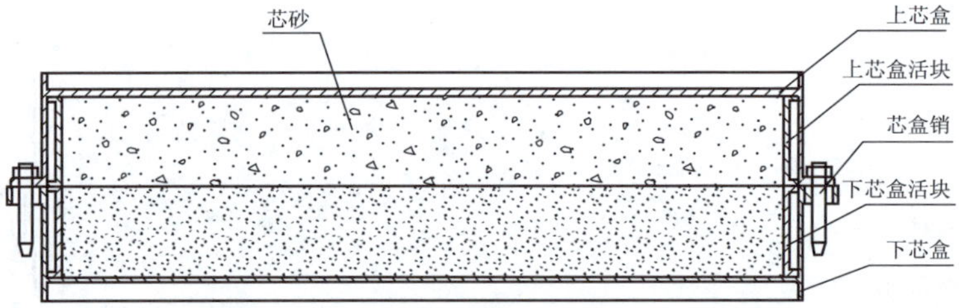

图 7-30　盒内挤压锁芯成型工艺工作原理图

2. 盒内挤压锁芯整体制芯工艺流程

盒内挤压锁芯整体制芯工艺流程,如图 7-31 所示,具体步骤如下。

步骤 S201,将冷铁、芯铁摆放至工艺要求的位置,然后启动混砂机向上半芯盒内填砂、紧实。

步骤 S202,等待在上半芯盒内的芯砂硬化。

步骤 S203,判断上半芯盒内的芯砂是否硬化达到工作需要,若是,则进入步骤 S204,若否,则返回步骤 S202。

步骤 S204,将填满芯砂的上半芯盒转至合芯机上与下半芯盒相对的位置。

步骤 S205,将冷铁、芯铁摆放至工艺要求的位置,然后启动混砂机向下半芯盒填砂。该步骤与步骤 S204 同时进行。

步骤 S206,将装满芯砂的上半芯盒采用合芯机组合到装满芯砂的下半芯盒。该步骤必须与步骤 S205 紧密衔接,因为此处需要利用尚未硬化的下半芯盒内芯砂的水玻璃粘结剂的黏性,通过挤压、锁芯销的锁紧作用,与上半芯盒内的芯砂相粘合,以实现上、下两半芯盒内芯砂的粘合。如果下半芯盒内的芯砂硬化,则不能完成。这样避免砂芯出现缝隙,无需修补砂芯,提高生产效率。

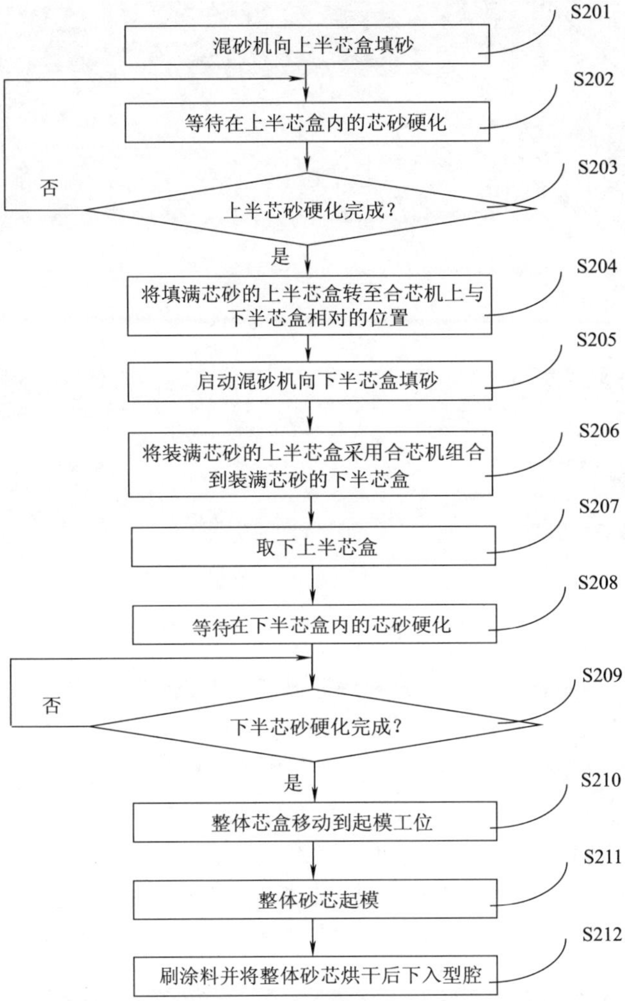

图 7-31 摇枕、侧架盒内挤压锁芯成型工艺流程图

步骤 S207，取出上半芯盒。

步骤 S208，等待下半芯盒内的芯砂硬化。

步骤 S209，判断下半芯盒内的芯砂是否硬化达到工作需要；若是，则进入步骤 S210；若否，则返回步骤 S308。

步骤 S210，整体砂芯芯盒移动到起模工位。

步骤 S211，整体砂芯起模。

由于上半芯盒已经取下，该步骤实际只需要取出下半芯盒，然后采用专用的吊具将整体砂芯吊出即可。

步骤 S212，刷涂料并将砂芯烘干后下入型腔。

采用上述工艺流程生产的摇枕、侧架砂芯，如图 7-32、图 7-33 所示。

图 7-32　转 K6 型转向架摇枕整体砂芯

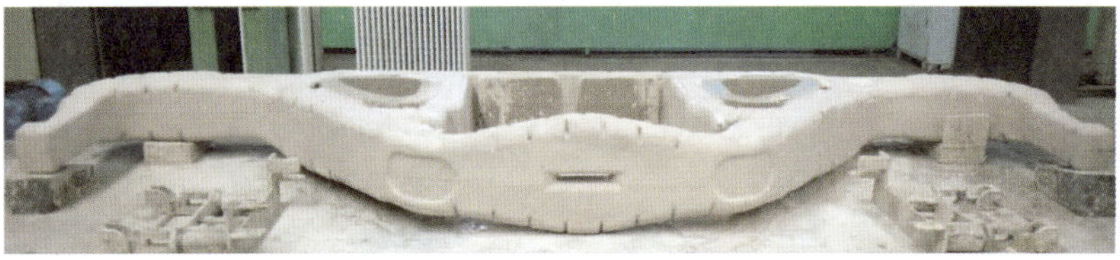

图 7-33　转 K6 型转向架侧架整体砂芯

3. 盒内挤压锁芯整体制芯工艺特点

盒内挤压锁芯整体制芯工艺充分利用芯砂粘结剂的性能和芯砂良好的流动性，采用合芯挤压方法，将凸出的砂台对未硬化的芯砂进行有效挤压，使未硬化的芯砂与已硬化的芯砂实现自粘合，实现了整体砂芯制造。专用锁芯销使上下两半砂芯牢牢地粘合和锁定在一起，提高了盒内挤压锁芯整体制芯工艺的挤压、锁芯效果。采用该整体制芯工艺方法，实现了生产线制芯方式，并通过工装的结构调整，取消了传统制芯线必备的翻转起模机。利用合芯机完成上芯盒的翻转、合模、起模的工作。制芯线主要分为填砂工位、翻转合芯工位、起模工位、刷涂工位以及烘干 5 个工位，结构紧凑，生产效率高，如图 7-34 所示。

图 7-34　盒内挤压锁芯整体制芯专用制芯线

为简化制芯线的设计和工艺流程，使整体砂芯在不进行翻转的情况下完整起模，采用整体落下式芯盒结构，如图 7-35 所示。

图 7-35 摇枕整体落下式芯盒脱芯图

采用气囊式起模吊具，工作时首先气囊泄压将吊具放置在砂芯需夹持的部位，在吊具上设计定位装置保证位置准确，然后使气囊充气夹紧硬化的砂芯将其取出，利用压力及柔软的气囊缓冲实现砂芯的无损坏起模。

盒内挤压锁芯整体制芯工艺稳定性好、可操作性强，冷铁、防裂筋、特种砂等工艺措施便于实施、操作简便、通用性强，如图 7-36 所示。

图 7-36 转 K6 型转向架侧架采用的冷铁、防裂筋位置

7.3.5 冷芯盒整体射芯工艺

1. 冷芯盒整体芯射芯工艺方法

摇枕、侧架冷芯盒整体射芯工艺是采用大型射芯机和冷芯盒一次射制成型的制芯方法。目前采用的芯砂工艺主要有 Isocure 冷芯盒树脂砂三乙胺催化硬化工艺、改性水玻璃砂 CO_2 或甲酸甲酯硬化工艺两种。

实现冷芯盒整体射芯工艺的主要技术难点：一是砂芯重量大且尺寸长大，需要长大复杂砂芯的射芯技术和设备。二是因射砂时芯砂和压缩空气的两相流紊乱，按传统技术，无法在砂芯局部位置预先放置铬铁矿砂。通过摇枕、侧架制造厂与国内制芯设备厂联合攻关，研制出长大复杂砂芯射芯技术和设备，拓展了原有设备技术对砂芯质量的限制，射芯机的射芯能力提升到 200 kg 以上，并通过技术创新，使芯砂和压缩空气两相流有序流向指定方向，解决了在砂芯局部位置预先放置铬铁矿砂及产生移位等技术难题，如图 7-37 所示。

图 7-37　整体射芯后，整体砂芯上的铬铁矿砂不产生移位

采用上述工艺方案的摇枕射芯盒分盒面经过摇枕交叉杆孔中心，曲面分盒，无旁抽活块。摇枕、侧架整体芯的射芯、进气、排气与顶芯，均可通过三维模拟设计和计算，确保砂芯各部位紧实均匀，底部激冷铬铁矿砂不产生位移。采用冷芯盒整体射芯工艺生产的摇枕、侧架整体砂芯，如图 7-38～图 7-40 所示。

图 7-38　采用整体射芯工艺生产的转 K6 型转向架摇枕整体芯

图 7-39　采用整体射芯工艺生产的转 K5 型转向架摇枕整体芯

图 7-40　整体射芯工艺的转 K6 型转向架侧架整体芯

2. 冷芯盒整体射芯工艺流程

摇枕、侧架整体砂芯冷芯盒整体射芯工艺流程见图 7-41。

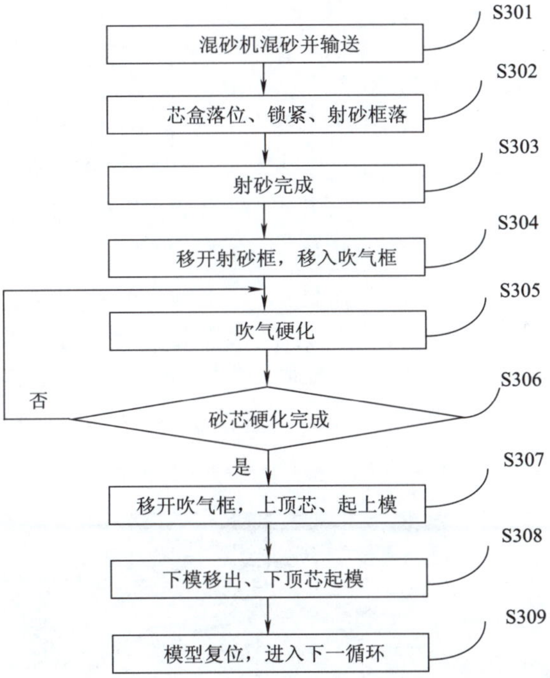

图 7-41　冷芯盒整体射芯工艺流程图

步骤 S301，启动混砂机混砂，并通过输送皮带将芯砂运至射芯机砂斗。

步骤 S302，将冷铁、特种砂摆放至工艺要求的位置，然后将芯盒落位、合拢、锁紧，将射砂框移入落在芯盒上。

步骤 S303，射砂筒内填砂，然后向芯盒内射砂，完成芯盒芯砂填充和紧实。

步骤 S304，移开射砂框，将吹气框移入落在芯盒上。

步骤 S305，向芯盒内吹入固化剂使砂芯硬化。

步骤 S306，判断芯盒内的芯砂是否硬化达到工作需要；若是，则进入步骤 S307；若否，则返回步骤 S305。

步骤 S307，移开吹气框，在起上模的同时对砂芯上面顶芯，起出上模样。

步骤 S308，将下模连同砂芯一同移出，对砂芯进行下顶芯起模。

步骤 S309，将模型复位，进入下一循环。

3. 冷芯盒整体射芯工艺特点

(1)采用冷芯盒整体射芯工艺制得的整体芯紧实度均匀，表面连续光滑，生产的铸件内腔光滑，消除了摇枕、侧架内腔由于分芯而产生的错位、台阶、多肉、铸造飞边、披缝等铸造缺陷。取消了摇枕、侧架重要部位的芯撑，从而避免了重要部位芯撑熔合不良而造成的缺陷，铸件质量明显提高。

(2)一次射制成型，工序少，成型快捷，质量影响因素较少。

(3)作业环境良好，提高了生产效率，降低了工人劳动强度。

冷芯盒整体射芯工艺的不足之处，是不便于直接在芯盒顶部放置铬铁矿砂。

7.3.6 壳芯锁芯整体制芯工艺

1. 壳芯锁芯整体制芯工艺方法[32]

壳芯锁芯整体制芯工艺是采用射砂紧实方法和 Isocure 冷芯盒树脂砂工艺将整体芯的上、下两部分分别射制成壳芯，并在上、下壳芯的对应位置预留出均匀分布的“铆合通孔”，再将上、下壳芯合在一起，并在“铆合通孔”中射制锁芯，通过锁芯将上、下壳芯无缝地连接在一起，从而制作成整体砂芯的工艺方法。

摇枕整体芯由上、下两半砂芯和拉杆孔上、下两半砂芯组成。制芯过程中，先将整体芯的主体上、下两半砂芯和拉杆孔上、下两半砂芯分别在射芯机射制成壳芯，然后采用将上述 4 个半砂芯进行砂芯组合和锁芯，形成摇枕整体中空砂芯，如图 7-42 所示。组芯完成后由施涂机械手取出整体砂芯，经过检查、修芯及刷涂料工序，将砂芯放置在定位托架上，进入烘干炉烘干。

图 7-42　锁芯后的转 K6 型转向架摇枕砂芯

侧架整体芯由侧架上、下两半砂芯和中央方框上、下两半砂芯组成。制芯过程中，先将主体上、下两半砂芯和中央方框上、下两半砂芯分别用射芯机射制成壳芯，然后采用将上述 4 个半砂芯进行砂芯组合和锁芯，形成侧架整体中空砂芯，如图 7-43 所示。

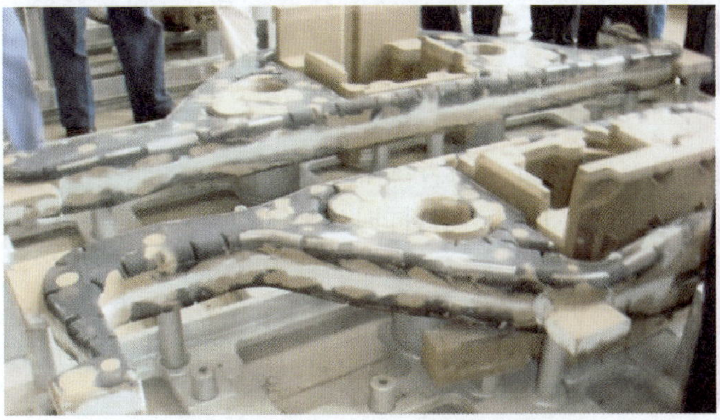

图 7-43　锁芯后的转 K6 型转向架侧架砂芯

2. 上下壳芯射芯后锁芯工艺流程

摇枕、侧架壳芯锁芯整体制芯工艺流程与冷芯盒整体射芯工艺流程有部分相似之处，如图 7-44 所示。

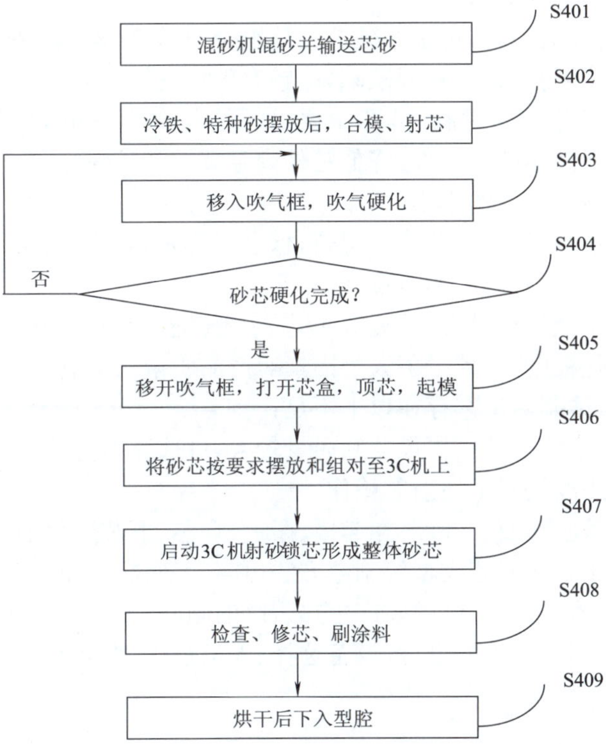

图 7-44　上下壳芯射芯后锁芯工艺流程图

步骤 S401，启动混砂机混砂，并通过输送皮带将芯砂运至射芯机砂斗。

步骤 S402，将冷铁、特种砂摆放至工艺要求的位置，然后将芯盒合拢后顶起，然后向芯盒内射砂，完成芯砂的填充和紧实。

步骤 S403，芯盒落下，将吹气框移入后顶起芯盒，向芯盒内吹入固化剂使砂芯硬化。

步骤 S404，判断芯盒内的芯砂是否硬化达到工作需要，若是，则进入步骤 S405，若否，则返回步骤 S403。

步骤 S405，移开吹气框，打开芯盒，将芯盒移出后将砂芯顶出。

在进行以上步骤生产主体砂芯时，同时生产其他需要组合到主体砂芯上的小型砂芯，以确保生产的同步进行。

步骤 S406，采用取芯机械手或专用夹具将上、下两半主体壳芯分别取出，先将下片芯放置在 3C 机上，然后在将上片芯翻转后合在下片芯上。在放置上下片芯时，根据工艺要求将其他需要锁合的砂芯摆放至规定位置。

步骤 S407，启动 3C 机射砂、固化，将各半壳芯锁紧，形成一个整体砂芯。

步骤 S408，组芯完成后由施涂料机械手取出整体砂芯，经过检查、修芯后，进入刷涂料工序完成砂芯的涂料浸涂和涂刷。

步骤 S409，将砂芯放置在定位托架上，进入烘干炉烘干后，采用下芯机将砂芯下入型腔，完成制芯操作。

3. 壳芯锁芯整体制芯工艺特点

(1)采用射砂锁芯技术实现多个砂芯无缝组合，整体化程度更高，铸件内腔砂芯全部为一个砂芯，杜绝了台阶、披缝等缺陷，能够有效提高铸件品质。

(2)砂芯采用壳芯工艺射制，砂芯主要壁厚控制在 18 mm，耗砂量少，砂芯重量轻。同时，能够提高砂芯的退让性，降低铸件内腔裂纹产生的倾向，砂芯内腔有顺畅的排气通道，有利于砂芯气体的排出。

(3)采用锁芯技术，利用锁芯工装定位，保证了砂芯的相对位置和内腔形状，也能够防止在下芯和浇注时砂芯的相对位移。

(4)采用树脂砂工艺，容易实现干法落砂，易于实现芯砂的回收利用，降低废砂的排放。

(5)设备自动化程度高，减少了人为因素对产品质量的影响。

但壳芯锁芯整体制芯工艺存在以下不足：

(1)摇枕、侧架整体砂芯轮廓尺寸和质量较大，可选择的芯砂工艺少。

(2)该工艺使用冷铁时不便射芯操作。

(3)由于各半砂芯薄而长，砂芯在起模、搬运、合芯、下芯过程中容易破损。

(4)芯砂强度比一次射芯成型等制芯方法更高，因而需要加大粘结剂的加入量，这将增加铸件收缩阻力，增加铸件内腔产生热裂纹的倾向。

(5)大批量生产时，对工艺设计、设备选择、人员操作、工装制造质量等要求高。

7.3.7 中央方框承台整体芯

为提高产品制造质量和下芯的定位精度，将中央方框芯和弹簧承台芯整合设计为一个整体芯[33]，如图 7-45 所示。该整体芯是在原中央方框芯和弹簧承台芯基础上，将两个砂芯整合为一个砂芯。中央方框承台整体芯结构演化过程，如图 7-46 所示。

图 7-45 中央方框承台整体芯

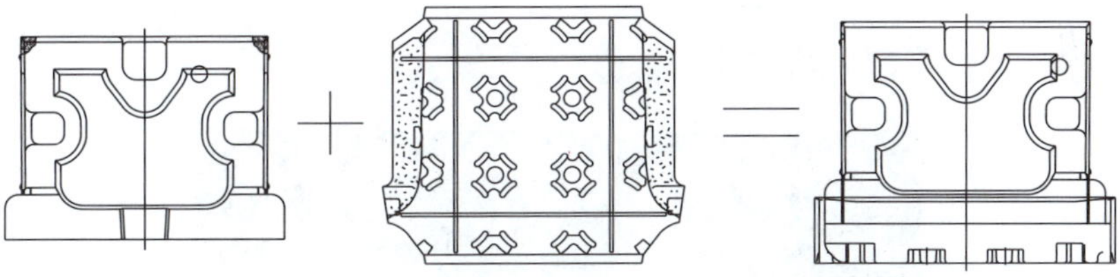

图 7-46 中央方框承台整体芯结构演变流程图

中央方框承台整体芯确保了产品尺寸精度，避免了组合砂芯带来的飞边，特别是由弹簧承台芯下芯误差导致的侧架弹簧承台倾斜和偏移的缺陷得到有效控制，弹簧承台中心能够与侧架整体中心基本一致，侧架弹簧承台组装后的水平度得到保证，使得转向架运用时保持正位，因而有效地改善了侧架、交叉支撑、各承载和减振弹簧等重要受力部件的受力状态，减少了磨耗部件的偏磨，进一步提高了转向架的安全可靠性，并能减少车辆维修。

7.3.8 车钩整体芯

车钩整体芯指形成车钩钩体主要配合面和钩身内腔的一体砂芯，如图 7-47 所示，该整体芯包括车钩钩体的冲击弧面、牵引弧面、钩舌销孔、推铁孔、锁铁腔及锁铁滑道、钩耳等所有与钩舌、锁铁、推铁、钩舌销、锁销等配合的毛坯面，以及防止车钩分离的一次防跳台、二次防跳台，对于 F 型系列车钩还包括防止脱钩的连锁套头和套口。采用整体芯工艺的优点是确保车钩钩体内腔尺寸精度和车钩三态作用良好，确保车钩的互换性，降低了检修的难度和成本。同时还可减小上下牵引台的间隙和间隙差，因而减少车钩偏载，改善车钩受力状态，提高了车钩的运用安全可靠性。

图 7-47 17 型车钩钩体整体芯

钩体整体芯一般采用射芯方法制芯。根据射芯机的结构及起模方式的不同，分为立式和卧式两种射砂方式。立式射砂的钩体整体芯的纵向中心线与射砂方向平行，卧式射砂的钩体整体芯的纵向中心线与射砂方向垂直，起模方式分别是垂直起模和水平起模，如图 7-48、图 7-49 所示。

立式射砂的射砂口一般选择在钩身尾部。卧式射砂的射砂口一般选择在钩体上锁盒和钩身处，至少设置两道射砂口。

图 7-48 采用立式射制的钩体整体芯

图 7-49 采用卧式射制的钩体整体芯

7.4 制芯工装

传统摇枕、侧架、车钩制造所采用的制芯工装种类较少，手工和制芯线芯盒一般采用局部或整体脱落式芯盒；射芯机芯盒结构采用水平或垂直分盒，局部结构采用活块制出。砂芯起模、运输所采用的工装比较简单，大部分制造企业采用手工方式。摇枕、侧架采用整体芯工艺后，为了解决整体芯的制造、运输，各制造企业研发了许多新型工装，例如整体落下式芯盒、气囊吊具、各种整体随形托芯架（在其中采用弹簧、定位胎等结构）、采用薄膜汽缸的砂芯运输机械手等。

7.4.1 芯盒结构

摇枕、侧架、车钩常用芯盒包括手工、制芯线和射芯机芯盒。芯盒的设计步骤为：确定类型、材料，选取分盒面，芯盒结构设计和工作尺寸计算等。对于试制用芯盒材料一般选择木材，批量生产用芯盒根据生产批量和使用情况，选用塑料、铝合金、铸铁、铜合金等材料。对于大批量生产的中小芯盒多用铝合金制造。铝合金芯盒轻巧、易加工、表面光洁、不生锈，但强度和硬度较低、不耐磨，在经常受摩擦的表面上镶装钢板，可延长寿命。制芯线用大型芯盒及射芯机芯盒主体多用铸铁制造，铸铁芯盒强度和硬度高，耐磨，但重量大且易生锈。铜合金及钢材，多用于制作芯盒中的镶块和活块，满足高耐磨性的要求。

制芯线芯盒结构包括单面敞开式、单面脱落式、垂直对开式等结构。常用的结构为脱落式结构，如图 7-50 所示。

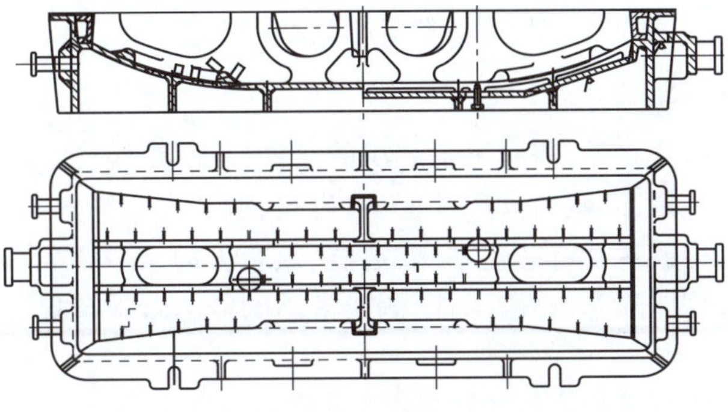

图 7-50 摇枕砂芯脱落式芯盒结构简图

1. 脱落式芯盒结构与设计

脱落式芯盒结构是指砂芯制成后，将芯盒翻转扣在砂芯底板上，取下芯盒外框，砂芯及芯盒活块留在砂芯底板上，芯盒外框由底部向上逐渐开放的结构，如图 7-51 所示。

脱落式芯盒结构分为局部脱落式和完全脱落式，具体方式依据砂芯的结构而定。原则是砂芯无拔模斜度或倒拔模斜度、结构复杂处的芯盒采用活块和脱落式结构，当砂芯起模时，活块随砂芯一起脱出芯盒。

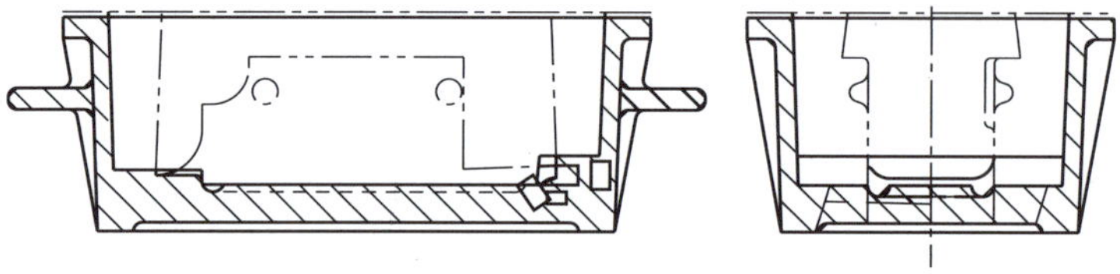

图 7-51　脱落式结构芯盒外框

砂芯的填砂方向和芯盒的活块结构是脱落式芯盒设计的关键。砂芯的刮砂面一般选择在砂芯的芯头处，其优点是砂芯的工作面光滑，形成铸件内腔部分砂芯的尺寸精度容易保证；缺点是如刮砂面处质量不佳将影响砂芯的定位精度。芯盒的设计要保证砂芯脱落灵活，活块相互之间以及与砂芯之间起模时无干涉，结构坚固、质量轻、操作简便，如图 7-52 所示。

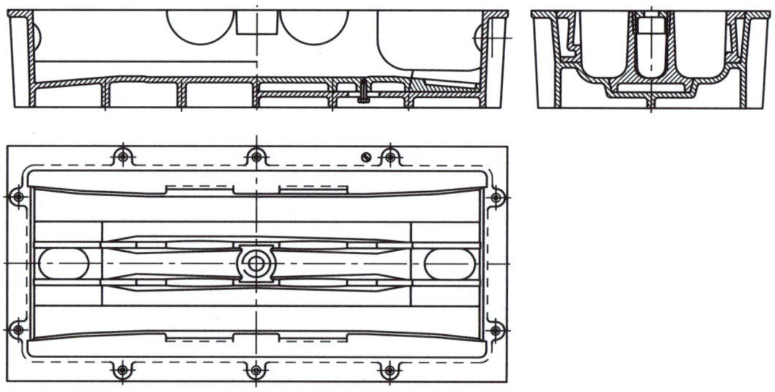

图 7-52　脱落式芯盒结构简图

2. 射芯机芯盒结构与设计

在设计射芯机芯盒之前，需熟悉射芯机的工作原理、结构、参数及对芯盒的有关要求。例如最大射芯质量、芯盒最大尺寸、分盒方式、取芯方式等。

射芯机芯盒的构成包括有芯盒本体、定位、顶芯机构。芯盒本体上作出芯腔、射砂口、排气槽、排气塞等。除芯盒外，摇枕、侧架常用的冷芯盒带有吹气板等。

(1)芯盒材料

芯盒本体多采用灰铸铁或球墨铸铁，活块采用钢或铜合金。定位销、套、顶芯杆、回位导杆等采用 T8 或 T10 钢，也可采用 45 钢(硬度 50～55 HRC)。

(2)分盒面

根据射芯机类型选用垂直分盒面或水平分盒面。依据砂芯形状选用平面分盒面或曲折分盒面。

(3)射砂口

射砂口的位置一般设置在芯头处，避免修补砂芯。射砂口位置的选取应保证砂、气流畅通，减少窝气的死角，便于排气，避免直接冲击预置冷铁和铬铁矿砂。

(4)工作内腔尺寸

芯盒内腔尺寸通常在考虑铸造收缩率时，根据产品结构和射芯芯砂紧实率的不同，对局部尺寸进行调整。

(5)芯盒的定位

多用定位销定位，定位销直径根据芯盒大小确定。

(6)排气

芯盒上开排气槽、排气孔，排气孔装有排气塞，砂芯紧实度可通过加强排气来改善。射芯机芯盒简图如图 7-53 所示。

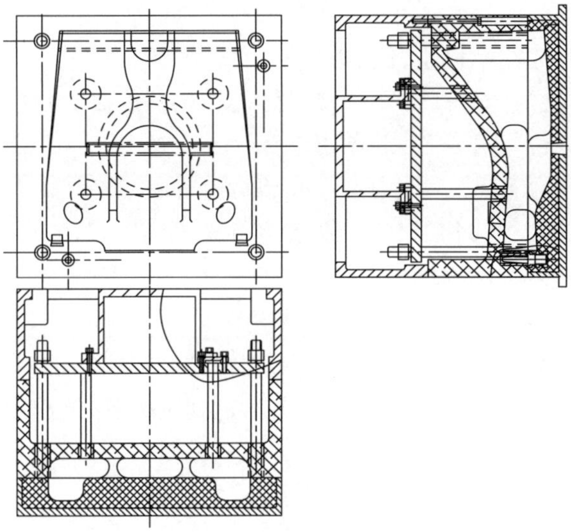

图 7-53 射芯机芯盒简图

3. 整体落下式芯盒结构与设计

整体落下式芯盒结构是为了实现整体芯脱模，简化制芯线的设计和工艺流程，使整体芯在不进行翻转的情况下完整起模。

整体落下式芯盒可由一个或两个分芯盒构成，与其他芯盒的区别是：普通结构芯盒外框的开口方向是由芯盒底部向上逐渐开放式结构，而整体落下式芯盒外框的开口方向是由芯盒底部向上逐渐收紧的结构。由于其结构的不同，该芯盒的基本组成包括芯盒外框、芯盒底座和芯盒活块，如图 7-54 所示。

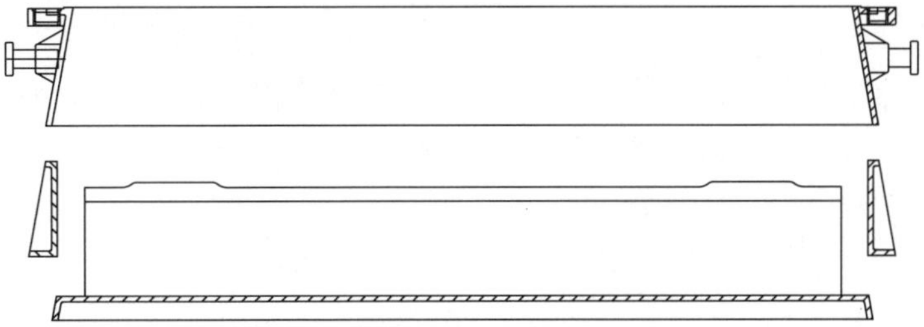

图 7-54 整体落下式芯盒简图

该结构的优点是砂芯在制造过程中不需要翻转，砂芯硬化后，直接将芯盒外框升起，取下活块，取出砂芯。如果在大型砂芯制造时采用脱落式芯盒结构，在起模时砂芯及芯盒进行翻转，需配备翻转起模机。

7.4.2 吊具结构

摇枕、侧架所用吊具种类较多。以气囊式起模吊具为例，工作原理为气囊泄压后将吊具放置在砂芯需夹持的部位，然后气囊充气夹紧硬化的砂芯将其取出，利用压力及柔软的气囊缓冲实现砂芯的无损坏起模和吊运。吊具设计时，还可将气囊更换为薄膜气缸。

气囊吊具设计时需注意以下几个方面：

(1)选择合适的夹持位置。需要选择在砂芯结构强度高、位置相对对称的位置，而且要有利于砂芯的定位，夹持后砂芯不滑动。

(2)设置合理的夹持压力。压力过大易将砂芯压坏，压力过小会造成无法夹起砂芯或砂芯滑落，损坏砂芯表面。因此应在管路上设置调压阀，使夹持压力稳定。

(3)气囊应足够柔软，不损坏砂芯表面。

(4)为保证夹持位置准确，应设置定位装置。

(5)如砂芯底面需要涂涂敷涂料，吊具应设有翻转装置，有利于涂料涂敷作业。

(6)吊具应设置安全装置，以防气囊压力不足砂芯掉落，或出现安全事故。

7.5 制芯设备

摇枕、侧架、车钩制芯设备主要包括制芯线、射芯机和智能存放库等。

7.5.1 摇枕、侧架制芯线

摇枕、侧架制芯线主要有两种类型。

一类是通用制芯线。包括混砂机、振实台、翻转起模机、辊道、转运小车、芯板回送装置等设备，主要分为填砂、振实、翻转起模、涂敷涂料以及烘干 5 个工位。其工作内容主要有冷铁或激冷砂及芯骨摆放、芯盒填砂、振实、硬化、起模、涂敷涂料、砂芯烘干。

另一类是根据盒内挤压锁芯成型工艺研发的整体砂芯专用制芯线。包括混砂机、合芯机、辊道、转运小车等设备，主要分为填砂、翻转合芯、起模、涂敷涂料以及烘干 5 个工位。其工作内容主要包括冷铁和芯骨摆放、上芯盒填砂、安放锁芯销、芯砂硬化，下芯盒填砂、翻转上芯盒挤压锁芯、取出上芯盒、硬化、整体芯起模、涂敷涂料、砂芯烘干，制芯线平面布置简图如图 7-55 所示。

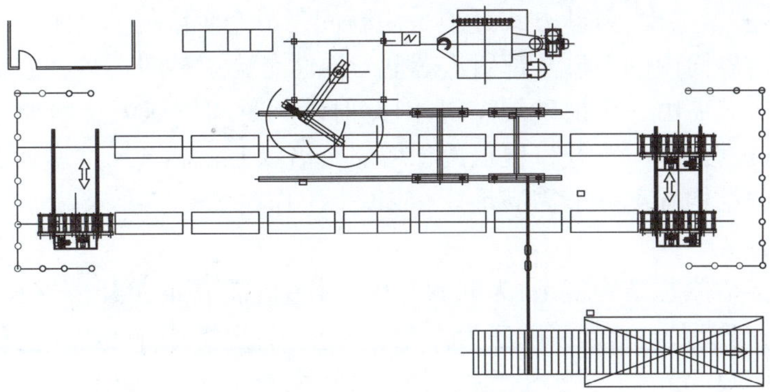

图 7-55　制芯线平面布置简图

7.5.2　摇枕、侧架整体芯射芯机

摇枕、侧架内腔整体芯采用 200 L 左右的大型射芯机一次射制成型，并按硬化方法的不同（主要包括三乙胺法、甲酸甲酯硬化法和 CO_2 硬化法等），设置相应的汽化装置和尾气处理装置。

摇枕、侧架整体芯射芯机是为了制造大型复杂砂芯专门研制的。在这之前我国的射芯机最大射砂量为 120 L，砂芯最大质量为 150 kg 左右，砂芯的长宽比一般不大，而摇枕、侧架的砂芯轮廓尺寸分别为 2 600 mm×436 mm×298 mm 和 2 515 mm×698 mm×230 mm 左右，砂芯质量在 200 kg 左右，长宽比较大。由于整体芯尺寸和质量的增加，射砂面积、射砂筒容积、储气罐容积较大，射芯机整体体积较大，对于射芯机的结构、参数提出了更高的要求。

(1)结构及参数

为满足整体芯的射芯要求，射芯机尺寸较原有射芯机增加两倍以上，储气罐容积增加 1 倍以上，射砂筒的容积增大，顶芯行程加大，如图 7-56 所示。

图 7-56　摇枕、侧架整体芯射芯机

为保证砂芯紧实度,射砂方式必须采用瞬间射砂(即需在不足 1 s 的时间内打开射砂阀,并将射砂筒内的芯砂全部射入芯盒),同时考虑射砂时芯砂在芯盒内流动干涉较小,射芯机射芯需由一个射砂阀控制,因此射砂阀瞬间气流流量增加 2 倍以上。为保证砂芯位置被覆盖,射头开口覆盖面积增加 1 倍以上。芯盒尺寸增加造成质量增加较多,射芯机的结构强度一般需满足 5 t 或以上工作台的运转要求。

(2)起模方式

摇枕、侧架整体芯结构复杂,为顺利起模,射芯机需满足四开模方式,包括上下水平起模和左右起模方式。起模顺序为先左右起模,后上下水平起模,左右起模最大开模距离一般为 500 mm,上下水平起模高度一般大于 500 mm,如图 7-56、图 7-57 所示。

图 7-57　工作中的整体芯射芯机

为提高侧架中央方框弹簧承台芯的制造质量,研制的侧架中央方框承台整体芯专用射芯机,如图 7-58 所示。该射芯机采用六开模方式,采用风缸控制芯盒活块的进出。

图 7-58　侧架中央方框承台整体芯射芯机

7.5.3 车钩射芯机

车钩射芯机主要包括改性水玻璃砂—CO_2硬化法射芯机和壳芯机。车钩钩体整体芯主要采用CO_2硬化法射芯机制芯，如图7-59、图7-60所示。

图7-59　钩体垂直分型射芯机

图7-60　钩体水平分型射芯机

为保证钩舌砂芯的质量，钩舌砂芯大部分采用覆膜砂热芯盒射芯机或壳芯机射制，如图7-61所示。

图7-61　Z956热芯盒壳芯机

7.5.4 砂芯智能化存放库

考虑到以下需要，摇枕、侧架制造企业应用了砂芯智能化存放库。

(1)减少砂芯存放场地，并满足多种摇枕、侧架柔性生产的需要。

(2)确保生产效率，减少射芯盒的更换频率。

(3)满足产量和生产节拍需求。

(4)使砂芯中由粘结剂、固化剂和涂料带入的残存低分子物质、固化反应产生的低分子产物在下芯浇注前尽量挥发。

(5)确保所有砂芯能够按制芯时间依次下芯使用，并符合工艺规定的存放时间。

智能化存放库由高层货架、堆垛机、穿梭车、输送系统、自动化控制系统、计算机存放库管理系统等组成,集成化的管理和监控系统可以对存放库进行动态的管理与调度,实现砂芯全过程信息采集、跟踪,实现管理现代化,具有快速运转、操作简单、储存规模大、占地面积少、空间利用率大、效率高的优势,如图 7-62 所示。

图 7-62　整体砂芯智能化存放库

作为连接自动化控制的制芯线和造型合箱线的一个重要环节,智能化存放库按照先进先出、均匀存放、分区存放,紧急优先的基本原则进行管理。各类砂芯入口处设有检验工位,检验人员根据检验结果在操作台上确认砂芯名称、数量、入库(排出)等信息指令,按品种由穿梭车接运至存放库相应的缓存工位。堆垛机则将砂芯有组织地放置在货架上储存,控制系统能自动生成指令输入时间。根据各下芯工位的指令要求(预约或紧急指令)将砂芯有序组织及时出库,输送至指定工位,系统能自动生成出库时间等信息。形成了一套高度智能化、柔性化、砂芯质量可追溯性强的砂芯储运管理系统。砂芯智能化存放库将制芯、仓储、下芯连为一体,实现了砂芯生产的集约化、准时化。

以整体芯制造技术为核心的一个流生产方式,以及通过流程再造、优化布局,建立了机械化造型、制芯、智能仓储等工序的生产线,大幅提高了产品质量,减少了各工序间的搬运,缩短作业时间,减少了作业人员和降低劳动强度,改善了现场作业环境,实现了砂型生产的准时化。

8

下芯、合箱、浇注技术

8.1 下芯技术

摇枕、侧架、车钩的形状和结构复杂且尺寸精度要求高，把砂芯完好、准确、稳固地放置在型腔内，对控制摇枕、侧架和车钩的质量非常重要。

下芯是生产过程中重要的环节，若操作不当，易造成以下问题。

1. 砂芯磕损、断裂会影响铸件形状的完整，严重时导致铸件报废。砂芯搓擦产生的浮砂会形成砂眼缺陷。

2. 砂芯对接不齐会在对接处形成台阶。台阶的根部往往容易形成裂纹、壁厚不均、披缝等缺陷，而且不容易发现和消除。

3. 下芯不到位会在合箱时产生砂型和砂芯的破损，并影响铸件形状和尺寸。

4. 错下或漏下砂芯，易造成铸件报废。

8.1.1 下芯技术的发展

整体芯技术实施前，摇枕内腔至少设有 6 个砂芯、侧架内腔至少设有 8 个砂芯，下芯过程中，需要认真区分砂芯的种类，并严格按要求顺序下芯，下芯后还需检查、调整砂芯位置，以保证砂芯对接间隙、错移量及壁厚尺寸符合工艺要求。侧架分体芯手工下芯如图 8-1 所示。

下芯操作普遍采用手工下芯，砂芯转运量大、下芯劳动强度高、作业环境差，人为因素对质量影响大，如图 8-2 所示。

为了提高下芯质量水平、降低劳动强度、改善作业环境，实施机械化、自动化成为下芯技术的发展趋势。

2009 年以后，摇枕、侧架制造企业广泛采用下芯机器人或下芯机械手，实现了摇枕、侧架整体芯自动化下芯；部分车钩制造企业也实现了钩体整体芯自动化下芯。

图 8-1　侧架分体芯手工下芯

图 8-2　采用吊具进行下芯

8.1.2　摇枕、侧架自动下芯

摇枕、侧架采用机器人下芯占地面积小、下芯精度高、柔性强。机器人下芯的核心技术是自动识别、定位、夹持、下芯等。

8.1.2.1　机器人结构及特点

机器人是自动下芯的核心执行单元，为了适应铸造现场的要求，一般选用安全载荷 500 kg 以上，运动半径 2.8 m 以上，重复定位精度不低于0.15 mm的铸造版机器人。机器人系统包括本体、视觉系统、示教盒、控制部分和夹具等，如图 8-3所示。

图 8-3　下芯机器人

8.1.2.2 视觉系统及特点

机器人的视觉系统是用于采集外部物体信息的专用系统，主要采集砂芯和砂型的位置、尺寸、种类等参数，确定使用的夹具、取芯位置、下芯位置等，如图 8-4 所示。

机器人视觉系统由结构激光器组成，可发射两条相交的激光束，光束到达物体表面后反射，由视觉接收器对反射信息进行捕捉，根据三角算法得到物体表面的三维信息。

图 8-4 视觉系统

视觉系统的技术参数、特点如下：

(1)位姿精度：0.1 mm；

(2)重复定位精度：0.15 mm；

(3)定位型(芯)速度：30～40 s/件；

(4)视觉系统工作距离：正常的工作距离为 385 mm，其工作景深为 150 mm，可使视觉系统对砂型或砂芯进行测量时保持较远的工作距离，确保设备的安全性，有效提高设备的使用寿命；

(5)工作稳定性：视觉系统防护等级为 IP67，能适应粉尘较多的工作环境；

(6)超声波测量高度：视觉系统采用超声波测距技术，方便快速地测量物体高度；

(7)视觉系统能够识别砂型(芯)表面的定位孔；

(8)图像采集：可将视觉系统工作视场内的实时图像传送给远端监视器。

8.1.2.3 整体芯夹具的结构及计算

机器人系统除定位准确外，还须完好无损地将砂芯抓起并下入型腔。由于摇枕、侧架整体芯轮廓尺寸大，局部结构薄弱，因此整体芯夹具也是机器人下芯的关键技术之一。整体芯组合夹具结构，如图 8-5 所示。采用该夹具可以完成摇枕、侧架整体芯的抓取和下芯操作，整体芯抓取过程，如图 8-6～图 8-8 所示。

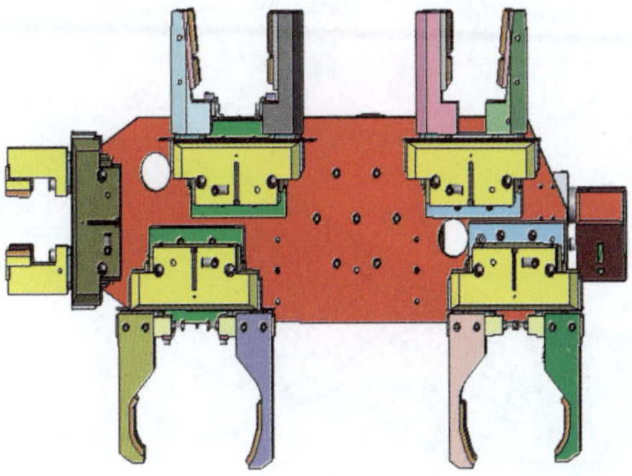
图 8-5 摇枕、侧架整体芯组合夹具

图 8-6　夹持转 K6 型摇枕整体芯

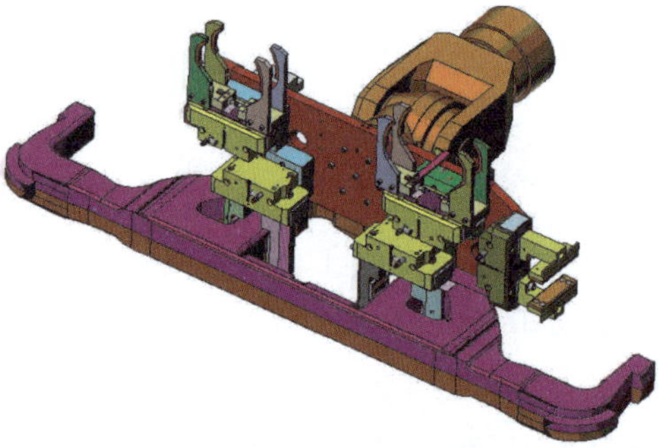

图 8-7　夹持转 K6 型侧架整体芯

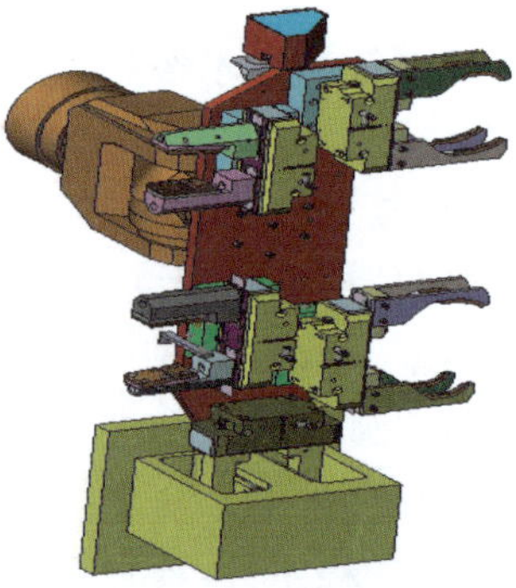

图 8-8　夹持转 K6 型侧架中央方框承台整体芯

整体芯夹具设计应符合以下原则：

(1)夹持力大小可通过气动平滑调节，不会对砂芯造成冲击，损坏砂芯；

(2)采用一台机器人时，应设计成复合夹具，砂芯种类更换时，不需更换夹具，只需调整机器的姿态；

(3)能够适应各砂芯的尺寸和形位误差；

(4)能适应铸造车间的工作环境，具有较强的防尘、防振能力，并能长期稳定的工作；

(5)具有意外保护功能，即在意外断电或断气的情况下，夹具能保持夹持状态。

为确保夹具的安全可靠，取芯和下芯过程平稳，砂芯无损坏，在夹具设计完成后需对砂芯夹持状态进行应力分析，使夹具设计精巧、合理。摇枕、侧架整体芯有限元模型，如图 8-9～图 8-11 所示。

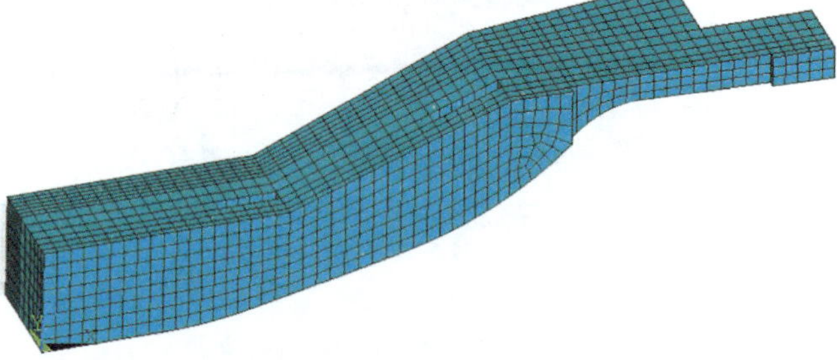

图 8-9　摇枕整体芯下半部分 1/4 有限元模型

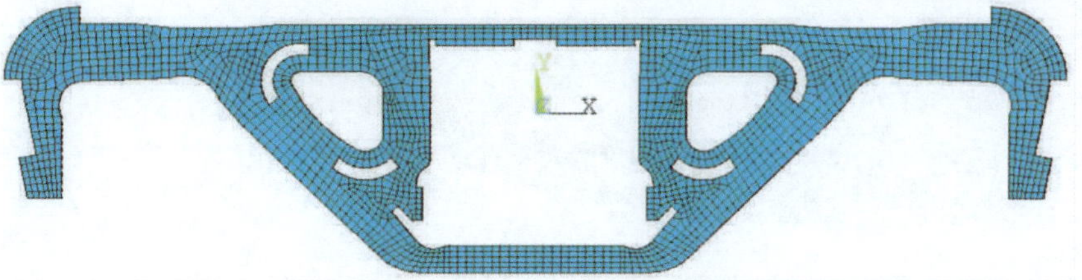

图 8-10　侧架整体芯有限元模型

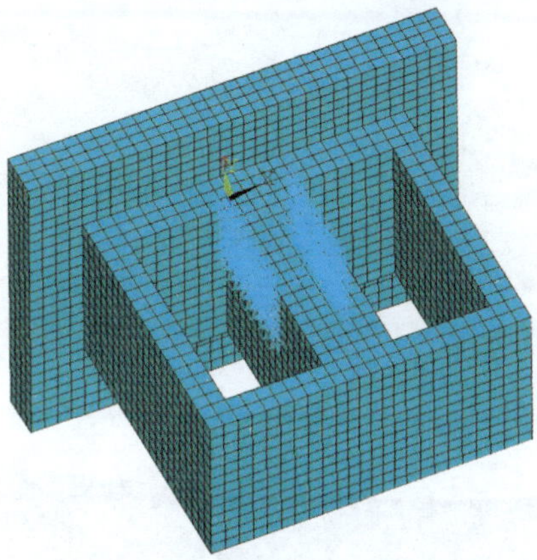

图 8-11　侧架中央方框承台整体芯有限元模型

根据有限元分析模型，以及芯砂、芯骨，确定分析的基本参数。表 8-1 为水玻璃砂芯的基本参数。

表 8-1　水玻璃砂芯的基本参数

弹性模量(EX)(MPa)	泊松比(PUXY)	密度(DENS)(t/mm^3)	抗压强度(σ_{bc})(MPa)	抗拉强度(σ_b)(MPa)
70	0.35	$1.4E^{-9}$	0.8～0.9	0.45～0.6

根据以上参数，对摇枕、侧架砂芯在夹持过程中的载荷进行有限元计算。摇枕整体砂芯夹持应力计算参数包括重力加速度 9 810 mm/s^2、加速度 0.3×9 810 mm/s^2、夹持力 3 000 N、夹持面积[10.5(宽)×120(高)]mm^2。其计算结果，如图 8-12～图 8-15所示。

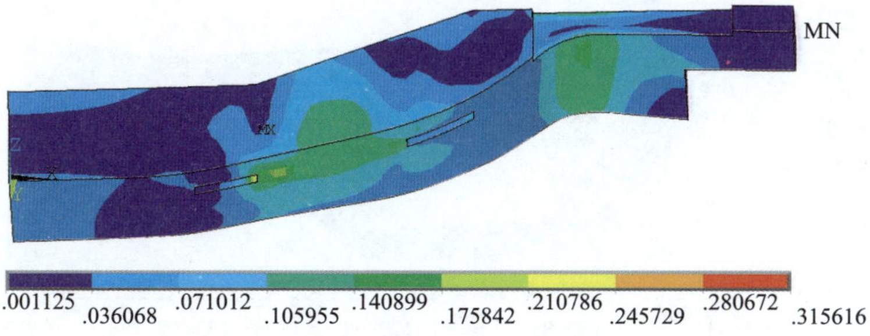

图 8-12　摇枕整体芯合成应力

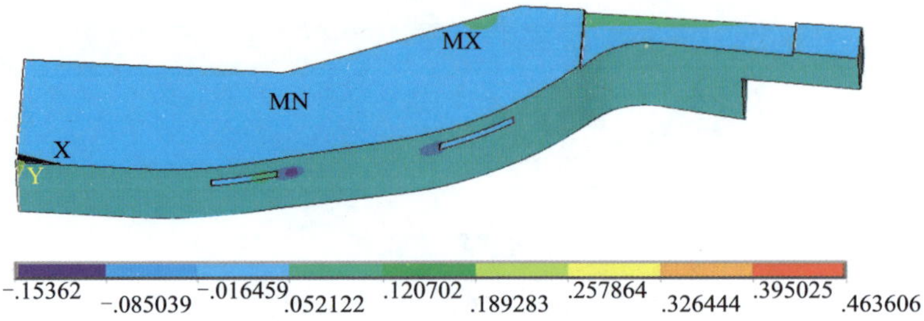

图 8-13　摇枕整体芯拉应力

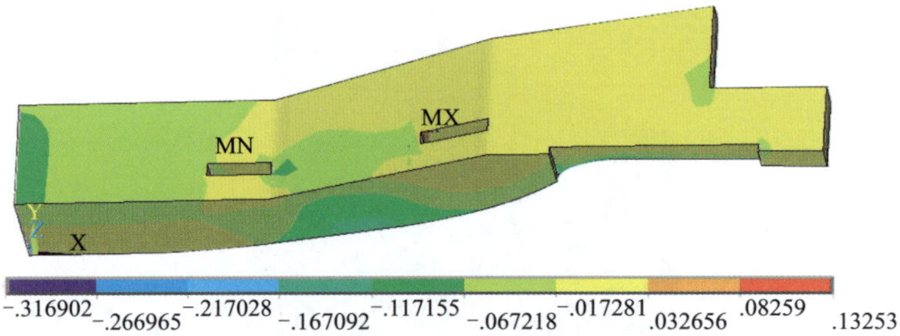

图 8-14　摇枕整体芯拉应力

图 8-15　摇枕整体芯裂纹倾向图

侧架整体砂芯计算参数包括重力加速度 9 810 mm/s²、加速度 0.3×9 810 mm/s²、夹持力为 3 000 N、夹持面积[80(宽)×110(高)]mm²。按照以上参数计算的结果，如图 8-16～图 8-20 所示。

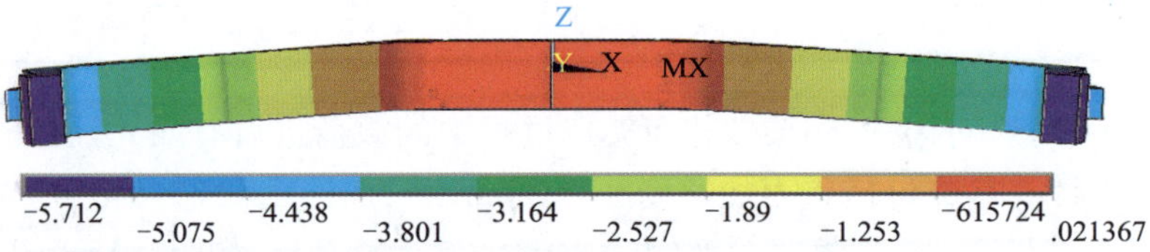

图 8-16　侧架整体芯 Z 向位移

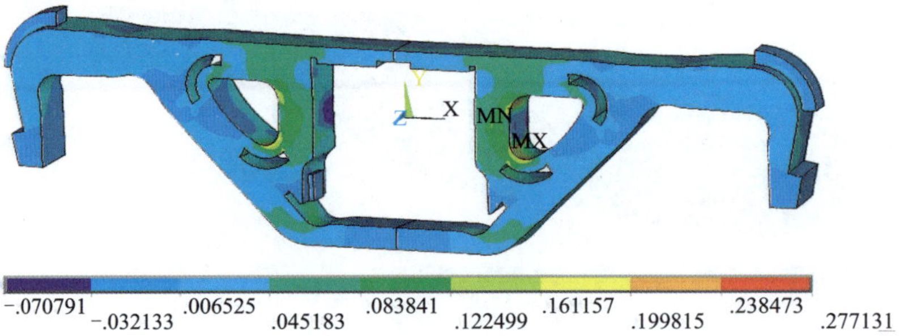

图 8-17　侧架整体芯拉应力

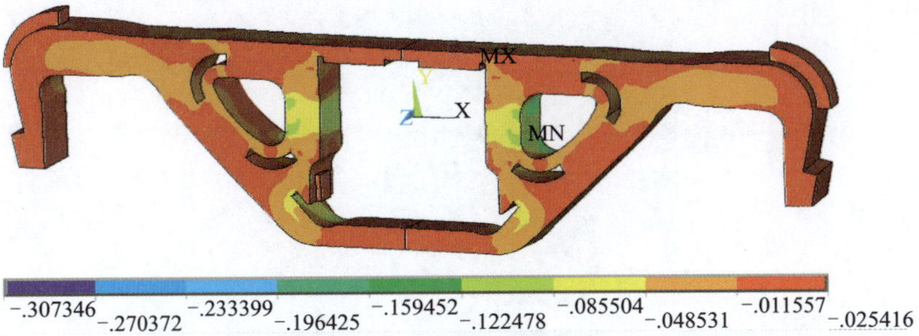

图 8-18　侧架整体芯压应力

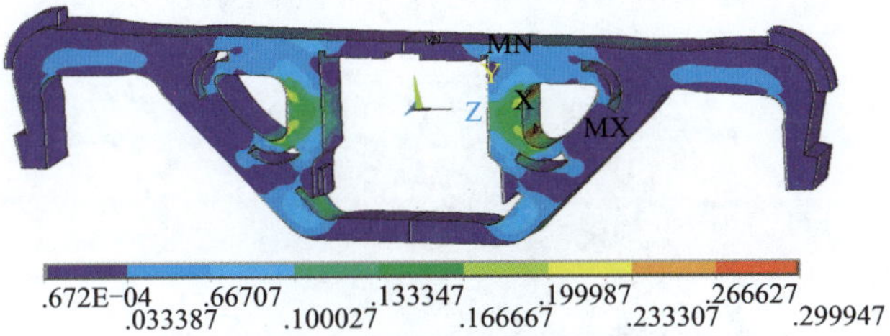

图 8-19　侧架整体芯合成应力

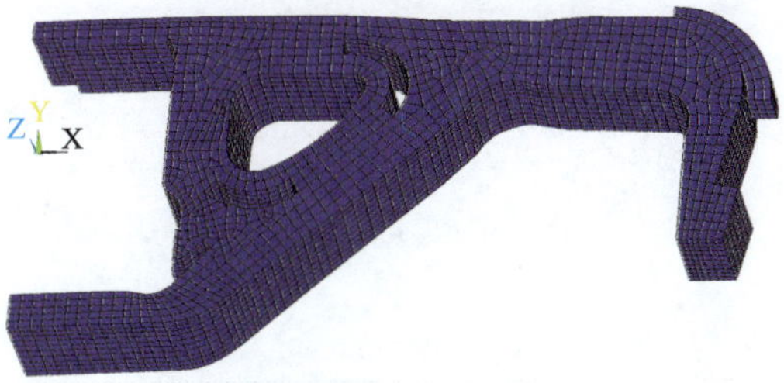

图 8-20　侧架整体芯裂纹倾向图

侧架中央方框承台整体芯计算参数包括重力加速度 9 810 mm/s²、加速度 0.3×9 810 mm/s²、夹持力 2 500 N、夹持面积[250(宽)×50(高)]mm²，夹持部位厚度 100 mm。计算结果，如图 8-21～图 8-24 所示。

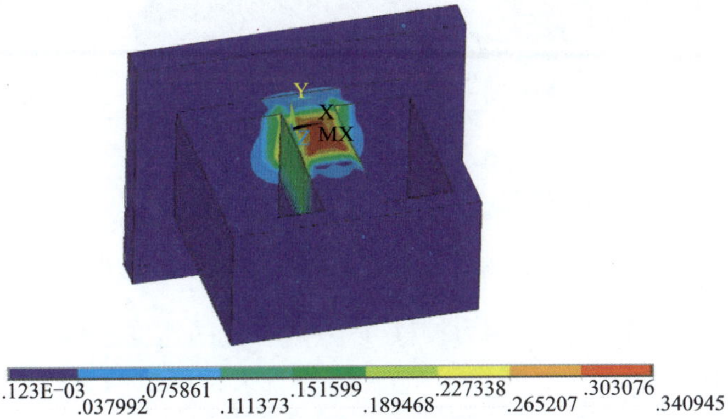

图 8-21　侧架中央方框承台整体芯合成应力

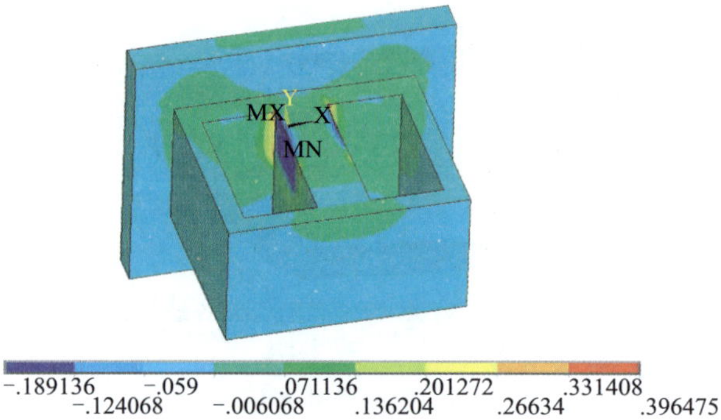

图 8-22　侧架中央方框承台整体芯拉应力

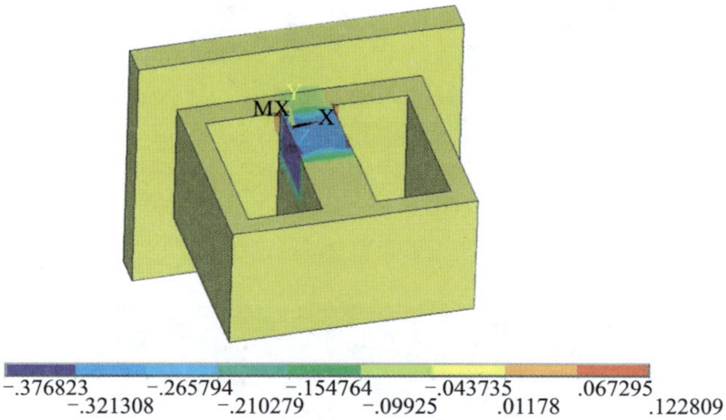

图 8-23　侧架中央方框承台整体芯压应力

图 8-24　侧架中央方框承台整体芯裂纹倾向图

运算分析完成后，进行反作用力校核，以及对单元的连贯性和单元形状检查，确保整个模型的准确性和可靠性。在确认无裂纹，并且夹持部位的拉应力、压应力均在砂芯抗拉、抗压强度以下时，方可确定夹具设计符合工艺要求。

8.1.2.4 砂芯定位位置确定

机器人系统的砂芯定位主要有两种方式:轮廓三维激光扫描定位和特征点扫描定位。

(1)轮廓三维激光扫描定位

砂芯位置通过机器人三维激光扫描系统扫描确定,通过固定在夹具上的三维激光扫描仪,对砂芯和型腔表面进行扫描,得到实际的三维特征面的点云,并与砂芯和型腔在标准位置时扫描得到的三维数据进行对比,计算当前位置与标准位置的偏移量和姿态变化量并传送给机器人,机器人自动调整姿态,抓取砂芯和精确下芯。该系统的优点是不需额外增加定位特征点,适应性强、方便可靠,但扫描定位速度稍慢。

(2)特征点扫描定位

为提高砂芯扫描定位速度,砂芯上设有特征定位点。特征定位点的选取应不能影响产品质量,尽量避免下芯后人工辅助操作。摇枕、侧架的特征定位点分为型芯上预先设置特征孔和特征线两种方式。例如摇枕整体芯的特征定位点为旁承下部设置的两个特征孔,侧架整体芯的特征定位点为三角孔处芯头的两个直角边,中央方框承台整体芯的特征定位点为掏空孔的直角边,如图 8-25～图 8-27 所示。

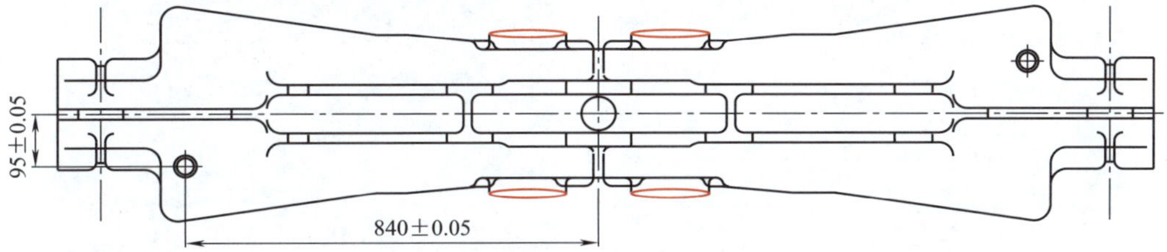

图 8-25　摇枕整体芯特征定位点

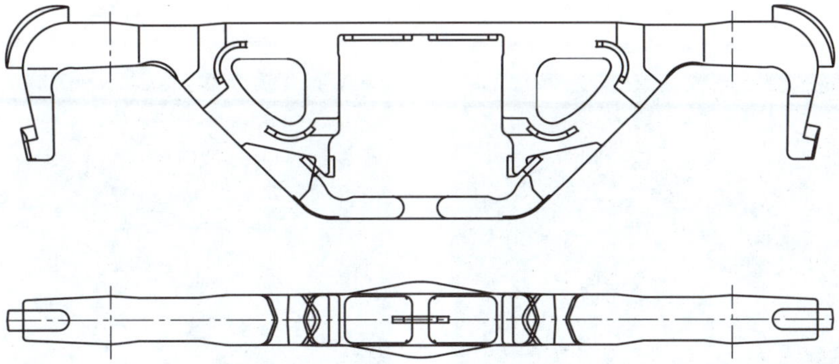

图 8-26　侧架整体芯特征定位点

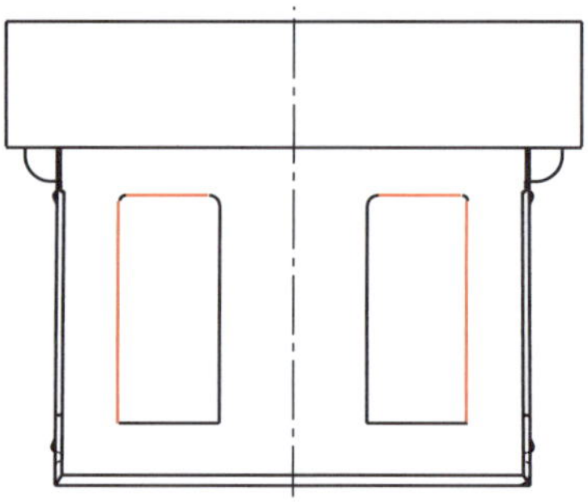

图 8-27　中央方框承台整体芯特征定位点

8.1.2.5　机器人下芯过程

下芯机器人下芯过程包括砂型定位、砂芯定位、砂芯夹持、定位下芯等工步。机器人视觉系统、控制系统得到砂型到位信号后，通过激光测量方法分别扫描型、芯特征区域，对扫描结果进行特征分析，提取位姿数据，对型、芯定位。机器人夹具通过气动夹紧机构从砂芯储运线上抓取砂芯，平滑移动至砂型上方，并按砂型定位信息完成自动精确下芯，如图 8-28～图 8-35所示。

图 8-28　扫描砂型定位

图 8-29　扫描砂芯定位

图 8-30　抓运砂芯

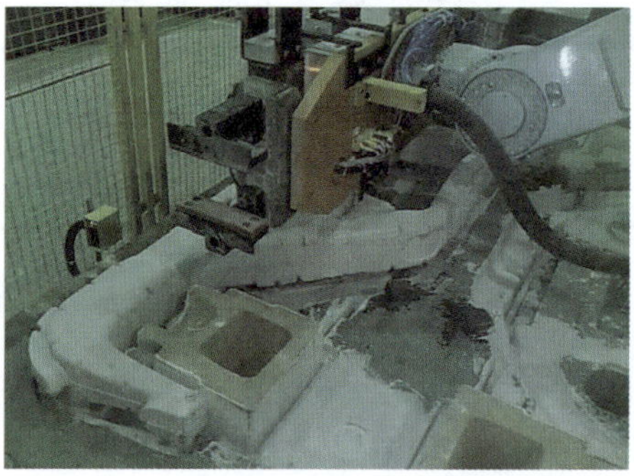

图 8-31　侧架整体芯落入型腔

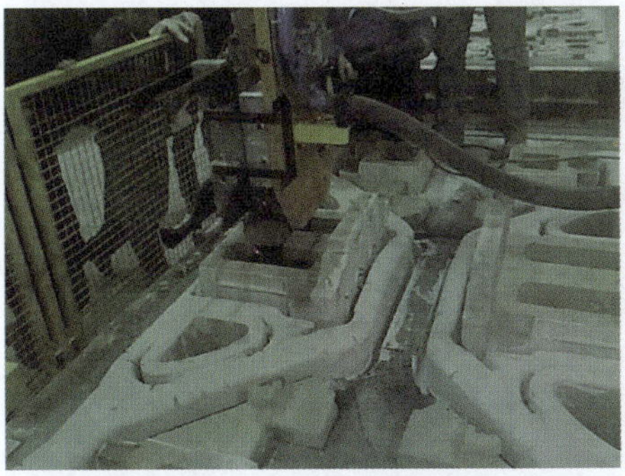

图 8-32 中央方框承台整体芯落入型腔

图 8-33 完成侧架下芯

图 8-34 摇枕砂芯落入型腔

图 8-35 完成摇枕下芯

8.1.3 车钩机械或自动下芯

8.1.3.1 车钩钩体机械下芯

采用专用机械下芯，下芯精度高、操作简单，降低下芯操作者的劳动强度，如图 8-36所示。

图 8-36 钩体机械下芯

8.1.3.2 车钩钩体自动下芯

车钩钩体整体芯自动下芯与摇枕、侧架整体芯自动下芯原理相同，钩体整体芯自动下芯，如图 8-37 所示。

图 8-37　钩体整体芯自动下芯

8.1.4　自动下芯的效果

1. 下芯尺寸精度高；
2. 避免砂芯磕碰伤、搓擦、断裂；
3. 减少了型腔内浮砂，从而减少砂眼缺陷；
4. 避免了因人为因素的影响带来的产品质量问题；
5. 砂型硬化起模、整体芯和机器人下芯相结合，实现了产品结构和尺寸的一致性，为提高转向架动力学性能，降低簧下质量打下了基础；
6. 改善作业环境、劳动条件和本质安全度。

8.2　合　　箱

合箱是将完成下芯等操作的上、下砂型准确、平稳地合在一起并紧固或压实的过程。合箱时须确保上、下砂型定位精确，防止上砂型下降不平稳、与下砂型发生撞击。合箱过程中砂型定位不准确会出现铸型与砂芯相互摩擦、磕碰，产生夹砂、错型等缺陷，严重时导致铸件报废。

砂型主要采用定位销定位，也可在砂型上采用内箱锥进行二次定位，确保合箱准确，如图 8-38、图 8-39 所示。

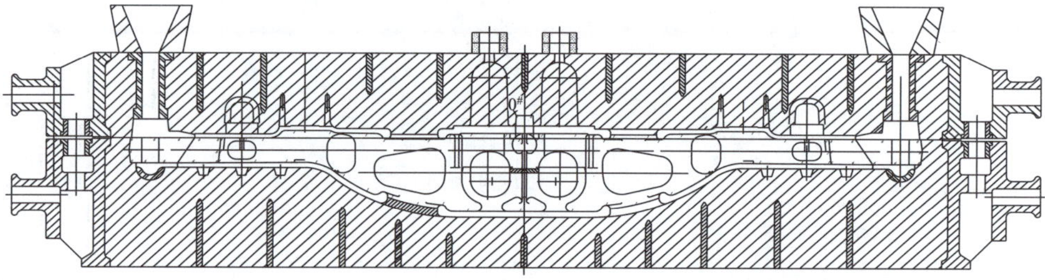

图 8-38　摇枕合箱后铸型图

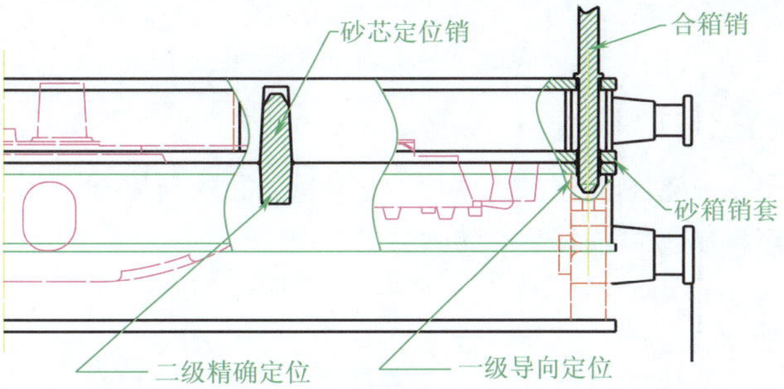

图 8-39　砂芯定位销定位

摇枕、侧架、车钩采用机械或自动合箱机合箱。可以准确、迅速地完成合箱动作，减少人为的失误，工作效率较高，定位、合箱精度高，能有效减少因错箱造成的铸件清理工作量和废品，如图 8-40～图 8-42 所示。

图 8-40　摇枕、侧架合箱

图 8-41　车钩合箱

摇枕、侧架、车钩的砂型轮廓尺寸较大，采用合箱机合箱时，合箱机的结构强度和刚度要高，定位部件应耐磨损，在一定周期内反复使用不变形，以保证定位精度。

8.3 浇　注

摇枕、侧架、车钩的浇注不仅关系到产品质量，而且与安全生产密切相关。因此，钢包、浇注方式、浇注参数的选择尤为重要。

8.3.1 钢包与浇注方式

钢包又称盛钢桶，按结构形式分为倾注式和底注式两类，如图 8-42、图 8-43 所示。倾注式钢包结构简单、维修方便，但浇注时钢渣易随钢液流出，因此铸钢生产中应用较少。底注式钢包容量适应范围较广，能与各种容量的电弧炉相配套，在铸钢生产中广泛应用[34]。

摇枕、侧架、车钩主要采用底注式钢包的浇注方式，采用底注式钢包有利于钢液在熔渣下保温，并可有效避免钢渣进入型腔，如图 8-44 所示。

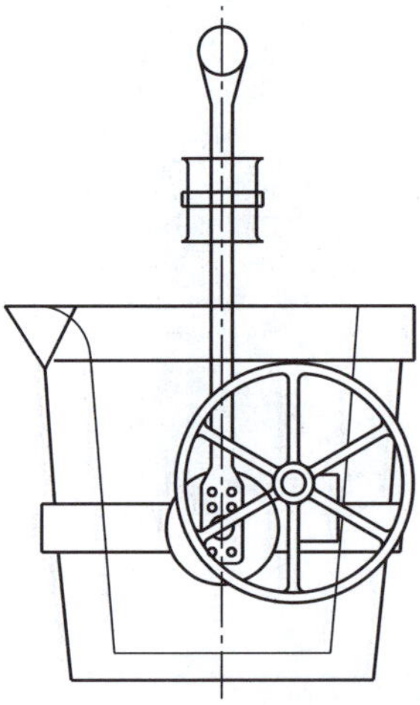

图 8-42　倾注式钢包

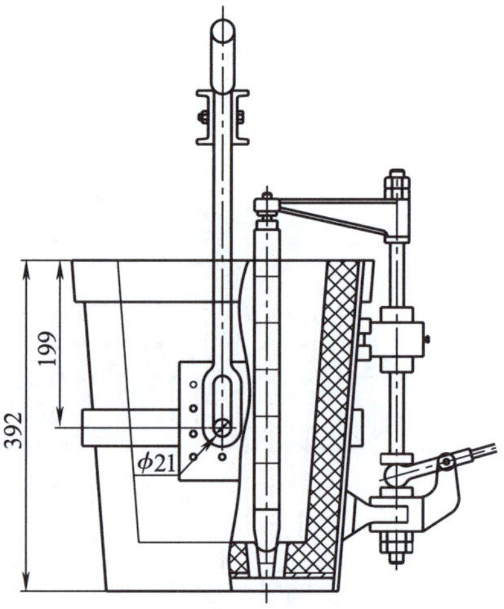

图 8-43　底注式钢包

图 8-44　铸件浇注

钢包的型号根据电炉的吨位、铸件的每次浇注重量、浇注时间、起重机大小等因素确定[34]。底注式钢包的主要尺寸，见表 8-2。

表 8-2 钢包的主要尺寸

型号	容量(t)	有限容积(m^3)	D(mm)	H(mm)	L(mm)	D_1(mm)	H_1(mm)	耐火 DFNY(mm)				总重(t)
								下部		上部	底部	
								厚	高	厚	高	
LG-1$_{H}^{S}$	1	0.16	770	880	940	80	420	100	230	80	120	3
LG-2$_{H}^{S}$	2	0.33	950	1 100	1 150	80	500	100	230	80	120	4
LG-3$_{H}^{S}$	3	0.49	1 132	1 188	1 344	85	570	100	230	80	120	5
LG-4$_{H}^{S}$	4	0.65	1 224	1 300	1 451	90	595	100	300	80	120	6.5
LG-5$_{H}^{S}$	5	0.82	1 293	1 350	1 544	95	650	140	300	120	160	7.8
LG-6$_{H}^{S}$	6	0.97	1 408	1 400	1 670	100	660	140	300	120	160	9.2
LG-7$_{H}^{S}$	7	1.12	1 479	1 535	1 746	100	660	140	550	120	160	10.8
LG-8$_{H}^{S}$	8	1.28	1 550	1 675	1 822	110	670	140	550	120	160	12.4
LG-10$_{H}^{S}$	10	1.6	1 629	1 750	1 920	120	675	235	550	205	320	15.5
LG-15$_{H}^{S}$	15	2.4	1 855	1 950	2 200	150	750	235	550	205	320	23
LG-25$_{H}^{S}$	25	4	2 110	2 385	2 550	165	850	235	830	205	320	40
LG-35$_{H}^{S}$	35	5.6	2 298	2 660	2 740	190	950	235	830	205	320	52

钢包的烘烤质量影响钢液的纯净度、钢水温度和生产安全等，其烘烤要求，见表 8-3。

表 8-3 钢包烘烤要求

烘烤方式		燃气或燃油
烘烤时间	新砌筑的钢包	>4 h
	只更换耐火工作层的钢包	>2 h
	正常使用中，只是小修补或更换塞杆及注口砖的钢包	>0.5 h
烘烤温度		出钢前包衬烘至红色或暗红色，即 600～800 ℃
火力调整原则		调整火力由小逐渐增大，要防止急火猛烤造成耐火衬烤裂

8.3.2 浇注工艺参数

铸钢件的浇注质量主要由出钢温度、钢水镇静时间、浇注温度、浇注速度等工艺参数决定。摇枕、侧架每型需要的钢水质量在 500～2 000 kg 左右，车钩每型需要的钢水质量在 200～1 000 kg 左右。

(1)钢水镇静时间

钢水镇静的目的是使悬浮在钢液中的夹杂物上浮，净化钢液，对于摇枕、侧架和车钩，钢水镇静时间至少 5 min。对于出钢温度高的钢水，镇静时间可以适当延长。

(2)浇注温度

控制浇注温度是减少铸件缺陷的重要手段之一，浇注温度偏高、偏低都会对铸件质量产生影响。浇注温度高将导致铸件出现粘砂、裂纹等缺陷，浇注温度低将导致铸件出现浇不足、冷隔等缺陷，严重时将导致铸件报废。控制浇注温度首先是严格控制钢液出钢温度，其次是控制钢包烘烤质量、渣面保温覆盖和钢水镇静时间。

(3)浇注速度

根据不同情况采取合适的浇注速度，使钢液在铸型内连续、平稳上升，并迅速充满型腔，是浇注操作的重要环节。铸钢件浇注速度控制原则，见表 8-4。

表 8-4　铸钢件浇注速度控制原则

序号	铸件特点	控制原则
1	对壁厚、结构简单的铸件	取较小的浇注速度
2	含碳量较低，小型复杂铸钢件	取较大的浇注速度
3	碳的质量分数大于 0.45%的铸件(缩孔倾向大)	1. 取较小的浇注速度 2. 补浇 1～3 次
4	高合金钢(除高锰钢件外)	1. 大流量快速浇注 2. 冒口部分一次注满
5	高锰钢铸件(流动性好，导热性差，裂纹缩孔倾向大)	1. 取比普通碳钢慢的浇注速度以减少裂纹及缩孔倾向 2. 当钢液温度接近液相线温度时，则使用大的浇注速度
6	单个大型铸件，质量大、形状长	采用双包或多包同时浇注，钢液从多个浇口引入型腔

摇枕、侧架、车钩所用钢种属于低合金铸钢，铸件的重量一般在 1 000 kg 以下，结构比较复杂，最薄的壁厚在 10 mm 左右，根据上述控制原则，浇注速度应取较大的数值。例如，对于一型两件的转 K6 型转向架侧架，其浇注速度一般控制在 25～35 s 之间；对于一型一件的 17 型车钩钩体，其浇注速度一般控制在 15～25 s 之间。

浇注过程应连续、不断流，尽量使钢液在铸型内平稳、快速上升。钢水流量控制遵循“小—大—小”原则。浇满收流后，适当停顿，再根据浇口杯的液面下降情况进行适时补浇。

摇枕、侧架、车钩的化学成分试样按照 GB 5678 铸造合金光谱试样取样方法，在每包钢水浇注 1/4 左右时制取。金相组织和力学性能检验所需试样按照基尔试块标准要求，在每包钢水浇注 1/4 左右时浇注。

9

冶炼技术

9.1 电弧炉冶炼方法概述

国内生产摇枕、侧架、车钩钩体、钩舌主要采用电弧炉冶炼，许多制造企业已采用电弧炉+LF钢包精炼炉冶炼，仅在生产车钩的钩膛小件时采用感应炉熔炼。

炼钢的任务：

(1)熔化钢液，并达到规定的温度要求；

(2)控制钢液化学成分；

(3)降低磷、硫等有害元素含量；

(4)去除杂质、气体，纯净钢水。

电弧炉炼钢采用废钢铁作为主要原料，以三相交流电作电源，利用电流通过石墨电极与金属之间产生电弧，使电能在弧光中转变为热能，并借助电弧辐射和电弧的直接作用加热并熔化炉料和炉渣，冶炼出各种成分合格的钢水的一种炼钢方法。

电弧炉炼钢的特点：

(1)成分容易控制，炉气容易控制，可不用燃料；

(2)热效率高；

(3)易于实现自动化；

(4)耗电量较大。

炼钢电弧炉根据炉衬的性质不同，分为碱性炉和酸性炉。碱性电弧炉的炉衬是用镁砂、白云石等碱性耐火材料修砌的，而酸性电弧炉炉衬是用硅砖、石英砂等酸性材料修砌的。由于炉衬的性质不同，在炼钢过程中所采用的造渣材料也不一样。碱性炉用以石灰为主的碱性材料造碱性渣，而酸性炉则是用石英砂为主的材料造酸性渣。碱性电弧炉由于使用碱性炉渣，能有效地去除钢中的有害元素磷、硫。而酸性渣无去除磷、硫的能力，所以酸性炉炼钢要用含磷、硫很低的原材料，但酸性炉渣阻止气体透过的能力大于碱性渣，可使钢液快速升温。

碱性电弧炉炼钢的工艺方法一般分为氧化法、不氧化法(又称装入法、单渣还原法)及返回吹氧法。

氧化法冶炼操作由扒补炉、装料、熔化期、氧化期、还原期和出钢等阶段组成[35]。其特点是在氧化期用矿石、吹氧进行脱磷和脱碳,使熔池沸腾,以降低钢中的气体和杂质,再经过脱氧还原和调整钢液的化学成分及温度,然后出钢。用这种方法冶炼,可以得到含磷、硫量及气体、夹杂物含量都很低的钢,还可以利用廉价废钢为原料,因此一般钢种大多采用氧化法冶炼。其缺点是如果炉料中有合金返回料,则其中的某些易氧化合金元素会被氧化而损失于炉渣中。

在氧化法基础上衍生出单渣氧化法,其特点是没有明显的还原期,不造还原渣,氧化期结束后,采用沉淀脱氧、合金化后即出钢。其优点是钢中[N]和[H]含量较低、冶炼周期短、生产效率高、综合成本较低;其缺点是钢的化学成分不精确、易氧化合金烧损严重、钢水质量一般低于氧化法。

不氧化法(又称装入法、单渣还原法)在冶炼过程中没有明显氧化期,能充分回收原料中的合金元素[36]。因此,可在炉料中配入大量的返回合金废钢、浇冒口等,减少铁合金的消耗,降低钢的成本。炉料熔清后,经过还原调整钢液成分和温度后即可出钢,冶炼时间较短。其缺点是不能充分去磷、去夹杂物和除气,因此对炉料要求高,须配入清洁无锈、含磷低的钢铁料,并在冶炼过程中要采取各种措施防止吸气。同时钢液的化学成分基本上取决于配料的成分,要求炉料配料的化学成分和称量力求准确。

返回吹氧法是在炉料中配入大量的合金钢返回料。依据碳和氧的亲和力在一定的温度条件下比某些合金元素和氧的亲和力大的理论,当钢液升到一定的温度以后,向钢液进行吹氧,强化冶炼过程,达到脱碳、去气、去夹杂物的同时,又回收大量合金元素的目的。这样,既降低成本,又提高质量。返回吹氧法常用于高合金钢的冶炼。因为这些高合金钢如果用氧化法冶炼,由于合金元素的烧损,在还原期要加入大量铁合金,特别是要加入低碳的铁合金,这样不仅使成本提高,而且使还原期操作极为困难。

我国的摇枕、侧架、车钩用钢均采用碱性电弧炉氧化法冶炼。

9.2 电弧炉设备

摇枕、侧架、车钩所采用的冶炼设备主要是三相交流碱性电弧炉。电弧炉主要由炉壳、炉盖、倾炉机构、电极装置、炉顶装料系统、电炉电气设备(炉用变压器、电极调节系统等)等设备组成[37]。

1879 年,威廉姆斯·西门子制造出世界上第一台电弧炉,至今已有 100 多年的电弧炉炼钢历史。随着用户要求的提高,电弧炉炼钢技术不断进步和完善。第二次世界大战期间及战后,由于对合金钢和高质量钢材的需求增加,电弧炉的产量大幅度增加,推动了电炉大型化和氧气的使用。特别是 20 世纪 60 年代中期,美国人施瓦贝等人提出的电炉超高功率作业以来,再加上精炼技术的配合,电弧炉工艺装备技术得到飞速发展。20 世纪 80 年代以来,电弧炉向高效生产、节能降耗、环境友好等方向不断发展进步，相继出现了超高功率电弧炉、偏心炉底出钢电弧炉、直流电弧炉等新技术装备。

9.3 冶炼工艺制订原则

针对具体的冶炼品种选择冶炼方法，制定工艺，其主要依据是：钢的化学成分、钢种特性、质量要求、原材料供应情况等。冶炼方法选择是否恰当，对钢的质量、成本、电炉的生产率等影响甚大。良好的工艺应保证在条件许可的范围内，达到优质、高产、低耗的目的。在针对具体的品种制订工艺时应考虑以下几方面。

9.3.1 冶金质量控制

冶炼工艺设计首先应保证冶金质量，冶金质量主要体现在钢液的成分、纯净度。

(1)任何钢种都有一个确定的化学成分范围，冶炼工艺不仅应使成分合格，还应将成分控制在最佳范围内。所谓最佳范围，就是对铸造工艺性能和铸件使用性能最好的成分范围，并且这个范围愈窄愈好，以保持铸钢使用力学性能的一致性。为使成分控制在最佳范围内，必须考虑钢中各元素的特点，采取相应措施保证成分达到要求。

(2)钢液纯净度是指钢中磷硫含量、气体含量、非金属夹杂物含量和有害金属杂质含量去除的程度，一般来说，钢的纯净度越高则钢的力学性能越好。

9.3.2 技术经济指标

在保证质量的前提下，冶炼工艺必须在技术经济方面具有合理性，即力求高产、低耗，为此，选择的冶炼工艺及制定的工艺参数必须合理。如合理使用合金废钢；在炉料质量较好的条件下，适当控制脱碳量；在合金使用方面，应合理控制合金加入量，尽量使用高碳铁合金和合金化合物。常用的经济技术指标有钢水合格率、吨钢耗电量、冶炼时间、合金元素收得率、废钢烧损率、吨钢消耗电极量、吨钢消耗耐火材料等。

9.4 碱性电弧炉氧化法冶炼

我国摇枕、侧架、车钩钩体和钩舌的生产主要采用氧化法冶炼的工艺，其流程为：补炉、装料、熔化期、氧化期、还原期、出钢。

9.4.1 补　　炉

补炉是指当上一炉出完钢后，需要迅速将炉体损坏的部位进行修补，即将补炉材料喷、投到炉衬损坏的地方，并利用炉内的余热在高温下使新补的耐火材料和原有的炉衬烧结成为一个整体，以保证下一炉钢的正常冶炼。

9.4.1.1 补炉原则

补炉的原则是：快扒、快补、高温、薄补。一般镁砂的烧结温度约为 1 600 ℃，白云石的烧结温度约为 1 540 ℃。出完钢后，炉内的温度下降很快，因此要抓紧时间趁热快扒快补。薄补的目的是为了保证耐火材料良好的烧结，新补的厚度一次不应大于30 mm，需要补得更厚时，应分层多次进行。为使补炉材料能和原有的炉衬进行良好的烧结，在补炉前需将补的部位的残钢残渣扒净，否则在下一炉的冶炼过程中，会因残钢残渣的熔化而使补炉材料剥落，既稠化熔渣、污染钢液，也妨碍脱磷、脱硫、脱氧等物化反应的顺利进行。

9.4.1.2 补炉方法

补炉方法可分为机械喷补和人工投补；根据选用材料的混合方式不同，又分为干补和湿补两种。目前在大型电炉上，机械喷补已获得广泛的应用，设备种类也比较繁多，但喷补原理基本相同。人工投补多用于小型电炉。

9.4.1.3 补炉材料

我国电弧炉炉衬普遍采用镁碳砖砌筑，因此，补炉材料主要为镁砂，所用粘结剂为：湿补时选用卤水，干补时一般掺入10%沥青粉，或采用混制好的捣打料。机械喷补材料主要用镁砂、白云石或两者的混合物，还可掺入磷酸盐或硅酸盐等粘结剂。为避免炉衬向钢水增碳，摇枕、侧架、车钩钢水冶炼一般选用卤水镁砂或混制好的捣打料作为补炉材料。

9.4.2 装　　料

装料是指将固体炉料（按冶炼钢种要求配入的废钢、铁料及少量石灰）装入炉膛内。目前多数电炉采用炉体开出或者炉盖升起旋开方式，用吊车吊起料罐将炉料加入炉膛内，称为顶装料。

为了缩短时间，保证合金元素的收得率，降低电耗和提高炉衬的使用寿命，装料时要求做到：准确无误、装得致密、布料合理及快速入炉。炉料装得致密，可减少加料次数，并能改善炉料的导电传热性能，电极穿井时，弧光稳定，有利于熔化。要达到致密，对不同容量电炉的炉料要有不同的尺寸要求，装料时大、中、小炉料要合理搭配。通常装料前在炉底加入部分石灰，装料时将部分小料装在料筐底部，借以保护料筐的链板或蛤页板，减缓重料对炉底的冲击；然后装大料或难熔料，中间填小料，做到平整、致密使之既有利于导电，又可消除料桥及防止塌料时折断电极；最后在料筐的上部装入轻薄料，以利于起弧、稳定电流和减轻弧光对炉盖的辐射损伤。渣钢、浇冒口等不易导电的炉料应装在远离电极的地方，以免影响导电。生铁不要装在炉门附近，而是要装在大料或难熔料的周围，以利用它的渗碳作用，降低大料或难熔料的熔点，从而加速熔化。凡随炉料装入的铁合金，为了保证元素的收得率，应根据它们不同的理化性能装在不同的位置，如钼铁熔点高，不易氧化，可装在高温区，但不要装在电弧下边；镍板应装在远离高温区的位置，以减少它们的挥发损失。

9.4.3 熔化期

从通电开始到炉料全部熔清的阶段称为熔化期。其主要任务是迅速熔化全部炉料，并且要求去除部分磷。为了加速炉料的熔化和节省用电量，在熔化期一般采用吹氧助熔。此外，堵好出钢口，调换渣包，检查设备各部分状态，注意观察水冷系统各部分是否正常，整理好冶炼操作所需用的一切工具，做好各项准备工作。

9.4.3.1　炉料的熔化过程

送电开始后，就是熔化期的开始，炉料的熔化过程大体上分为四个阶段：

第一阶段：起弧阶段。送电后，电极下降，当电极端部距炉料有一定的距离时，由于强大电流的作用，中间的空气被电离成离子，并放出大量的电子而形成导电的电弧，随之产生大量的光和热。起弧阶段的时间较短，约为 3～5 min，但常出现瞬时短路电流，所以电流一般不稳定并易造成对电网的冲击。

第二阶段：穿井阶段。起弧后，在电弧的作用下，电极下的炉料首先熔化，随着炉料的熔化，电极逐渐下降并到达它的最低位置，这就是穿井阶段。在穿井阶段，电极下熔化的金属液滴顺着料块间隙向下流动，开始时炉温较低，液滴边流动边凝结在冷料上，当炉温升高后，熔化的液滴便落在炉底上积存下来形成熔池并逐渐扩大。电极穿井以后，方可大功率送电。

为了减少通电初期瞬时短路电流对设备及电网的冲击，应带阻抗操作。

第三阶段：电极回升阶段。这个阶段主要是熔化电极周围的炉料，并逐渐向外扩大。随着熔化继续的进行，中央部分的炉料跟着熔化，电极也相应向上抬起，这就是电极回升阶段。在电极回升过程中，周围炉料被熔化。当炉内只剩下炉坡、渣线和其他低温区附近的炉料时，该阶段即告结束。

第四阶段：熔化低温区炉料阶段。三相电弧近似于点热源，各相的热辐射不均匀，所以炉内的温度分布也不均匀。一般情况，在电极下方和电极热点区的炉料熔化较快，而炉门、出钢口两侧的炉料熔化较慢，第四阶段主要是熔化这些部位的炉料。在此过程中，电极虽然也继续稍有回升，但不明显。

9.4.3.2　影响炉料熔化的主要因素

电炉炼钢的能源主要是把电能转换成热能，目前发展趋势之一是加大电炉输入功率，从而有利于炉料的熔化，因此一些高功率、超高功率电炉相继投入生产。

其次是利用外界辅助热源，如炉料预热、氧气及氧—燃烧嘴助熔等，不但起预热炉料的作用，还可减少炉料搭棚。废钢铁料入炉前的预热温度为 500 ℃时，可节省电能 1/4；而温度为 600～700 ℃时，可节省电能 1/3；如果温度达到 900 ℃，只需冷装料时的 1/2 左右的电能。这就意味着，变压器输入功率不变，熔化期将按相应的比例缩短。热态炉料入炉还可增加电弧的稳定性和提前吹氧助熔，也促使熔化期的缩短。

熔化期的长短不仅与热源有直接关系，而且还取决于电力使用制度、装料方法、布料情况、炉料的化学成分、冶炼工艺、造渣制度及炉体的设计参数等。变压器的有用功率越大，炉子的热损失越小，熔化期就越短。合理的布料也是缩短熔化期的有效措施之一。熔化速度也取决于炉料的化学成分。碳含量为 0.20%碳素钢的电阻是铜的电阻的 6 倍，而碳含量为 0.90%碳素钢的电阻是铜的 14 倍。炉料可看成是电流的二次线路，根据焦耳定律（$Q=I^2Rt$），炉料的电阻越小，电流通过时所产生的热量越多。早期造渣有助于炉料的熔化，不仅可以防止钢液吸气，同时也能减少热量的散失，如果采用泡沫渣埋弧操作，不仅可以减轻弧光对炉壁的热辐射，而且更有利于熔池的加热与升温。采用留钢留渣操作，在装料后就可吹氧助熔，也可使熔化期明显缩短。炉体的设计参数对炉料的熔化也有直接的影响，当炉膛的直径与极心圆直径之比较大时，炉料熔化得较慢；相反，炉料熔化得就快。

9.4.3.3　熔化期的物化反应

炉料熔化的同时，熔池中也发生各种各样的物化反应，主要有元素的挥发和氧化、钢液的吸气、热量的传递与散失以及夹杂物的上浮等。

(1)元素的挥发

炉料熔化的同时，伴随着元素的部分挥发。挥发有直接挥发和间接挥发两种形式。直接挥发是因温度超过元素的沸点而产生的，电弧的温度高达 4 000～6 000 ℃，而最难熔元素 W 的沸点也仅为 5 900 ℃，沸点低的其他元素更容易挥发。间接挥发是通过元素的氧化物进行的，即先形成氧化物，然后氧化物在高温下挥发逸出。

(2)元素的氧化

炉料熔化时，除产生元素的挥发外，还存在着元素的氧化。这是因炉中存在着氧的来源：一是炉料的表面铁锈；二是炉气；三是为了脱磷而加入的矿石或为了助熔而引入的氧等。在炉料熔化过程中，元素氧化损失量与元素的特性、含量、冶炼方法、炉料表面质量及吹氧强度(压力、流量、时间)等因素有关。如 Al、Ti、Si 元素在氧化法中几乎全部被氧化掉，Fe、C、Mn 等的氧化损失也较大，但 Ni、Mo 基本不氧化。

(3)钢液的吸气

在一般情况下，气体在钢液中的溶解度随温度的升高而增加，被高温电弧分解出的氢和氮会因温度的升高直接或通过渣层溶解于钢液中。在熔化期，钢液具有较好的吸气条件，这是因为除大气外，炉料中还含有一定的水分。而且熔化初期的钢液液滴向下移动时是裸露的，加之初期的熔池有时又无熔渣覆盖，直接与炉气接触。为了减少钢液的吸气量，应尽早造好熔化渣，另外熔化期合理的吹氧助熔也能降低钢中的气体含量。

(4)热量的传递与散失

热量的传递与散失属于物理过程。炉料除了吸收炉衬的余热外，绝大部分热量是从电弧获取的，在起弧和穿井阶段热量由上向下传递；当熔池有熔渣覆盖后，热量通过熔渣传给钢液，这时的热量仍是由上向下传递，一般说来，熔渣的温度高于钢液的温度。为了减少散热，应尽早造好熔化渣。

(5)熔化期非金属夹杂物的上浮

熔池出现后，钢液中就存在着内在夹杂和外在夹杂，随着熔池的扩大，这些夹杂物也就有不同程度的上浮，它们是熔化渣的来源之一。合理的吹氧助熔和尽早造好熔化渣能促使夹杂充分上浮。吹氧时，由于氧气流的作用，造成熔池局部沸腾，进而有助于夹杂物的碰撞和上浮。理想的熔化渣不仅对脱磷有利，而且还能很好地捕捉、吸附非金属夹杂物。

9.4.3.4 熔化期脱磷

熔化期的合理操作，可以把钢中的磷去除50%～70%，剩余的磷在氧化期借助于渣钢间的界面反应、自动流渣、补造新渣或采用喷粉脱磷等办法继续去除。因此，应在熔化期提前造好熔化渣，一般在加料前，在炉底先铺垫料重2%～7%的石灰和少量矿石或氧化铁皮，熔化过程适时补加造渣材料，并吹氧助熔，使炉渣具有适当的碱度[$(R=(CaO)/(SiO_2))$]和较好的流动性，能为前期脱磷创造有利的条件。另外，在炉料大半熔或全熔后扒除部分熔化渣，对于高磷炉料或含磷量要求较严的钢种，也可全部扒除，然后重造新渣，更是强化脱磷的行之有效的好办法。

9.4.3.5 熔化期操作

送电后应紧闭炉门，堵好出钢口，扣严炉盖等，以防冷空气进入炉内。备有氧—燃烧嘴装置的炉子也应适时点燃，以使炉料能够同步熔化。在炉料熔化过程中，还应适时地进行吹氧、推铁助熔，加矿造渣与脱磷等操作。熔清碳应保证氧化期脱碳量，熔化末期如果发现全熔碳不能满足要求，应先进行增碳操作。熔化渣的渣量一般为料重的2%～3%，电炉功率越高越取上限值。炉料全熔并经搅拌后，取样进行全分析，然后扒除部分熔化渣，补造新渣。如果认为脱磷困难或发现熔渣中含有大量的MgO，也可进行全扒渣，重新造渣。当熔池温度升到符合要求时，转入下一阶段的冶炼。

9.4.4 氧化期

9.4.4.1 氧化期的任务

(1)最大限度地降低钢液中的磷含量

因为扒渣后炉内渣线、炉壁和炉顶处还有残存的氧化渣，在还原期溶于炉渣而被还原使钢液增磷，一般在还原过程中磷含量逐渐增加，再者是因为还原期加入铁合金时带入一部分磷。所以，要求氧化期控制的磷含量低些，否则不能保证炼得的钢液中含磷量在规定成分之内。

(2)去除钢中气体(氮、氢)

在氧化末期可以把溶解在钢液中的氢降到2～4 mL/100 g，氮降低到0.004 0%～0.006 0%范围，在整个冶炼过程中只有氧化期能去除气体，还原期钢液是增加氢和氮的，所以应尽量减少气体的含量。钢液中的气体含量高时在凝固过程中形成气泡，增大热裂纹倾向。氢气是相变时钢产生白点的主要原因之一，使钢的机械性能变差，强度增大和塑性降低。氮是低碳钢产生应变失效脆性(使钢的冲击性能降低)的主要原因，所以应在氧化期尽量降低气体的含量。

(3)去除钢中夹杂物

氧化期钢液中氧化物夹杂来源于熔化和氧化过程中炉料中的元素被氧化生成的非金属夹杂物，炉衬等耐火材料因侵蚀而进入钢液中的氧化物夹杂，炉料中含有或夹带的氧化物夹杂。氧化期钢液沸腾时大部分夹杂物被炉渣吸收，在氧化期一般可以去除70%～90%，很少一部分留到还原期继续脱除。

(4)升高钢液温度

冶炼过程需要较高的温度,在氧化末期把钢液温度升高到高于出钢温度 10～20 ℃,原因是还原期一开始就需要高的温度才能更快地造还原渣,更好地完成还原期任务,另外氧化期炉渣因沸腾起泡有包住电弧的趋势,所以钢液的升温快,温度很均匀,炉衬所受辐射热较少,而还原期升温会降低炉龄、增加热损失,大幅升温时会影响钢液质量。

(5)调整钢液的碳含量

在氧化期去除多余的碳含量,目的是脱碳使钢液沸腾,在氧化末期扒除氧化渣之前,钢液含碳量、还原期加入铁合金时增加的碳含量、还原期用碳粉和还原炉渣以及电极使钢液增加的碳,总和应达到钢种规定的中限为宜,在钢液碳含量低时可增碳,但不宜过大。

在氧化期钢液进行氧化时,钢液中的硅、锰、铬、钒等元素都被氧化,含量都在降低,当钢液中残余硅、钒等含量高时使碳的氧化速度降低,但是最终碳的氧化是主要的,应正确控制钢液的脱碳量和脱碳速度,以便更好地完成上述任务。

9.4.4.2　脱碳和各项任务的关系

(1)脱磷和脱碳的关系:脱磷和脱碳都是氧化反应,它们之间有共性,都需要氧。它们与氧的反应随温度而变化,低温时主要进行脱磷反应,高温时主要进行脱碳反应。加矿石氧化钢液时,氧通过炉渣向钢液溶解。在钢—渣界面产生脱磷反应,碳氧反应在炉底进行,产生的 CO 气泡使钢液沸腾并增大了钢—渣界面积,加速了脱磷。

(2)去气和脱碳的关系:碳氧反应在炉底进行,产生的 CO 气泡和钢液接触,此时溶解在钢液中的氢和氮向 CO 气泡扩散,随气泡上浮泄于炉气中。

(3)去夹杂和脱碳的关系:悬浮于钢液中的细小的固体夹杂物,在氧化性的钢液中易形成低熔点含氧化铁的大颗粒夹杂物,在沸腾的钢液中容易使夹杂物互相碰撞结合成更大的夹杂物,上浮到渣面被炉渣吸收。CO 气泡在上浮过程中,其表面也会粘附一些夹杂,在钢液沸腾时上浮去除。

(4)升温和脱碳的关系:氧化期钢液升温比还原期容易,这是因为有强烈的沸腾,能迅速将电弧下高温钢液搅拌到熔池底部,使温度均匀。氧化期钢液上部和炉底的温差约 5 ℃,而还原期为 50～70 ℃。氧化期钢液沸腾时炉渣呈泡沫状,炉渣有包围电弧的趋势,因此炉渣吸收电弧的热能比静止的还原渣面多。另外,即使供给较大的功率,炉衬吸收电弧的热量也不大,这有利于快速加热钢液。所以说脱碳沸腾为加热钢液创造了良好的条件,而钢液升温促进了脱碳反应。

9.4.4.3　氧化期主要物理化学反应

在脱磷、脱碳反应进行的同时,钢液中其他元素和杂质也发生氧化。这些元素的氧化及氧化程度取决于:与铁比较该元素对氧的亲和力大小、该元素在钢液中的浓度、熔渣组成与该元素氧化物的化学性质(酸性或碱性)及冶炼温度等。

(1)钢液的脱磷

碱性氧化渣的脱磷反应是钢一渣界面反应,反应式为:

$$2[P]+5(FeO)+4(CaO)=5[Fe]+(4CaO\cdot P_2O_5)$$

其为放热反应，所以在高温时不易进行。从反应式可以看出增加渣中(FeO)、(CaO)能加速脱磷，所以要不断地向渣中供氧，同时补加石灰保持炉渣碱度在2.5～3.5。在温度、碱度一定的条件下，磷在渣、钢间分配系数约为50～60，所以增加渣量多次换渣有利于脱磷。归纳起来，影响脱磷反应的因素有主要有：温度、炉渣碱度、氧化性和炉渣渣量。在生产过程中应全面考虑去磷条件，提前采取措施，低温、高碱度、高氧化性、大渣量是快速去磷的关键。

(2)钢液脱碳

①钢液的加矿脱碳

由于矿石的熔化与分解及FeO的扩散转移均吸热，所以脱碳反应的总过程是吸热。钢液的加矿脱碳开始时必须要有足够高的温度，一般应大于1 560 ℃。为了避免熔池急剧降温，矿石应分批加入，每批的加入量约为钢液质量的1.0%～1.5%，而在前一批矿石反应开始减弱时，再加下一批矿石。熔池均匀有力的沸腾主要通过对矿石的加入速度和保持合适的间隔时间来控制，当熔池温度较高时，矿石的加入速度不能太快，如在炉门及电极孔冒出猛烈的火焰，则应停止加矿，以避免发生喷溅或跑钢事故。钢液的加矿脱碳原则上是在高温、薄渣下进行。脱碳初期，流动性良好的熔渣在CO气泡的作用下呈泡沫状，并经炉门能自动流出，如不能流出应进行调整炉渣黏度，否则以后也难以做到高温、薄渣脱碳。矿石的加入量由脱碳量决定，一般每氧化0.01%碳，每吨钢液约用矿石1 kg。

②钢液的吹氧脱碳

钢液的吹氧脱碳有碳的直接氧化和碳的间接氧化两种情况。吹入钢液中的氧直接与钢液中的碳发生反应属于碳的直接氧化，而吹入钢液中的氧先与钢液中的铁反应，然后生成的[FeO]再与钢液中的碳进行反应，属于碳的间接氧化。吹入钢液中的高压氧气流以大量弥散的气泡形式在钢液中捕捉气泡周围的碳，并在气泡表面进行反应。与此同时，氧气泡周围形成的[FeO]与钢液中的碳作用，反应产物也进入气泡中。而[FeO]的出现与扩散，又提高了钢液中的氧含量，因此碳的氧化不仅可以在直接吹氧的地方进行，而且也能在熔池中的其他部位进行。吹氧脱碳最大的特点是脱碳速度快，一般约为0.03%/min ～0.05%/min，而且钢液温度越高、供氧量越大、钢中的碳含量越高，脱碳速度越快。当钢液中的碳含量降低到0.10%以下时，钢液中所需与碳平衡的氧量将急剧上升，而与钢液中碳平衡所需渣中的氧量也是上升的，这时要保持脱碳速度，就必须增加供氧量，加矿脱碳受到炉温下降的影响，一次不能加得太多，且渣中(FeO)向钢中的扩散转移又是限制环节，而吹氧脱碳不受这种限制，因此当钢液中的碳含量降到0.10%以下时，吹氧脱碳优于加矿脱碳，且两者的速度也有显著的差别。在冶炼低碳或超低碳钢时，吹氧容易把碳很快降到很低，而且合金元素的氧化损失相对较少，这使得利用返吹法冶炼高合金钢并回收炉料中的贵重合金元素成为可能。

③钢液的矿、氧综合脱碳

矿、氧综合脱碳加大了向熔池供氧的速度，扩大了矿氧反应区，同时也减少了钢中氧向渣中的转移，又由于氧气流的搅动作用，使 FeO 的扩散速度加快，所以这种脱碳方法能使钢液的脱碳速度成倍的高于单独加矿或单独吹氧的脱碳速度。在操作过程中，矿石的加入是分批进行，且先多后少，最后全用氧气。吹氧停止后，再进行净沸腾或锰沸腾等操作。

9.4.4.4 氧化期操作

(1)氧化期操作方法分为三种：

①矿石氧化法

矿石氧化法属于间接方式的供氧，它主要是利用铁矿石或其他金属化矿石中的氧通过扩散转移来实现钢液中的 C、Si、Mn 等元素及其他杂质的氧化。该法的特点是渣中(FeO)浓度高，脱磷效果好，熔渣的流动性较好。

②氧气氧化法

氧气氧化法又称纯氧氧化法。它主要是利用氧气和钢中的 C、Si、Mn 等元素及其他杂质的直接作用来完成钢液的氧化。除此之外，吹氧后，熔池中还发生下述反应：

$$O_2+2[Fe]=2[FeO]$$

$$[FeO]=(FeO)$$

氧气氧化和矿石氧化存在着本质的不同。氧气氧化时，由于纯氧对钢液的直接作用，各元素氧化的动力学条件好，在供氧强度较高的情况下，更有利于低碳钢或超低碳钢的冶炼。氧气氧化属于放热反应，进而也有利于提高熔池温度而减少电能消耗。但由于(FeO)含量不高，因此脱磷效果较差。

③矿、氧综合氧化法

在电炉钢生产过程中，矿石氧化和氧气氧化经常交替穿插或同时并用，这就是所谓的矿、氧综合氧化。其特点是脱碳、升温速度快，既不影响钢液的脱磷，又能显著缩短冶炼时间。但该法如不熟练，难以准确地控制氧化期终点碳。

对于摇枕、侧架、车钩等铸钢件，氧化过程宜采用矿、氧结合操作，以保证顺利脱磷、去气、去夹杂。

(2)主要工艺参数

为了更好地去除钢中的气体和非金属夹杂物，氧化期必须保证熔池要有一定的激烈沸腾时间，因此在脱碳过程中要求要有一定的脱碳量和脱碳速度。所以，脱碳量、脱碳速度、激烈沸腾时间是氧化期重要工艺参数。

①脱碳量

在电炉钢生产过程中，氧化期的脱碳量是根据所炼钢种和技术条件的要求，冶炼方法和炉料的质量等因素来确定。一般说来，炉料质量越差或对钢的质量要求越高，要求脱碳量要相应高些。生产实践证明，脱碳量过少，达不到去除钢中一定量气体和夹杂物的目的；而脱碳量过大，对钢的质量并没有明显的改善，相反会延长冶炼时间及加重对炉衬的侵蚀，浪费人力物力，因此脱碳量过大也是没有必要的。一般认为，氧化法冶炼的脱碳量为 0.20%～0.40%，返吹法则要求大于 0.10%。对于摇枕、侧架、车钩等铸钢件，氧化期的脱碳量一般大于 0.30%。

②脱碳速度

生产实践证明，脱碳速度过慢，熔池沸腾缓慢，起不到充分去气除夹杂的作用；而脱碳速度过快，在短时间内结束脱碳，必然造成熔池猛烈的沸腾，易使钢液裸露，吸气严重，且对炉衬侵蚀加重，这不仅对去气除夹杂不利，还会造成喷溅、跑钢等事故。合适的脱碳速度应保证单位时间内钢液的去气量大于吸气量，并能使夹杂物充分排出。一般正常的矿石脱碳速度要求为 0.008%/min ～0.015%/min，而吹氧脱碳速度要求为 0.03%/min ～0.05%/min。为确保熔池沸腾良好，对于摇枕、侧架、车钩等铸钢件，应将氧化脱碳速度控制在 0.01%/min ～0.03%/min 为宜。

③激烈沸腾时间

氧化期的脱碳量和脱碳速度往往还不能真实地反映钢液沸腾的好坏，必须再考虑熔池的激烈沸腾时间，只有这样才能全面地表明钢中去气除夹杂及钢液温度的均匀情况等。在电炉冶炼过程中，氧化期熔池的激烈沸腾时间不应过短或过长，一般约在 15～20 min 就可满足要求。

(3)氧化期操作的原则

氧化期操作原则为：在氧化顺序上，先磷后碳；在温度控制上，先低后高；在造渣上，先大渣量去磷，后薄渣脱碳；在供氧上，可先进行矿石或综合氧化，最后以吹氧为主。

以摇枕、侧架、车钩铸钢冶炼为例：炉料全熔经搅拌后，取样分析 C、Mn、S、P、Ni、Cr、Si、Cu、As 等，如钢中含有 Mo、W 等元素也要进行分析。然后扒渣并补造新渣，使氧化渣的渣量达到料重的 3%～4%。为了加速造渣材料的熔化可用氧气吹拂渣层，流动性不好时要用萤石调整，当温度达到 1 560 ℃以上开始用矿石氧化。在氧化过程中，应控制脱碳速度，并掌握熔池的激烈沸腾时间；脱碳量要满足要求，如果不足应选择适当时机进行增碳。在氧化过程中，最好能够做到自动流渣，这样既有利于脱磷，又有利于后期的薄渣降碳。为了掌握脱碳、脱磷情况及准确地知道不易氧化元素的成分，在氧化中途还应分析有关元素的含量。当加完矿或停吹后，熔池进入净沸腾，有的还要加入锰(也称锰沸腾)。氧化期根据需要还要调整一些不易氧化元素的成分，如 Ni、Mo 等，使之达到规格的中下限。氧化末期，取样分析 C、Mn、P 等及其他有关元素，当碳含量低于成分下限 0～0.08%时，方可进入净沸腾操作。净沸腾时间一般应不少于 10 min(净沸腾时间指最后一批矿石加入或停止吹氧至开始扒渣时间)。净沸腾 5 min 后，当熔池温度达到 1 600 ℃时，可加锰铁(熔池锰含量在 0.20%以上)进行止沸、预脱氧。

氧化过程中，应正确控制熔渣的成分、流动性和渣量，无论是脱磷还是脱碳，都要求熔渣具有较高的氧化能力和良好的流动性。氧化过程中，应随时补加渣料，以维持氧化过程的渣量和碱度。炉渣应始终保持高碱度(原则上 $R \geqslant 2.5$)、强氧化性、良好的流动性。理想的脱磷碱度应保持为 2.5～3.5，而脱碳的碱度为 2.0 左右。冶炼过程中，有的因炉壁倒塌或炉底大块镁砂上浮，使氧化渣的流动性变坏，这时应及时地扒出。良好的氧化渣应是泡沫渣，可包围住弧光，从而有利于钢液的升温和保护炉衬。

冶炼高碳钢时，如熔渣发干，表面粗糙且呈浅棕色，表明(FeO)含量低，氧化性能差，这种现象在返吹法冶炼或纯氧氧化时出现较多。冶炼低碳钢时，如氧化渣表面呈黑亮色，渣又很薄，表明(FeO)含量高，碱度低，这时应补加石灰。

(4)净沸腾

其目的是(当氧化末期钢液的碳含量大于0.2%时)用碳降低钢液中的氧，以减少还原期脱氧的负担。虽然用碳脱氧有一定的限度，但此时的脱氧速度快。当加完末批矿石(<1%)以后计算净沸腾时间。净沸腾时间为10 min左右，当末批矿石加入后5 min取样，流出部分炉渣，此后不再加入矿石，削减供给钢液中氧的数量，扒渣使炉渣厚度减薄，减少了炉渣的压力，使C—O反应变得容易。但炉渣厚度以不使沸腾的钢液暴露于炉气中为合适。若钢液中的碳含量小于0.2%时，加入锰铁，将钢液中的锰调整到0.2%左右，以便使钢液中的氧再继续降低，防止钢液过氧化并起预脱氧的作用，也为还原期脱氧创造良好的条件。

当熔池具备扒渣条件时，即可进行全扒渣操作，而后转入还原期。

(5)扒渣与增碳

净沸腾后扒除全部氧化渣，目的是减少还原期的回磷和脱氧任务。扒渣时，先扒渣，炉渣较薄时再停电，抬电极，把全部残渣扒出。如果炉渣太稀，扒渣前加入小块石灰使之变稠，然后再扒渣。扒渣时应迅速干净，不要带出钢水。扒渣条件如下。

①足够高的扒渣温度。

氧化末期钢液温度一般均高于出钢温度20～30 ℃，至少也应等于出钢温度(稀薄渣下加入大量铁合金的例外)，这主要是考虑到扒渣时和扒渣后加入大量的造渣材料与铁合金，以及抬电极扒渣等都会降低钢液温度。

②合适的化学成分。

钢中的碳含量应达到所需要的范围：全扒渣的碳含量应加上铁合金带入的碳含量、再加上造渣材料和脱氧工艺的增碳量达到规格下限附近。磷含量在还原期只会增加，不会降低，这是由于全扒渣不彻底或飞溅在炉壁、炉盖处的渣中磷发生还原所致。另外，加入铁合金中的磷也被带入钢中。因此，氧化末期全扒渣前钢液中的磷含量必须考虑还原期所有增磷因素，越低越好。

增碳是由于终脱碳过低所致，它是一种不正常的操作。因为增碳过程易使钢中气体和夹杂含量增加，既浪费原材料，又延长冶炼时间，所以应尽量避免。常用的增碳剂除生铁外，还有电极粉或碳粉等，它们的收得率不仅与增碳剂的质量、增碳数量及增碳方法有关，而且与所炼钢种、冶炼方法、钢液温度和炉龄情况有关。

9.4.5 还原期

停电扒除氧化渣后，用石灰、萤石造新渣，开始进入还原期。还原期的主要任务为：

①脱氧；

②脱硫；

③调整钢液化学成分及温度。

还原期操作时要分批向炉渣面均匀加入碳粉、硅铁粉、碳化硅等，使炉渣颜色变白并保持白渣，并向熔池中加入锰铁、硅铁以及冶炼钢种所需要的铁合金。终脱氧时，还要向钢液内插铝块等。

9.4.5.1　钢液脱氧

钢液脱氧的目的：一是降低钢中的溶解氧量，使其达到需要的范围；二是减少钢中的非金属夹杂物，并改善其大小、形态和分布；此外，还应使钢具有细小的晶粒[38]。在电炉炼钢过程中，常用的脱氧方法有沉淀脱氧、扩散脱氧和综合脱氧。

(1)沉淀脱氧

沉淀脱氧是将脱氧元素(脱氧剂)直接加入钢液中与氧化合，生成氧化物或复合氧化物上浮到炉渣中，以达到脱氧的目的[38]。利用含有两种以上脱氧元素的脱氧剂使钢液脱氧，称为复合脱氧。用复合脱氧剂脱氧时，有3个显著的优点：可提高各个脱氧元素的脱氧能力；还可获得熔点较低，易于聚合的液相脱氧产物，在钢液中易于上浮；复合脱氧有利于夹杂物组成和形态发生变化，有利于改善钢的性能。炼钢中常用的复合脱氧剂有硅锰、硅钙、硅锰铝、硅铝钡钙等合金。沉淀脱氧的特点是脱氧速度快，且操作简便，但是有一部分脱氧产物残留在钢液中，影响钢的纯洁度。

(2)扩散脱氧

扩散脱氧又称间接脱氧。还原稀薄渣造好后，将脱氧剂(一般以粉状脱氧剂为主)加在渣面上，通过降低渣中的氧含量来达到钢液的脱氧，这种脱氧方法称为间接脱氧。间接脱氧的理论根据是分配定律，即在一定的温度下，钢液中氧的活度与渣中(FeO)的活度之比是一个常数 L_0(氧的分配系数)，表示为：$L_0=a(\mathrm{O})/a(\mathrm{FeO})$。如果设法降低渣中 FeO 含量，使其低于与钢液相平衡的氧量，氧将从钢液向熔渣内转移，即钢液被脱氧。因此，这种脱氧是利用氧的扩散来实现，所以熔渣对钢液的脱氧称为扩散脱氧[38]。用于扩散脱氧的熔渣必须含有很低的 FeO(一般低于0.5%～1%)。具体做法是向熔渣内加入碳粉、碳化硅粉、硅铁粉、铝粉、硅钙粉或电石等脱氧剂，使渣中的 FeO 还原。扩散脱氧的主要特点是脱氧反应在熔渣内进行，因而脱氧产物不进入钢液中，钢中夹杂物含量较少。但它的反应速度较慢，炉衬受到高温熔渣侵蚀的时间长。

(3)综合脱氧

采用沉淀脱氧和扩散脱氧相结合的方法，有利于提高脱氧速度和钢水纯净度。

(4)脱氧操作

在电炉炼钢中，主要应用沉淀脱氧对钢液进行预脱氧和终脱氧。预脱氧在氧化末期转入还原期时，加入块状的锰铁、硅铁、硅锰铁、硅铝铁或铝块脱氧剂到钢液中，迅速脱去钢液中溶解的氧量。当稀薄渣形成后，采用粉状脱氧剂扩散脱氧，在扩散脱氧期内，钢液中沉淀脱氧产物还有充分时间上浮。出钢前再用强脱氧剂铝、硅钙进行沉淀终脱氧，进一步降低钢液中的溶解氧量。终脱氧产物大部分也能在浇注前的镇静过程中上浮排出。综合脱氧既可提高钢的质量，又可缩短冶炼时间。我国摇枕、侧架、车钩钩体和钩舌冶炼普遍采用综合脱氧法还原。

9.4.5.2 钢液的脱硫

钢液中硫的主要来源是废钢、铁合金和生铁。另外，增碳用的焦炭，造渣用的石灰、萤石等也会带入一定的硫。除对含硫较高的易切削钢外，一般来说，硫是残存于钢中的有害元素。硫的有害作用与它在固、液态铁中溶解度的巨大差别密切相关，在液态铁中，硫能无限溶解，而在固态铁中却溶解得很少，因而在钢液凝固时便析出低熔点硫化物，在热加工时，这些共晶化合物在加热时熔化，形成所谓“热脆”。此外，硫和硫化物夹杂，对钢的力学性能和物理化学性能均有不良影响。

碱性电炉具有充分的脱硫条件。脱硫的原则是将完全溶解于钢中的FeS和部分溶解于钢中的MnS转变为溶于渣中的稳定CaS，S随CaS转入炉渣而得到去除。其反应式如下：

$$FeS+CaO=CaS+FeO \tag{9-1}$$

炼钢过程中，影响脱硫的因素主要有以下几方面：

①炉渣碱度的影响

脱硫反应是通过炉渣进行的，渣中含有CaO是脱硫反应的首要条件。提高炉渣碱度，渣中自由CaO含量增多，炉渣的脱硫能力也增大。但碱度过高会引起炉渣黏稠而不利于脱硫反应进行。当碱度为2.5～3时，炉渣具有最大的脱硫能力。

②渣中FeO含量的影响

电炉冶炼进入还原期，降低渣中FeO含量有利于脱硫反应的进行。当(FeO)降到1%以下时，(FeO)含量与脱硫速度之间具有线性关系，当(FeO)降到0.5%以下时，显著提高。因此，在还原气氛下的电炉炉渣，只要保持合适的碱度，脱硫效果是极为显著的，这也表明了脱氧和脱硫的一致性。

③渣量的影响

增大渣量对脱硫有利。但渣量过大使渣层变厚，钢液加热困难。通常小于5t的炉子，渣量控制在钢水量的3%～5%；大于5 t的炉子，渣量控制在钢水量的2%～4%。还原期一般不换渣去硫，以免降温及增加钢中气体含量。当钢液含硫高时，可把渣量增大到5%～7%，并采用换渣脱硫操作。

④温度的影响

脱硫反应的平衡常数Ks与温度成正比，提高温度有利于脱硫。但在实际熔池中，脱硫反应并未达到平衡，而脱硫反应又是界面反应，钢中的硫向渣中扩散是这个反应的限制环节，提高钢、渣温度可以改善其流动性，提高硫的扩散速度，从而加速脱硫过程。从炼钢反应的动力学出发，高温有利于脱硫反应的进行。

⑤脱氧对脱硫的影响

在电炉还原期，脱氧也同时进行脱硫。当钢液中含有铝、硅、碳元素能增大硫的活度，为此最好在还原初期就把脱氧元素加入钢液中，以利脱氧和脱硫。在还原初期加入锰铁，还可对钢水直接去硫。

9.4.5.3 还原期的温度控制

电炉冶炼各期都要进行合理的温度控制，但还原期的温度控制尤为重要。因为还原精炼操作要求在一个很窄温度范围下进行，如温度过高使炉渣变稀，还原渣不易保持稳定，钢液脱氧不良且容易吸气；温度太低时，炉渣流动性差，脱氧、脱硫及钢中夹杂物上浮等都受到影响。温度还影响钢液成分控制，影响浇注操作与铸钢的质量。氧化末期钢液的合理温度，是控制好还原期温度的基础。在正确估算氧化末期降温，造还原渣降温，合金化降温的基础上，合理供电，能保证进入还原期后在 10～15 min 内形成还原渣，并保持这个温度直到出钢。出钢温度一般确定为：出钢温度＝开浇温度＋出钢温降＋精炼（喂丝＋钢包吹氩）与镇静温降。

9.4.5.4 钢液的合金化

调整钢液成分的过程称为合金化。电炉冶炼的合金化一般在装料、熔化、氧化、还原过程中进行。要求合金元素加入后能迅速熔化、分布均匀，收得率高而且稳定，生成的夹杂物少并能快速上浮，不使熔池温度波动过大。主要参数是合金加入时间、元素收得率和合金加入量的计算，见表 9-1。

表 9-1 合金加入时间及收得率表

合金名称	用途	加入时间及条件	收得率（%）
镍	—	装料加入，氧化期加入，还原期调整	98
钼铁	—	装料或熔化末期加入，还原期调整	95
钨铁	氧化法	氧化末或还原初	90～98 低 W 钢 85～90 高 W 钢 92～98
	返回吹氧法	装料	
锰铁	—	还原初 出钢前	95～97 98
铬铁	氧化法 返回吹氧法	还原初 装料加入，还原期调整（不锈钢等）	95～98 80～90
硅铁	—	出钢前 5～10 min	95
钒铁	—	出钢前 5～10 mi［含 ω(V)＜0.3%］ 出钢前 10～20 min［含 ω(V)＞1%］	95 95～98
铌铁	—	还原期加入	90～95
钛铁	—	出钢前 5～10 min 或加入包中	40～70
硼铁	—	出钢时或加入包中	30～50
铝	含铝钢	出钢前 5～10 min，插铝	60～80
稀土合金	—	出钢前插铝后	30～40

9.4.6 出钢

出钢是指将经过冶炼符合要求的钢液，从出钢口处倾入钢水包，然后进行浇注。出钢时一般要求炉渣覆盖在钢流面上，随钢流一起倾入钢水包。

为了减少外来夹杂物对钢液质量的影响，钢包、出钢槽不应使用水玻璃砂修补。

出钢前，钢包应烤红烤透，停止烘烤到出钢前一般不大于 3 min；同时检查钢包吊耳、龙门吊架、起重设备等是否安全可靠。

9.4.6.1 出钢条件

(1)化学成分符合工艺要求。

(2)出钢温度符合要求。

合适的出钢温度不仅是保证钢液质量的关键，而且也是保证浇注操作顺利进行的首要条件之一。既要避免高温出钢造成吸气和氧化，也不能低温出钢造成浇注困难。

(3)钢液脱氧必须良好。

钢液脱氧良好，有利于降低钢中夹杂物，提高钢的纯净度，降低氧含量，防止铸件气孔、裂纹等缺陷的产生。脱氧不良的钢液不能用来浇注。

(4)熔渣的流动性和碱度要合适。

黏稠的熔渣在出钢时会造成先出钢后出渣，或只出钢液不出渣或熔渣出得很少，易使钢液温度急剧下降，影响正常的镇静和浇注。此外，黏稠的熔渣在包中极易卡住塞杆也给浇注操作带来困难，而且混在钢中的粘渣不易上浮而影响钢的内在质量。

过稀的熔渣会使钢液降温快，并极易侵蚀包壁和塞杆，轻者降低钢包的使用寿命，重者蚀断塞杆影响浇注操作的顺利进行。

合适的碱度有利于降低钢中的氧含量，也能较好地去除钢中的硫。此外，碱度的高低还能改变渣中 SiO_2 的活度，这一点对于高硅钢和高铝钢的冶炼极为重要。因此，出钢前应针对具体情况，使熔渣有合适的碱度是十分必要的。

(5)渣量和渣色要正常。

如果炉中渣量少或倒入包中的渣量不够，易造成钢液裸露，不仅吸气严重，而且也极易降温或出现粘包底现象，更有甚者，因粘包底过多而降低钢水利用率，并增加钢包清理难度。渣量过大既会增加造渣材料的消耗，又影响钢水量的准确判断。出钢时，一般要求白渣，不允许电石渣或黄渣。因电石渣润湿较好，渣钢不易分离，影响非金属夹杂物的上浮与去除，同时容易造成钢液增碳；而黄渣表明(FeO)或(MnO)含量较高。除此之外，提前备好钢包和浇注系统，保证设备运转正常，并使出钢口畅通、出钢槽平整、出钢坑清洁干燥，炉盖和出钢槽吹扫干净等，也是出钢前必须要做好的准备工作。

9.4.6.2 出钢方式

(1)大口、深坑、渣钢混出。这种出钢方式的优点是钢液能得到熔渣较好的保护，既减少了钢液的降温，又可控制钢液的二次氧化与吸气。此外，钢中悬浮的非金属夹杂物也能被上浮的熔渣吸附，利于上浮与去除，大口出钢还可进一步脱氧和脱硫。

(2)偏心炉底电弧炉采用留钢、留渣操作，出钢过程中加入精炼渣料，以便下一步精炼。

9.5 钢水精炼技术

随着科学技术的发展，对炼钢的生产率、钢的成本、钢的纯净度以及使用性能，都提出了越来越高的要求，传统的炼钢设备和炼钢工艺难以满足。20 世纪 60 年代，在世界范围内，传统的炼钢方法发生了根本性的变化，即由原来单一设备完成初炼及精炼的一步炼钢法，变成由传统炼钢设备完成初炼，然后在炉外完成精炼的二步炼钢法，出现了各种各样的炉外精炼技术。

9.5.1 炉外精炼

炉外精炼就是把电弧炉中要完成的精炼任务，如脱硫、脱氧、去除非金属夹杂物、调整成分及温度等，移到钢包或专用容器中进行。这样就把炼钢工艺分成两步进行，在电弧炉中进行熔化和初炼，电弧炉称为初炼炉；初炼后的钢水倒入钢包或专门容器中进行精炼，钢包或专用容器称为精炼炉。所以也可以把炉外精炼叫做二次炼钢。

炉外精炼过程的实质是对钢液进行真空处理或吹入惰性气体，创造必要的化学热力学条件和动力学条件，从而达到使钢液脱氧、去夹杂物的良好效果。为了加快精炼炉内的反应速度，加快反应产物及杂质的排除，加速升温和使温度、成分均匀化，一般采用吹氩搅拌或电磁搅拌技术。为了补偿精炼过程中的热损失，就需要供给一定的热量，电弧加热是一种设备简单、成本较低而又有效的加热方法。

炉外精炼技术是数十种具体方法的统称，主要特点如下。

(1)提高初炼炉的生产率，缩短生产周期

与炉外精炼相配合的初炼炉可以是电弧炉、转炉。以电弧炉为初炼炉时，提高生产率的效果最显著。当电炉与某一种炉外精炼装置相配合时，一部分精炼任务由电炉中移到炉外进行，必然可以缩短在电炉中的冶炼时间，从而提高电炉的生产率。一般可以提高电炉生产率 25%左右，若与超高功率电炉相配合，则可提高超高功率电炉生产率 50%～100%。某种程度上，电弧炉今后仅作为一种高效率的废钢熔化器而存在，至于钢液精炼的任务则由炉外精炼来承担。

(2)降低产品成本

提高生产率、改善产品的内在质量、缩短生产周期都可以使产品成本降低。此外，由于选用了某种炉外精炼方法，允许在初炼炉中使用一些质量较差或价格较为便宜的原材料。这样，在降低产品成本方面的效果更为显著。

(3)提高产品质量

每一种炉外精炼方法都可以在某一方面或某些方面提高钢水纯净度，从而使产品性能更好、质量更稳定。

高纯净度钢液是生产高强韧性、高可靠性和高使用性能铸钢材料的主要手段，而精炼工艺是获得高纯净钢液的必要技术。

9.5.2 摇枕、侧架、车钩钢水精炼

炉外精炼方法有数十种，部分或综合采用加热、真空、搅拌、反应等技术手段来实现。目前，摇枕、侧架、车钩生产企业钢水精炼的方法主要是钢包吹氩＋喂丝和 LF 钢包炉外精炼法。

9.5.2.1 钢包吹氩十喂丝

钢包喂丝技术是由喂线机将各种合金包芯线在机械力的作用下，经垂直钢包液面的定向导管以较高的运动速度射入钢液深部(包芯线外层是铁皮，芯部是各种合金粉剂，如硅铁粉、硅钙粉、铝粉、碳粉、稀土粉等)，合金包芯线在钢液高温作用下迅速熔化、反应，对钢液进行脱氧、脱硫、非金属夹杂物变性处理和合金化等精炼处理，以改善冶金过程，提高钢的纯净度，优化产品使用性能等。

钢包吹氩是一种简单易行的精炼手段。在一定压力下通过包底透气砖将氩气吹入钢包对钢水进行处理。氩气是一种惰性气体，通常是将氩气通过钢包底部的多孔透气砖不断地吹入钢液中，形成大量的小氩气泡，引起钢水搅动，提供了气相形核和夹杂颗粒碰撞聚集的机会，因而有利于夹杂物排除。氩气的精炼作用归纳如下：

(1)氩气的搅拌作用：清除夹渣、夹杂物，使温度、化学成分均匀，改善冶金反应动力学条件。

(2)氩气的保护作用：氩气从钢液中逸出覆盖在钢液面上，可避免钢液被二次氧化。

氩气的精炼效果与耗氩量、吹氩压力、氩流量、处理时间和气泡大小等因素有关。

钢包吹氩＋喂丝精炼技术较为简便、投资少、即使容量较小的电弧炉也可以采用，应用较为广泛。其主要工艺过程是：出钢时，大口、深坑、钢渣混出。出钢过程即接通氩气，出钢后调整好氩气压力，一般以钢水不裸露为宜。根据需要向包中喂入各种芯线(铝线、硅钙线、稀土线等)，完成对钢水脱氧、脱硫、合金成分微调、夹杂物变性等处理。当包内钢水温度合适后，可停止吹氩，进行浇注。但该工艺过程时间较短，精炼效果一般，见表 9-2。

表 9-2 传统电弧炉炼钢工艺与吹氩＋喂丝精炼法冶金效果对比

项目	传统电弧炉炼钢工艺	电弧炉炼钢＋喂丝＋吹氩
钢中含氧	$\omega[O]$：0.008 0%～0.014 0%	$\omega[O]\leqslant$0.006 0%
钢中硫	$\omega[S]\leqslant$0.030%	$\omega[S]\leqslant$0.015%
夹杂物	Ⅰ型细系≤4 级、粗系≤2 级；Ⅱ型≤2 级；Ⅲ型细系≤4 级、粗系≤2 级；Ⅳ型时而出现	Ⅰ、Ⅲ型细系≤3 级；Ⅱ、Ⅳ型经变性处理后，几乎不出现
钢水可浇注性	包内钢水温度不均匀，流动性差，开浇温度高	包内钢水温度均匀，流动性好，可降低浇注温度
	浇注过程中，钢包水口有结瘤现象，浇注终了包底有冷钢结底	很少出现
	浇注过程中水口打不开，关不严或掉头事故较多	很少出现
化学成分	波动范围大	波动范围小
力学性能	冲击韧性较低且波动大	冲击韧性有所提高且波动小
铸钢件缺陷	冷隔、浇不足等缺陷发生率较高	减少

9.5.2.2 钢包炉精炼法(LF)

采用钢包进行精炼的装备称为钢包炉。钢包炉均具备两种或两种以上的精炼手段,钢包炉在精炼功能方面还有以下特点:

(1)具备良好的冶金反应动力学条件;

(2)能够准确地调整钢液温度;

(3)钢液成分均匀稳定;

(4)优越的合金化条件;

(5)可以加入造渣剂或其他脱硫材料,以精炼低硫钢种。

根据所配备的精炼手段的不同,钢包炉可分为多种类型,LF 钢包炉是其中一种,是只有加热和搅拌手段的钢包炉。LF 钢包炉只是将电弧炉冶炼的还原期移到钢包中进行,加热时电弧是发生在钢包内钢液面上的炉渣中,即所谓的埋弧精炼。处理时添加合成渣,用氩气搅拌钢液,可在非真空还原性气氛下精炼。

一般情况下,出钢量大于 10 t 的电弧炉,可以考虑采用 LF 钢包炉精炼法。LF 钢包炉精炼法具有加热、脱氧、脱气、脱硫、提高纯净度、合金化等功能,精炼效果明显好于喂丝和钢包吹氩。

钢包炉非真空精炼工艺流程如下:

初炼炉氧化→倒入 LF 钢包炉吹氩搅拌→造新渣加脱氧剂→还原气氛下埋弧精炼(取样、测温、加合金、调整成分)→浇注。

初炼钢水准备:初炼钢液必须把磷脱除到规格以下较低的范围,并防止炉渣进入钢包。电弧炉偏心炉底出钢最为理想,既可不必排渣,出钢过程中钢水吸气又不多。要求初炼钢水倒入钢包炉后的温度不低于 1 600 ℃。

精炼工艺:初炼钢水进入钢包后,按要求造新渣。如果钢种无脱硫要求,可以造中性渣,需要脱硫造碱性渣。在整个精炼过程中都进行包底吹氩搅拌,它有利于脱气、加快钢渣反应速度,促进夹杂物上浮排除,促使钢液成分和温度快速均匀。

采用 LF 钢包炉精炼法,目前只能采用精炼后倒包、滑动水口或热装塞杆浇注工艺。

精炼后倒包浇注会使钢水大幅度降温并造成钢水二次污染。

每箱摇枕、侧架、车钩钢水质量相对较小,各制造厂每一炉钢水的浇注箱数相对较多,浇注过程中钢包水口开、闭次数较多,滑动水口浇注工艺难以应用。

热装塞杆工艺是在钢水完成精炼后再装上塞杆,浇注前升起塞杆通过引流预热水口,达到塞杆升降、水口开闭顺利,然后进行浇注。

9.6 冶炼新技术

9.6.1 冶炼设备

9.6.1.1 电炉容量大型化

由于大容量的炉子热效率高,可使吨钢的电耗减少,同时也使吨钢的平均设备投资大大降低,钢的成本下降,劳动生产率提高。如一个容量为 10 t 的炉子与一个 5 t

的炉子相比，生产率相差1倍以上，吨钢耗电分别为530 kW·h和700 kW·h。但考虑到摇枕、侧架、车钩的每箱钢水质量，电弧炉容量不宜太大，一般选用5～30 t。

9.6.1.2 超高功率电弧炉

超高功率电弧炉是指单位时间输入到电弧炉中的能量比普通电弧炉大2～3倍。其主要优点是：大大缩短熔化时间，提高劳动生产率；改善热效率，进一步降低电耗；使用大电流短电弧，热量集中，电弧稳定，对电网的影响小等。

交流超高功率电弧炉存在以下技术难点：

(1)交流电弧燃烧及其输入炉内功率的不稳定性和不连续性；

(2)冶炼中电弧频繁短路和断弧造成电压波动频繁，同时因为功率因数低，无功功率频繁波动，引起频繁而强大的电压闪烁，最终对前级电网产生剧烈冲击；

(3)三相电弧弧长和功率的变化在时间上不一致，造成三相负载不对称，对前级电网有很大干扰和冲击，而且造成三相功率不平衡、严重的炉壁热点及原料熔化不均衡；

(4)输入功率提高后，电弧长度增加，对炉衬的辐射强度增加，炉衬寿命大幅度下降；

(5)电极消耗高。

针对以上难点，超高功率交流电弧炉可以采用如水冷炉壁(盖)技术、长弧泡沫渣技术、导电电极臂技术、偏心底出钢(无渣出钢)技术、碳氧喷枪技术、高强度电极、直流电弧炉等。

9.6.1.3 电弧炉偏心炉底出钢

偏心炉底出钢与超高功率相匹配，近年来在各国家发展及推广很快，特别是对于无渣操作的大型电弧炉，其优越性尤其明显，主要为：

(1)熔池中可以保留98%以上的熔渣；

(2)耐火材料消耗可降低25%左右；

(3)出钢时钢水温降小，热量损失少；

(4)出钢时间短；

(5)每吨钢电耗可下降20 kW·h左右；

(6)每吨钢电极消耗可降低0.5 kg左右；

(7)出钢口耐火材料内衬寿命可达250次左右。

偏心炉底出钢的缺点是要求电弧炉为高架式结构。我国摇枕、侧架、车钩制造厂电弧炉结构多为地坑式，高架式较少，再加上炉体容量较小、车间设备老化，技术改造存在一定困难[39]。

9.6.1.4 直流电弧炉

直流电弧炉以中心石墨电极作为阴极接入电路，底电极是阳极，电流经炉底水平金属板导入，然后通入熔池。直流电弧炉的操作与交流电弧炉差别不大，只是为保证炉料与底电极之间保持良好接触，出钢时要保留一部分钢水。对于直流电弧炉来说，偏心炉底出钢、水冷炉壁、水冷炉盖、氧—燃烧嘴、废钢预热等新技术，均比较合适，且效果较好。直流电弧炉主要优点是：石墨电极消耗大幅度降低；电压波动和闪变小，对前级电网的冲击小;可缩短冶炼时间,可降低熔炼单位电耗 5%～10%;噪声水平平均可降低 10～15 dB;耐火材料消耗可降低 30%;金属熔池始终存在强烈的循环搅拌。

双炉壳电弧炉本质上类似于传统的废钢预热技术,一般双炉壳电弧炉包括一套电极臂及其提升系统,一套常规的电弧炉变压器,两套由上炉壳和下炉壳及炉盖组成的炉壳。可采用交流供电,也可采用直流供电。但因直流供电时,只有一根电极,当电极从一个炉壳工位摆动到另一个炉壳工位时,只有一套单电极的电极臂在旋转,整个机构可大大简化。因此,直流供电明显具有优越性。也可每个炉壳分别配置一套电极系统。

9.6.2 电炉底吹搅拌技术

电炉内钢水的运动由钢水的自然对流,电极间电流的感应驱动以及炉内吹氧等因素引起,但这种对流很弱,对电炉在冶炼过程中消除温度梯度远远不够。同时,由于这种微弱的熔池搅拌,大块废钢与热钢水的接触机会少,延长了熔化期并使热损失增加,导致熔池钢水成分梯度的存在,使化学反应速度减慢。另外,混匀状况不良也给电弧炉冶炼的精确控制造成极大困难。因此,底吹搅拌技术逐渐在电炉上广泛应用[40]。在钢铁冶炼中,搅拌是加速冶金反应的重要手段,它促进钢、渣、气间的反应,对均匀钢液成分和温度,加速合金的熔化和溶解,强化去除悬浮的夹杂,降低有害杂质,缩短冶炼时间,减少原材料消耗,降低成本都具有十分重要的作用。

大多数电炉搅拌都采用气体,主要是氩气或氮气,少数也用 CO_2 等气体作为搅拌介质,气体从埋于炉底的接触式或非接触式多孔塞进入电炉内。少数情况也采用风口形式。生产碳素钢和低合金钢的电弧炉采用底吹搅拌后电耗可降低 10～12(kW·h)/t,冶炼时间缩短 5～20 min。另外在提高合金和钢水回收率,减少氧气消耗,降低电极消耗量以及改善脱磷和脱硫等许多方面均收到了明显效果。

9.6.3 泡沫渣埋弧技术

所谓泡沫渣就是在不增加渣量的条件下,使炉渣厚度增加,渣呈泡沫状。泡沫渣实质上就是熔渣中存在着大量的微小气泡,而且气泡的总体积大于液渣的体积,液渣成为渣中小气泡的薄膜而将各个气泡隔开,气泡自由移动困难而滞留在熔渣中[41]。

生产中造泡沫渣主要有三种工艺方法:

(1)加入发泡剂造泡沫渣。发泡剂由 50%～80%的 CaO 和 15%～50%的碳粉配成,也可用含 $CaCO_3$ 的发泡剂。

(2)造泡沫渣贯穿整个冶炼过程。石灰、萤石、焦炭粉的比例为(0.86～0.9)∶(0.01～0.08)∶(0.05～0.1)。吨钢加渣料 15～30 kg,分 5～10 批加入,同时加大用氧量,并在渣料里加入氧化铁皮。

(3)喷粉造泡沫渣。在氧化中后期向钢—渣界面处喷吹碳粉、碳化硅粉和硅铁粉,粉剂粒度小于 3 mm。

实际生产中可将上述三种方法结合使用,效果更为明显。超高功率电炉采用泡沫渣操作后产生了明显效果,使热效率从 30%～40%提高到 60%～70%。普通电炉造泡沫渣后，降低电耗 20～70(kW·h)/t，缩短冶炼时间 30 min/炉，提高生产率15%左右。同时使电流和电压波动明显减小，并有利脱磷、脱硫和减少吸气等。

9.6.4 二次燃烧技术

在传统的电炉氧化法炼钢中，CO 产生量约为吨钢 15～20 m^3(标准)。炉气分析表明 CO 总量的 60%～70%未经炉内燃烧而排出炉子至除尘系统造成热源损失，造成 CO 排放量超标等。

二次燃烧技术就是相对电炉冶炼时，炉料中的碳与吹入的氧反应，部分生成 CO 的"一次燃烧"而言的。其基本原理是：采用向炉内的一定区域吹入额外的二次氧气，使炉内氧化反应已生成的 CO 进一步同 O_2 反应而生成 CO_2，反应生成的热量传到炉料或熔池[42]。

二次燃烧技术是一项降低电耗，提高生产率的新技术，其主要作用有：

(1)降低电耗 5%～15%；

(2)提高生产率 5%～15%，通常冶炼周期可缩短 8%～15%；

(3)降低炉气排放中的 CO 含量；

(4)降低除尘布袋室中的温度。

目前电炉二次燃烧技术用氧方法是：由多支炉墙二次燃烧喷嘴或炉门二次氧枪供二次燃烧氧。CO 生成物在电炉内的分布是不均匀的，CO 生成物大多数集中在碳氧喷枪的附近。所以通常都将二次燃烧氧枪或二次燃烧喷嘴对准这一区域吹氧。二次燃烧氧枪或二次燃烧喷嘴是配合主氧枪一起使用的，当使用主氧枪时，一旦在炉内产生 CO，二次燃烧氧就能在熔池上方及时将其烧掉。

钢水冶炼在铸件生产成本中所占比例非常大。冶炼钢水要消耗大量的电能、耐火材料、电极、氧气、金属材料等，同时产生大量的废气和粉尘。为了提高产品质量和降低生产成本，生产企业要不断地提高员工的操作技术水平，尽可能的缩短各项操作时间；进行冶炼工艺改革，推广炉外精炼技术、新材料应用，节能技术的应用。

10

材料及热处理技术

10.1 材　　料

10.1.1 摇枕、侧架用铸钢

随着铁路货车技术的发展，摇枕、侧架用铸钢经历了从普通碳素铸钢向性能更佳的低合金铸钢、微合金化铸钢转变。目前，采用铸钢生产摇枕、侧架有代表性的国家及地区主要有：中国、北美、俄罗斯和澳大利亚等。中国和北美摇枕、侧架用铸钢材质、强度等级比较接近，主要采用通过加入 Mn、Cr、Ni、Mo 等元素进行合金化的低碳低合金铸钢为主；俄罗斯等独联体等成员国主要采用加入 V、Ti 等元素进行微合金化的低碳低合金铸钢为主。我国摇枕、侧架用铸钢主要牌号为 ZG25MnNi(B级钢)、ZG25MnCrNi(B+级钢)、ZG25MnCrNiMo(C 级钢)等，见表 10-1。北美摇枕、侧架用铸钢的化学成分，见表 10-2。俄罗斯摇枕、侧架用铸钢主要牌号为 20ГФЛ、20ХГНФТЛ 等，见表 10-3。以上各钢种的力学性能要求，见表 10-4、表 10-5。

表 10-1　我国摇枕、侧架用铸钢化学成分

牌号	代号	C (%)	Si (%)	Mn (%)	P (%)	S (%)	Cr (%)	Ni (%)	Mo (%)	Cu (%)
ZG25MnNi	B	≤0.28	≤0.40	≤1.00	≤0.030	≤0.030	—	≤0.40	—	≤0.30
ZG25MnCrNi	B+	≤0.29	≤0.50	≤1.00	≤0.030	≤0.030	≤0.50	≤0.40	—	≤0.30
ZG25MnCrNiMo	C	≤0.28	≤0.40	≤1.50	≤0.030	≤0.030	≤0.60	≤0.55	≤0.30	≤0.30

表 10-2　北美摇枕、侧架用铸钢化学成分(AAR M-201)

钢种代号	C (%)	Si (%)	Mn (%)	P (%)	S (%)	碳当量 *CE*
A、B、B+	≤0.32	≤1.50	≤0.90	≤0.04	≤0.04	≤0.72
C	≤0.32	≤1.50	≤1.85	≤0.04	≤0.04	≤0.88

表 10-3　俄罗斯摇枕、侧架用铸钢化学成分

牌号	代号	C (%)	Si (%)	Mn (%)	S、P (%)	Cr (%)	Ni (%)	Cu (%)	V (%)	Ti (%)
20ГЛ	B	0.17～0.25	0.30～0.50	0.90～1.40	≤0.040	≤0.30	≤0.30	≤0.60		
20ГФЛ	Б	0.17～0.25	0.30～0.50	0.90～1.40	≤0.040	≤0.30	≤0.30	≤0.60	0.07～0.13	—
20ГТЛ	Г	0.17～0.25	0.30～0.50	0.90～1.30	≤0.040	≤0.30	≤0.30	≤0.60	—	0.01～0.03
20ХГНФТЛ	E	0.17～0.22	0.30～0.50	0.90～1.25	≤0.020	0.30～0.50	0.30～0.50	≤0.60	0.08～0.12	0.01～0.03

表 10-4　中国和北美摇枕、侧架用铸钢力学性能

TB/T 2942	AAR M—201	R_{eL} (MPa)	R_m (MPa)	A_4 (%)	Z (%)	KV_2 (J)
B 级	B	≥260	≥485	≥24	≥36	≥20(−7 ℃)
B+级	B+	≥345	≥550	≥24	≥36	≥20(−7 ℃)
C 级	C	≥415	≥620	≥22	≥45	≥20(−18 ℃)

表 10-5　俄罗斯摇枕、侧架用铸钢力学性能

牌号	R_{eL} (MPa)	R_m (MPa)	A_5 (%)	Z (%)	冲击吸收能量 (J/cm²)		
					KCU (20 ℃)	KCU (−60 ℃)	KCV (−60 ℃)
20ГЛ 20ГФЛ 20ГТЛ	294～343	≥490	≥20	≥30	≥49.0	≥24.5	≥16.7
	≥343	≥510	≥18	≥25	≥49.0	≥24.5	≥16.7
20ХГНФТЛ	≥373	≥540	≥20	≥35	≥54.0	≥29.4	≥19.6

10.1.2 车钩用铸钢

车钩用铸钢也经历了从普通碳素铸钢向低合金铸钢的发展历程，现主要应用的有C级钢和E级钢。我国采用的C级钢有ZG24SiMnVTi、ZG29MnMoNi和ZG25MnCrNiMo共3个牌号，采用的E级钢牌号为ZG25MnCrNiMo。其中牌号为ZG24SiMnVTi的C级钢，由于材料本身存在塑韧性及可焊性较差的缺点，已于1995年停止使用。目前，我国新造货车装用的车钩材质均为E级钢(ZG25MnCrNiMo)，采用调质热处理工艺，其化学成分、力学性能，见表10-6、表10-7。

表10-6 车钩用铸钢化学成分

牌号	C (%)	Si (%)	Mn (%)	P (%)	S (%)	Cr (%)	Ni (%)	Mo (%)	Cu (%)
ZG25MnCrNiMo	≤0.28	≤0.40	≤1.50	≤0.030	≤0.030	≤0.60	≤0.55	≤0.30	≤0.30

表10-7 车钩用铸钢力学性能

牌号	代号	R_{eL} (MPa)	R_m (MPa)	A (%)	Z (%)	KV_2 (J)
ZG25MnCrNiMo	E	≥690	≥830	≥14	≥30	≥27(−40 ℃)

10.1.3 合金元素对铸钢性能的影响

1. 合金元素在钢中的作用

钢中各合金元素的作用不尽相同，见表10-8。

表10-8 主要合金元素在钢中的作用

元素	作用
Mn	1. 在低含量范围内，对钢具有很大的强化作用，提高强度、硬度和耐磨性 2. 降低钢的临界冷却速度，提高钢的淬透性 3. 稍稍改善钢的低温韧性 4. 在高含量范围内，作为主要奥氏体化元素
Si	1. 强化铁素体，提高钢的强度和硬度 2. 降低钢临界冷却速度，提高钢的淬透性 3. 提高钢在氧化性腐蚀介质中的耐蚀性，提高钢的耐热性 4. 磁钢中的主要合金元素
Cr	1. 在低含量范围内，对钢具有很大的强化作用，提高强度、硬度和耐磨性 2. 降低钢的临界冷却速度，提高钢的淬透性，细化钢的晶粒 3. 提高钢的耐热性，是耐热钢的主要元素 4. 在高合金范围内，对钢具有很大的强化作用，使钢具有对强氧化酸等腐蚀介质的耐腐蚀能力

续上表

元素	作　用
Mo	1. 强化铁素体，提高钢的强度和硬度 2. 降低钢的临界冷却速度，提高钢的淬透性 3. 提高钢的耐热性和高温强度，是热强钢中的主要元素 4. 提高钢的耐腐蚀(特别是硫酸)性能
V	1. 在含量(质量分数为 0.05%～0.10%)时，细化晶粒，提高韧性 2. 再较高含量(质量分数为 0.20%)时，形成 V_4C_3碳化物，提高钢的热强性
Ni	1. 主要通过影响钢的相变和显微组织对钢进行强化，而不降低其塑性 2. 降低钢的临界冷却速度，提高钢的淬透性 3. 改善钢的低温韧性 4. 扩大奥氏体区，是奥氏体化的有效元素 5. 本身具有一定耐蚀性，对一些还原性酸类(硫酸、盐酸)有良好的耐蚀能力
Al	1. 炼钢中起良好的脱氧作用 2. 细化钢的晶粒，提高钢的强度；含量高时会产生脆性，并形成石状断口 3. 提高钢的抗氧化性能，提高不锈钢对强氧化性酸类的耐蚀能力
Ti、Nb	1. 细化钢的晶粒 2. 在不锈钢中改善抗晶间腐蚀能力
B	强烈提高过冷奥氏体稳定性，在提高钢的淬透性方面所起的作用比 Cr、Mo、Ni 等合金元素强得多[每 ω(B)=0.001%相当于 ω(Mn)=0.85%，或 ω(Ni)=2.4%，或 ω(Cr)=0.45%，或 ω(Mo)=0.35%]
Cu	1. 强化铁素体[ω(Cu)<1.5%] 2. 含量高的时候产生析出强化作用[ω(Cu)>3.0%] 3. 提高钢的耐腐蚀(特别是硫酸)性能
W	1. 细化钢的晶粒 2. 提高钢的淬透性 3. 生成高热稳定性碳化物和氮化物(W_2C、W_2N)，提高钢的热强性
RE (Ce、La)	1. 炼钢中起脱硫、去气、净化钢液的作用 2. 细化钢的晶粒，改善铸态组织(缩小柱状晶区)

注：在摇枕、侧架、车钩生产用钢中，由于 Cu 可能自由析出，应对 Cu 的含量进行控制。

2. 合金元素对铸造性能的影响

钢的铸造性能主要由金属的流动性、收缩特点、偏析倾向等来综合评定。它们与钢的固相线和液相线温度的高低及结晶温度区间的大小有关。固、液相线的温度越低和结晶区越窄，铸造性能越好。因此，合金元素的作用主要取决于合金元素的性质和它对合金结晶和相变的影响。另外，一些元素如铬、钼、钒、钛、铝等，在钢中形成高熔点碳化物或氧化物质点，增大了钢液的黏度，降低其流动性，影响了铸造性能。合金元素对铸造性能的影响，见表 10-9[43]。

表 10-9 合金元素对铸造性能的影响

元素	作 用
Mn	1. 缩小结晶范围，提高流动性 2. 增加体收缩和线收缩，增加冷、热裂倾向 3. 生成 MnO，MnO 与 SiO_2 作用易形成化学黏砂
Cu	1. 降低熔点，缩小结晶范围，改善流动性 2. 大约 ω(Cu) > 1%时，易于自由析出，增加热裂倾向，加 Si、Mn 可提高 Cu 在钢中的溶解度
Mo	1. 低合金范围内，降低流动性 2. 略增加缩孔倾向 3. 质量分数在 1%以下时，生成 MoS 在晶界上析出，降低导热性，并增大收缩，增大冷、热裂倾向
V	1. 质量分数在 0.25%～1%时，生成氧化膜，略降低流动性 2. 提高高温强度，略改善裂纹倾向
Al	1. 作脱氧剂加入时，质量分数小于 0.15%，有良好的脱氧作用，改善流动性 2. 作合金元素加入时，形成 Al_2O_3 和 Al_2S_3 夹渣和氧化膜，降低流动性 3. 增大收缩和热裂倾向
Ti	显著降低流动性
Cr	1. 生成夹杂物及氧化膜，使钢液变稠，降低流动性，高 Cr 钢铸件易形成皱纹及冷隔 2. 增加体收缩量，增大缩孔倾向 3. 减小导热性，增大热裂倾向
Ni	1. 改善流动性 2. 易生成枝晶，增大热裂倾向
稀土	脱氧、脱硫，改善流动性，减少热裂倾向

3. 合金元素对焊接性能的影响

钢的焊接性能，主要取决于它的淬透性、回火性和碳的质量分数。合金元素对钢焊接性能的影响，可用焊接碳当量来估算。

目前所广泛应用的普通低合金钢，焊接碳当量可按下述经验公式计算，见式 10-1、式 10-2。

$$CE=C\%+\frac{Mn}{6}\%+\frac{Si}{24}\%+\frac{Ni}{40}\%+\frac{Cr}{5}\%+\frac{Mo}{4}\%+\frac{V}{14}\% \qquad (10\text{-}1)$$

北美 AAR 规定碳当量按下述经验公式计算

$$CE=C\%+\frac{Mn+Si}{6}\%+\frac{Cr+Mo+V}{5}\%+\frac{Ni+Cu}{15}\% \qquad (10\text{-}2)$$

部分合金元素对钢焊接性能的影响，见表 10-10[44]。

表 10-10　部分合金元素对钢焊接性能的影响

元素	作　用
Mn	提高淬透性和降低马氏体转变温度，对焊接性能有不利影响
Si	降低钢的可焊性
V	改善钢的焊接性能
Ti	改善低碳锰钢和高合金不锈钢的焊接工艺性能
Al	对焊接性能有不利影响
Zr	改善钢的焊接性能
Ni	含镍较高的钢在焊接时应采用奥氏体焊条，以防止裂缝
稀土	改善钢的焊接性能

10.1.4　有害元素及气体对铸钢性能的影响

钢中常见的杂质元素有硫、磷、砷、氧、氢、氮、铅、锡等，它们在钢中的存在形式多种多样，可以形成固溶体、化合物、游离态。这些杂质的存在方式不同对钢的影响不同，一般情况下杂质元素对钢的性能起有害作用，其中以存在于晶间的杂质元素危害最大，它们降低晶界的聚合能，当晶界处的杂质元素含量达到一定浓度时，会使钢发生脆性断裂。例如砷使钢的脆性增加，而且在炼钢过程中容易被忽视，当炼钢还原期采用生铁增碳时，应避免采用含砷量高的增碳生铁。钢中常见杂质元素和气体元素的来源及其作用，见表 10-11[43]。

表 10-11　钢中常见杂质元素和气体元素的来源及其作用

元素	来　源	作　　用
P	炼钢过程中从炉料引入	磷微溶于钢中，当钢中含磷量较高[$\omega(P)>0.1\%$]时，形成 Fe_2P 在晶粒周界析出，降低钢的塑性和韧性，增加冷、热裂倾向
S	炼钢过程中从炉料引入	1. 硫在钢中以 FeS 或 FeS-Fe 共晶体存在于钢的晶粒周界，降低钢的力学性能，一般钢含硫量应限制在 0.04%以下。 2. 在机械制造中，有时为了改善某些钢的切削加工性能，可将含硫量提高，以形成硫化物，起中断基体连续性的作用。 3. 硫含量的提高，增加铸件热裂倾向
H	炼钢过程中钢液从炉气中吸收氢	钢液中溶解的氢在凝固过程中，因溶解度降低而析出。在缓慢凝固条件下，氢以针孔形态析出。快速凝固时，析出氢在铁的晶格内造成高应力状态，导致脆性
N	炼钢过程中钢液从炉气中吸收氮	1. 钢液中溶解的氮在凝固过程中因溶解度降低而析出，并与钢中的 Si、Al、Zr 等元素化合，生成 SiN、AlN、ZrN 等氮化物。少量氮化物能细化钢的晶粒。氮化物多时，会使钢的塑性和韧性降低。 2. 氮属于扩大奥氏体相区元素，在钢中可部分代替镍的作用，是铬锰氮不锈钢中的合金元素。 3. 氮固溶于奥氏体，起固溶强化作用，在超低碳不锈钢中，可代替碳的作用，提高钢的强度

续上表

元素	来　源	作　　用
O	炼钢过程中钢液被氧化	1. 钢液中溶解的 FeO 在凝固前，温度降低过程中与钢液中的碳起反应，生成 CO 气泡，在铸件中造成气孔。 2. 钢液凝固过程中，FeO 因溶解度下降而析出在钢的晶粒周界处，降低钢的性能

10.2　金相组织及夹杂物

10.2.1　典型金相组织

1. 摇枕、侧架金相组织

摇枕、侧架用铸钢主要是低合金钢或在低合金钢基础上进一步微合金化的合金钢。B级钢、B+级钢采用正火热处理工艺，金相组织通常为细小块状珠光体＋铁素体，如图 10-1所示。C级钢采用正火＋高温回火热处理工艺，金相组织通常为针条状铁素体＋晶粒状铁素体聚集分布＋珠光体＋略呈网状分布的回火索氏体，如图 10-2 所示。

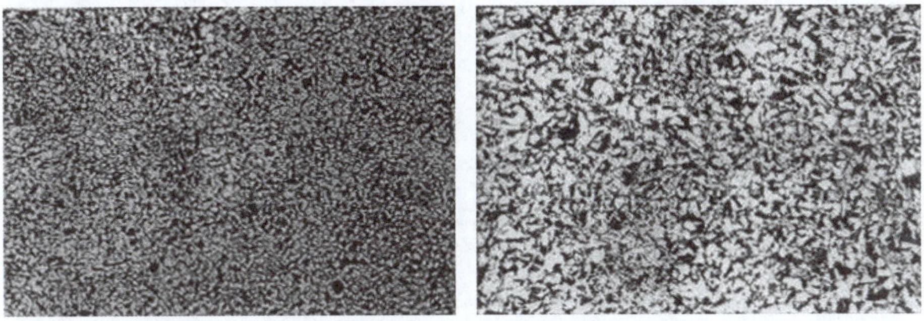

图 10-1　B、B+级钢正火组织(细小块状珠光体＋铁素体)　(100×)

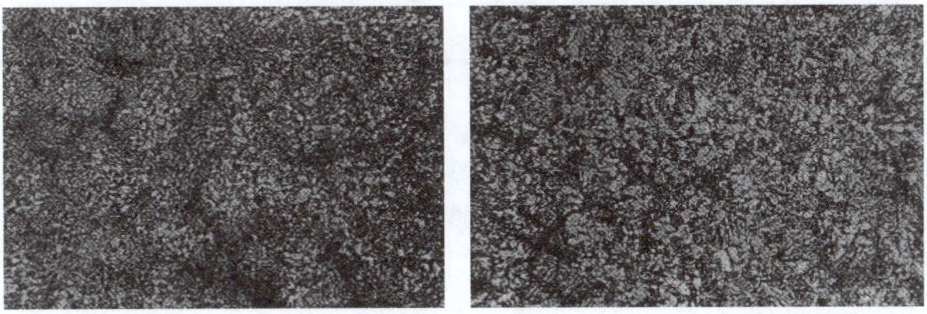

图 10-2　C 级钢正火＋回火组织

(针条状铁素体＋晶粒状铁素体聚集分布＋珠光体＋略呈网状分布的回火索氏体)　(100×)

2. 车钩金相组织

车钩用铸钢主要是低合金钢或在低合金钢基础上进一步微合金化的合金钢。车钩用铸钢钢种代号为E级钢，采用淬火＋高温回火热处理工艺，即调质热处理，金相组织通常为组织均匀、晶粒细小的回火索氏体，如图10-3所示。

（100×）

（500×）

图10-3　E级钢淬火＋高温回火组织（回火索氏体）

10.2.2　非金属夹杂物

钢中的非金属夹杂物包括氧化物、硫化物、硫氧化合物、硅酸盐化合物及氮化物等。夹杂物的来源有外来的和自身的。外来的夹杂物包括在炼钢过程中从炉料夹带的不洁物，如炉衬、包衬因经常受侵蚀而脱落的耐火材料等。自身的夹杂物是在炼钢、浇注及凝固过程中，由于钢液中元素氧化或发生其他化学反应而生成的[43]。

夹杂物含量在电炉钢生产过程中不断变化：炉料全熔化，夹杂物的含量较高；氧化期夹杂物的含量总趋势下降；还原期加入预脱氧剂和合金，杂质含量升高，后慢慢降低；出钢后镇静过程中夹杂物上浮减少；吹氩可促使大颗粒氧化物、硫化物杂质含量降低，但氮化物几乎不变；浇注过程中由于二次氧化，钢水对浇注系统的冲刷，氧的析出并与其他元素发生反应，夹杂物含量上升；凝固过程中温度下降，显微偏析，枝晶液体富集的溶质元素易发生一系列反应，形成氧化物、硫化物[45]。

夹杂物对钢的力学性能有害，特别是对韧性的削弱作用较大。钢中的非金属夹杂物破坏了金属基体的连续性，减少了有效工作断面，并由于尖角作用引起微区应力集中，故降低了钢的力学性能，尤其是冲击韧性、疲劳强度和断裂韧性。非金属夹杂物对铸钢件的力学性能的影响程度与非金属夹杂物的大小、数量、形态、分布和夹杂物的物理性能等有关。带尖角的多角形夹杂物在钢中造成大的微区应力集中，在外力作用下易形成裂纹源，而颗粒状和球状夹杂物则危害较小；条状夹杂物沿晶界以网状或断续网状分布时，对钢的割裂作用较大，而呈岛状孤立分布的夹杂物的割裂作用较小。Al_2O_3群状夹杂物和外来夹杂物并不普遍存在，只有当数量较多又位于铸件承受主作用力位置时才显有害作用。对铸钢危害最大的是沿树枝晶间或晶界呈网状分布的Ⅱ型硫化物，主要表现在以下3个方面：

(1)对铸钢件金相组织及力学性能的影响

Ⅱ型硫化物除了对基体产生严重的割裂作用外,还对钢的组织产生不良影响。Ⅱ型硫化物周围为贫锰区,因此临界转变温度升高,使铸态组织内容易出现沿Ⅱ型硫化物分布的铁素体网。铸件热处理时,在奥氏体分解过程中,Ⅱ型硫化物仍可能成为铁素体核心,使铁素体优先沿Ⅱ型硫化物析出形成网状。这些都对铸件强度产生有害影响。

(2)引起铸件的热裂

Ⅱ型硫化物的凝固点低(约为 1 300～1 400 ℃),一次结晶时,将沿 δ 树枝晶间或初生奥氏体晶界呈断续网状分布。当铸件冷缩时,易产生沿 δ 树枝晶或初生奥氏体晶界的热裂。

(3)热割或焊补时,热影响区易产生割裂、焊裂及脆断

铸件热割浇冒口或焊补时的热影响区,Ⅱ型硫化物先于钢熔化。因此有可能形成割补后的热裂纹,也有可能熔化后重新凝固而产生更加严重的Ⅱ型硫化物,导致铸件变脆。

非金属夹杂物的某些物理性质,如夹杂物的可变形性、热膨胀系数、弹性模量和硬度等,这些物理性质与钢对应的物理性质之间的差异,促使钢中局部应力升高,严重者产生内部微裂纹。当外力与局部应力集中叠加后使铸件产生早期开裂,尤其是位于铸件表面和次表面的夹杂物比铸件内部的夹杂物对疲劳裂纹的影响更为严重。

为减轻夹杂物的有害作用,可采取以下两种途径:

①清除夹杂物。如在炼钢氧化期中,使钢液良好地沸腾,可有效地清除夹杂物;在还原期采用扩散脱氧或以扩散脱氧为主的复合脱氧工艺,并采用先加弱还原剂、后加强还原剂的合金加入方法,还原期保持良好的还原性气氛,对钢液进行深脱氧,可大大减少冶炼和凝固过程夹杂物的产生;在出钢后浇注前使钢液在钢包中镇静一段时间,利于夹杂物自钢液中上浮。采用炉外吹氩精炼,或将钢液过滤,也能有效地清除钢液中的大颗粒夹杂物。

②改善夹杂物形态。改善夹杂物形态和分布能有效减轻夹杂物的有害作用。如采用钙合金或稀土合金对钢液进行处理,使多角形氧化物和条状硫化物转变为球状钙硫氧的化合物或稀土合金硫化物,降低夹杂物对钢的削弱作用。

由于夹杂物对钢的力学性能有害,因此对夹杂物等级进行控制。中国铁道行业标准(TB/T 2451—1993)对摇枕、侧架及车钩用铸钢中的非金属夹杂物规定了评定等级,见表 10-12、表 10-13。

表 10-12　B、B+、C 级钢摇枕、侧架非金属夹杂物评定等级

夹杂物类别	合格级别	评级图
Ⅰ型(球状)夹杂物	细系 1 级～3 级,粗系 1 级	第三评级图
Ⅱ型(点网状)夹杂物	1 级～2 级	第二评级图
Ⅲ型(点状)夹杂物	细系 1 级～3 级,粗系 1 级	第三评级图
Ⅳ型(群状三氧化二铝)夹杂物	1 级	第四评级图

表 10-13　E 级钢车钩非金属夹杂物评定等级

夹杂物类别	合格级别	评级图
Ⅰ型(球状)夹杂物	细系 1 级～3 级,粗系 1～2 级	第三评级图
Ⅱ型(点网状)夹杂物	1 级	第二评级图
Ⅲ型(点状)夹杂物	细系 1 级～3 级,粗系 1～2 级	第三评级图
Ⅳ型(群状三氧化二铝)夹杂物	1 级	第四评级图

10.3　热处理技术

金属热处理是将固态金属通过特定的加热和冷却方法,使之获得工程技术上所需性能的一种工艺过程的总称。热处理之所以能获得这样的效果,是因为固态金属在温度(也包括压力)改变时,其组织和结构会发生变化(通称为固态相变),如能根据其变化规律,采取特定的加热和冷却方法,控制相变过程,将可获得所需的组织、结构和性能[46]。

铸钢件经过高温冷却凝固后得到的组织为铸态组织,铸钢件的铸态组织取决于化学成分和凝固结晶过程,一般存在较严重的枝晶偏析、组织极不均匀以及晶粒粗大和魏氏组织等问题,性能较差。此外,由于铸钢件结构和壁厚存在差异,同一铸件的各部位具有不同的组织状态,并产生一定的残余内应力。两者都需要通过热处理予以消除,改善铸钢件的组织和力学性能。

根据加热条件和特点以及工艺效果和目的,可以把金属热处理分为整体热处理、表面热处理和化学热处理等三大类。整体热处理的主要特点是整体加热工件;表面热处理的主要特点是通过快速加热只使工件表面层达到预定温度;化学热处理的主要特点是工件在特定介质中加热并保温一定时间,使其化学成分(通常是表层)发生预期的变化,然后以一定的速度冷却,以获得特定的成分和组织。

铸钢件热处理以铁—碳合金相图为依据,通过控制铸钢件热处理后的金相组织,使铸钢件达到所要求的组织和性能,因此,铸钢件的热处理是铸件生产过程的关键工序之一。铸钢件热处理的质量直接关系到铸件的最终性能,影响行车安全,必须对该工序给予高度的重视和严格控制[43]。

10.3.1　热处理工艺

1. 摇枕、侧架

摇枕、侧架生产用钢为低合金铸钢,按 TB/T 2942—1999 的强度等级分为 B 级钢、B+级钢、C 级钢。B 级钢、B+级钢采用正火热处理工艺,C 级钢采用正火+回火热处理工艺。

摇枕、侧架的钢种平均含碳量为 0.25%,属于亚共析钢,正火或正火+回火热处理后室温下的金相组织为铁素体+珠光体,如图 10-4 所示。含碳量为 0.25%位置的竖线通过铁碳合金相图的不同区域，反映了冷却凝固及重新加热热处理相的变化过程。

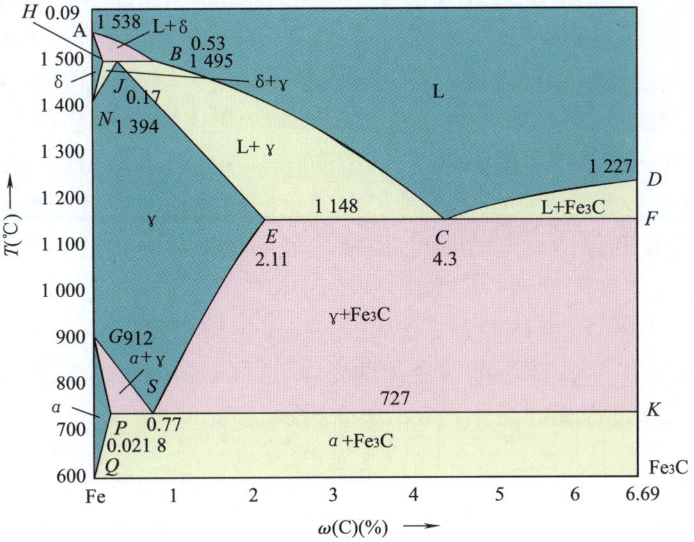

(a)Fe-Fe_3C 相图

符号	温度(℃)	碳质量分数 ω(C)(%)	含 义
A	1 538	0	纯铁的熔点
B	1 495	0.53	包晶转变时液态合金的成分
C	1 148	4.30	共晶点 $L_C \to A_E + Fe_3C$
D	1 227	6.69	Fe_3C 的熔点
E	1 148	2.11	碳在 γ-Fe 中的最大溶解度
F	1 148	6.69	Fe_3C 的成分
G	912	0	α-Fe→γ-Fe 同素异构转变点(A_3)
H	1 495	0.09	碳在 δ-Fe 中的最大溶解度
J	1 495	0.17	包晶点 $L_B + \delta_H \to A_J$
K	727	6.69	Fe_3C 的成分
N	1 394	0	γ-Fe→δ-Fe 同素异构转变点(A_4)
P	727	0.0218	碳在 α-Fe 中的最大溶解度
S	727	0.77	共析点(A_1)$A_S \to F_P + Fe_3C$
Q	600	0.005 7	600 ℃时碳在 α-Fe 中的溶解度
	室温	(0.000 8)	

(b)Fe-Fe_3C 相图中各点的温度、碳质量分数及含义

图 10-4　Fe-Fe_3C 相图及相关数值及含义

(1)热处理过程相的变化

由室温下的平衡组织向奥氏体转化过程是在固态下进行的相变过程。当温度升到 *PSK* 线(727 ℃)时,珠光体就首先开始转变为奥氏体,随着温度的继续升高,进入铁素体和奥氏体的双相区。在该区域内,珠光体通过相变逐渐全部转变为奥氏体,同时,铁素体也开始逐渐溶入奥氏体,温度越接近 *GS* 线时,铁素体溶入奥氏体的数量越多,奥氏体的数量不断增加,当温度超过 *GS* 线时,铁素体全部溶入奥氏体,进入奥氏体的单相区。

当室温组织全部转变为奥氏体后,钢中的化学成分是不均匀的,原来渗碳体处的含碳量高,而铁素体处的含碳量低。为了得到化学成分均匀一致的奥氏体,必须加热到足够高的的温度和保持一定的时间,以使各处的化学成分扩散均匀。加热、保温完成后进行冷却,当温度降低到 *GS* 线时,从奥氏体中开始析出铁素体(先共析铁素体),随着温度的不断降低,铁素体数量不断增加,当温度降低到 *PSK* 线(727 ℃)及以下时,铁素体不再析出,奥氏体逐渐转变为珠光体,这样就得到了室温下的组织—铁素体+珠光体。热处理过程相的变化,如图 10-5 所示。

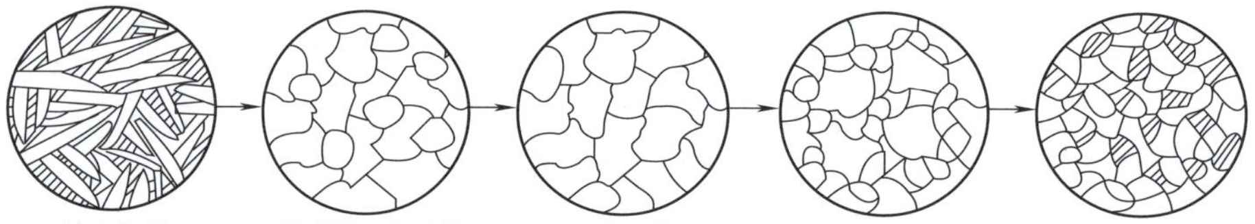

图 10-5 亚共析钢热处理过程相的变化

(2)热处理过程实现了钢的性能改善

上面的相变过程可以看到:热处理过程是一个完全受控的过程,经过了两次相变。第一次相变通过控制完全奥氏体化温度控制奥氏体晶粒,使之保持细小,保温一定的时间使各处的化学成分扩散均匀,在奥氏体晶粒保持细小的前提下进行冷却,产生第二次相变,得到室温下细晶粒的铁素体和珠光体组织,细晶组织使钢的力学性能得到大幅度的改善。

钢的常温性能不仅与加热时获得的奥氏体晶粒大小、化学成分均匀程度有关,而且与奥氏体冷却转变后的最终组织有直接的关系。因此,钢在不同的过冷度下可能转变为不同的组织。当奥氏体过冷到临界点以下时,就变成不稳定状态的过冷奥氏体。在不同的过冷度下,过冷奥氏体将发生三种类型的组织转变。即珠光体类型组织转变、贝氏体类型组织转变和马氏体类型组织转变。

连续冷却转变曲线即 CCT 曲线是确定钢种特性,制定合理的热处理工艺的依据。A_{c1}、A_{c3}点是钢在加热过程中奥氏体的转变开始温度及转变结束温度;M_s、M_f点是钢在冷却过程中马氏体的转变开始温度及转变结束温度。

B 级钢、B+级钢摇枕、侧架的正火加热后的冷却方式为风冷,奥氏体的过冷度较小,因此发生珠光体类型组织转变。由于是亚共析钢,存在先共析铁素体,所以室温下的组织为铁素体+珠光体。

C 级钢摇枕、侧架采用正火＋回火热处理，冷却方式为风冷，发生扩散型相变，室温下的组织通常为针条状铁素体＋晶粒状铁素体聚集分布＋珠光体＋略呈网状分布的回火索氏体。

B 级钢、B＋级钢、C 级钢的连续冷却转变曲线，如图 10-6～图 10-8 所示。

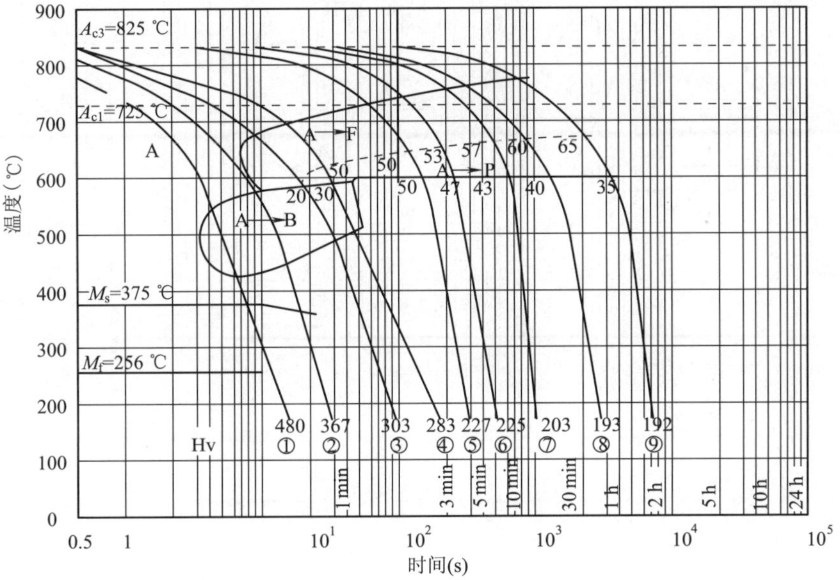

图 10-6　B 级钢的 CCT 曲线

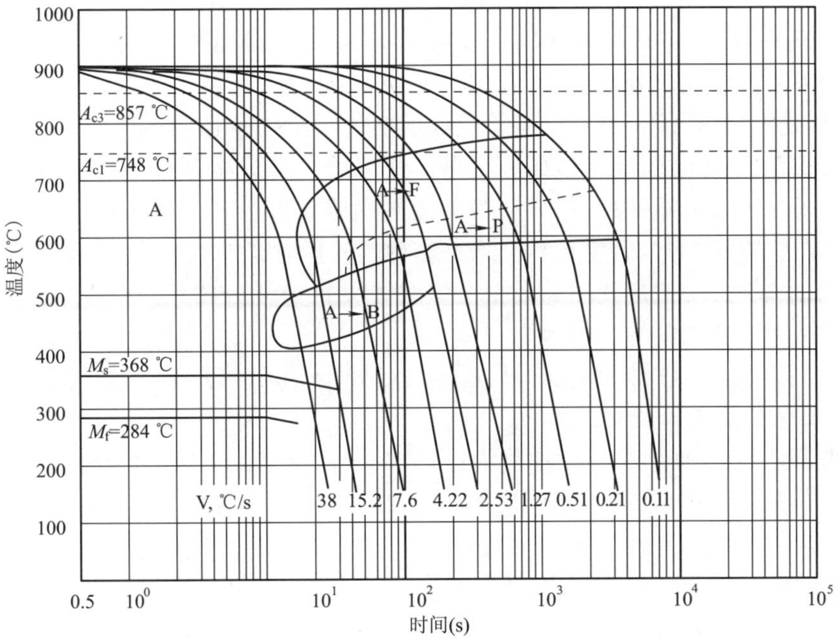

图 10-7　B＋级钢的 CCT 曲线

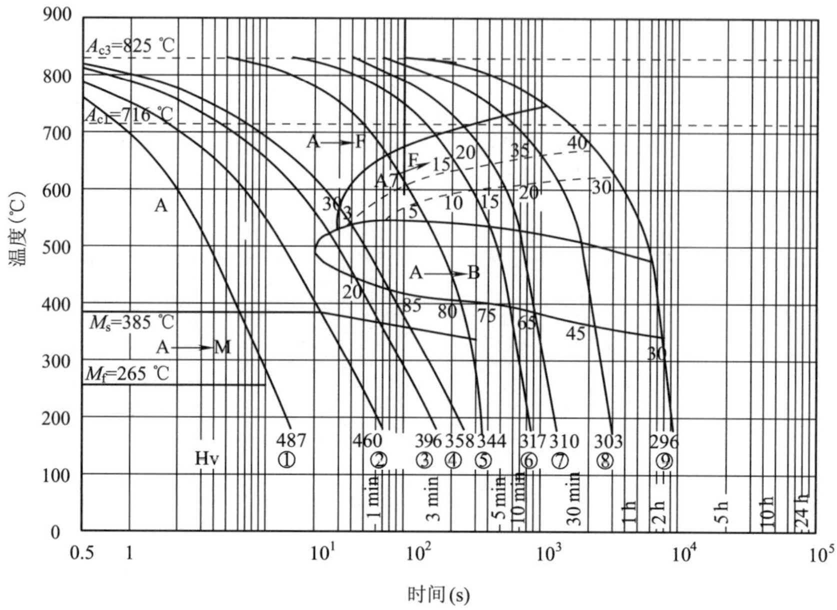

图 10-8　C、E 级钢的 CCT 曲线

摇枕、侧架热处理工艺需考虑到铸件材质、结构和尺寸、性能、金相组织、热处理设备等因素。

(1)热处理前,摇枕、侧架的铸态组织中,常有粗大枝晶及偏析。热处理时,奥氏体化加热保温温度和时间应尽量使其成分均匀,并防止奥氏体晶粒粗化。

(2)根据 CCT 曲线的 A_{c3} 温度,摇枕、侧架的奥氏体化保温温度一般为 880～920 ℃,保温时间:台车式热处理炉一般为 3.0～5.0 h(通常电阻炉取上限,燃气炉取下限),若采用连续式热处理炉,保温时间可以适当调整。

(3)热处理时,必须根据其结构特点合理摆放。摇枕、侧架工作位置的下部通常处于拉应力状态,装炉时应保证该部位具有良好的透热和透冷条件,以保证该部位获得良好的金相组织和力学性能,并尽量避免铸件变形。采用悬挂式热处理方式时,要考虑铸件悬挂位置和方向,避免在悬挂状态进行热处理时铸件的变形。

(4)根据摇枕、侧架热处理后金相组织的评级要求,正火保温结束后可采用风冷,这样可以得到更加优良的金相组织。

(5)为了确保铸件热处理质量,摇枕、侧架所采用的热处理炉等级一般应按 GB/T 9452的规定选择Ⅳ类或更优。

摇枕、侧架热处理后的检验项目为:力学性能、晶粒度、金相组织和非金属夹杂物。标准规定的力学性能、晶粒度、金相组织,见表 10-14～表 10-16。

2. 车钩

车钩的钢种属于低合金铸钢,选用的强度等级为 TB/T 2942 规定的 E 级钢,国内车钩的材质牌号为 ZG25MnCrNiMo,属于亚共析钢。热处理工艺为淬火+高温回火,即调质热处理。热处理后室温下的金相组织通常为回火索氏体。

表 10-14 力学性能检验标准(TB/T 2942—1999)

钢种	屈服强度(MPa)	抗拉强度(MPa)	延伸率(%)	断面收缩率(%)	冲击功(J)	硬度(HBW)
B级钢	≥260	≥485	≥24	≥36	≥20(−7 ℃)	—
B+级钢	≥345	≥550	≥24	≥36	≥20(−7 ℃)	—
C级钢	≥415	≥620	≥22	≥45	≥20(−18 ℃)	179～241

表 10-15 B级钢、B+级钢金相组织标准(TB/T 3012)

金相组织	合格级别		评级图(TB/T 3212.1—2009)
	日常生产检验	实物检验	
铸态组织	不允许		第一评级图
残余铸态组织	不允许		第二评级图
正火组织	1～6级		第三评级图
堆垛正火组织	1～4级	1～6级	第四评级图
晶粒度	≥6级		

表 10-16 C级钢金相组织标准(TB/T 3012)

金相组织	合格级别		评级图(TB/T 3212.2—2009)
	日常生产检验	实物检验	
铸态组织	不允许		第一评级图
残余铸态组织	不允许		第二评级图
正火+回火组织	1～4级	1～5级	第三评级图

车钩材料通过加热奥氏体化,并细化奥氏体晶粒后,出炉水淬,由于冷却速度快,快速通过珠光体及贝氏体转变区,发生马氏体相变,淬火后室温下得到细的板条马氏体。通过高温回火,使马氏体分解转变为组织均匀、晶粒细小的回火索氏体,回火索氏体具有优良的综合力学性能。

由于E级钢在凝固过程中产生发达的树枝晶和较大的合金元素偏析,在冷却过程中形成粗大的魏氏组织,这些都加剧了合金元素和金相组织的不均匀性。车钩制造过程中,为了在调质热处理时获得化学成分更加均匀、晶粒更加细小的组织,并且为减少热处理前产生焊补裂纹的趋势,通常在调质热处理前,对车钩进行一次预正火处理。

(1)车钩调质热处理工艺

调质热处理工艺需考虑车钩的材质、结构及尺寸、性能、金相组织要求、热处理设备等因素[47]。

①根据E级钢的CCT曲线(见图10-8,C、E级钢的CCT曲线)的 A_{c3} 点,淬火温度的选择应以得到均匀细小的奥氏体晶粒为原则,以便淬火后获得细小的马氏体组

织，车钩淬火奥氏体化温度一般在 880～910 ℃之间。根据车钩的壁厚，淬火奥氏体化保温时间一般在 2～3 h 之间，冷却方式为水淬。

②车钩采用高温回火，根据硬度要求回火温度一般选择在 550～600 ℃范围内。根据车钩的壁厚，回火保温时间一般在 3～4 h 之间，冷却方式为风冷或水冷。

③采用悬挂式热处理方式时，要考虑铸件悬挂位置和方向，避免在悬挂状态进行热处理时铸件的变形。

④为了确保铸件热处理质量，车钩所采用的热处理炉等级一般应按 GB/T 9452 的规定选择Ⅳ类或更优。

2003 年以来，国内生产车钩的厂家开始采用连续式热处理炉对车钩进行调质热处理。目前，我国车钩钩体和钩舌已全部采用连续式热处理线进行调质热处理。采用连续式热处理技术，加热温度和冷却速度均匀性好，能很好解决铸件热弯曲变形问题，获得力学性能优异和金相组织稳定的产品，有效地提高了实物质量，如图 10-9所示。

车钩连续热处理工艺流程：

装挂工件→淬火加热→出炉水淬→回火加热→风冷（或水冷）→摘卸工件。

图 10-9　车钩连续式热处理入水淬火

车钩调质热处理后的力学性能、金相组织检验项目，见表 10-17、表 10-18。

表 10-17　E 级钢力学性能（TB/T 456）

钢种	屈服强度（MPa）	抗拉强度（MPa）	延伸率（%）	断面收缩率（%）	冲击功（J）	硬度（HBW）
E 级钢	≥690	≥830	≥14	≥30	≥27（−40 ℃）	241～311 钩舌：241～291

表 10-18 E 级钢金相组织(TB/T 456)

金相组织	合格级别		评级图 (TB/T 3212.3)
	日常生产检验	实物检验	
铸态组织	不允许		第一评级图
残余铸态组织	不允许		第二评级图
调质组织	3～7 级	1～7 级	第三评级图

(2)表面淬火热处理

由于对车钩使用性能的特殊要求,车钩的部分表面需要进行表面热处理,车钩表面热处理方式为火焰加热表面淬火和中频感应加热表面淬火,表面热处理之后还应进行低温回火。

①钩体尾销孔火焰加热表面淬火[48]

火焰加热表面淬火利用氧—丙烷气体或其他可燃气体(如天然气、石油气等)以一定比例混合进行燃烧,形成强烈的高温火焰,将零件需淬火的表层(尾销孔牵引弧面)迅速加热至淬火温度,然后急速冷却(冷却介质为水),使表面获得要求的硬度和一定的硬化层深度,而中心保持原有调质组织。

2008 年以前,E 级钢钩体尾销孔采用中频表面淬火处理,尾销孔经中频表面淬火后牵引弧面的局部应力偏高,热处理硬度梯度较大,易造成 E 级钢车钩尾销孔牵引弧面产生裂纹。而火焰加热表面淬火工艺可有效减小硬度梯度,同时控制尾销孔淬硬层形态,使淬硬层呈不连续分布,对抑制车钩尾销孔中部产生疲劳裂纹有着明显作用。

②钩体尾部球面感应加热表面淬火

感应加热表面淬火是利用电磁感应原理,在铸件表面产生密度很高的感应电流,并使之迅速加热至奥氏体状态,随后快速冷却获得马氏体组织的淬火方法,表面淬火的目的是使淬火部位具有较好的耐磨性。

表面淬火热处理完成后,钩体一般应在 8 h 内进行低温回火以消除淬火应力,回火温度为 150～250 ℃。

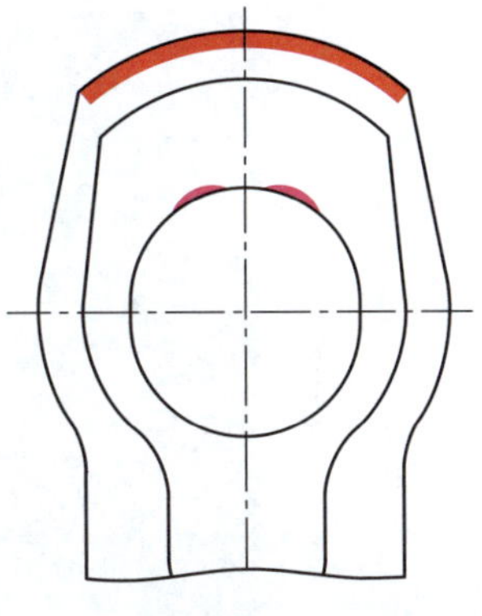

图 10-10 车钩尾销孔牵引弧面、尾球面淬硬层位置示意图

钩体尾销孔牵引弧面经火焰加热表面淬火和尾部球面感应加热表面淬火后尾部淬硬层位置,如图 10-10所示。

10.3.2 热处理设备

热处理设备对满足热处理工艺要求,保证铸件热处理质量,得到优良金相组织及力学性能至关重要。如果热处理设备的保温精度不高,就会导致铸件欠热(存在铸态或残余铸态)或过热、过烧。因此,热处理设备的选择、日常维护、保养、定期检定这些基础工作十分重要。

(1)热处理设备

①台车式燃气热处理炉

燃气热处理炉加热速度快,生产效率高,可实现自动控温,如图 10-11 所示。

图 10-11　台车式燃气热处理炉

②台车式电阻热处理炉

电阻热处理炉保温精度高,可实现自动控温,如图 10-12 所示。

图 10-12　台车式电阻热处理炉

③悬挂连续式电阻热处理生产线

目前,我国车钩钩体、钩舌生产已经全部采用连续式调质热处理线,有效地提高了产品质量,保证行车安全。

该生产线首先用于车钩热处理,如图 10-13 所示。具有保温精度高、加热速度快、自动化程度高,热处理后冷却速度快、金相组织均匀等优点。按照柔性生产设计,能够适应多品种、多批量的生产方式，有效改善了作业环境。

图 10-13　车钩连续式热处理生产线

由于连续式热处理生产线具有加热效率高、加热冷却均匀、容易实现机械化与自动化，生产的铸件力学性能稳定，金相组织好，产品质量稳定等优点，我国部分摇枕、侧架制造企业从 2009 年开始推广采用连续式热处理线进行摇枕、侧架正火热处理，进一步提高了摇枕、侧架的可靠性，如图 10-14 所示。

图 10-14　摇枕、侧架连续式热处理生产线

④表面热处理设备

由于车钩使用性能的特殊要求，车钩的尾销孔及尾部球面需要进行表面热处理，表面热处理方式为火焰加热表面淬火和中频感应加热表面淬火。火焰淬火和中频淬火设备，如图 10-15、图 10-16 所示。

(2)热处理设备的控制

热处理设备的状态通过日常维护和定期检定的方式进行控制。热处理炉的定期检定及检定方法如下：

①正常生产条件下，可采用试棒法对热处理炉进行检定，各试棒的力学性能、金相组织应全部合格，检定周期多为半年一次。

②新建及大修后的热处理炉，使用前按 GB/T 9452《热处理炉有效加热区测定方

法》进行温度场测试，合格后再采用试棒法对热处理窑进行检定。

③为使车钩的热处理质量得到有效控制，按 GB/T 9452《热处理炉有效加热区测定方法》定期对热处理设备进行温度场测试，正常生产检定周期一般为一年一次，以保证设备的保温精度。

图 10-15　车钩尾销孔火焰淬火设备

图 10-16　中频感应加热表面淬火设备

11
清理及焊补

11.1 概　　述

摇枕、侧架、车钩的清理主要包括去除铸件表面的型砂、氧化皮等附着物，去除铸件飞边、毛刺、砂眼等铸造缺陷，以及对铸件表面进行强化。

按铸造表面清理方式的不同可分为热法清理和机械清理，热法清理主要包括火焰切割、碳弧气刨等，机械清理主要包括打磨、铲修、抛丸等。按生产流程可分为热处理前的清理和热处理后的清理。热处理前的清理主要是落砂、去除浇注系统、冒口、补贴等，并对铸件进行相关检查，对检查发现的缺陷进行磨修或焊补处理。热处理后的清理主要是对铸件的表面质量、尺寸、形状等进行检查和精整，使之符合图样及相关技术条件要求。

摇枕、侧架、车钩制造过程中，可能会出现诸如砂眼、气孔等缺陷，从而影响铸件的外观质量、使用性能。铸件修补的目的是消除铸件的缺陷，达到技术标准规定的质量要求，焊补是修复铸件缺陷最常见的方法之一。

11.2 清砂及浇冒口去除

11.2.1 清砂方法

摇枕、侧架、车钩的清砂方法直接关系到产品质量、作业场地、作业人员和能源消耗等。选择合理的清砂工艺方法，对提高产品质量和生产效率、改善作业环境、提升制造水平起着重要作用。

清砂分为人工风铲清砂、水射流清砂、机械清砂、电液压清砂等。水玻璃砂造型、制芯工艺生产的摇枕、侧架和车钩一般采用人工风铲清砂，或水射流清砂；树脂砂工艺生产的摇枕、侧架和车钩采用振动落砂，辅以人工清砂。

1999 年前，大多数摇枕、侧架和车钩生产企业普遍采用 CO_2 硬化或加热硬化水玻璃砂工艺造型、制芯，铸件清砂采用水浴清砂。

水浴清砂是将经过振动落砂后冷却到一定温度(500 ℃以下)的铸件浸入水中，利用铸件、型芯的余热，使渗入到铸件表面、型芯的水汽化并产生爆炸和振动，利用爆炸和振动产生的能量清除铸件内腔及表面的残砂。采用水浴清砂工艺可以高效、干净地清除铸件内外表面残砂，作业场地无粉尘，用工也少，但是水的消耗量较大。多数生产企业只是将污水经过沉淀后排出厂外，对环境造成了污染。另一方面，铸件入水温度不易控制，温度过高，铸件易产生裂纹；温度过低，不产生爆炸和振动或爆炸和振动强度不够，致使铸件内腔的残砂清除不彻底，需另外进行人工清理。

2000 年以后，在摇枕、侧架和车钩的生产中不再使用该工艺。

我国部分生产企业采用呋喃树脂砂造型、制芯，或黏土砂造型和树脂砂制芯工艺生产摇枕、侧架和车钩。高温金属液浇入铸型后，由于液态金属的高温作用，使靠近铸件内外表面 20～30 mm 范围内的型、芯砂中的树脂燃烧分解，致使这部分型、芯砂几乎全部溃散。因此，该型砂工艺具有良好的溃散性，铸件落砂后即可直接进入清理工序，较好地解决了水浴清砂工艺等带来的水资源消耗和环境污染的问题，实现了干法清砂(常温清砂)。

大多数生产企业采用酯硬化水玻璃砂造型和制芯工艺生产摇枕、侧架和车钩。酯硬化水玻璃砂工艺较 CO_2 硬化水玻璃砂工艺的水玻璃加入量大幅减少，型、芯砂的溃散性得以改善，人工清砂难度大幅度降低。酯硬化工艺成本较低，造型、制芯工部环境好，成为多数制造企业的首选。但清砂作业场地粉尘较大、噪声高的状况没有得到根本改善。

为了解决上述问题，我国部分企业研发和采用了水射流清砂工艺，用于摇枕、侧架和车钩的生产。

水射流清砂工艺是利用高压水射流的切割和冲刷作用清除铸件表面和内腔型芯砂的一种工艺方法[49]。该工艺使用的设备由清理室部分、水枪部分及高压水泵部分组成。水射流清砂时，高压水的压力和流量对清砂的生产效率有很大影响。实践证明，高压水压力越大，流速越高，则水力的切割作用越强，生产效率越高；而流量增大，则冲刷作用增强，生产效率略有提高，从破坏砂芯强度的角度出发，水压在 2.5～3.0 MPa即可实现清砂，但从生产效率及经济性来分析，采用高压小流量比采用低压大流量更为合理。一般水压多采用 7～15 MPa，流量多采用 6～12 m^3/h。

水射流清砂不仅适用摇枕、侧架、车钩钩体，尤其适用于车钩钩舌等内腔结构小而复杂，出砂非常困难的铸件。

水射流清砂避免了人工清砂造成的铸件铲痕，清理效果好，保证了铸件质量，同时降低了清砂作业劳动强度、环境粉尘。采用水射流清砂工艺需对铸件温度进行控制，一般铸件温度降至 80 ℃以下后才能进行水射流清砂。

11.2.2 浇冒口去除

摇枕、侧架、车钩的浇冒口形状比较简单，截面积一般在 10～200 cm^2 之间，如

图 11-1所示。

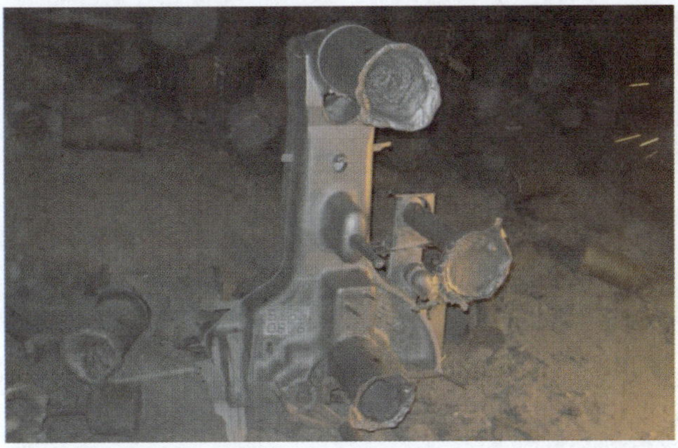

图 11-1 铸件浇冒口

浇冒口的去除可采用氧焰气割、碳弧气刨、机械切割、等离子切割和锤击等方法。

11.2.2.1 氧焰气割

氧焰气割主要用于切割浇冒口、补贴、工艺筋、飞边和毛刺,如图 11-2 所示。

由于摇枕、侧架、车钩的材质为低合金钢,浇冒口切割时铸件温度不能过低,以免铸件产生裂纹。

图 11-2 氧焰气割浇冒口

11.2.2.2 碳弧气刨

碳弧气刨是利用碳电极与铸件间产生的高温电弧来熔化金属,并用压缩空气流将熔化的金属吹除,以达到切除铸件上的浇冒口、飞边、毛刺、多肉、重皮和冒口残根等,以及切割焊接坡口和修整焊缝的铸件清理方法[50]。碳弧气刨及接线图,如图 11-3 所示。

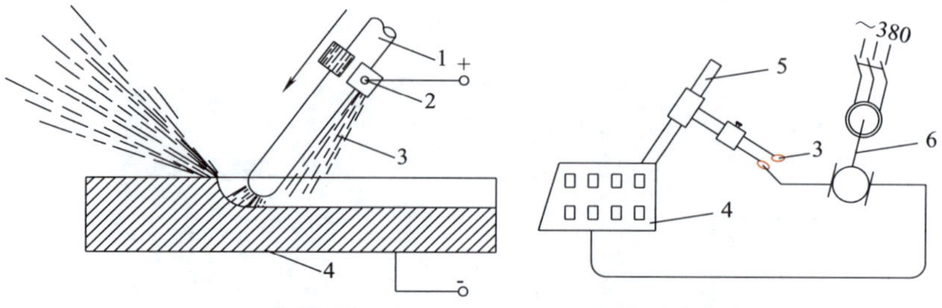

(a) 碳弧气刨　　(b) 碳弧气刨机主回路接线简图

图 11-3　碳弧气刨及接线图

1—电极；2—刨钳；3—压缩空气；

4—铸件；5—碳电极棒；6—直流电源

11.2.2.3　机械切割

浇冒口切割还可采用圆锯机、弓锯机、砂轮切割机等设备，作业环境较碳弧气刨方法得到改善，劳动强度有所降低。砂轮切割机结构，如图 11-4 所示。

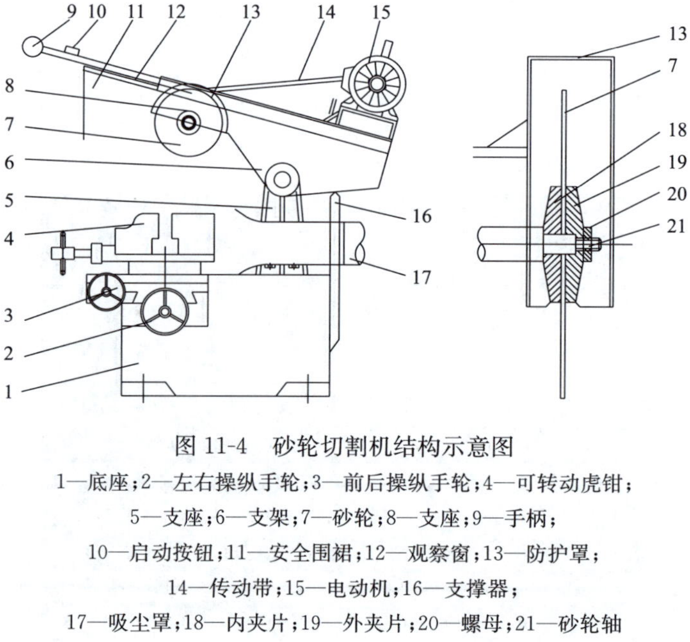

图 11-4　砂轮切割机结构示意图

1—底座；2—左右操纵手轮；3—前后操纵手轮；4—可转动虎钳；

5—支座；6—支架；7—砂轮；8—支座；9—手柄；

10—启动按钮；11—安全围裙；12—观察窗；13—防护罩；

14—传动带；15—电动机；16—支撑器；

17—吸尘罩；18—内夹片；19—外夹片；20—螺母；21—砂轮轴

11.2.2.4　锤击法

对于易割冒口(带易割片的冒口，见图 4-54)，因缩颈通道截面积相对较小，且周边设计锐口，可使用铁锤击打冒口，使冒口沿根部断裂，如图 11-5 所示。

易割冒口的使用可以提高清理工的生产效率，避免粉尘和烟尘的产生，改善作业环境。

图 11-5 采用易割冒口的摇枕

11.3 抛丸处理

抛丸处理的目的主要有：

(1)去除铸件表面粘砂；

(2)去除铸件氧化皮，使其获得洁净的表面和内腔；

(3)提高铸件表面粗糙度，暴露铸造缺陷，便于铸件的检查与修复；

(4)增强铸件表面与油漆的结合力，提高涂敷质量，防止铸件生锈；

(5)在铸件表面形成均匀压应力，改善铸件表面组织，提高铸件的抗疲劳性能；

抛丸处理是利用高速旋转的叶轮，在离心力的作用下将弹丸(有钢丸、钢丝切丸、不锈钢丸等)抛掷出，高速撞击铸件表面，以除去铸件表面的粘砂、氧化皮等，并使工件的表面获得均匀的表面粗糙度，使工件变得美观。

经过抛丸后的铸件表面，形成了均匀的压应力，并造成铸件表面的晶格扭曲变形，使表面硬度增高，从而提高铸件的抗疲劳性能和使用寿命。

抛丸机一般都设置多个抛头，从不同位置和角度抛丸，将旋转着的铸件包围在抛丸范围内并进行抛丸，清理效率高，污染小。摇枕、侧架和车钩生产企业多采用抛丸机进行铸件清理，抛丸处理所用的弹丸直径一般在 1～3 mm。

铸件清理也可以采用滚筒抛丸机或履带式抛丸机，就是把铸件的浇冒口切除后放在滚筒内旋转翻滚，使零件在滚筒内互相碰撞，同时进行抛丸。滚筒抛丸机或履带式抛丸机适用于尺寸相对较小、形状比较简单的铸件。

11.3.1 抛丸强化工艺

11.3.1.1 概述

抛丸强化工艺能有效提高铸件表面疲劳极限，有数据证明，通过抛丸强化，能让板簧、曲轴的抗疲劳寿命大大延长。通过抛丸强化能让零件的抗疲劳性能和耐腐蚀性能得到提高，对提高零件使用寿命和安全性具有重要意义。

11.3.1.2　抛丸强化工艺

(1)抛丸强化

抛丸强化是利用抛丸器抛射出的高速弹丸击打铸件表面，从而引起铸件表面产生塑性变形，致使表面的残余拉应力释放并转化为残余压应力，从而改进铸件的疲劳性能。

(2)抛丸饱和度和抛丸强度

抛丸饱和度和抛丸强度是抛丸强化工艺中的两个概念。饱和状态是指铸件在同一抛丸强度条件下继续抛击而不再改变受抛区域力学性能时的状态。饱和度是指抛丸达到饱和状态的程度。抛丸强度是指铸件受抛区域接受弹丸打击能量的程度。

饱和度和抛丸强度通过阿尔门试片试验获得。

阿尔门(Almen)试片通常采用 N、A、C 三种不同厚度的标准试片，以适应不同范围的抛丸强度测试。N 型试片用于低强度的抛丸测试，A 型试片用于中等强度的抛丸强度测试，C 型试片用于高强度的抛丸强度测试。当抛丸强度使 A 型试片弧高值低于0.15 mm时，应使用 N 型试片；当抛丸强度使 A 型试片的弧高值超过 0.60 mm 时，应使用 C 型试片。具体规格，如图 11-6 所示。

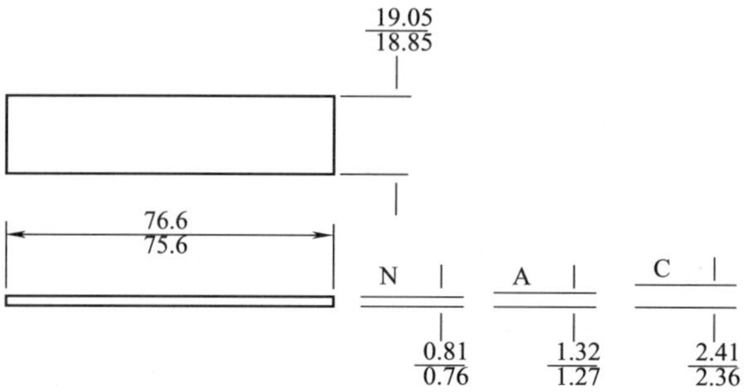

图 11-6　Almen 试片规格

抛丸强度通过打击一定规格的阿尔门试片，使之达到饱和状态后的弯曲试片的弧高值来度量。用这种方法度量的抛丸强度称为阿尔门(Almen)强度，测量弧高值的工具称为阿尔门测量仪。

(3)抛丸弧高度的测定

①弧高度曲线

试片在弹丸的冲击下，表面发生塑性流变，由此导致试片向抛丸面呈球面状弯曲，如图 11-7 所示。特定基准面至球面最高点的距离，称为弧高度。

②抛丸饱和弧高度的确定

在其他条件不变的情况下，起初弧高随着抛丸时间的增加而增加，但随后逐渐变缓，趋近于一个恒定值。整个过程形成一条曲线——弧高度—时间曲线，如图 11-8 所示。曲线与外推直线的开始偏离点，称为饱和点(如图 11-8 所示中的 A、B 点)，纵坐标值为饱和弧高度。

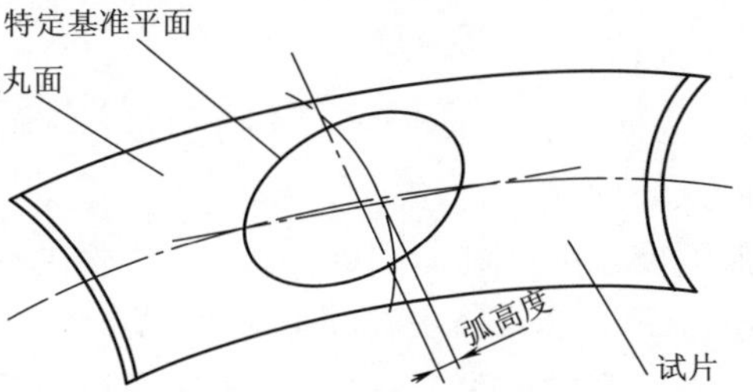

图 11-7　抛丸后试片产生双曲率球形弯曲的形状及弧高度

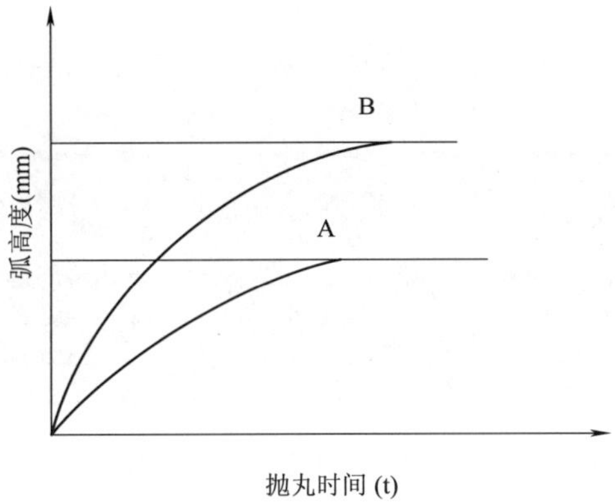

图 11-8　弧高度—时间曲线

由于铸件抛丸时间以及其他抛丸参数是由经抛丸试验的阿尔门试片获得的数据确定的，所以试片的安装位置以及其他工艺参数，应能代表铸件表面接受弹流的实际情况。

11.3.1.3　摇枕 侧架 车钩抛丸强化工艺参数的确定

抛丸强度主要取决于以下因素：受抛铸件的材质、弹丸抛射方式、弹丸抛射速度、弹丸的形状与尺寸、弹丸抛击时间等。不同的抛丸强度所对应的饱和状态不同。反映抛丸强弱程度的阿尔门试片的弧高值取决于抛丸过程中的诸多因素：

(1)测量弧高值用的弦；

(2)试片的材质和尺寸；

(3)计量弧高值的方法；

(4)试片接受抛击的方法和时间；

(5)弹丸的速度；

(6)弹丸的尺寸、形状、材质。

上述工艺因素中的(1)～(3)项已经由相关标准作了严格的规定，其余的通常被组合为一组工艺参数，由一个抛丸强度规范值来控制。例如 Q4810G 抛丸强化机情况，弹丸的速度不可调，所以抛丸强化只与抛丸时间、弹丸尺寸、弹丸形状和弹丸材质有关，因此在抛丸设备固定的情况下，摇枕、侧架、车钩抛丸强化工艺参数确定如下：

(1)抛丸强化弹丸的选择

根据抛丸强化原理，为使铸件表面引入残余应力场，必须选择圆形的弹丸，以避免非圆形弹丸尖角破坏铸件表面压应力层。

由于铸件表面粗糙度要求一般在 $Ra100\ \mu m$ 左右，故在不增加铸件表面粗糙度和保证抛丸强度的前提条件下尽量选择小的圆形弹丸($\phi1\sim2$ mm)。

弹丸的材质必须具有较高的硬度和韧性，一般选择组织为回火马氏体+回火屈氏体，硬度为 52～62HRC 的合金钢丸。摇枕、侧架和车钩抛丸强化采用的钢丸，如图 11-9所示。

图 11-9　抛丸强化常用弹丸

(2)抛丸时间的确定

由于抛丸强化到一定程度时达到饱和状态，当铸件抛丸强化达到饱和值后如果继续抛丸，将导致丸料和设备磨损，同时，有可能导致铸件“过抛”，所以合理的抛丸时间应该是达到饱和状态所需的时间。以 Q4810G 抛丸强化机为例，根据其抛丸强化的“弧高度—时间”曲线，如图 11-10 所示。在 10 min 左右时达到饱和状态，抛丸效果最好，因此采用该设备和选取的钢丸进行抛丸强化的时间设定为 10 min。

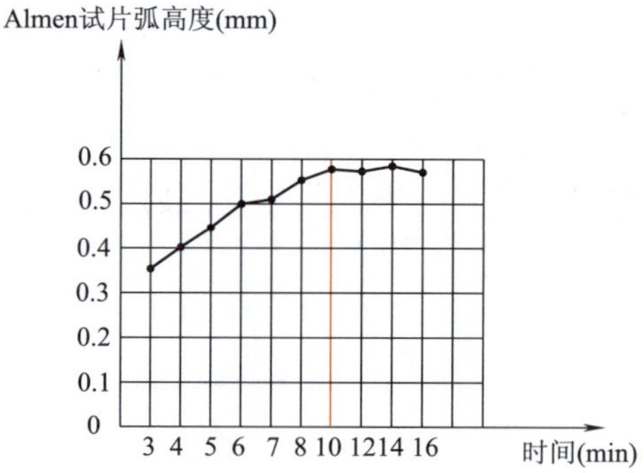

图 11-10　弧高度—时间曲线

11.3.1.4　抛丸强化后的铸件表面状态

摇枕、侧架、车钩采用抛丸强化处理后，其表面与抛丸强化前存在一定差异，特别是表面质量得到提高。

(1)铸件表面硬度

抛丸后铸件的表面硬度提高约 10%。

(2)铸件表面粗糙度

抛丸强化后，铸件表面粗糙度提高了几乎一个等级，基本能达到 $Ra50\sim25\ \mu m$。抛丸前、后铸件表面粗糙度对比，如图 11-11 所示。

(a) 抛丸前

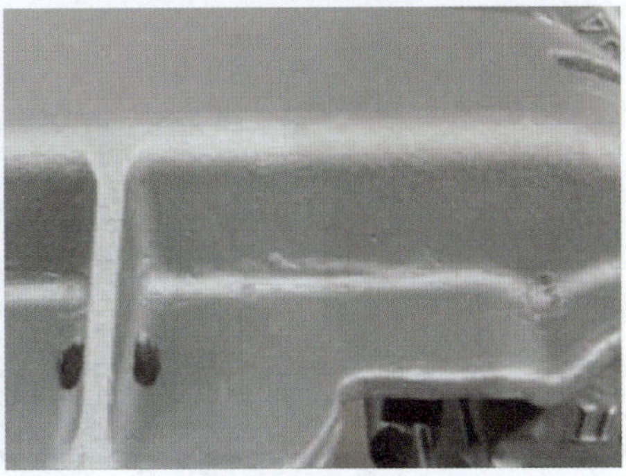
(b) 抛丸后

图 11-11　侧架抛丸强化前后对比

11.3.2　抛丸设备

铸件抛丸清理一般在常温下进行。大部分的型、芯砂应在清砂工序清除，这有助于铸件的冷却和减轻下一步抛丸清理的工作量。

进入抛丸室的铸件残留型、芯砂较多，抛丸设备需有回收系统。抛丸过程中产生的大量砂料和氧化皮等，经磁选分离或风选分离将废砂和氧化皮与钢丸磨料分开，并回收钢丸。

连续式抛丸清理机由抛丸器，抛丸室，铸件悬挂输送装置，丸料循环与型砂、氧化皮、碎丸分离系统，工件定点旋转装置，安全防护设施和电控系统组成。

连续式抛丸清理机的工艺平面布置较复杂，对设备的基础和除尘系统的设置要求较高，如图 11-12 所示。抛丸清理机主要结构包括钢结构、抛头及防护装置等，如图 11-13所示。

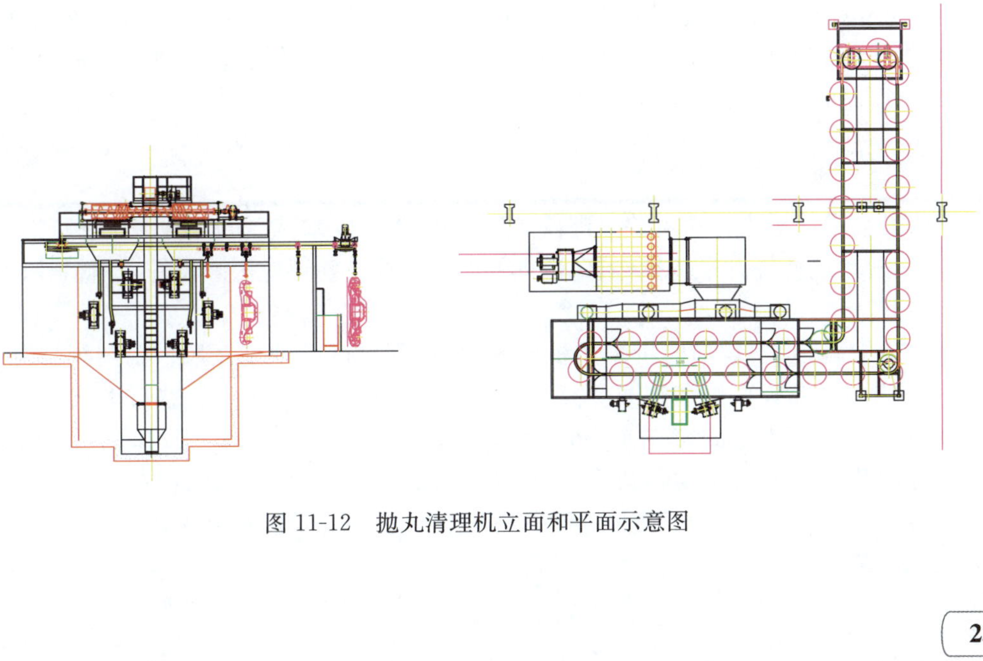

图 11-12　抛丸清理机立面和平面示意图

图 11-13　抛丸清理机

11.4　焊　　补

铸件的焊补质量影响着铸件的使用性能和寿命，关系到铸件的运用及安全可靠性，因此，铸件焊补是铸造生产的关键过程。

焊补工艺和操作技能是保证焊补质量的两个关键因素。为了保证铸件焊补质量，摇枕、侧架、车钩生产企业应在铸件焊修工艺实施之前完成工艺评定和操作评定。

在焊补过程中，快热、快冷以及受热不均匀会产生较大的焊接应力，引起铸件裂纹和变形，产生过硬组织。焊补操作不当还会出现气孔、咬边等焊补缺陷。为避免出现焊补缺陷，应正确掌握焊补操作要点，做好焊补前的准备工作。

不同钢种的可焊性不同，焊补工艺也不同。通常可根据钢的化学成分来确定其可焊性，钢中各元素对可焊性影响采用碳当量 *CE* 表示。计算公式见式 10-1、式 10-2。

一般情况下，*CE* 不超过 0.45%时，钢的可焊性良好；超过 0.5%时，可焊性降低，即随着含碳量和合金元素的增加铸钢件可焊性降低[51]。摇枕、侧架和车钩的钢种中，B 级钢、B+级钢、C 级钢可焊性相对较好，E 级钢可焊性次之。

11.4.1　焊补前缺陷清除

焊补前采用适当方法对缺陷进行清除，同时将清除缺陷后的焊补部位制备出利于补焊的坡口，以使焊补易于操作，保证焊补质量。焊补前还应去除铸件表面粘砂、氧化皮、油污等[52]。

清除缺陷、制备坡口时可采用机械方法（钻削、铣削、磨削及风铲铲削等）或热切割方法（碳弧气刨、火焰切割或等离子弧气刨）。铸件缺陷部位的坡口形状，需要根据缺陷的性质及铸件的特点来决定，坡口应使焊补部分向外扩张，即上大下小，同时去除缺陷表面的氧化物和杂质，坡深至完全露出本体金属。铸件热处理前可用火焰、碳弧气刨等方式清除缺陷、制备坡口，但热处理后不能采用热切割法制备坡口和去除缺陷。

11.4.2 焊前预热

摇枕、侧架、车钩等铸件缺陷通常在常温下焊补。当铸件温度低于 4 ℃时不宜施焊，应预热后施焊，预热温度通常为 100～315 ℃，局部预热时，预热范围不小于缺陷周边 100 mm 区域。

车钩结构比较复杂，E 级钢材质的碳当量较 B+级钢高，所以车钩重要部位的缺陷，尤其是裂纹，应采取预热后施焊。

11.4.3 焊条选择

11.4.3.1 选择依据

(1)铸件力学性能及化学成分

选择强度与铸件相当的焊条。当铸件可焊性较差时，可选择力学性能稍低的焊条，但必需保证焊补处的力学性能达到铸件技术条件规定的要求，以免对铸件强度产生影响。

如果铸件的碳以及硫、磷等元素含量较高时，应选择抗裂性和抗气孔能力较好的钛钙型、钛铁矿型渣系的低氢型焊条。

(2)铸件运用工况

承受动载荷和冲击载荷的铸件，应选用低氢型焊条，以便使焊补处具有足够的强度、塑性和韧性。在腐蚀条件下工作的铸件，应根据工作条件的特点选择适当牌号的不锈钢焊条。同时要考虑铸件的工作温度。

(3)铸件结构、几何形状和缺陷位置

形状复杂和壁厚较大的铸钢件，为防止焊补时产生裂纹，应选用抗裂性较好的焊条。如铸件缺陷位置影响焊补不能选择最佳平焊位置时，则应使用适合于空间焊接(横焊或向上立焊)的钛型渣系或钛铁矿型渣系焊条。

11.4.3.2 铸钢摇枕、侧架、车钩用焊条型号

铸钢摇枕、侧架、车钩承受交变载荷、受力状况复杂，因此选择焊条时应首先选择强度与铸件本体强度相近、抗裂及抗气孔能力较好的焊条，保证焊补处的力学性能，以免对铸件强度产生不利影响。铸钢摇枕、侧架、车钩采用专用牌号的焊条焊补，例如车钩通常选用碱性低氢型焊条(C 级钢车钩选用 E6016 焊条，E 级钢车钩选用 E8515、E8516、E8518、E9015、E9016、E9018 等焊条)。摇枕、侧架、车钩常用焊条牌号及电流，见表 11-1。

表 11-1 铸钢摇枕、侧架、车钩采用的部分焊条牌号及电流

焊条直径(mm)	4.0	5.0	4.0	4.0	5.0	4.0	5.0
电流(A)	140～180	160～200	140～170	140～180	180～220	140～180	—
焊条牌号	E5016		E5515	E7015-D2		E8515-G	
材质	B 级钢		B+级钢	C 级钢		E 级钢	

摇枕、侧架、车钩缺陷的焊补，一般选用不大于 ϕ4.0 mm 的焊条；铸造标识的焊补，一般选用 ϕ2.5 mm 或 ϕ3.2 mm 的焊条。

11.4.4 焊补操作

摇枕、侧架、车钩等铸钢件缺陷的焊补一般应在热处理前进行。热处理后发现的缺陷，依据技术文件判定需要焊补时，全部缺陷应在焊补前除去。要焊补的部位应开出坡口，如图 11-14 所示。坡口的制备应采用机械方法或气割、碳弧气刨等方法，但热处理后的焊补，坡口不得采用碳弧气刨等热加工方法制备。为保证焊补金属与母体金属很好熔接和防止裂纹，坡口底部及转角不应存在尖角。当不能从铸件壁厚两侧施焊时，焊补部位应确保在坡口底部与铸件壁背面留有至少 3 mm 的本体金属。当缺陷贯穿壁厚，且可从铸件壁两侧施焊时，则应使用双"V"形或双"U"形坡口从铸件壁的两侧进行焊补，双面焊时焊缝根部最小间隙不小于 3 mm，以确保完全焊透；如单面施焊，则使用铜板或化学成分相近的钢板作焊接垫板，保证根部完全焊透，焊后去除焊接垫板，背面与母材平滑过渡。

焊补时应防止电弧击伤铸件表面，不得在铸件的非焊补表面上引弧，焊补部位应避免吹风。双面焊时，先焊完一侧，应清根后（如果发现缺陷应清除）再焊另一侧。多层焊时，每焊完一层，应彻底清除熔渣后（如果发现缺陷应清除），再焊下一层。

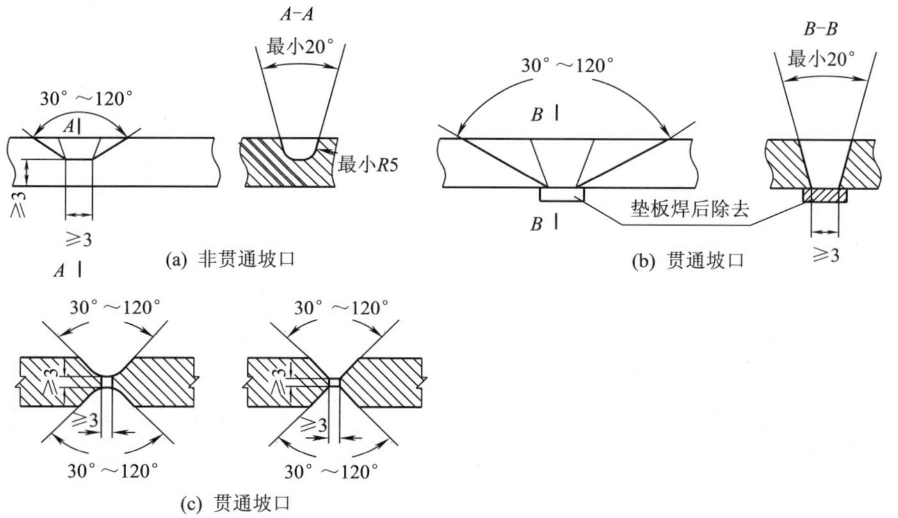

图 11-14 焊接坡口示意图

注：1. 坡口(b)，如两侧施焊，一面焊后清根，再焊另一面。

2. 双面坡口(双"U"形或双"V"形)，如 11-13(c)，当焊完一面后应清根，再焊另一面。

缺肉面积较大、尺寸不足需修复的铸钢件应采用平面堆焊。堆焊时，两相邻焊缝的叠加熔合宽度应是焊缝宽的 1/3，每条焊缝宽窄应力求一致。堆焊顺序应分道对称焊，以分散热量，如图 11-15 所示。多层堆焊时，层间焊道应相互垂直，以改善应力状态，防止铸件变形和产生裂纹。

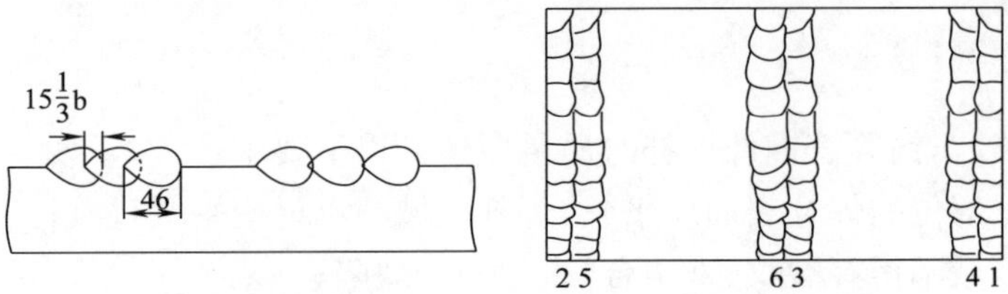

(a) 焊缝熔合宽度　　(b) 分道对称焊顺序

图 11-15　堆焊示意图

焊补裂纹时，裂纹较浅或裂纹位于薄壁处，短裂纹主要用直通法和逆向法焊补，较长的裂纹则采用分段退焊法及跳焊法焊补，如图 11-16 所示。

对厚壁处裂纹和冷隔缺陷，焊补前先制出一定深度和宽度的坡口，未穿透裂纹采用分步焊法，如图 11-17 所示。先沿坡口两侧各堆焊 1～2 层[图 11-17(a)]，然后将凹的部分焊满[图 11-17(b)]，再沿坡口两侧堆焊几层[图 11-17(c)]，继续焊满凹处，如此类推直至焊补结束[图 11-17(d)]。对间隙过大的穿透性裂纹，可用单面逐层堆焊法，如图 11-18 所示(其中Ⅱ、Ⅲ正确，Ⅰ不正确)，焊到间隙较小时再用分步焊法。

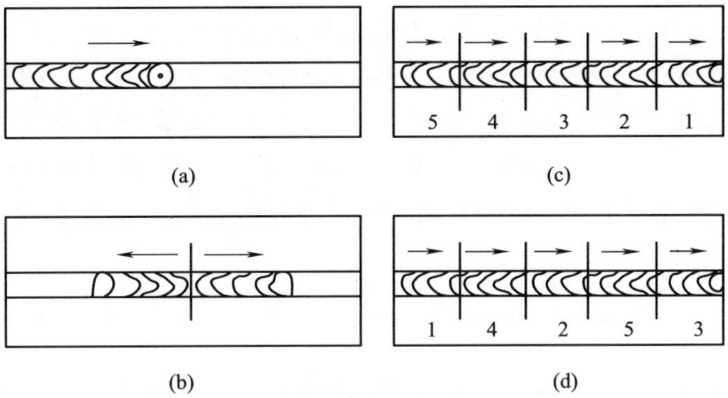

图 11-16　薄壁处裂纹焊补法

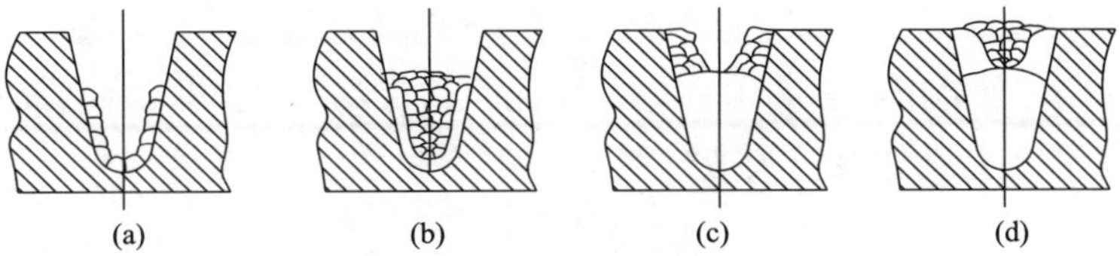

图 11-17　分步焊合法顺序图

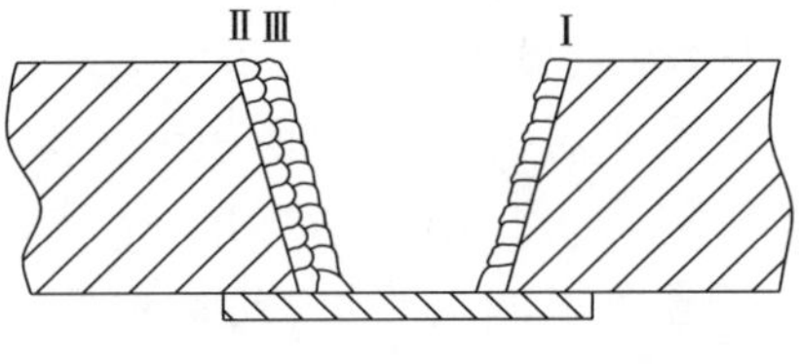

图 11-18　单面逐层堆焊法示意图

11.4.5 焊补质量要求

摇枕、侧架、车钩等铸钢件焊补时质量应达到以下要求：

(1)非加工部位的焊补表面应平整，焊补区域与母材应平缓过渡；

(2)焊补区域不得有裂纹、未熔合、未焊满等缺陷；

(3)非加工部位上的焊缝咬边深度，重要部位不应超过 0.5 mm，其他部位不超过 1 mm；

(4)重要部位焊补表面不得存在气孔。其他部位焊补表面每 50 cm^2 范围内，气孔数量不超过 2 个、直径不超过 2 mm；

(5)铸件焊补后，应对焊补区域进行磁粉探伤检查；

(6)已经热处理的摇枕、侧架、车钩，焊补后按技术条件要求进行回火处理或重新热处理。

11.5 精　　整

摇枕、侧架、车钩结构比较复杂，加工过程中以毛坯面进行定位，组成件相互之间的毛坯配合面较多。为保证尺寸精度和互换性，大多尺寸都采用样板进行检查。在运用过程中如果表面质量不佳，特别是在工艺孔的边缘和重要受力部位，如存在锐边、尖角、凹坑、凸起等易产生应力集中，影响其疲劳性能，导致出现疲劳裂纹等缺陷。因此提高摇枕、侧架、车钩表面修磨质量，能有效提高铸件使用寿命和整体质量。

11.5.1 精整的内容和方法

精整工序采用的工具一般包括砂轮、风铲等，还需使用样板等量具检测产品尺寸，准确判断需要进行修磨的位置和先后顺序。特别是对于重要部位和需要采用样板检测的部位，如采用的磨修方式和磨修顺序不当，会导致工作量过大，甚至磨修过量造成尺寸不合格。

磨修过程中，要采用正确的工具和方法，磨修纹理方向要沿着铸件该部位主应力方向进行。铸件工艺孔边缘应圆滑过渡。

11.5.2 表面质量评定

摇枕、侧架、车钩在进行表面清理时，为了准确、有效地判定铸件磨修的质量是否合格，需要操作人员和检验人员准确掌握铸件的表面质量状态。一名合格的清理操作人员和检查人员应能够对铸件的表面粗糙度状态进行判定，对铸件表面存在的砂眼、气孔、褶皱等缺陷是否超出质量标准，浇冒口切割后的表面是否符合质量标准进行判定。对不符合要求的进行磨修，以使铸件达到产品图纸和技术条件要求。

11.5.2.1　表面粗糙度

表面粗糙度是铸件经抛丸之后的表面纹理状态，是表现铸件表面状态最基本的要求，采用比较样块与被检铸件表面比对。铸件表面粗糙度状态，如图 11-19 所示。

图 11-19　铸件表面粗糙度状态

11.5.2.2　非金属夹杂物缺陷

非金属夹杂物是陷于铸件表面的非金属材料，主要由型芯砂、钢渣、耐火材料、钢水中的夹杂物等杂质形成的，非金属夹杂物的存在使铸件母体的连续性中断，降低铸件的疲劳强度。非金属夹杂物缺陷，如图 11-20 所示。

图 11-20　铸件表面非金属夹杂

11.5.2.3　气孔缺陷

气孔是因气体导致的孔洞，气体主要来源于钢水内部和铸型，虽然绝大部分气孔表面比较圆滑，不易形成较大的应力集中，但是降低了铸件有效截面，降低铸件的强度。气孔缺陷，如图 11-21 所示。

图 11-21　铸件表面气孔

11.5.2.4　铸造褶皱缺陷

铸造褶皱是由于型芯发气量大或钢水温度过低，在铸件的平面或圆角上形成的缺陷，该缺陷呈现皱纹状的表面不规则，如图 11-22 所示。

图 11-22　铸件表面铸造褶皱

11.5.2.5　结疤缺陷

结疤是由于铸型受到钢水高温烘烤过程中，铸型开裂后，而形成凸起的表面不规则。

11.5.2.6　嵌入物缺陷

嵌入物缺陷是由于铸件采用芯撑或内冷铁工艺时，芯撑或内冷铁未与铸件完全融合而形成的痕迹，如图 11-23 所示。

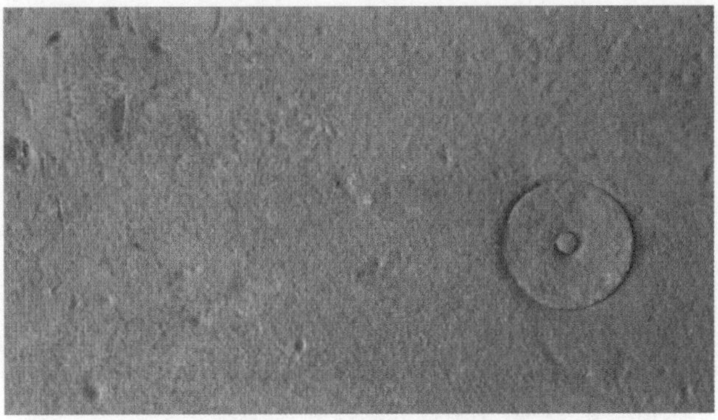

图 11-23 铸件表面嵌入物缺陷

11.5.2.7 热法清理缺陷

热法清理缺陷是由于使用碳弧气刨、气割等工艺对铸钢件浇冒口、飞边等进行清理时,铸件表面出现的凸起和凹陷,如图 11-24、图 11-25 所示。

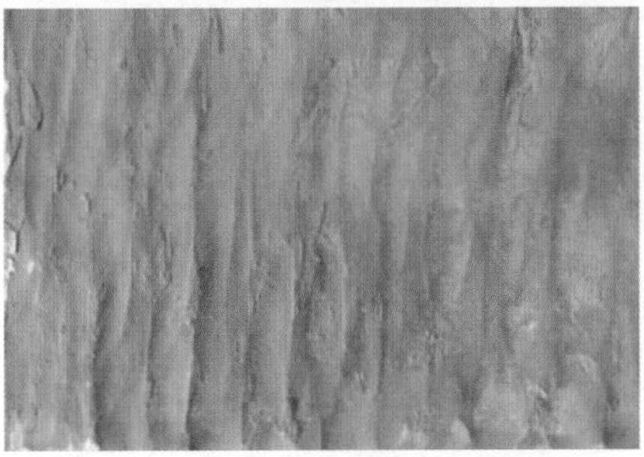

图 11-24 铸件表面清理缺陷

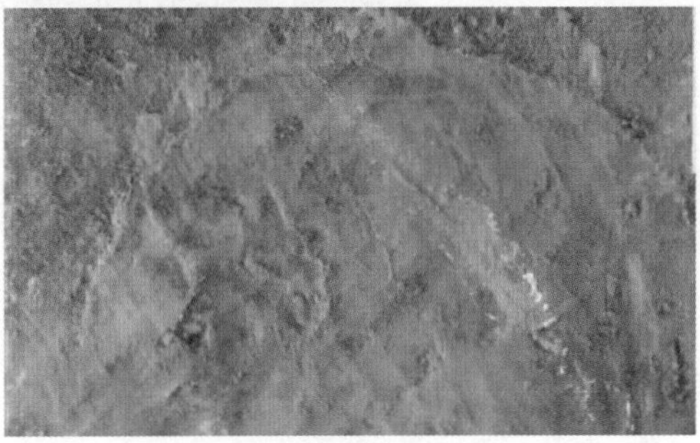

11-25 铸件表面冒口残留

11.5.2.8 机械清理缺陷

机械清理缺陷主要是由于利用机械方式清理铸件表面时形成的缺陷,如图 11-26所示。

图 11-26 铸件表面机械清理缺陷

11.5.2.9 焊补缺陷

焊补缺陷是铸件焊补后，通过热法或机械方法完全或部分清理焊缝之后遗留的缺陷，如图 11-27 所示。

图 11-27 铸件表面焊补缺陷(咬边)

12

摇枕、侧架、车钩检测及试验

12.1 概　　述

随着我国铁路货车重载提速运输的不断发展，对摇枕、侧架、车钩等关键部件的技术性能和安全可靠性提出了更高的要求。作为检验摇枕、侧架、车钩制造质量的检测及试验技术越来越受到重视，各种先进的检测、试验技术和装备的广泛应用，使我国摇枕、侧架、车钩检测技术达到了较高水平。

摇枕、侧架、车钩的检测及试验主要包括材料检验、无损检测(详见第13章)、几何尺寸测量和强度试验。综合应用各种检测技术与检测手段，可以有效保证摇枕、侧架及车钩的制造质量和运用安全。

12.2 几何尺寸检测

摇枕、侧架、车钩尺寸的传统检测方法包括采用样板、钢板尺、游标卡尺、卡规等工具手工测量。随着检测技术的进步和对摇枕、侧架、车钩尺寸要求的不断提高，一些现代检测技术和仪器投入运用，如三坐标测量机、双频激光干涉仪、超声波测厚仪等，使摇枕、侧架、车钩的尺寸测量更准确、全面。

12.2.1 样板检测

样板检测是验证产品尺寸最常用的手段，特别是对于结构复杂、互换性要求高的产品，该方式可方便、有效地控制产品重要尺寸。

摇枕、侧架、车钩所使用的样板主要包括工序控制样板、产品检查样板、校对样板等，其中工序控制样板用于主要生产工序的关键特性值或半成品进行检测，产品检查样板用于最终产品进行检测，如图12-1所示。校对样板用于产品检查样板进行检定和校准，如图12-2所示。

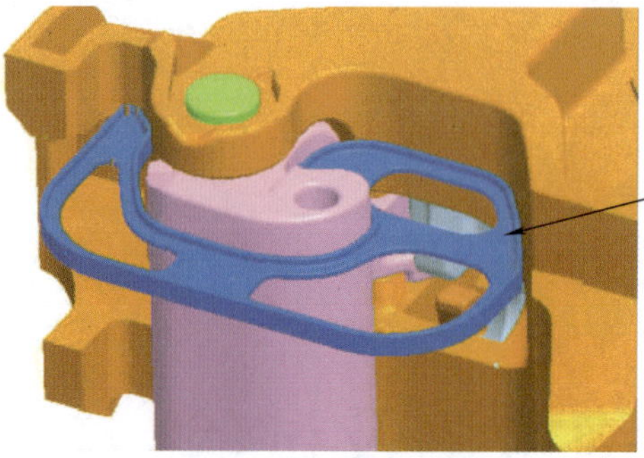

图 12-1　16 型、17 型车钩检查样板

图 12-2　16 型、17 型转向架车钩校对样板

12.2.1.1　样板设计原则

样板的主要功能是对生产工序的关键特性值、半成品及最终产品进行检查。由于使用频次高，样板应结构简洁、操作方便，检测的位置定位容易，利于准确读取数据。样板设计应遵循如下原则：

(1)符合工序质量特性和产品尺寸的要求；

(2)具有足够的精度、强度和刚度，易磨耗部位应耐磨；

(3)工作尺寸容易检查和测量，方便周期检定；

(4)组合式样板，连接部位应准确、牢固、可靠，活动部分灵活无干涉；

(5)结构简洁、轻便，便于制造和使用；

(6)采取防锈措施；

(7)在显著位置标志样板名称、代号等。

12.2.1.2　样板使用

样板使用应严格遵照操作程序要求，轻拿轻放。以卡板类样板为例，在使用通止样板进行检查时，应将样板“通”端靠近产品需要检查的部位，轻缓地向检查部位推进，对于有卡阻的部位，应观察分析卡阻的原因，对于产品需磨修部位，应将该部位磨修后再进行检查，如图 12-3 所示。

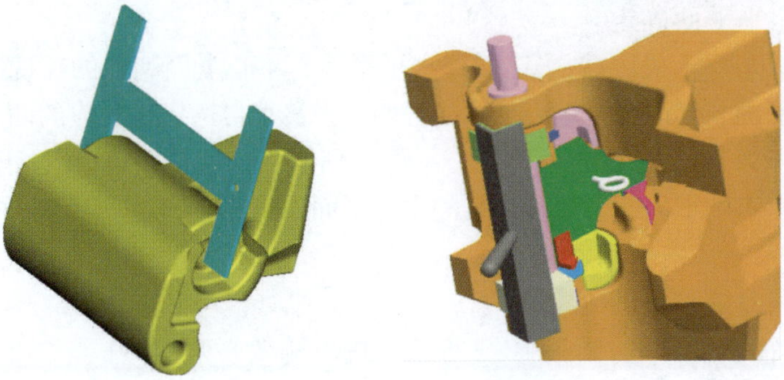

图 12-3 使用样板检查铸件

12.2.1.3 样板的存放、检定及校准

样板应按照量具的相关管理规定存放、检定及校准。样板存放应避免磕碰和锈蚀。依据样板的使用频次和重要程度确定检定周期，定期检定。通常，样板检定周期为 3～6 个月。可修复的样板修复后应进行校准，校准的工具可是通用量具，也可是专用校对样板。

12.2.2 划线基准的确定

根据摇枕、侧架、车钩等铸件产品结构特点，采用划线方式可以较准确反应铸件的尺寸状态，确定正确的划线基准是保证测量尺寸准确的前提。

12.2.2.1 摇枕划线基准的确定

(1)摇枕纵向中心平面确定

将摇枕侧卧于划线平台，如图 12-4 所示。在摇枕一侧找出 A3 点，在另一侧对称点找出 A3′点，A3 A3′与心盘面平行，A3 A3′之中点确定为 A3″点，A3″与摇枕两端下平面的中间弹簧圆脐中心点 A1、A2 确定一个平面，该平面即为摇枕纵向中心平面。

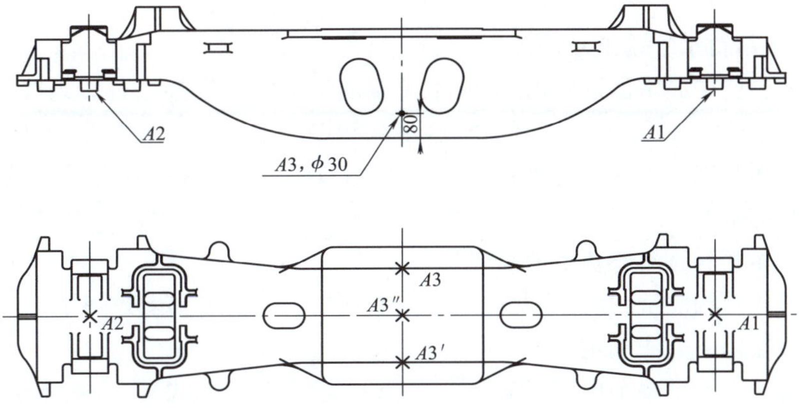

图 12-4 摇枕纵向中心平面的确定

(2)摇枕水平平面确定

摇枕纵向中心平面确定后,确定摇枕水平平面。将心盘面朝上的摇枕置于划线平台,调整纵向中心平面与划线平台垂直。在摇枕两端弹簧承台选择相对应的两点,将此两点调在同一水平线上,同时使摇枕的纵向中心平面与划线平台保持垂直,经过承台对应点且与纵向中心平面垂直的平面即为摇枕划线的水平平面,心盘加工面应与平面平行。

12.2.2.2 侧架划线基准的确定

(1)侧架纵向中心平面确定

将侧架卧置于平台上,如图 12-5 所示。找出侧架一侧的 $A1$ 点、$A2$ 点、$A3$ 点和侧架另一侧对称点 $A1'$点、$A2'$点、$A3'$点,确定 $A1\ A1'$、$A2\ A2'$、$A3\ A3'$中点为 $A1''$点、$A2''$点、$A3''$点,这三点确定一个平面,该平面即为侧架测量基准的纵向中心平面。

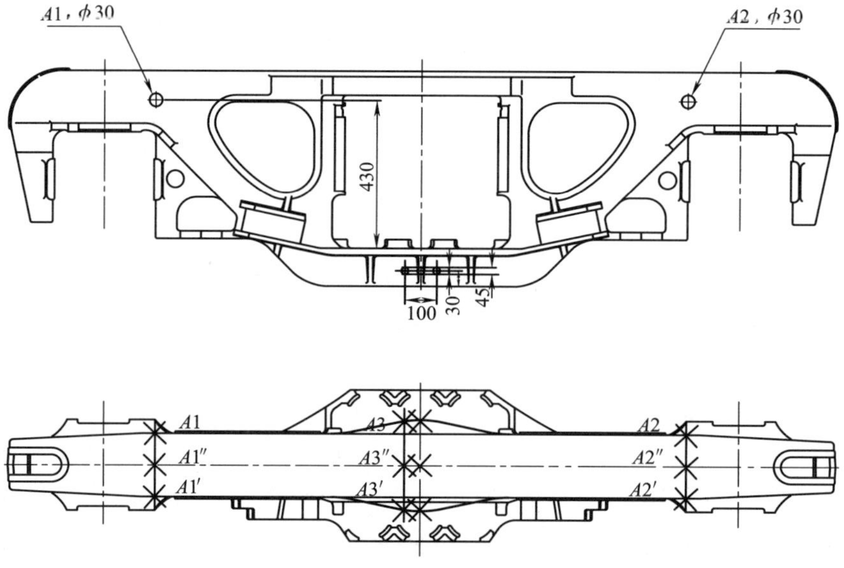

图 12-5 侧架纵向中心平面的确定

(2)侧架承台水平基准平面确定

在侧架纵向中心平面确定后,确定水平基准平面。将侧架立置于划线平台上,在侧架两端承载鞍顶面选择相对应的两点,将此两点确定在同一水平线上,同时使侧架纵向中心平面与划线平台保持垂直,经过两对应点且与纵向中心平面垂直的平面为侧架的水平基准平面。

12.2.2.3 车钩钩体划线基准的确定

车钩钩体结构复杂,其主要配合尺寸以曲面居多,基准确定较为困难。钩体划线基准面一般按以下方法确定。

车钩钩体水平中心平面:首先将钩体以工作状态置于划线平台,按图示在钩身上平面选择 A、B 两点或在钩身下平面选择 A'、B'两点,将钩体沿纵向调平;采用直角尺,调整钩头使两钩耳侧壁 C、C'点连线垂直于划线平台。以钩体下钩耳护销凸缘的上平面为基准，至车钩水平中心平面尺寸(16 型、17 型车钩钩体为 102 mm)，确定钩体水平中心平面，如图 12-6(a)所示。

钩体垂向中心平面：首先将钩体侧卧于划线平台，在钩尾选择互为对称的 A、A'两点确定尾部中心点；调整钩头使两钩耳孔中心连线(钩耳孔中心线)平行于划线平台，以两钩耳孔中心线为基准，至车钩垂向中心平面尺寸(16 型、17 型车钩钩体为 97 mm)，确定钩头正面的 BB'直线；调整 A、A'的中心点与 BB'高度处于同一水平面，该平面即为钩体垂向中心平面，如图 12-6(b)所示。

依据上述方法对两个基准平面反复校准，确保平面选取准确。

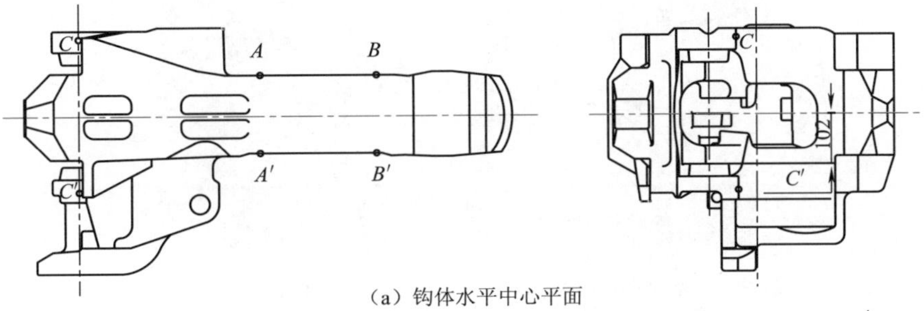

(a) 钩体水平中心平面

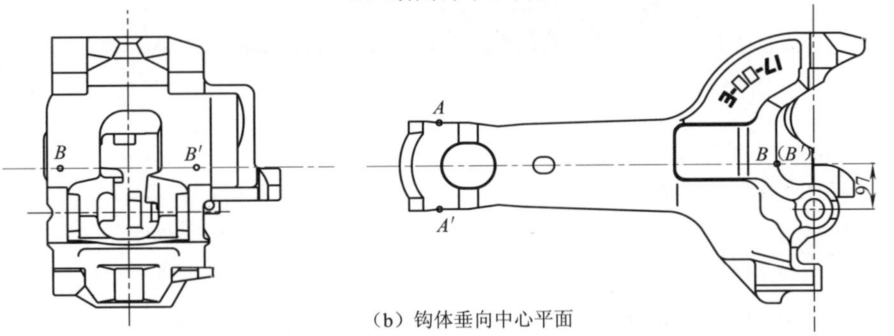

(b) 钩体垂向中心平面

图 12-6　17 型车钩钩体划线基准面

12.2.2.4　划线检测方法的选用及注意事项

划线检测方法主要有手工划线和三坐标检测方法。

手工划线采用直尺、弯尺、顶针、划线盘、划针等工具，对产品的尺寸及角度进行测量，通常用于摇枕、侧架、车钩等零部件的新产品研制检测和产品周期性检测。

三坐标检测是由机电一体化、智能化的设备取代了手工划线工具的测量仪器，通常用于摇枕、侧架、车钩的日常尺寸检测。

划线检测对操作者的技能要求较高，需要对图纸及相关技术要求有综合分析的能力。铸件尺寸划线方式需要注意如下几点：

(1)基准面的确定方法要正确，划线确定的基准面要准确；

(2)基准面确定后，所有尺寸的基准平面要划准确；

(3)对于角度的测量，应将其转化为用划线方式可以测量的长度尺寸，以此来对角度的基准面进行定位。

12.2.3 三坐标检测

三坐标的工作原理是：利用数字探头（相当于手工划线使用的划针）确定该点的空间坐标，通过多点测量，采集、录入基础数据，通过计算机专用软件的处理，可确定点、线、面的空间位置，并根据指令，自动输出点到点、点到面、面到面的距离。

三坐标检测仪由电子坐标测量机、带数据传递电缆内装坐标测量机控制器的微型计算机和微机用软件系统三部分组成，三坐标检测仪外形，如图 12-7 所示。

图 12-7 三坐标测量机

三坐标检测具有如下特点。

(1)操作方便，效率高。三坐标检测省略了调整零件方位的操作，只需一次将零件放稳，大致放正、放平，不用借助其他工具，便可检测所有尺寸（铸件数字探头接触不到的部位除外，如摇枕、钩体内腔等）。而手工划线需顶针、弯尺、划线盘等工具，并且零件需找平、找垂直，零件需多次调整位置，才能检测出所有尺寸，费时、费力。

(2)检测数据准确。与手工划线相比，由于工件在检测中不需移动，数据采用计算机处理，避免了人工划线操作各环节产生的误差。

三坐标测量仪用于铸件检测时，对铸件表面质量有一定要求。确定一个平面，必须采集三点的数据。一旦某一被测点局部凹陷或凸起，则计算机在自动生成该平面空间位置时，就会产生偏差，与实际情况不符。与此相关联的点与面、面与面等之间的关系随之产生误差。所以，在采集基础数据时，探头的接触点应避开铸件局部凹陷或凸起的部位，如发现检测结果异常，应仔细分析和调整。

12.2.4 超声波壁厚测量

超声测厚简便，准确度高。

超声测厚分为共振法、脉冲反射法两种。铸钢摇枕、侧架壁厚测量采用脉冲反射法。超声测厚是通过测量由换能器产生的超声短脉冲，穿透材料厚度从背面反射，再回到换能器的时间换算成工件厚度，工件厚度与时间的关系式，见式(12-1)：

$$d=v\cdot\frac{t}{2}\cdot10^3 \tag{12-1}$$

式中：d——实测工件厚度，单位为毫米(mm)；

v——声波在介质中传播的声速，即声波在单位时间内传播的距离，单位为米每秒(m/s)；

t——声波在材料中往返一次的传播时间，单位为秒(s)。

当采用直接接触型探头时，一般适应于工件厚度不低于 0.5 mm，尺寸精度要求不高于±0.025 mm。

影响测厚准确性的因素主要有声速和传播时间。材料种类不同，声速不同，但对于同一种材料，声速也并非一个常数，它与温度、残余应力、晶粒分布等因素有关。在一定的测量精度范围内，材料声速可以设定为一个常数，由于材料差异存在不同，铸钢摇枕、侧架材料的声速值也有不同，见表 12-1。传播时间的准确性需要考虑传感器的频率、尺寸和耦合状态，通常采用较高频率和较小的直径可获得较为可靠和可重复的结果。换能器频率越高，所得信号上升时间越快，从而可提高测量的准确度。当工件为曲面时，换能器的尺寸应随着工件曲率半径的减小而减小。侧架 A 部位内圆弧处测厚一般采用频率为 2 MHz、晶片直径为 13 mm 的弧面探头，探头表面的曲率半径应与被测部位的曲率半径相匹配。侧架其余部位和摇枕的测厚一般采用频率为 2 MHz、晶片直径为 13 mm 的平面探头。另外，工件表面状态也会对检测结果产生较大影响。测厚前清除妨碍超声波测厚的粘砂、氧化皮、铁屑等障碍物，以获得稳定的耦合条件和声传播条件。

通常摇枕、侧架在热处理和抛丸之后进行超声测量。

表 12-1 摇枕、侧架不同材质对应的声速值

材质	B	B+	C	E
声速(m/s)	5 910	5 930	5 890	5 890

12.2.4.1 检测仪器

测厚仪器为数字直读式超声波测厚仪。工作频率范围为 1～5 MHz，示值精度为 0.1 mm。

12.2.4.2 测量方法

铸钢摇枕、侧架超声波壁厚测量操作包括测厚仪校准、声速设置、测量 3 个步骤。在测厚仪的标准试块上涂覆耦合剂，在探头上施加一定压力，按测厚仪校准键，完成校准工作。校准的目的是为了去除超声波在探头延迟块中的传播时间，确定时间测量的精确起始点。声速设置根据摇枕、侧架材质的不同，按表 12-1 推荐的数值进行设置。校准完成后，在工件测量部位均匀涂抹耦合剂，并在探头上施加一定压力，以减少声波通过耦合层的时间，提高测量精度，另外，在测量曲面时，耦合剂的量应当适当，以避免声在耦合剂中的混响引起噪声。测量侧架 A 部位内圆弧处壁厚时，采用弧面探头，探头轴线与曲面法线方向一致。

12.2.4.3 测量部位

摇枕、侧架超声波测量壁厚的位置，如图 12-8～图 12-11 所示。

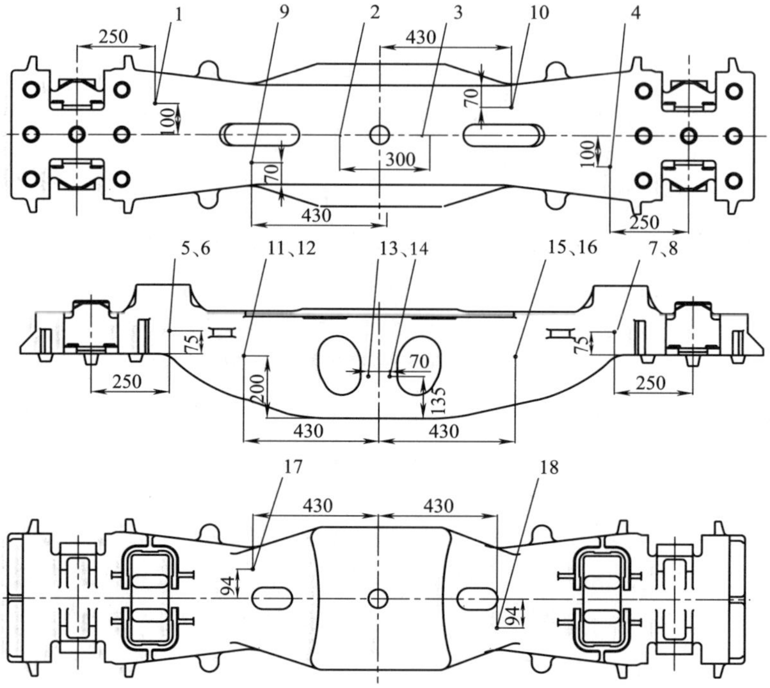

图 12-8 转 K6 型转向架摇枕超声波测厚点

注：(1)测点 1～18 为超声波测厚检测点，测点 6、8、12、14、16 位于摇枕另一侧，测点 13、14 位于摇枕两侧斜对称位置。

(2)图 12-8 中尺寸均为参考尺寸，实测时可以在图示测点周围半径 25 mm 范围内选取测量点。

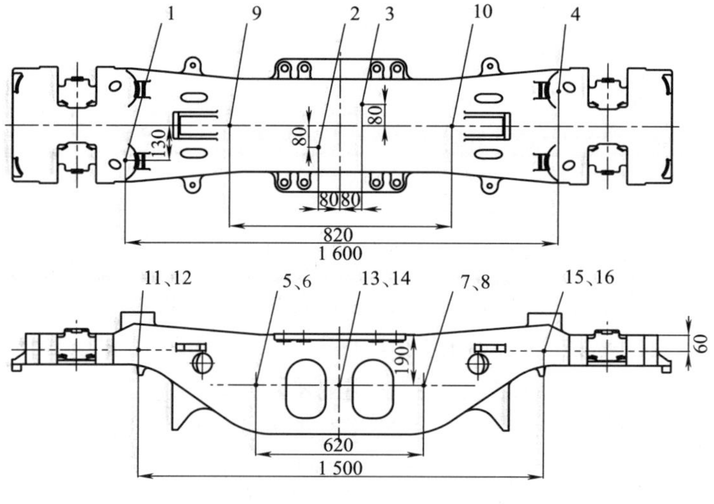

图 12-9

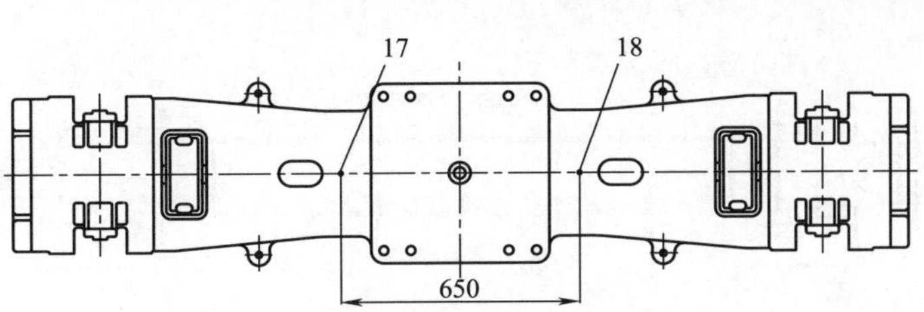

图 12-9　转 K5 型转向架摇枕超声波测厚点

注:(1)测点 1～18 为超声波测厚检测点,测点 8、10、12、14、16 位于摇枕的另一侧。

(2)图 12-9 中尺寸均为参考尺寸,实测时可以在图示测点周围半径 25 mm 范围内选取测量点。

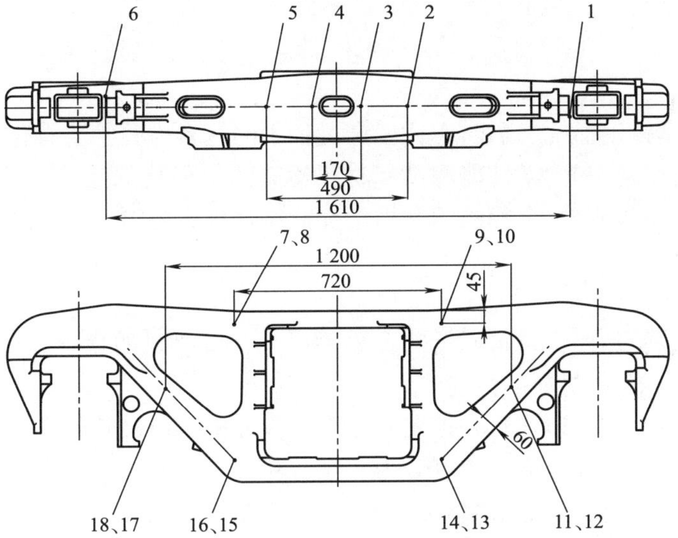

图 12-10　转 K5 型转向架侧架超声波测厚点

注:(1)测点 1～18 为超声波测厚检测点,点 8、10、12、14、16、18 在侧架的另一侧。

(2)图中尺寸均为参考尺寸,实测时可以在图示测点周围半径 25 mm 范围内选取测量点。

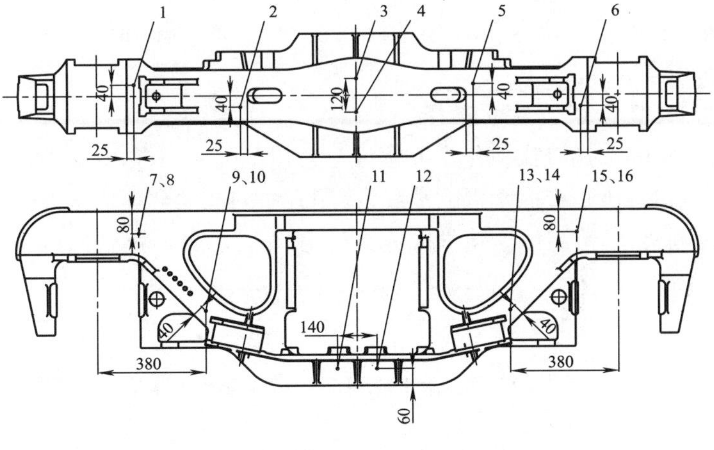

图　12-11

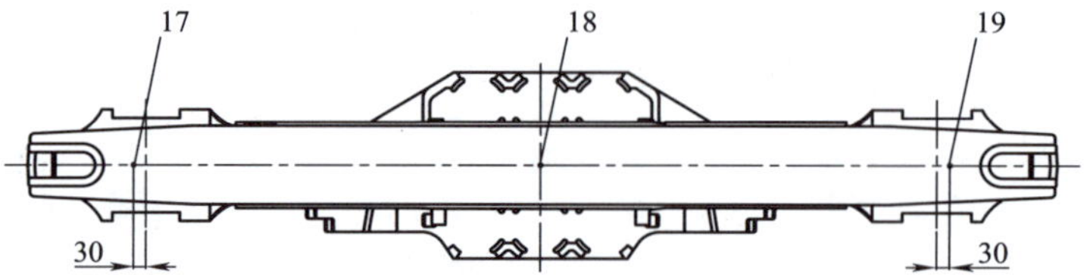

图 12-11 转 K6 型转向架侧架超声波测厚点

注：(1)测点 1～18 为超声波测厚检测点，测点 6、8、12、14、16 位于侧架另一侧，测点 13、14 位于侧架两侧斜对称位置。

(2)图中尺寸均为参考尺寸，实测时可以在图示测点周围半径 25 mm 范围内选取测量点。

12.3 材料检验

在铁路货车铸钢摇枕、侧架、车钩生产过程中的材料检验主要有化学成分分析、金相组织与夹杂物检验和力学性能测试。材料检验的主要目的是控制冶炼和热处理质量，保证工件的化学成分、金相组织和力学性能符合规定要求。

12.3.1 化学成分检验

化学成分检验是评价材料质量的重要手段。金属材料的化学成分决定了它的组织结构，进而影响金属材料的性能。

化学成分检验分为过程检验控制和最终检验分析两种检验形式。

化学成分分析按其检测原理可分为化学分析和仪器分析。化学分析是以物质的化学反应为基础的分析方法，如滴定分析法、分光光度分析法、质量（重量）分析法等。仪器分析是以被测物质的物理或物理化学性质为基础的检测分析方法，通常不需要进行化学反应而直接进行测定。如火花直读光谱仪、电感耦合等离子光谱仪、氧—氮分析仪和碳—硫分析仪等大型仪器。直读光谱分析法因其分析速度快捷、检测元素全面、制样方便等优点，被广泛应用于过程检验控制。最终检验分析一般采用化学分析方法和电感耦合等离子光谱分析方法进行元素测定，采用热导法检测氮元素，红外法检测碳、硫和氧元素。

12.3.1.1 材料元素分析方法的选择

元素分析方法的选择以材料化学元素成分含量范围为根据，综合考虑材料的化学组成、共存元素之间的影响、干扰元素的消除、检测方法的准确度等诸多方面的技术环节进行确定。摇枕、侧架、车钩用铸钢化学成分见第 10 章，元素的分析方法，见表 12-2。

表 12-2 材料元素分析方法

序号	检测元素	选择检测方法
1	碳	气体容量法、非水滴定法、碱石棉吸收重量法、红外吸收光谱法、直读光谱法
2	硫	硫酸钡重量法、燃烧滴定法、甲基蓝光度法、红外吸收光谱法、直读光谱法
3	硅	硅钼蓝光度法、直读光谱法

续上表

序号	检测元素	选择检测方法
4	锰	高碘酸钾氧化光度法、过硫酸铵氧化光度法、直读光谱法
5	磷	磷钼杂多蓝光度法、直读光谱法
6	镍	丁二酮肟光度法、直读光谱法
7	铬	二苯基碳酰二肼光度法、直读光谱法
8	铜	双环已酮草酰二腙(BCO)光度法、直读光谱法
9	钼	氯化亚锡还原光度法、抗坏血酸还原光度法、直读光谱法
10	铝	络天青 S(CAS)光度法、直读光谱法
11	氧	红外检测法
12	氮	热导检测法
13	氧化亚铁	氧化还原滴定法

12.3.1.2　检测试样的制备

试样的采取和制备是化学分析的重要环节。分析试样必须具备不变性、良好的均匀性和高度的代表性，按照相关标准进行试样的采取，保证分析结果具有代表性。

(1)光谱分析用试样制备

光谱分析样品磨制后，其表面应平整、纹路清晰、无污染、无气隙、无夹杂物。标准样品和分析样品应在同一条件下制备，不得过热。

(2)化学分析用试样制备

化学分析试样为屑状试样，可采用钻床钻取，转速不能太快，以防止金属材料表面氧化。取样工具必须干燥清洁，不得有油污。样屑要求薄而细，不得过长，取样量为单项或全项分析用量的 6～8 倍。

(3)氧、氮元素分析用试样制备

试样应车制成 ϕ4～5 mm，长度大于 30 mm 的圆棒，表面粗糙度达到 Ra1.6 μm以上，用剪线钳剪去端部，剪取所需的长度，在超声波清洗器中用四氯化碳(或乙醚)和丙酮依次清洗，干燥后置于干燥器中备用并应该尽快分析。操作过程要使用镊子，不允许手接触试样。

12.3.1.3　直读光谱分析法

(1)分析方法原理

直读光谱分析是一种原子发射光谱分析法。一般情况下，原子处于最低能量状态，称为基态。当原子获得足够的能量后，外层电子就会从低能级跃迁至高能级，这种状态称为激发态。原子外层电子处于激发态时很不稳定，当它从激发态回到基态时，就要以光的形式释放出多余的能量，即得到发射光谱。不同元素原子的结构各有差异，能级间的能量差各不相同。当原子受激发时，就辐射出各元素所固有的特征光谱，光谱分析就是利用光谱仪检查光谱图中某波长特征谱线的有无，来判断试样中某些元素是否存在。试样中某元素的含量 c 与该元素特征谱线的强度 I 存在一定的函数关系，两者间的关系可用式(12-2)表示。

$$I=ac^{b} \tag{12-2}$$

式中：a——与激发温度和试样蒸气扩散速度等因素有关的参数；

b——谱线自吸系数(特征谱线受其他谱线影响而强度降低现象称为自吸收)无自吸时 $b=1$，有自吸时 $b<1$。

在一定的条件下，a 和 b 都是常数。将式(12-2)取对数，则得如下结果，见式(12-3)。

$$\lg I=b\lg c+\lg a \tag{12-3}$$

式(12-3)是光谱定量分析的基本依据。这种定量分析方法称为绝对强度定量法。绝对强度定量法要求每次测定时的实验条件绝对一致，实际上是很难做到的。所以，在光谱分析中，常采用内标法，即相对强度法，这种方法可以消除实验条件变化产生的影响。内标法是在待测元素的谱线中选一条谱线作为分析线，在基体元素的谱线中选一条与分析线均称的谱线作为内标线，这两条谱线组成所谓“分析线对”。分析线与内标线绝对强度的比值称为谱线的相对强度，内标法就是通过测量分析线对的相对强度来进行定量分析的方法。

(2)直读光谱仪的组成

仪器是由光源部分、聚光部分、分光部分和测光部分所组成。光源部分使试样激发发光。聚光部分是把发出的光聚集起来导入分光部分。分光部分是将光色散成各元素的谱线。测光部分是用光电法测量各元素的谱线强度，并指示、记录下来，或是将其测光读数换算成为元素质量分数表示出来。直读光谱仪检测设备，如图 12-12 所示。

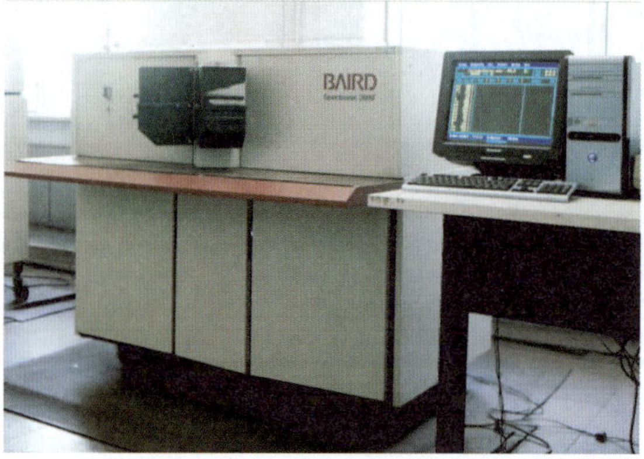

图 12-12　直读光谱仪

(3)直读光谱仪检测金属材料化学成分的优点

①高灵敏度，随着样品中浓度微小变化，其检出的信号有较大的变化；

②低检出限，能对微量和痕量成分进行检测；

③良好的稳定性，试样能稳定地蒸发、原子化和激发，分析结果具有较高的精密度；

④谱线强度与背景强度之比大(信噪比大)；

⑤分析速度快；

⑥结构简单，容易操作，安全；

⑦自吸收效应小，校准曲线的线性范围宽。

(4)样品分析

①分析条件见表 12-3。

表 12-3 分析条件

项 目	内 容
分析间隙 (mm)	3～6
火花室控制气氛 (%)	氩气，纯度不低于 99.99%
氩气流量 (L/min)	冲洗：6～15 积分：2.5～7 静止：0.5～1
预燃时间 (s)	3～20
积分时间 (s)	3～20
放电形式	预燃期高能放电，积分期低能放电

②分析步骤

直读光谱仪是将制备好的块状样品作为一个电极，用光源发生器使样品与对电极之间激发发光，并将该光束引入分光室，通过色散元件将光谱分解后，对选用的内标线和分析线由光电转换系统和测量系统进行光电转换和测量。根据相应的标准样品制作的分析曲线计算出分析试样中各元素的含量。

a. 选择已经绘制好的校准曲线，保证曲线适合分析样品的合金特性。

b. 每天应用标准化样品对仪器进行校准，其时间间隔取决于仪器的稳定性。

c. 分析工作前，先激发一块样品 2～5 次，保证仪器稳定，使仪器处于最佳状态。

d. 按照表 12-3 选定的工作条件激发标准样品和分析样品，每个样品至少激发 2～3 次，取平均值。

③结果计算

根据分析线对的相对强度，从校准曲线上求出分析元素的含量。

12.3.14 氧、氮、碳和硫的分析方法

(1)氧、氮元素的测定

摇枕、侧架氧含量不大于 0.006 0%，车钩氧含量不大于 0.005 0%。氧、氮元素是非金属元素不能用发射光谱法进行检测，需要用氧氮分析仪进行检测。检测设备，如图 12-13 所示。氮元素的检测是采用热导(TC)检测的原理。氧元素的检测采用红外

检测原理，以二氧化碳的形式检测。

①热导检测原理

热导检测是依据惠斯顿电桥平衡原理，根据气体热导的差异进行检测的。在热导检测池中置入两对匹配好的热丝作为电桥臂接入电路。基准热丝处在气体组成不变、流量和温度恒定的气体里，而测定用热丝处在流量和温度恒定、气体组成变化的被测气体的环境里。当基准热丝和测定热丝处在相同的环境下，调整惠斯顿电桥的桥路电流处于平衡状态，然后将测定热丝处于检测气体环境下，因不同气体的热导系数存在差异，检测气体中氮气的出现使测量热丝的温度上升，此时电桥失去平衡，氮气量的多少决定了电桥失衡程度，以此测得氮的含量。

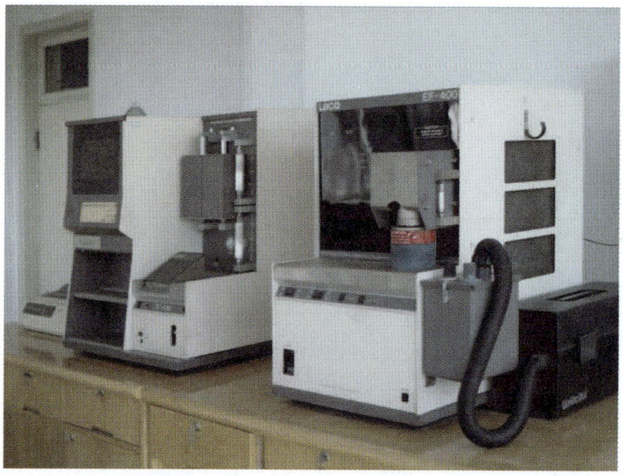

图 12-13　氧、氮元素检测设备

②红外检测原理

极性分子对红外光有吸收作用，在辐射能投射穿过试样材料时就产生了红外吸收光谱，由于所有的分子都有自己的特征光谱，因而可以测定有何种化合物并定量测出。在红外检测池中，由镍铬丝加热到 850 ℃产生的能量辐射出来，辐射能量以 85 Hz 调制后，经氟化钙窗口投射经过测量池，池内测量气体流经测量池时吸收红外线产生光谱，当红外线穿过第二个氟化钙窗口时，精确的滤光片有选择地将二氧化碳以外的所有其他特征波长的红外线滤去，经聚光将红外线射到检测元件上，检测元件对能量改变做出响应，最终检测出以二氧化碳为单元的浓度，经换算后得出氧的含量。

氧氮分析仪检测流程：试样置于经过高温脱气的石墨坩埚内，试样释放出的氧气与坩埚石墨结合形成二氧化碳，试样气流经稀土氧化铜将其中生成的一氧化碳转化为二氧化碳，试样气体流经红外检测池，检测出以二氧化碳形式出现的氧。检测后的试样气体吸收去除二氧化碳和干燥除水，试样气体流过热导检测池测定氮。

(2)碳、硫元素的测定

试验室中使用较为普遍的是红外碳硫分析仪，该仪器自动化程度高，操作简便迅速、分析精度高，尤其在微量碳、硫的分析上较其他方法有无可比拟的优越性，而且测试时间为 1 min 左右，实现碳、硫的联合测定。检测设备，如图 12-14 所示。

高频感应炉燃烧—红外吸收光谱法测定碳元素：

试样经高频感应加热通氧燃烧，碳同氧反应生成的二氧化碳是极性分子，具有永久电偶极矩，因而具有振动、转动及纯转动结构，可与入射的红外辐射耦合而产生吸收。二氧化碳在波长 4.26 μm 处有很强的特征吸收带，吸收规律符合朗伯—比尔定律。当压力固定时，CO_2气体吸收红外线的能量与气体的浓度成正比时，检测 CO_2气体进入红外吸收池前后能量的变化值可直接换算成试样中碳的含量。该方法自动化程度高、分析速度快、精度高、可测范围宽，尤其是对低碳试样测定较其他方法准确，可实行碳、硫联测。

图 12-14　碳、硫元素检测设备

高频感应炉燃烧—红外吸收光谱法测定硫元素：

将试样置于坩埚中经高频感应炉加热燃烧，试样中的硫氧化成二氧化硫，经载气送入测量单元，基于多原子气体分子对红外线有选择性吸收，即有其特定波长，SO_2在7.40 μm处有很强的特征吸收，因此只要通过测量红外能量衰减变化，就能测定硫的含量。

12.3.1.5　元素化学分析法

元素化学分析方法按照 GB/T 223 钢铁及合金化学分析方法进行。

12.3.2　金相组织检验

金属材料的显微组织直接影响货车关键部件的使用性能，金相分析是控制货车关键部件内在质量的重要手段。在提高产品质量及新材料、新工艺、新产品的研究开发中，都离不开金相分析技术。

铸钢摇枕、侧架及车钩生产检验过程中，需要对材料非金属夹杂物、晶粒度、组织进行检测和评价。随着检测技术水平的进步，扫描电镜、能谱仪等手段被广泛用于摇枕、侧架及车钩的失效分析，通过对裂纹件从低倍到高倍的连续动态观察，可准确判断裂纹产生及部件失效原因，为优化设计、改进制造工艺提供了科学依据。

12.3.2.1　检验设备

用于铸钢摇枕、侧架、车钩材质微观组织、夹杂物及晶粒度检验的光学显微镜，如图 12-15 所示。

图 12-15　金相显微镜

12.3.2.2　检验过程

微观组织、夹杂物及晶粒度检验的主要流程是：取样→磨平→预磨→抛光→腐蚀→清洗→烘干→检验。

12.3.2.3　试样的制备与观察

日常生产检验试样应从同一冶炼炉次、同一热处理炉次的单铸试棒(基尔试棒)上切取，也可在拉伸试样端头切取。实物检验试样可在铸件附铸试块或铸件本体上切取。试样的切取及制备过程不应产生过热或变形。检验夹杂物时，试样抛光后直接在光学金相显微下放大观察。检验组织时，需经 2%～4%硝酸溶液酒精浸蚀。检验夹杂物时，首先通观整个受检面，然后按最恶劣视场，对照评级图，分别评定级别，评定时允许评半级。检验组织时，首先通观整个受检面，然后按大多数视场所示图像，对照评级图，评定检验项目。金相组织中存在残余铸态、过热组织时，以其中最严重视场作为评定依据。

12.3.2.4　检验项目

(1)组织

金相组织按照 TB/T 3212 机车车辆用低合金铸钢金相组织检验图谱第 1 部分至第 3 部分中相关内容进行检验，结果按照《铁路货车铸钢摇枕、侧架技术条件》和《机车车辆用车钩、钩尾框》判定。金相组织等级要求，见表 12-4～表 12-6。

表 12-4　B 级钢、B+级钢组织等级要求

金相组织	合格级别		评级图
	日常检验	实物检验	
铸态组织	不允许		第一评级图
残余铸态组织	不允许		第二评级图
正火组织	1～6 级		第三评级图
堆垛正火组织	1～4 级	1～6 级	第四评级图

表 12-5　C 级钢组织等级要求

金相组织	合格级别		评级图
	日常检验	实物检验	
铸态组织	不允许		第一评级图

续上表

金相组织	合格级别		评级图
	日常检验	实物检验	
残余铸态组织	不允许		第二评级图
正火＋回火组织	1～4 级	1～5 级	第三评级图

表 12-6 E 级钢组织等级要求

金相组织	合格级别		评级图
	日常检验	实物检验	
铸态组织	不允许		第一评级图
残余铸态组织	不允许		第二评级图
调质组织	1～7 级		第三评级图

B 级钢、B＋级钢典型铸态组织和残余铸态组织，如图 12-16、图 12-17 所示。典型正火组织，如图 12-18 所示。典型堆垛正火组织，如图 12-19 所示。

C 级钢典型铸态组织和残余铸态组织，如图 12-20、图 12-21 所示。典型正火＋回火组织，如图 12-22 所示。

E 级钢典型铸态组织和残余铸态组织，如图 12-23、图 12-24 所示。典型调质组织，如图 12-25 所示。

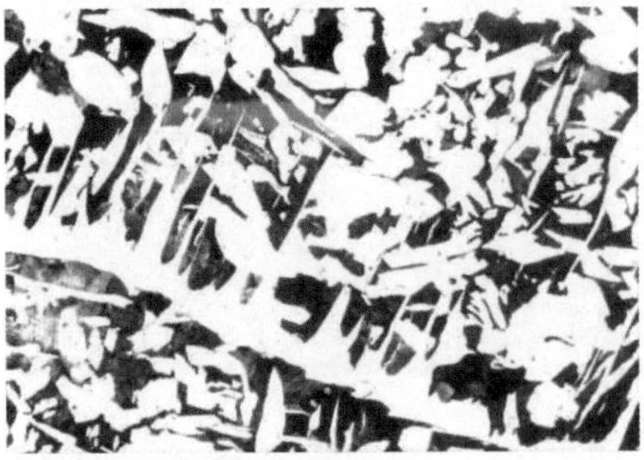

图 12-16 铸态组织 100×

图 12-17 残余铸态组织 100×

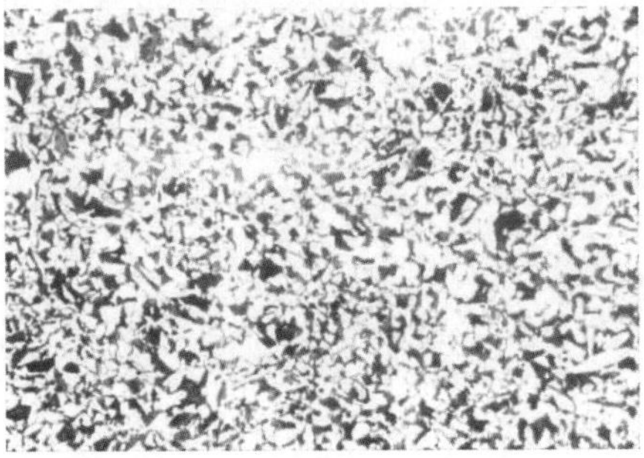

图 12-18 正火组织 100×

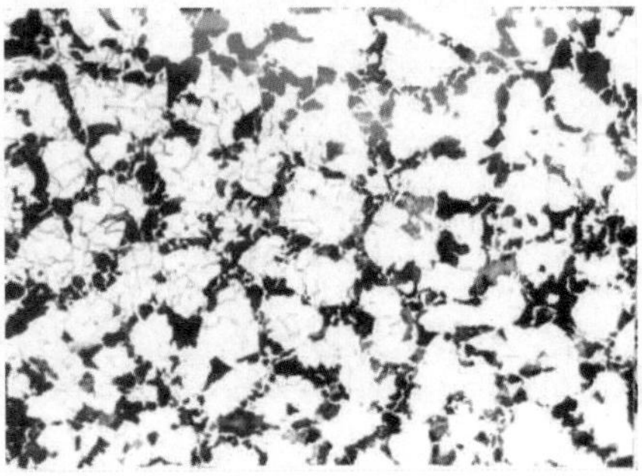

图 12-19 堆垛正火组织 100×

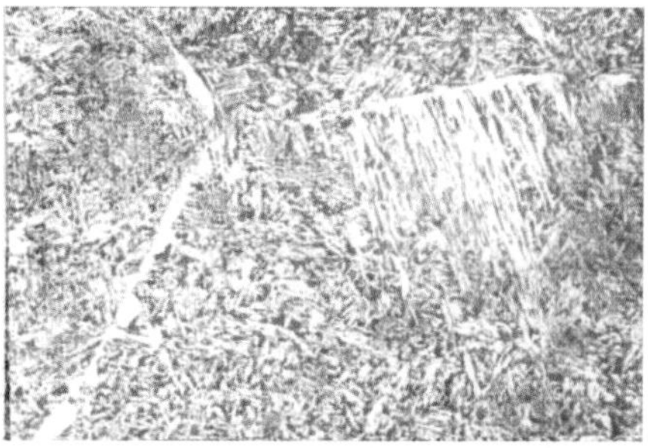

图 12-20　铸态组织　　100×

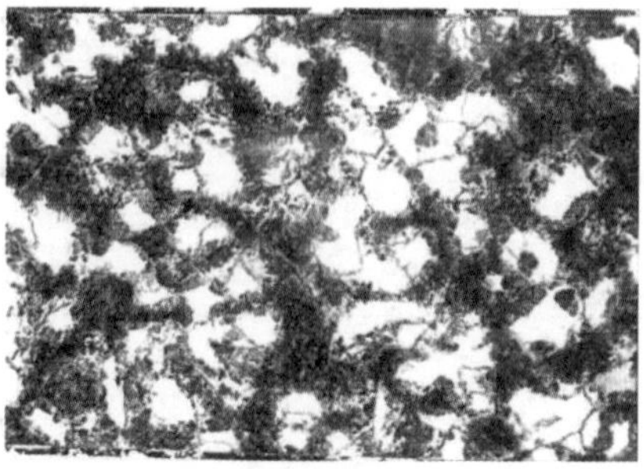

图 12-21　残余铸态组织　　100×

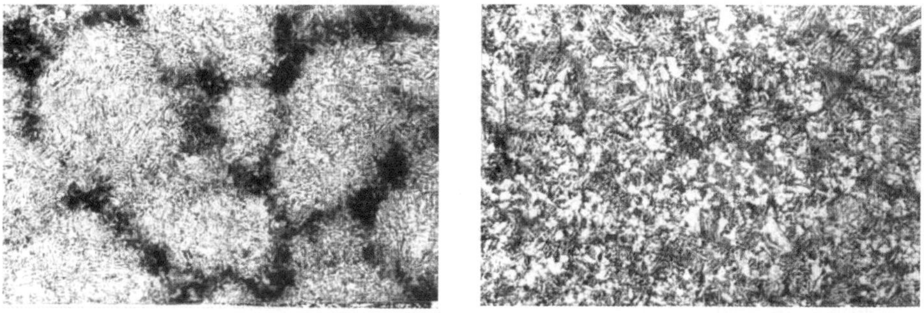

图 12-22　正火+回火组织　　100×

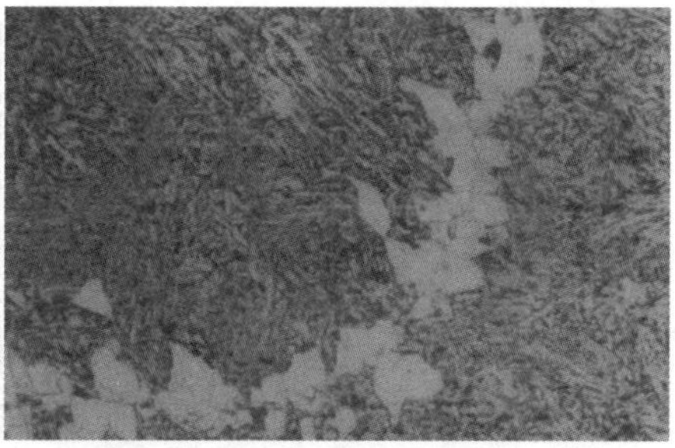

图 12-23　铸态组织　100×

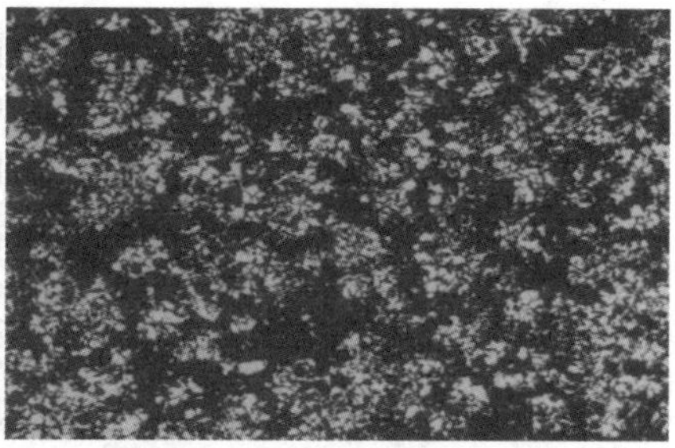

图 12-24　残余铸态组织　100×

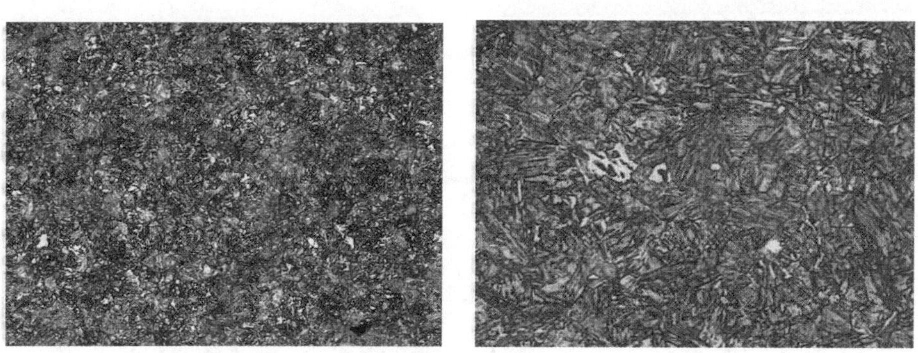

(a)100×　　(b)500×

图 12-25　调质组织

(2)夹杂物

检验夹杂物按照《铸钢中非金属夹杂物金相检验》中相关内容进行检验,结果按照《铁路货车铸钢摇枕、侧架技术条件》和《机车车辆用车钩、钩尾框》判定,摇枕、侧架非金属夹杂物合格等级,见表10-12。车钩非金属夹杂物合格等级,见表10-13。

铸钢中非金属夹杂物主要包括球状、点网状、点状和群状三氧化二铝等,典型的非金属夹杂类缺陷,如图12-26～图12-28所示。

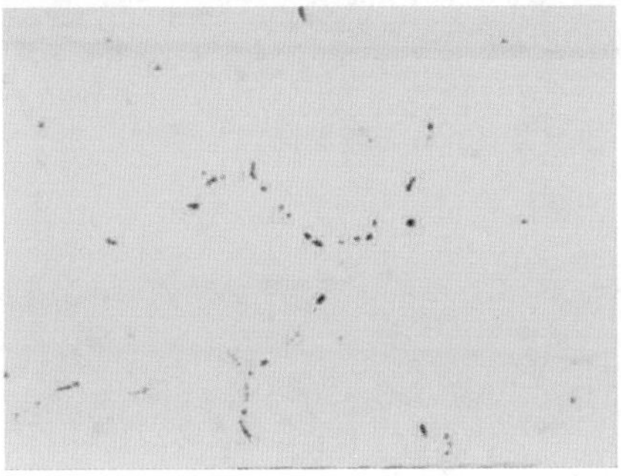

图12-26 Ⅱ型(点网状)夹杂物 100×

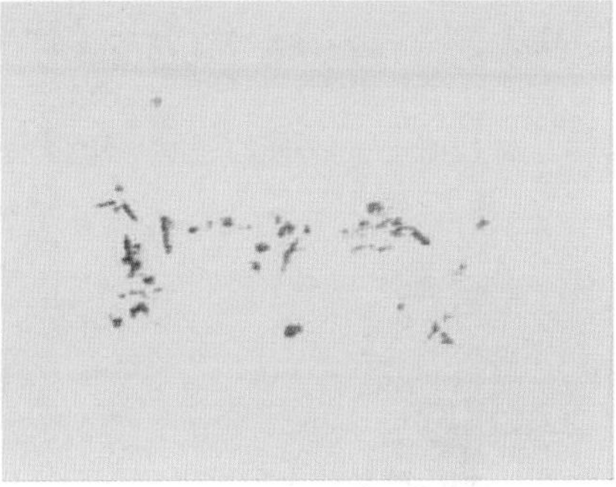

图12-27 Ⅳ型(群状三氧化二铝)夹杂物 100×

图12-28 Ⅰ型(球状)夹杂物、Ⅲ型(点状)夹杂物 100×

12.3.2.5 摇枕、侧架及车钩失效分析

摇枕、侧架及车钩发生疲劳断裂时,需要进行失效分析。失效分析除采用常规的材质及组织检验分析外,透射电镜、扫描电镜及能谱仪在失效分析中得到广泛应用,极大地促进了失效分析技术的发展。摇枕的疲劳断口形貌,图12-29、12-30所示。扫描电镜观察到的疲劳源区的气孔缺陷,如图12-31所示。通过扫描电镜观察到的疲劳扩展区的疲劳辉纹,如图12-32所示。

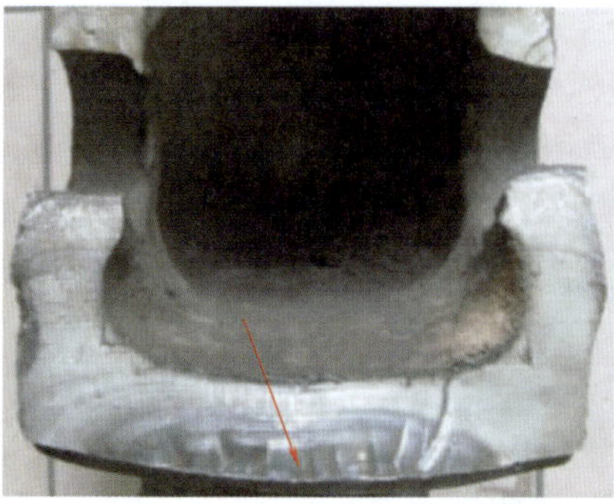

图 12-29　疲劳断口宏观形貌

图 12-30　疲劳断口形貌

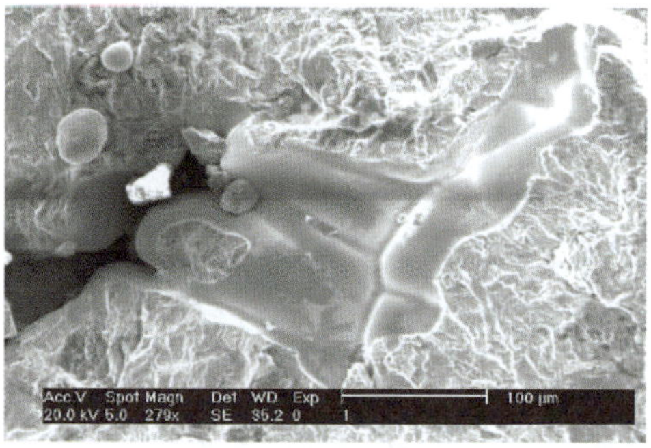

图 12-31　气孔缺陷

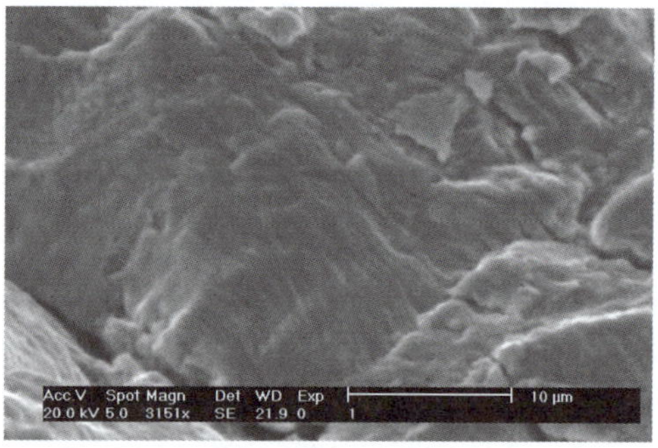

图 12-32　疲劳辉纹

12.3.3　力学性能试验

金属力学性能试验是检测和评定冶金产品质量的重要手段之一。材料的力学性能主要是指材料的宏观性能，如弹性性能、塑性性能、硬度、抗冲击性能等。它们是设计各种工程结构时选用材料的主要依据。材料的力学性能是按照有关标准规定的方法和程序，用相应的试验设备和仪器测出的。表征材料力学性能的各种参量同材料的化学组成、晶体点阵、晶粒大小、外力特性(静力、动力、冲击力等)以及温度和加工方式等一系列内、外因素有关。在零件的生产过程中，要求材料具有优良的力学性能，而在零件的服役过程中，则要求材料具有较高的变形和断裂抗力，使零件在受外力作用时能保持设计所要求的外形和尺寸，保证在服役期内安全地运行。

摇枕、侧架的力学性能试验包括拉伸试验和低温冲击试验，车钩的力学性能试验包括拉伸试验、冲击试验、硬度试验、无塑性转变温度试验或动态撕裂试验。

摇枕、侧架、车钩的力学性能试验用试棒可附铸在铸件或浇注系统上，或者由符合规定的基尔试块制备。力学性能试验用试样在同一冶炼炉次、同一热处理炉次的单铸试棒(基尔试棒)上切取，需要时也可在实物上切取。

12.3.3.1　拉伸试验

拉伸试验是在室温大气中，在缓慢施加的单向拉伸载荷作用下，用光滑试件测定材料力学性能的方法。拉伸试验是材料力学性能试验中最常见的试验方法之一。试验中的弹性变形、塑性变形、断裂等各阶段真实地反映了材料抵抗外力作用的全过程。它具有简单易行、试样便于制备等特点。通过拉伸试验可以得到材料的基本力学性能指标,如弹性模量、泊松比、屈服强度、规定塑性延伸强度、抗拉强度、断后伸长率、断面收缩率、应变硬化指数和塑性应变比等,它们是反映材料力学性能的重要参数,对于设计和选材、新材料的研制、材料的采购和验收、产品的质量控制、设备的安全评估,都有很重要的应用价值和参考价值。

(1)试样制备

试样在机加工过程中要防止冷变形或受热而影响其力学性能。通常以切削加工为宜,进刀深度要适当,并充分冷却。特别是最后一道加工深度不宜过大,以免影响性能。

摇枕、侧架、车钩拉伸试验使用的试样为直径 12.5 mm、标距 50 mm 的圆形试样,试样的加工质量应符合规定的要求,表面不应有显著的横向刀痕、磨痕或机械损伤以及其他可见的冶金缺陷。

(2)试验设备

拉伸试验设备主要有拉伸试验机等。

根据试样选取合适的夹持装置以及试验机合适的量程。检定过的拉伸试验机应满足 1 级或优于 1 级的准确度。引伸计应满足不劣于 1 级准确度。

拉伸试验机是拉伸试验的主要设备,它主要由加载机构、夹样机构、记录或输出机构、测力机构四部分组成。随着计算机技术的普及,电子拉伸试验机正得到越来越广泛的应用。美国 Instron 公司生产的电子拉伸试验机,如图 12-33 所示。

图 12-33 拉伸试验设备

(3)试验程序

①测定试样原始横截面积 S_0。

试样原始截面尺寸与量具对应,见表 12-7。

表 12-7 试样原始截面尺寸与量具对应表

试样横截面尺寸 (mm^2)	分辨力不大于	试样横截面尺寸 (mm^2)	分辨力不大于
0.1～0.5	0.001	>2.0～10	0.01
>0.5～2.0	0.005	>10.0	0.05

应在试样工作段的两端及中间处两个相互垂直的方向上各测量 1 次直径，取其算术平均值，选用 3 处测得的横截面积中的最小值。横截面积计算，见式(12-4)。

$$S_o=\pi d^2/4 \tag{12-4}$$

②测定标记原始标距 L_o

③下屈服强度和规定塑性延伸强度的测定

对于 B 级钢、B+级钢、C 级钢的摇枕、侧架，可采用指针法和图解法测定下屈服强度 R_{eL}；而对于 E 级钢车钩，有时不存在下屈服强度，需测定规定塑性延伸强度 $R_{p0.2}$，可采用图解法。下屈服强度 R_{eL} 和规定塑性延伸强度 $R_{p0.2}$ 亦可采用自动测试系统进行测定。

④抗拉强度的测定

可以采用图解法、指针法测定抗拉强度，也可以使用自动测试系统测定抗拉强度。

⑤断面收缩率的测定

将试样断裂部分仔细地配接在一起，使其轴线处于同一直线上，在缩颈最小处相互垂直的方向测量直径，以其算术平均值为直径，计算最小横截面积 S_u，则断面收缩率 Z 按下式计算，见式(12-5)。

$$Z=(S_o-S_u)/S_o\times 100\% \tag{12-5}$$

⑥断后伸长率的测定

将拉断的试样紧密地对接在一起，尽量使试样轴线处于同一直线上，并采取适当的措施(例如:通过螺丝施加压力)，使试样断裂部分适当接触后测量试样断后标距 L_u，则断后伸长率 A 按下式计算，见式(12-6)。

$$A=(L_u-L_o)/L_0\times 100\% \tag{12-6}$$

如果试样断裂处与最接近的标距标记的距离小于(1/3)L_o，而且断后伸长率不满足标准要求时，则应采用移位法测量断后标距 L_u。

(4)试验结果的数值修约

拉伸试验测定的力学性能指标应进行修约，见表 12-8。强度修约至 1 MPa，断面收缩率修约至 1%，断后伸长率修约至 0.5%。

表 12-8 拉伸试验力学性能指标修约表

性能指标	范 围	修约间隔
R_{eL}、$R_{p0.2}$、R_m (MPa)	≤200 >200～1 000 >1 000	1 5 10

续上表

性能指标	范　围	修约间隔
Z (%)	—	1
A (%)	—	0.5

(5)试验结果无效判断及处理

当试验出现下列情况之一时,试验结果无效,这时,应补做同样数量的试验。补做试验的试样应与试验无效的试样取自同一熔炼炉号、同一热处理批次。

①断样上有肉眼可见的缺陷,如气孔、夹渣等。

②试样断在标距以外或机械刻画的小标记上,并且造成断后伸长率不合格。

③试验期间设备发生故障,影响了试验结果。

12.3.3.2　冲击试验

金属材料在使用过程中要求有足够的韧性,亦即材料在弹性变形、塑性变形和断裂过程中吸收能量的能力。韧性好的材料在服役期间不至于突然发生脆性断裂,从而使安全得到保障。

韧性可分为静力韧性、冲击韧性和断裂韧性,其中评价冲击韧性(即在冲击载荷下,材料塑性变形和断裂过程中吸收能量的能力)的实验方法,按其服役工况有夏比冲击试验、艾氏冲击试验及冲击拉伸试验。

其中夏比冲击试验因其试样加工简便,试验时间短,试验数据对材料组织结构、冶金缺陷等敏感而成为评价金属材料冲击韧性应用最广泛的一种力学性能试验。摇枕、侧架、车钩的低温冲击试验采用的是夏比冲击试验。

(1)试样制备

试样制备过程应使由于过热或冷加工硬化而改变材料冲击性能的影响减至最小。由于冲击试样的缺口深度、缺口根部曲率半径及缺口角度决定着缺口附近的应力集中程度,从而影响该试样的吸收能量,因此对缺口的制备应特别仔细,以保证缺口根部处没有影响吸收能的加工痕迹。缺口对称面应垂直于试样纵向轴线。为避免混淆,试验前应对试样进行适当的标记,标记的位置应尽量远离缺口,且应避免塑性变形和表面不连续性对冲击吸收能量的影响。

摇枕、侧架、车钩低温冲击试验均采用 10 mm×10 mm×55 mm 的标准冲击试样,在试样长度中间有 V 形缺口。V 形缺口为 45°夹角,其深度为 2 mm,底部曲率半径为 0.25 mm。试样的加工质量应符合规定的要求。

(2)试验设备

测定摇枕、侧架及车钩的低温冲击性能,需足够能量的冲击试验机及合理的控温装置。

根据试验材料及热处理工艺,选择合理的冲击试验机。试样吸收能量不应超过实际初始势能的80%，一般试样吸收能量的下限应不低于试验机最小分辨力的25倍。

(3)试样数量

同一熔炼炉号及同一热处理炉次的摇枕、侧架及车钩，应测定三个试样的冲击吸收能量。

(4)试验程序

①检查试样尺寸

根据标准要求，选用合适的量具及仪器检查试样尺寸，符合标准后，方可进行试验。

②对试样降温及保温

试样应在规定的温度下保持足够的时间，以使试样整体达到规定的均匀温度。使用液体介质时，保温时间不少于5 min，使用气体介质时，保温时间不少于20 min。同时，用于移取试样的夹具也应放于相同温度的冷却介质中，确保与介质温度基本相同。

③温度补偿

对于低温试验，从冷却装置中移出试样温度会回升，从而偏离规定的低温温度。如果试样从液体介质中移出至打击的时间在2 s之内，从气体介质中移出至打击的时间在1 s之内，试样温度的回升可以忽略。这种操作方法称为“直冲法”。

如果没有条件满足上述时间要求，为了尽量减少偏离的温度，采用“过冷法”对温度进行补偿。对于摇枕、侧架及车钩的低温冲击试验，一般需过冷2 ℃。采用过冷法也必须在5 s内打断试样。如果超过5 s，则应停止试验，将试样重新放回到冷却介质中保温后再进行试验。

从低温槽取出试样时，专用对中夹钳或定位规应放入低温槽冷却。

④进行空打试验

试验前应检查试验机摆锤空打时的回零差或空载能耗，确保试验机满足标准要求。

⑤试样的定位

将试样紧贴支座放置，并使试样缺口的正面朝向摆锤刀刃。用试样缺口专用对中夹钳或定位规对中，使缺口对称面位于支座对称面上，试样缺口对称面偏离两砧座间的中点应不大于0.5 mm。

⑥试验

将摆锤扬起，把从动针拨到最大冲击能量位置(数显的，则清零)，放好试样，释放摆锤打断试样，读取冲击吸收能量值，应至少估读到0.5J或0.5个标度单位(取两者之间较小者)。

(5)试验结果处理

试验结果中3个测试值的算术平均值应符合规定要求，允许不多于一个测试值低于规定值，但不能低于规定值的2/3。

冲击吸收能量至少保留2位有效数字。

(6)试验中几种特殊情况的处理

由于试验机打击能量不足使试样未完全折断时，吸收能量不能确定，试验报告应注明"×J"的试验机试验，试样未断开。

试验后试样断口有肉眼可见缺陷时，应在试验报告中注明。

试验中如出现误操作，或试样打断时有卡锤现象，则试验结果无效，应重新试验。

12.3.3.3 硬度试验

金属的硬度是金属材料抵抗局部变形，特别是塑性变形、压痕或划痕的能力，是衡量金属材料软硬程度的一种指标。由于硬度能灵敏地反映金属材料在化学成分、金相组织、热处理工艺及冷加工变形等方面的差异，因此硬度试验在摇枕、侧架、车钩生产中得到广泛应用。

硬度试验方法比较简单易行，试验时不必破坏工件，因此很适合于现场检测。测定硬度的方法很多，主要有压入法、回跳法和刻画法三大类，其中布氏硬度是应用最广泛的压入型方法之一。

(1)试验程序

①测试部位及其表面处理

车钩零件硬度测试部位，如图 12-34 所示。测试表面应是光滑的平面，不应有氧化皮及外界污物。应能保证压痕清晰测量，表面粗糙度一般不大于 1.6 μm。

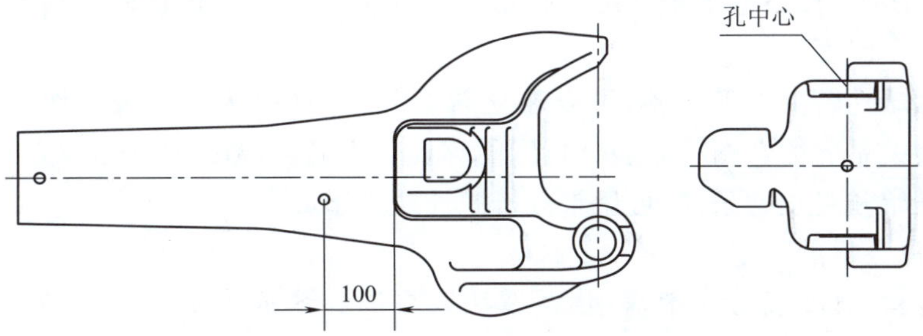

图 12-34 车钩硬度检测位置

②试样的支承

车钩支承面、压头表面及试验台面应清洁。车钩应稳固的放在试验台面上，保证在试验过程中不产生倾斜、位移。加力时，试验力作用方向应与试验面垂直。

③试验力及压头的选择

试验力及压头的选择应保证压痕直径在 0.24D～0.6D 之间。对于车钩产品，一般选择 3 000 kg 的试验力，10 mm 直径的压头。

④试验加力及试验力保持时间

使压头与测试表面接触，无冲击和振动地垂直于测试表面施加试验力，直至达到规定试验力值。试验力保持时间为 10～15 s。

⑤卸除试验力

保压完毕后卸除试验力。

⑥测量压痕直径 d

用读数显微镜或其他测量装置测量压痕直径。测量时，应在两个相互垂直的方向上分别测量，然后计算两个读数的平均值作为压痕直径 d。

⑦求布氏硬度值

根据测得的压痕直径 d，用公式(12-7)计算出布氏硬度值。

$$HBW=0.102\frac{2F}{\pi D(D-\sqrt{D^2-d^2}} \tag{12-7}$$

式(12-7)中，F 为压头压力，D 为压球直径，只有 d 是变数，试验时只要测量出压痕直径 d，通过计算可得出布氏硬度值。

布氏硬度值也可根据检测的压痕直径 d 查布氏硬度数值表得到。

(2)试验结果修约

布氏硬度值大于或等于 100 时，修约至整数；大于或等于 10 至小于 100 时，修约至一位小数；小于 10 时，修约至两位小数。

12.3.3.4　*无塑性转变温度试验*

无塑性转变(NDT)温度是指含有小裂纹的钢材在动态加载屈服下发生脆断的最高温度。而无塑性转变温度试验是以简支梁的形式加载，试样拉伸面堆焊一层脆性合金焊道，并开一缺口以诱发裂纹。试验时，试样在冷却到一定温度并保温一定时间后置于特制砧座上，然后落下重锤进行打击。根据不同温度下试样断裂情况，确定材料的无塑性转变温度。

通过无塑性转变温度试验，可以建立断裂分析图(FAD)，即表示许用应力、缺陷和温度之间关系的综合图。断裂分析图能够提供产品在温度、应力和缺陷联合作用下脆性断裂开始和终止的条件，可用来分析脆性断裂事故。

(1)试样数量的确定

测定材料 NDT 温度一般需用 6～8 块取自同一熔炼炉次，同一热处理批次且同型号的一组试样。

(2)试验温度的调整与控制

将试样放入盛有冷却介质的保温容器降温。试样之间，试样与容器底面、侧面及冷却介质自由表面的距离均应不小于 25 mm，冷却介质应加以搅拌。保温时间一般按试样厚度 1.5 min/mm 计算，但不少于 45 min，试样应有一定的过冷度，最大为 2 ℃。

试样自保温容器中取出至冲击的时间应不大于 20 s，否则需重新保温。

如果试样温度低于规定的试验温度，不得将试样在保温容器中直接升温，而应将试样取出，使之升高到规定试验温度以上，再回到规定试验温度重新保温。

(3)冲击能量的选择

选择的冲击能量应保证试样的受拉面与所匹配的砧座终止台相接触。冲击能量按锤头重量乘以锤头落差计算。

试验时应根据试样型号及材料的实际屈服强度按规定选取冲击能量，见表 12-9。如果试样的受拉面没有接触终止台，可对P-1型试样增加 140J 冲击能量，对 P-2 和P-3

型试样增加 70J 冲击能量，直到试样的受拉面与砧座的终止台接触为止。

表 12-9　标准落锤试验条件

试样型号	跨距 S (mm)	终止挠度 D (mm)	屈服强度 (MPa)	冲击能量 (J)
P-1 (25.4×89×356)	305	7.6	210～340	800
			>340～480	1 100
			>480～620	1 350
			>620～760	1 650
P-2 (19×51×127)	100	1.5	210～410	350
			>410～620	400
			>620～830	450
			>830～1030	550
P-3 (15.9×51×127)	100	1.9	210～410	350
			>410～620	400
			>620～830	450
			>830～1030	550

(4)试验结果评定

断裂：裂纹源焊道形成的裂纹扩展到受拉面的一个或两个棱边，以符号“×”表示。

未断裂：裂纹源焊道形成的裂纹未扩展到受拉面的棱边，以符号“○”表示。

试验无效：试样的裂纹源焊道缺口没有可见的裂纹，或根据砧座终止台上的标记证明试样未充分弯曲，未接触到砧座终止台，以符号“△”表示。

(5)NDT 温度的确定

用一组试样进行系列温度试验，测出试样断裂的最高温度。在比该温度高 5 ℃时至少做两个试样，所有试样均未断裂，则该温度确定为车钩的 NDT 温度。

12.3.3.5　动态撕裂试验

动态撕裂试验是以三点弯曲方式对单侧缺口的简支梁施加载荷，用以测定试样在断裂过程中吸收能量的一种试验，其主要用途有两个方面：一是评价化学成分、加工工艺等因素对材料抗撕裂性能的影响，以改进材料和加工工艺；二是建立动态撕裂功与使用性能之间的关系，确定材料对服役条件的适用性。

动态撕裂试验是测定材料在低温条件下试样的动态撕裂能。

(1)试样的制备

采用机加工方法制出试样缺口，以便在试样上造成 28.5 mm 的断裂路径。缺口的顶角部分，特别是圆弧的最终切割应该采用精密砂轮、刀具、电火花或其他任何一种能确保最后的圆角半径小于 0.13 mm 的方法加工。可以用高速钢刀片压制缺口尖端，随后再打磨掉毛刺和尖锐的边缘。

(2)试样数量

同一熔炼炉次，同一热处理批次的试件，在一个试验温度下，一般至少试验两个试样。

(3)试验温度控制

将试样完全浸在温度为所需试验温度±1 ℃内的适当保温槽中，保温时间一般按试样厚度 1 min/mm 计算，但至少保温 15 min，并确保槽内温度均匀一致。

从保温槽中取出试样到试样打断的时间不应超过 10 s。否则应将未损伤的试样重新放入保温槽内至少 10 min。

(4)试验

将试样放置在试验机两支座之间，缺口背向打击面放置，打断试样，获得动态撕裂能。

12.4 摇枕、侧架强度试验

摇枕、侧架的静载荷及疲劳试验是检验其使用性能的基本方法之一，该试验主要用于检测摇枕、侧架的产品结构是否合理，结构强度是否足够，所采用的生产工艺是否满足运用要求，所考察的主要是产品的使用性能。

《铁道货车摇枕、侧架技术条件》规定了摇枕、侧架静载荷及疲劳性能的要求，《铁道货车摇枕、侧架静载荷及疲劳试验》规定了铸钢摇枕、侧架试验的基本要求、试验方法以及评定准则。

12.4.1 静载荷试验

12.4.1.1 侧架静载荷试验

侧架静载荷试验的试验内容、载荷值见表 12-10，表中的 C 为轴载荷，需按公式计算，见式(12-8)。

$$C=(G-T)g \tag{12-8}$$

式中：C——轴载荷，单位为牛顿(N)；

G——轴重，单位为千克(kg)；

T——一个轮对的重量，单位为千克(kg)；

g——重力加速度，取 9.8 m/s^2。

表 12-10 侧架静载荷试验的内容、载荷值

试验内容	试验载荷(N)
水平载荷下的弹性变形	0.57C
垂向载荷下的弹性变形	2.14C
水平载荷下的永久变形	1.14C
垂向载荷下的永久变形	4.28C
垂向最小极限载荷	11.90C

各种试验载荷下侧架允许变形量由公式计算得到，见式(12-13)，并按照《数据修

约规则与极限数值的标示和判定》的规定进行修约，修约间隔为 10^{-2}。各种试验载荷下不同材质侧架允许变形量的 K 值和 I 值，见表 12-11。

$$D_{允许}=Kl-I \tag{12-9}$$

式中：$D_{允许}$——允许变形量，单位为毫米(mm)；

l——转向架的固定轴距，单位为毫米(mm)；

K——比例系数；

I——常数，单位为毫米(mm)。

表 12-11　不同材质侧架允许变形量的比例系数和截距

试验内容	B 级钢		B+级钢		C 级钢	
	比例系数	常数	比例系数	常数	比例系数	常数
水平载荷下的弹性变形	0.002 17	1.970	0.003 00	2.718	0.003 72	3.374
垂向载荷下的弹性变形	0.001 27	1.176	0.001 48	1.338	0.001 72	1.570
水平载荷下的永久变形	0.000 35	0.352	0.000 35	0.352	0.000 35	0.352
垂向载荷下的永久变形	0.000 35	0.352	0.000 35	0.352	0.000 35	0.352

12.4.1.2　摇枕静载荷试验

摇枕静载荷试验的试验内容、载荷值及允许变形量，见表 12-12。表中的允许变形量适用于标准轨距的转向架，其他轨距的允许变形量可以将表中各数据乘以其轨距的比值来确定，按照《数据修约规则与极限数值的标示和判定》(GB/T 8170)的规定进行修约，修约间隔为 10^{-2}。表中的 P 为一个转向架承受的总载荷，需按公式计算，见式(12-10)。

$$P=(2G-H)g \tag{12-10}$$

式中：P——一个转向架承受的总载荷，单位为牛(N)；

G——轴重，单位为千克(kg)；

H——一个转向架的质量，单位为千克(kg)；

g——重力加速度，取 9.8 m/s^2。

表 12-12　摇枕静载荷试验的试验内容、载荷值及允许变形量

试验内容	载荷值(N)	允许最大变形值(mm)		
		B 级钢	B+级钢	C 级钢
横向载荷下的弹性变形	0.95P	1.91	2.54	3.05
旁承垂向载荷下的弹性变形	1.43P	1.40	1.60	1.78
心盘垂向载荷下的弹性变形	1.43P	1.91	2.31	2.67
横向载荷下的永久变形	1.90P	0.64	0.64	0.64
旁承垂向载荷下的永久变形	2.38P	0.64	0.64	0.64
心盘垂向载荷下的永久变形	2.85P	0.64	0.64	0.64
心盘垂向最小极限载荷	5.22P	—	—	—

12.4.1.3 试验方法

(1)测量变形的两个百分表或挠度表应对称放置在试件两支承点的中间,试件的变形量为两个测量数值的算术平均值。

(2)水平和垂向载荷试验分别进行,先做水平载荷试验,后做垂向载荷试验。摇枕的垂向载荷试验先做旁承载荷试验后做心盘载荷试验。

(3)垂向和水平静载荷试验按照如下顺序进行:先施加与弹性变形试验相同的载荷预压,然后降至 22.25 kN 的初始载荷,将百分表或挠度表调零;在初始载荷的基础上再施加弹性变形试验载荷,测量弹性变形量;将载荷降低至 22.25 kN,百分表或挠度表调零后,将载荷加至永久变形试验载荷(初始载荷包括在内),再减至 22.25 kN,测量永久变形量。

(4)试验加载缓慢均匀进行,加载和卸载连续进行,不应中途停止。加载中断时,检查试件是否已产生永久变形,如已产生永久变形,则该试件不可重新加载测量永久变形,但可加载至最小极限载荷。

12.4.2 疲劳试验

12.4.2.1 侧架疲劳试验

侧架疲劳试验基本要求的加载次数(垂向加载次数)为 15 万次,加载频率不大于 7 Hz。侧架疲劳试验的垂向、横向、载荷幅值见表 12-13。

表 12-13 侧架疲劳试验载荷幅值

载荷类型	载荷幅值 (N)	载荷类型	载荷幅值 (N)
垂向载荷	2.38C	扭转载荷	0.20C
横向载荷	0.31C	—	—

载荷作用位置及加载方式分别为:

(1)垂向载荷加载位置为侧架弹簧座,加载方式为均布加载。

(2)横向载荷加载位置为侧架立柱边缘,近似于在静载荷作用下摇枕接触立柱的位置。每次垂向加载应有一次在立柱内、外侧施加的横向交变载荷。

(3)扭转载荷施加位置为侧架立柱面及边缘。该扭转载荷是通过在侧架内侧距其中心线距离 d(d 为转向架轴颈中心距之半)处施加一定的纵向载荷来实现。每两次垂向加载,应有一次按顺、逆时针方向交变的扭转载荷。

12.4.2.2 摇枕疲劳试验

摇枕疲劳试验的每个加载单元循环次数为 10 万次,基本试验要求共进行 10 个加载单元的疲劳试验,总循环次数为 100 万次,加载频率不大于 7Hz。摇枕疲劳试验包括旁承侧滚载荷、心盘边缘侧滚载荷、心盘浮沉载荷疲劳试验 3 种工况,3 种试验工况的载荷值见表 12-14。

表 12-14　摇枕疲劳试验载荷值

载荷种类	载荷值（N）	载荷种类	载荷值（N）
心盘载荷峰值 B_1	2.35P	旁承载荷峰值 R	1.07P
心盘载荷谷值 B_2	0.33P	—	—

载荷作用位置及加载方式分别为：

(1)旁承侧滚载荷加载位置为作用两侧的旁承中心点处，加载方式为载荷交替作用在两点上，左右旁承各加载一次为一个完整循环，旁承侧滚载荷疲劳试验的循环次数为一个加载单元循环次数的 25%。

(2)心盘边缘侧滚载荷加载位置为心盘左边缘、中心点及右边缘，加载方式为三点各加载一次为一个完整循环，三点的加载顺序见表 12-15，心盘边缘侧滚载荷疲劳试验的循环次数为一个加载单元循环次数的 37.5%。

表 12-15　摇枕心盘边缘侧滚载荷疲劳试验加载顺序

顺序号	1	2	3	4	5	6	7	8	9
加载位置	左边缘	左边缘	左边缘	中心点	右边缘	右边缘	右边缘	中心点	左边缘
载荷值	B_2	B_1	B_2	B_2	B_2	B_1	B_2	B_2	B_2
第 4 项、第 8 项可根据试验情况选择是否加载									

(3)心盘浮沉载荷加载位置为整个心盘表面，心盘浮沉载荷疲劳试验的循环次数为一个加载单元循环次数的 37.5%。

12.5　车钩强度试验

12.5.1　静强度试验

车钩在使用过程中的主要作用是传递列车运行中的纵向牵引力及冲击力。通常情况下，车钩承受冲击(抗压)的能力远大于其承受牵引力(抗拉)的能力。为确保行车安全，还要求车钩在承受一定拉力卸载后其指定部位标的变形量(即永久变形量)不超过某一规定值。因此强度试验的目的一方面是验证车钩在正常生产情况下，车钩所能承受的最大静拉力，另一方面是测定车钩在承受一定拉力卸载后其指定部位标记间的永久变形量。

测定车钩最大静拉力时，通常用专用夹具将车钩置于检定合格的大吨位试验机上，缓慢地加载直至车钩破坏，此时的载荷即为车钩的最大静强度拉力。当测定钩舌(或钩体)的永久变形量及最大静强度拉力时，是将被测件装卡在试验工装(假钩体或假钩舌)上，然后将装卡后的该套假钩一起置于强度试验机进行测试，如图 12-35 所示。在 1 600 kN 静拉力下最大永久变形量不得大于 0.8 mm；对于钩舌内腕特定位置，在 1 000 kN 静拉力下最大永久变形量不得大于 0.8 mm，假钩体(或假钩舌)的刚度和强度远大于被测定件的工件。

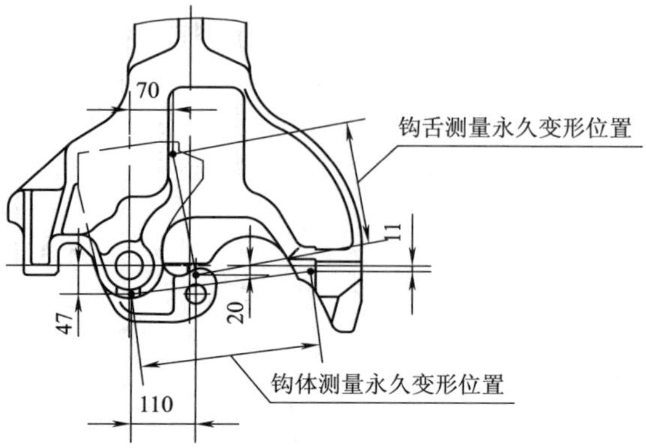

图 12-35　16、17 型车钩钩体、钩舌永久变形测量位置

12.5.2　疲劳试验

随着我国大重载提速运输的快速发展,列车编组数量及牵引吨位大幅增加,列车运行速度达到 120 km/h,列车的纵向冲动显著增加,对车钩的疲劳可靠性提出了更高要求,因此,开展车钩疲劳试验方法和标准的研究具有重要意义。

目前,我国车钩研究机构和制造企业正在开展车钩试验方法和标准研究、试验装备研制,并开展了车钩试验研究。这将为我国铁路货车车钩疲劳试验方法和标准的制定,以及新型重载车钩的研发打下坚实的基础。

13 无损检测

无损检测是利用声、光、热、电、磁和射线等与物质的相互作用，在不损伤被检物使用性能的情况下，探测材料、构件或设备的各种宏观的内部或表面缺陷，并判断其位置、大小、形状和种类的方法。在摇枕、侧架、车钩生产中应用无损检测技术，借助仪器和器材，不破坏试件就可以发现目视检查无法发现的内外部宏观缺陷。通过对产品进行无损检测，既可以对产品质量提供有效保证，又可以为工艺改进提供依据。

在摇枕、侧架、车钩生产中应用的无损检测方法主要有磁粉探伤(MT)、渗透探伤(PT)、超声波探伤(UT)和射线探伤(RT)。磁粉探伤方法用于检测表面裂纹及近表面疏松、气孔、夹渣等缺陷；渗透探伤方法主要用于检测产品的表面开口缺陷。超声波探伤和射线探伤主要用于探测内部气孔、夹砂、疏松等缺陷。2007 年开始，高能 X 射线 DR 和工业 CT 检测技术逐步在摇枕、侧架、车钩生产工艺过程中应用，进一步提高了产品内部缺陷检测能力和检测技术水平。

13.1 磁粉探伤

磁粉探伤是建立在漏磁场基础上的检测技术，当铁磁性材料被磁化后，工件表面和近表面存在缺陷，将会使磁力线发生畸变，磁力线溢出工件表面形成漏磁场，吸引磁粉形成磁痕，从而显示缺陷大小、位置和方向。

磁粉探伤的特点：

(1)适用于铁磁性材料探伤，不适用于非铁磁材料探伤。

(2)可以检出表面和近表面缺陷，不能用于检查内部缺陷。可检出的缺陷埋藏深度与材料、缺陷性质及探伤方法有关，一般为 1～2 mm。

(3)检测灵敏度高，一般能够检出数微米宽或数十微米深的缺陷。

(4)探伤结果直观，能够显示缺陷的位置、大小、形状和严重程度，并可大致判定缺陷的性质。在能够进行磁粉探伤的地方，一般应优先选用磁粉探伤。

(5)使用复合磁化方法，能够同时检出各种方向的缺陷，检测速度快、效率高，并且几乎不受工件形状和大小的影响。

13.1.1 摇枕、侧架的磁粉探伤

为保证摇枕、侧架的制造质量，防止新造摇枕、侧架带危害性裂纹出厂运用，2000年，铁道行业开始对摇枕、侧架进行磁粉探伤，并相继制定了检测标准，开发研制了专用的检测设备。为进一步提高摇枕、侧架磁粉探伤的检测能力，2007 年，全面推广应用了采用高强度紫外线灯无暗室条件下的荧光磁粉探伤技术，使我国铸钢摇枕、侧架磁粉探伤技术达到较高水平。

(1)探伤部位

摇枕、侧架探伤部位为对铸件疲劳性能产生较大影响的高应力区(A 部位、B 部位等)。转 K5 型、转 K6 型、转 K7 型转向架摇枕、侧架 A 部位和 B 部位，如图 3-1～图 3-10 所示。

(2)检测工艺

摇枕、侧架的磁粉探伤采用湿法连续法工艺，即在对工件磁化的同时，用喷淋的方式施加磁悬液，施加磁悬液结束后，再进行一至两次磁化。磁悬液的施加要求均匀、缓流，全面覆盖检测部位。

(3)复合磁化

摇枕、侧架磁粉探伤采用整体复合磁化技术，采用直接通电法在摇枕、侧架表面建立周向磁场，采用均布的线圈建立纵向磁场，两种磁场相互垂直，当磁化装置分别接入有一定相位差的交流电时，交流磁场发生矢量叠加，形成强弱、方向随时间不断改变的圆形或椭圆形旋转磁场。

复合磁化技术可在工件表面建立周期性的旋转磁场，一次磁化可发现工件表面各种取向的缺陷。

(4)磁化规范

磁化规范的选取实际上就是磁化电流或安匝数的选取，磁化规范选择合适时，磁化场能够刚好将被检工件磁化到接近饱和状态，这样既可最大限度地形成漏磁场，同时也不至于产生过多的背景干扰。决定摇枕、侧架磁化效果的因素除磁化方法外，磁化规范的选择是十分重要的。磁化规范过低，工件不能获得充分磁化，缺陷漏磁场小，不能形成磁痕，不能保证探伤质量；磁化规范过高，工件获得过度的饱和磁化，工件表面垂直方向将会有磁通泄漏，吸引磁粉，形成不良本底，使缺陷识别的灵敏度和分辨力降低，也容易漏检缺陷，因此，磁化规范应控制在合理的范围内。

确定磁化规范的因素包括：工件的尺寸、形状、表面状态和材料的磁导率、磁化的方法、磁粉的类型和施加方法，以及所要求发现的缺陷的类型、大小和位置，通常采用下列方法之一或其组合来确定。

①用最不利部位带有自然或人工小缺陷的工件，这种缺陷的类型、尺寸和位置应与产品验收标准相适应。

②为达到推荐的磁场强度进行近似电流值的计算。

③用霍尔探头测量近表面的切向磁场强度。

对于上述几种确定磁化规范的方法，采用工件表面微小缺陷确定磁化规范更为合理，采用这样的方法制定规范符合产品的检测目的，但要对微小缺陷的可接受程度和检出的稳定性进行评价，以确定在此限度以上的缺陷能够可靠检出，并符合产品使用安全性的要求。用霍尔探头测量近表面的切向磁场强度可以获取磁化场的大小，但是该方法在工件形状突变处附近，或在磁通离开工件表面处，切向磁场强度的测量准确性差，另外，评价磁化效果的物理量是磁通密度，一般要求工件表面上的最小磁通密度应为 1T，材料的相对磁导率不同，达到该磁通密度的切向磁场强度也完全不同，获取相同的表面磁通密度，低合金钢和低碳钢较高合金钢、高碳钢及经过调质热处理钢材的切向磁场强度要低，因此磁化规范的合理性还取决于材料的磁导率，单纯测定磁场强度具有一定的局限性。根据铁道货车铸钢摇枕、侧架磁粉检测标准，摇枕、侧架表面的磁场强度大于 2 000 A/m。A_1-15/50 型标准试片主要用于验证系统的综合灵敏度，以确保包括设备、磁场规范、磁悬液和照明等符合检测要求。试片能够提供一个切向磁场强度大小和方向的指示，但不宜用于验证切向磁场强度是否可以接受，试片显示清晰，并不代表与试片相当的缺陷可以检出。

(5)探伤设备

摇枕、侧架磁粉探伤机是针对摇枕、侧架整体复合磁化湿法连续法检测工艺而研制的专用检测设备，由机械夹持装置、磁化装置、磁化电源、磁悬液循环及喷淋装置、指示装置、照明装置等几部分组成。磁粉探伤机的最大磁化电流、最大磁化安匝数、绝缘电阻、最小剩磁值等主要性能符合磁粉探伤机标准的规定，如图 13-1 所示。

图 13-1　摇枕、侧架整体探伤机

摇枕、侧架整体探伤机采用电极在工件端头进行夹持通电，在工件表面建立周向磁场，额定周向磁化电流 5 000 A，采用均布摇枕、侧架长度范围内的 7 匝线圈，在摇枕、侧架表面建立纵向磁场，纵向磁动势 0～20 000 安匝连续可调。

(6)磁粉与磁悬液

磁粉是显示缺陷的媒介，磁粉质量的好坏，以及磁粉的选择与使用是否得当，都将会直接影响磁粉探伤效果。

磁粉种类很多，根据磁痕观察方式的不同，磁粉分为非荧光磁粉和荧光磁粉。非荧光磁粉一般为黑色或红色，其磁痕在日光下可见。采用非荧光磁粉，在白光照射下观察磁痕的方法称为非荧光磁粉检测法。非荧光磁粉检测法通过磁痕与工件本底的颜色反差识别磁痕，由于摇枕、侧架表面粗糙，其表面经磁悬液润湿后，反光能力降低，本底呈暗黑色，工件表面与非荧光磁痕的对比度差，磁痕识别速度、能力及重复性明显不足，为保证磁痕观察效果，在磁化之前需要在工件表面喷涂白色的反差增强剂，以提高磁痕与工件表面的对比度和识别能力。

荧光磁粉是在普通磁粉颗粒的外表面均匀涂敷了一层荧光物质制成的，在紫外线（A 波段 320～400 nm）的照射下，会激发出黄绿可见光（波长 510～550 nm），称之为荧光，荧光磁痕需要在紫外线（黑光）照射下观察。采用荧光磁粉，在紫外线照射下观察磁痕的方法称为荧光磁粉检测法。荧光磁粉与非荧光磁粉的比较，有如下的特点：

①荧光磁粉磁痕与工件本底的对比度高。

②荧光磁粉适合暗处与作业空间狭窄部位的磁粉探伤。

磁悬液由磁粉与液体介质配制而成。每升磁悬液中所含磁粉的质量（g/L）或每 100 mL 磁悬液沉淀出磁粉的体积（mL/100 mL）称为磁悬液浓度。前者称为磁悬液配制浓度，后者称为磁悬液体积浓度，体积浓度一般用长颈沉淀管进行测量。磁悬液浓度对显示缺陷的灵敏度影响很大，浓度过低，由于没有充分的磁粉形成磁痕，会使显示不够清晰，甚至造成漏检；浓度过高，会在工件表面滞留过多的磁粉而使背景变差，掩盖缺陷的显示。摇枕、侧架磁粉探伤理想的磁悬液浓度范围为：荧光磁悬液 0.2～0.7 mL/100 mL；非荧光磁悬液 1.3～3.0 mL/100 mL。

（7）紫外线辐照度与环境白光的关系

荧光磁粉检测对缺陷的识别能力取决于荧光磁痕与周围背景之间的亮度对比度，对比度越大，缺陷磁痕越容易被人眼捕捉。

影响荧光磁痕与工件本底的对比度的因素主要有：荧光磁粉的亮度（荧光磁粉在规定紫外线照度条件下的发光能力）、紫外线辐照度和环境白光照度。理想的荧光磁粉检测条件应为高的紫外线辐照度和相对比较低的白光照度[53]。

国内外的相关标准对检测区域内的紫外线辐照度和环境白光照度都做了明确规定，TB/T 3105 标准对无暗室条件下，摇枕、侧架荧光磁粉检测紫外线辐照度与环境白光照度的对应关系作出如下规定：

$v\leqslant 20$ lx 时：	$u\geqslant 800\ \mu W/cm^2$
20 lx$<v\leqslant$100 lx 时：	$u\geqslant 1\ 800\ \mu W/cm^2$
100 lx$<v\leqslant$200 lx 时：	$u\geqslant 2\ 900\ \mu W/cm^2$
200 lx$<v\leqslant$300 lx 时：	$u\geqslant 4\ 000\ \mu W/cm^2$
300 lx$<v\leqslant$400 lx 时：	$u\geqslant 5\ 300\ \mu W/cm^2$
400 lx$<v\leqslant$500 lx 时：	$u\geqslant 6\ 400\ \mu W/cm^2$
500 lx$<v\leqslant$700 lx 时：	$u\geqslant 8\ 700\ \mu W/cm^2$
700 lx$<v\leqslant$1 000 lx 时：	$u\geqslant 12\ 300\ \mu W/cm^2$

式中：v——白光照度；　　u——紫外线辐照度。

(8)探伤工艺过程

摇枕、侧架磁粉检测的工艺过程主要包括探伤准备、探伤操作、缺陷磁痕分析评价 3 个步骤。探伤准备主要是为了完成对探伤系统的检查、调整和确认工作，它包括对探伤设备状态进行全面检查，调整并测试磁悬液浓度，调整磁化电流，进行系统综合灵敏度试验，及对探伤部位的状态进行检查等相关内容。在探伤操作过程中，探伤人员应观察磁化电流及喷液状态，确保每个工件都能得到有效磁化，且磁悬液能充分润湿全部探伤面。在进行磁痕评定时，应注意观察探伤面的外观状态及磁痕形态，首先确认磁痕不是由于割疤、撑疤、氧化皮等伪缺陷造成的，当磁痕难于鉴别时，对探伤面进行打磨，再重新探查。为保证检测效果，摇枕、侧架磁粉检测还遵守如下规则：

①摇枕、侧架磁粉检测安排在热处理工序及喷抛丸工序之后涂油工序之前进行。

②摇枕、侧架探伤部位表面经过处理应达到《涂装前钢材表面锈蚀等级和除锈等级》规定的 Sa2 级清洁度，探伤部位光滑平整，不得存在油污、尘垢、氧化皮、粘砂等影响磁化及磁痕识别的物质。

③探伤部位经过修磨、焊补或机械加工后，应进行复探；重新热处理或回火处理的铸件应进行重新探伤。

(9)磁痕分析

探伤时磁粉聚集而形成的图像，称为磁痕。磁痕分析是磁粉探伤过程中十分重要的环节，正确的磁痕分析可以避免误判。

磁粉探伤是利用磁粉聚集形成的磁痕来显示工件上不连续和缺陷的。在磁粉探伤时，能够形成磁痕显示的原因很多，由表面裂纹和近表面气孔、夹渣、疏松等缺陷形成的磁痕显示，称为相关磁痕；工件截面变化、表面状态不良、割疤、撑疤、焊点咬边等形成的磁痕，称为非相关磁痕。非相关磁痕和相关磁痕均是由漏磁场吸引磁粉形成的磁痕指示。另外，工件表面不清洁粘附磁粉、磁悬液中存在纤维物线头粘附在工件表面上，或者是工件表面的氧化皮边缘上滞留磁粉形成磁痕显示等，这些磁痕显示称为假磁痕，假磁痕不是由漏磁场吸引磁粉形成的指示。磁痕要根据工件制造工艺、材质、工件表面状态及磁痕形态进行综合判断，必要时，可以对表面进行处理，消除可能的影响因素后，再次检测，或辅助其他检测手段进行综合判别。

摇枕、侧架磁粉检测磁痕的相关定义及特征如下：

①线状缺陷磁痕

磁痕的长宽比不小于三倍的显示。

②非线状缺陷磁痕

磁痕的长宽比小于三倍的显示。

③分散性缺陷磁痕

在一定区域内同时存在几个缺陷磁痕。

④横向线状缺陷磁痕

与摇枕、侧架纵向中心线的锐夹角大于或等于 45°的线状缺陷磁痕。

⑤纵向线状缺陷磁痕

与摇枕、侧架纵向中心线的锐夹角小于 45°的线状缺陷磁痕。

⑥裂纹

铸钢件裂纹分为热裂纹和冷裂纹。热裂纹一般是沿晶扩展，呈很浅的网状。其磁痕细密清晰。冷裂纹一般穿晶扩展，有一定的深度，一般为断续或连续的线条，两端有尖角，磁痕浓密清晰。

⑦疏松

疏松磁痕一般涉及范围较大，呈点状或线状分布，两端不出现尖角，有一定深度，磁粉堆积比裂纹稀疏，当改变磁化方向时，磁痕显示方向也明显改变。

⑧冷隔

在浇注时，两股金属熔液相遇却未融合在一起，形成对接或搭接面上带圆角的缝隙，该缝隙呈圆角或凹陷，与裂纹完全不同。磁痕显示浅淡、欠浓密清晰。

⑨夹杂

夹杂在铸件上的位置不定，易出现在浇注位置上方。磁痕呈分散的点状或弯曲的短线状。

⑩气孔

气孔的磁痕呈圆形或椭圆形，宽而模糊，显示不太清晰，磁痕的浓度与气孔的深度有关。

⑪割疤

铸钢件在切割浇冒口和飞边过程中，由于修整不当留下的飞边或疤痕。一般磁痕浅淡，抹去磁痕肉眼可见。

⑫撑疤

铸钢件表面由于芯撑或冷铁未能完全熔合而留在铸件表面而形成的疤痕，磁痕随疤痕形态而聚集磁粉，抹去磁痕肉眼可见。

13.1.2 车钩磁粉探伤

车钩零件磁粉检测采用湿法连续法整体复合磁化探伤工艺，其检测工艺要点和检验规则与摇枕、侧架相同。车钩零件结构复杂，变截面较多，在采用直接通电法对车钩零件进行磁化时，很难保证各探伤部位获得均匀的磁化，为适用车钩零件结构特点，满足磁化要求，利用交叉线圈磁化技术开发研制了车钩零件专用磁粉探伤机。

采用交叉线圈旋转磁场技术的车钩零件磁粉探伤机由控制系统、磁化系统、磁悬液循环及喷淋系统、退磁系统及照明装置组成，其结构，如图 13-2 所示。车钩零件磁粉探伤机可在工件表面形成三维空间交替磁化场，工件表面任何方向的缺陷(裂纹)均能清晰显示出来，使形状复杂的车钩零件能够实现非接触式探伤。

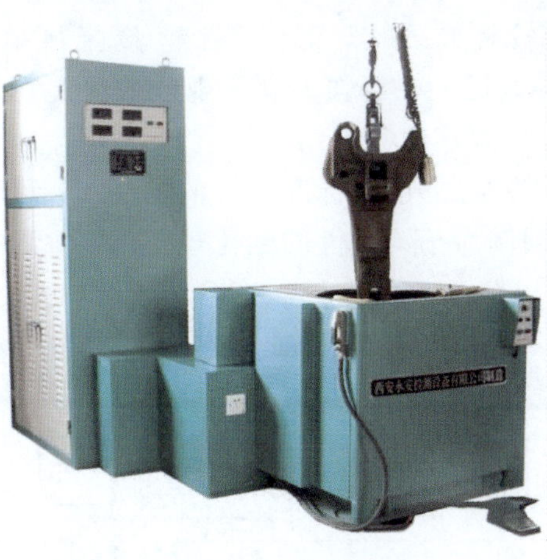

图 13-2　车钩零件磁粉探伤机

(1)探伤部位

车钩零件磁粉检测的部位，如图 13-3～图 13-5 所示。

(2)磁化规范

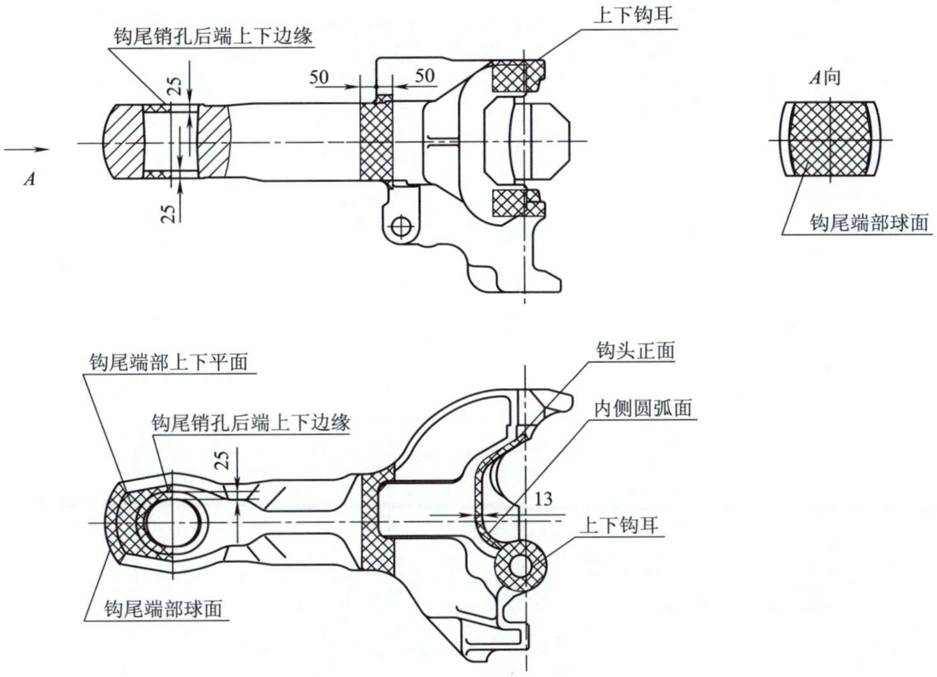

图 13-3　16 型车钩钩体探伤部位

车钩零件结构复杂，且交叉线圈磁化为感应磁化，影响工件表面磁感应强度的因素较多，很难计算表面磁感应强度的大小和分布。车钩零件磁化规范一般采用测量近表面的切向磁场强度，并辅助标准试片贴片试验方法确定。车钩零件一般均经过调质热处理，其相对磁导率较摇枕、侧架低，工件检验区域的磁场强度要求不低于2 400 A/m。在工件检验区域的磁场强度满足规范的前提下，通过标准试片贴片试验验证，将标准试片粘贴于车钩零件各探伤部位表面，观察标准试片的显示情况及工件表面的本底情况。车钩零件各部位的标准试片清晰显示，且工件表面不出现伪像及本底不良时的磁化电流范围作为车钩零件的磁化规范。

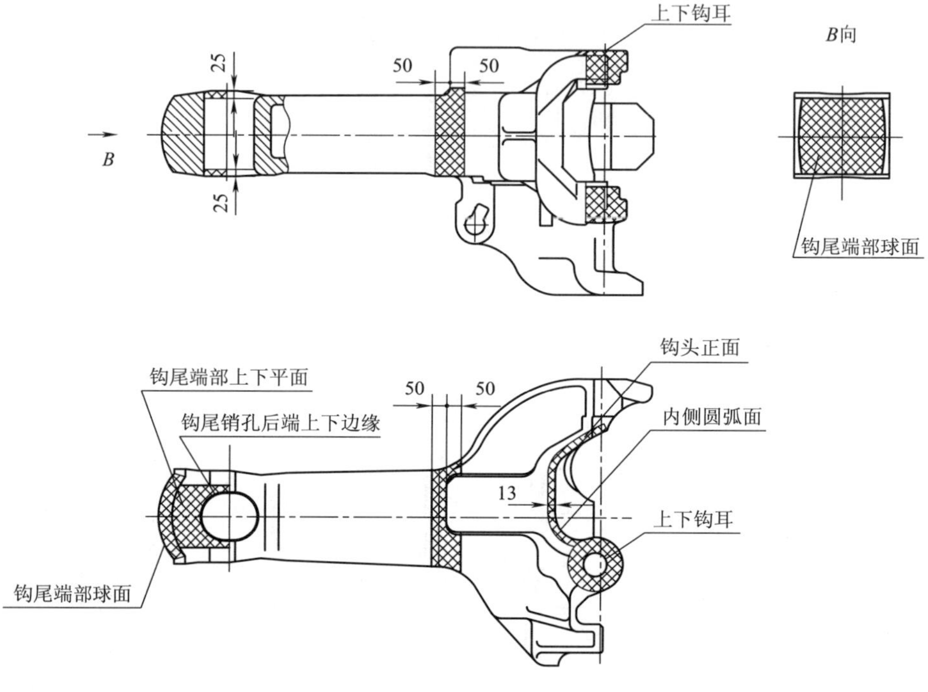

图 13-4　17 型转向架车钩钩体探伤部位

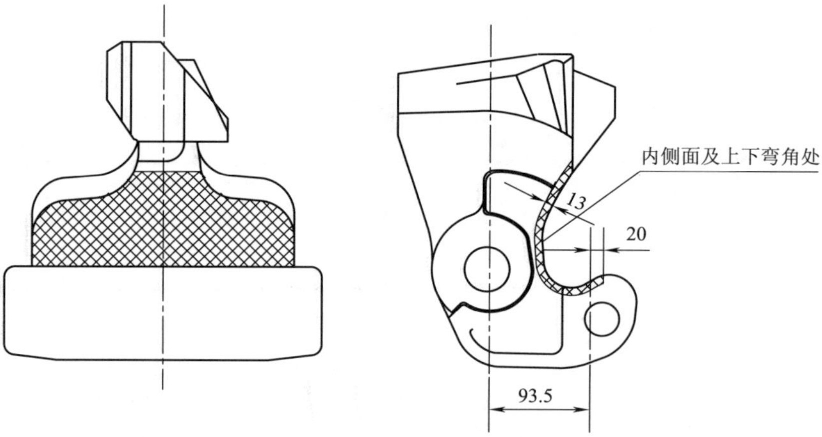

图 13-5　16 型、17 型转向架车钩钩舌探伤部位

13.2 渗透探伤

渗透探伤是一种以毛细管作用原理为基础的检查金属和非金属试件表面上开口缺陷的无损检测方法。该方法可用于检测各种类型的裂纹、气孔、分层、疏松、冷隔、折叠及其他开口于表面的缺陷。渗透探伤的特点如下：

(1)渗透探伤的优点

①渗透探伤不受试件几何形状、尺寸大小、化学成分和内部组织结构的限制，也不受缺陷方位的限制，一次操作可同时检验开口于表面的所有缺陷。

②不需要大型的设备，携带式喷罐着色渗透探伤，不需要水、电，十分便于现场使用。

③操作简便，缺陷显示直观。

(2)渗透探伤的局限性

①只能检测表面开口缺陷，对近表面埋藏缺陷或闭合型的表面缺陷无法检查。

②检测灵敏度比磁粉检测方法低，检测结果容易受工件表面粗糙度及操作人员技术的影响。

③检测程序多，速度慢。

④检测材料易燃、有毒。

由于渗透探伤存在的局限性，对铁路货车铸钢摇枕、侧架及车钩表面缺陷检测应优先选用磁粉探伤方法，渗透探伤只能作为磁粉检测方法的补充，用于现场不具备磁粉探伤条件的特殊情况，或用于鉴别磁粉探伤发现的缺陷是否为表面开口缺陷。

13.2.1 渗透探伤的工作原理和操作步骤

(1)渗透探伤的原理

零件表面被施涂含有荧光染料或着色染料的渗透液后，在毛细管的作用下，经一定的时间，渗透液可以渗进表面开口缺陷中。经去除零件表面多余的渗透液后，再在零件表面施涂显像剂，在毛细管作用下，显像剂将吸引缺陷中保留的渗透液，使渗透液回渗到显像剂中，在一定的光源下(黑光或白光)，缺陷处的渗透液痕迹被显示出来(黄绿色荧光或鲜艳红色)，从而探测出缺陷的形貌和分布状态。

(2)渗透探伤的基本操作步骤

渗透探伤一般分为 6 种基本方法：水洗型荧光法或着色法、后乳化型荧光法或着色法、溶剂去除型荧光法或着色法。上述 6 种渗透探伤的基本操作步骤为：预清洗、渗透、去除、显像、观察，如图 13-6 所示。

①表面准备和预清洗

表面准备是清理工件表面固体污物，如铁锈、氧化皮、焊接飞溅、油漆等，预清理是清理工件表面液体污物，如油污、水、酸、碱等。清除这些污物的方法有三种：机械方法、化学方法和溶剂去除方法。一般渗透探伤准备工作范围是从检测部位向四周扩展 25 mm。

②渗透

采用喷、刷、浇、浸方法将渗透液施加到试件表面上，如果试件表面有缺陷时，渗透液就渗入缺陷，这个过程叫渗透。

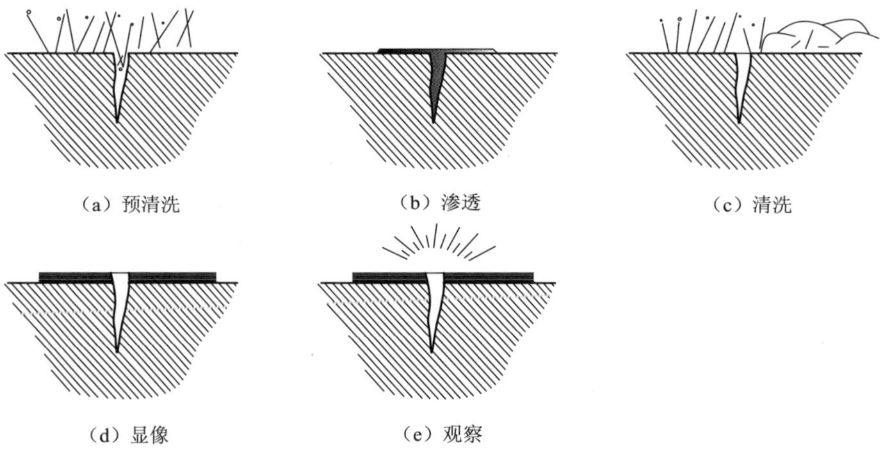

图 13-6　渗透探伤的基本操作步骤

在渗透时，应确保被检工件表面在整个渗透时间内保持完全润湿，在任何情况下都不应在渗透时间内干燥。施加渗透液的环境温度应控制在 10～50 ℃范围内。当环境温度低于 10 ℃或高于 50 ℃时，渗透产品种类、工艺方法必须按照标准的要求来确认。若对细小的缺陷进行探测，可将工件预热到 40～50 ℃，然后进行渗透。渗透时间一般在 5～60 min 之间，对于特定的材料和缺陷种类可延长渗透时间。适当的渗透时间取决于渗透液的性能、检测温度、被检工件的材料以及要检测的缺陷。

③去除

待渗透液充分地渗透到缺陷内之后，用水或清洗剂将检测表面上的多余渗透液去掉，这个过程叫去除。

水洗型渗透液可用水喷法清洗，应注意尽可能减少机械作用的影响。水喷时水管压力在 0.35 MPa 以内，水温不超过 40 ℃，喷头距离工件表面 300 mm 左右，水射束和被检面的夹角以 30°为宜(不得垂直喷射)。荧光渗透液的去除要用黑光灯控制，并且要自下而上进行。

后乳化型渗透液的去除方法因乳化剂不同，步骤有所不同。对于亲水型乳化剂，先用水进行预清洗，然后乳化，最后再用水冲洗。施加乳化剂只能采用浸涂、浇涂或喷涂，不能采用刷涂方式。对于亲油型乳化剂则直接用乳化剂乳化，然后用水冲洗。施加乳化剂只能采用浸涂法或浇涂法，不能采用喷涂或刷涂法。进行乳化操作要防止过乳化，在保证允许的荧光背景和着色底色的前提下，乳化时间要尽可能地短一些。

溶剂去除型渗透液用清洗剂去除。具体操作方法是先用干布擦，然后再用沾有有机溶剂的布擦；不允许用有机溶剂直接冲洗，不得往复擦拭。

④干燥

溶剂去除法渗透探伤时，不必专门干燥，自然干燥即可。用水清洗的零件，采用干粉显像或非水基湿式显像时，零件在显像前必须进行干燥处理；若采用水基湿式显像，水洗后直接显像，然后进行干燥处理。

干燥的方法有干净布擦干、压缩空气吹干、热风吹干、热空气循环烘干装置烘干等方法。实际应用中可将多种干燥方法组合进行。干燥操作时要注意干燥温度不能太高，时间不能太长。

⑤显像

把显像剂喷撒或涂敷在试件表面上，将残留在缺陷的渗透液吸出，表面上形成放大的黄绿色荧光或红色的显示痕迹，这个过程叫做显像。

显像方法有干粉显像、非水基湿式显像、水基湿式显像和自显像等。干粉显像的特点是缺陷轮廓图形不散开，可以分开显示出互相接近的缺陷，显像分辨力高，主要用于荧光渗透探伤。采用非水基湿式显像剂时，零件要进行干燥处理。采用喷涂的方法施加显像剂，显像剂要薄而均匀。对于水基湿式显像剂，可采用喷涂、浇涂或浸涂的方法施加，滴落后在烘干装置中烘干。自显像方法较少用。

显像时间取决于显像剂种类、缺陷大小及被检工件温度，一般为 10～30 min，对于特定的材料和缺陷种类（比如应力腐蚀裂纹），显像时间有时以小时为单位计算。

⑥观察

用肉眼观察缺陷显示痕迹的过程叫观察。着色渗透探伤见到的缺陷是在白底色上出现红色显示，荧光渗透探伤见到的缺陷为暗黑的底色上出现黄绿颜色显示。荧光渗透探伤要求在紫外线照射下观察，检测面上的紫外线辐照度不低于 1 000 $\mu W/cm^2$，同时暗区白光照度不超过 20 lx。着色渗透液的显示痕迹在自然光下观察，检测面上的白光照度不低于 500 lx。如果可能应在喷上显像剂后直接观察检测面，有助于解释所出现的显示，确认性的观察应在显像完成后进行。荧光渗透法主要适于室内检测，其检测灵敏度要高于着色渗透法。着色渗透法的缺陷显示，如图 13-7 所示。荧光渗透法的缺陷显示，如图 13-8 所示。

图 13-7　着色渗透法的缺陷显示

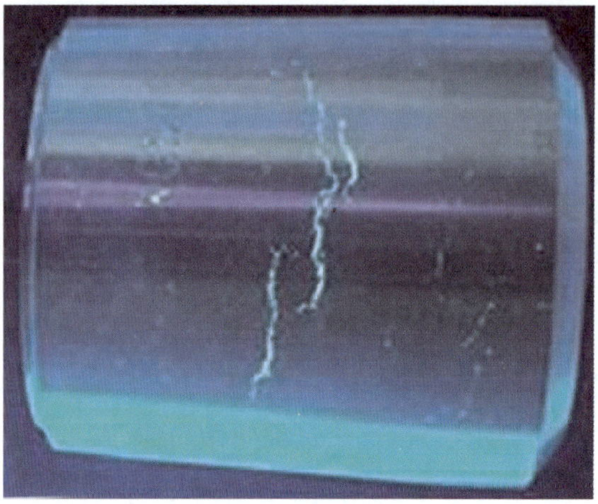

图 13-8 荧光渗透法的缺陷显示

⑦后清洗

后清洗的目的是保证渗透探伤后，不发生对受检件的损害(如腐蚀)或危害，并且去除任何会影响后续处理的残余物。后清洗的操作方法会因显像剂不同而不同。

13.2.2 渗透探伤痕迹和缺陷的评定

渗透探伤中，通常将痕迹显示分为相关显示、非相关显示、伪显示。

相关显示是指由缺陷所引起的显示，常见的缺陷有裂纹、气孔、夹杂、折叠、冷隔、分层等。

非相关显示是指由工件的加工工艺及工件结构外形和表面划伤、刻痕、毛刺、氧化层等非缺陷原因引起的显示。

伪显示是指由于不适当的方法或处理引起的显示，如操作者手上、工作台和擦布上等的渗透液污染、吊具上残存渗透液与已清洗干净的工件相接触造成的污染、缺陷中渗出的渗透液使相邻的工件受到污染。

铸钢件主要缺陷痕迹显示特征如下：

(1)裂纹

裂纹显示一般呈两端尖细锯齿状，对于深的裂纹显示，由于渗透液回渗的较多，有时会失去裂纹的外形而呈圆形，用酒精沾湿的布擦去显示部位的多余渗透液，裂纹的外形特征可清楚地显示出来。

(2)表面气孔

表面气孔的显示呈圆形、椭圆形或长圆条形红色色点，当采用荧光渗透液时，显示呈黄绿色荧光亮点。

(3)疏松

露出表面的疏松，在渗透探伤时，能较容易地显示出来。渗透显示一般呈密集点状、短条状或聚集块状，每个点、条、块的显示又是由无数个靠得很近的小点显示连成一片而成。

(4)冷隔

冷隔显示为断续的或连续的光滑红色或明亮的黄绿色线条。

13.3 超声波探伤

超声波探伤的理论基础是声波的传播特性、衰减特性和在界面上的反射及折射规律。超声波是一种机械波，是机械振动在弹性介质中的传播过程，实际上是能量在介质中的一种传递形式。超声波在传播过程中，如果遇到缺陷、粗大晶粒或其他障碍物(声特性阻抗与周围介质不同的介质)，会产生反射、折射、散射和衍射等现象，这些现象带有传播路径上的所有信息，通过接收反射回波或穿透波，便可检出工件中的缺陷。

超声波探伤的特点：

(1)超声波能够在工件或材料内部及表面传播，因而可以探测内部及表面缺陷。

(2)探测范围大，探伤灵敏度高，可以探测数百甚至数千毫米处的缺陷。

(3)能够很方便地对缺陷定位。

(4)超声波探伤是一种相对测量，或比较测量，需要将未知缺陷与已知缺陷进行"比较"才能进行正确判断，因而探伤前需要在试块(已知缺陷)上或工件上对设备进行校准，其中包括探伤灵敏度校准和测距校准，使探伤系统达到规定的探伤能力和显示范围，才能进行有效的探伤作业。

(5)探伤结果不直观，一般只有专业探伤人员才能对探伤图形进行判读。探伤结果易受人为因素的影响。

(6)不宜对晶粒粗大、表面粗糙和形状复杂的工件或材料进行探测。

13.3.1 摇枕、侧架超声波探伤

摇枕、侧架超声波探伤主要用于发现内部气孔、夹砂、缩孔、疏松等缺陷。超声波探伤的检测速度快，操作方便，可以实现全面检测。但摇枕、侧架结构复杂、表面较粗糙，对其进行超声波探伤存在难于耦合，杂波干扰等问题。

工艺方法

摇枕、侧架超声波探伤的工艺方法一般为双晶纵波A型脉冲反射法，采用5 MHz双晶纵波探头和采样频率100 MHz的数字式超声波探伤仪组成检测系统，如图13-9所示。

双晶纵波A型脉冲反射法适用于摇枕、侧架不同厚度的检测，灵敏度高、盲区小，在5MHz的工作频率下无杂波干扰，可以获得很高的分辨力。用于调整探伤灵敏度的试块(材质:B+级钢)，如图13-10所示。

13.3.2 耦合剂

由于铸造摇枕、侧架表面比较粗糙，探头与工件表面耦合困难，为保证耦合效果，

调整探伤灵敏度、校核仪器及探伤检测时，一般使用水玻璃、工业浆糊、超声专用耦合剂等黏度较大的耦合剂。

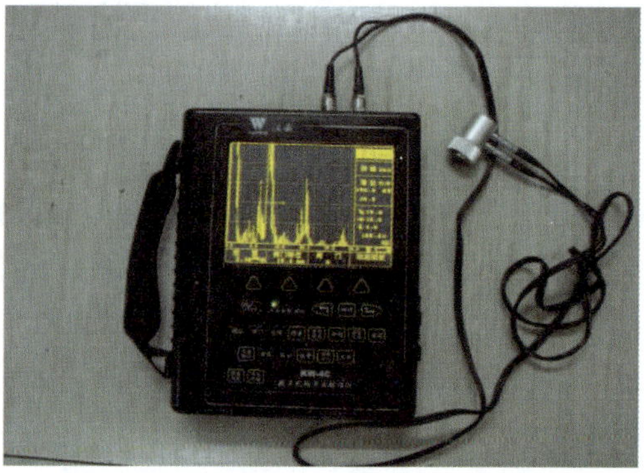

图 13-9　数字超声波探伤仪

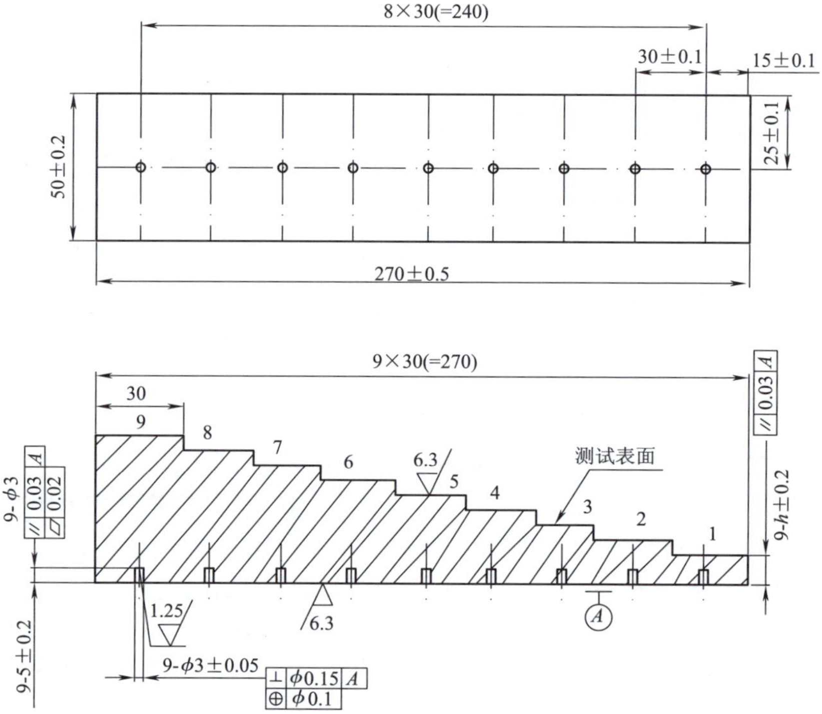

试块中9个阶梯的厚度h明细表

序 号	1	2	3	4	5	6	7	8	9
h (mm)	10	15	20	25	30	35	40	45	50

图 13-10　摇枕、侧架 YC 探伤校准试块

13.3.3　探伤灵敏度

用双晶纵波探头将 YC 试块上第 4 号平底孔反射波调为荧光屏满刻度的 50%高度，增益 16 dB 作为摇枕探伤灵敏度，增益 12 dB 作为侧架探伤灵敏度。

13.3.4　探伤工艺过程

摇枕、侧架超声波探伤工艺过程主要包括探伤灵敏度调节、探伤检测及检测结果评价 3 个方面。摇枕、侧架表面质量影响超声耦合效果，粗糙或凸凹表面，将使超声波入射困难，难于扫查，因此，妨碍超声检测的粘砂、氧化皮、铁屑等障碍物在检测前要予以清除。

超声波在材料中传播，晶粒会对超声波产生散射，导致声能衰减，晶粒越大，衰减越严重，晶粒过大，还会产生草状杂波，使超声波检测信噪比降低，干扰对正常缺陷波识别和评定。为保证检测效果，超声波探伤一般安排在热处理工序之后进行。

超声波探头与工件表面的相对运动，称为扫查，为避免缺陷漏检，探头移动区域应覆盖全部探伤部位，且探头的移动速度不得大于 100 mm/s，相邻两次扫查应相互重叠约为探头晶片尺寸的 10%。

在扫查过程中，探伤人员根据伤波在超声波探伤仪示波屏水平基线的位置，确定缺陷深度，根据缺陷波超过规定高度或底面回波低于规定高度时，探头在工件表面划过的面积，确定缺陷的指示面积。尽管不同种类的缺陷对超声波的反射情况不同，反射波存在一定差异，但超声波 A 扫描很难准确确定缺陷性质。

13.3.5　缺陷判别

超声波在工件内传播将会产生反射和衰减现象，当工件内没有缺陷时，探伤仪示波屏上将只有界面波和底波，并且底波高度正常。当工件内部存在缺陷时，缺陷部位将会反射声波，形成缺陷波显示，并且缺陷将会影响到达底面声波的强度，使底波高度降低。若工件内部存在疏松类缺陷，有可能没有缺陷波显示，但底面回波高度将会大幅度降低，侧架气孔的反射波，如图 13-11 所示。对摇枕、侧架进行超声波探伤时，根据缺陷波和底面回波的变化情况对内部缺陷进行评价，当工件底波消失并同时出现缺陷波时，即以探头中心为准划分缺陷范围；并按标准进行评定级别，见表 13-1。

表 13-1　摇枕、侧架超声波探伤缺陷级别

质量等级	单个缺陷面积 Q （mm^2）	缺陷最大长度 （mm）
1	仅有点状缺陷	—
2	$Q\leqslant 1\ 000$	75
3	$1\ 000<Q\leqslant 2\ 000$	75
4	$2\ 000<Q\leqslant 3\ 000$	100
5	$Q>3\ 000$	100

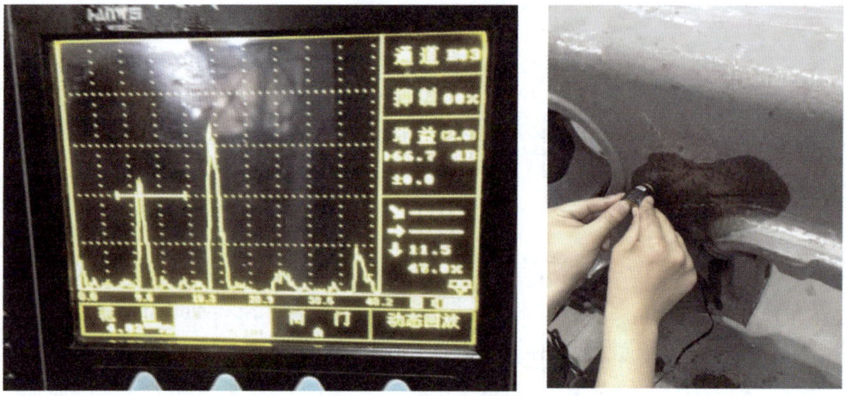

图 13-11　侧架气孔的反射波示意图

13.4　射线探伤

射线探伤的理论基础是射线在工件中的穿透性、衰减性和感光材料的光化学作用或光电作用。

探伤用射线具有很强的穿透能力，一般能够穿透数十毫米甚至数百毫米厚的钢板。射线在工件中穿过时，强度会逐渐减弱，即产生衰减，穿过距离越远，衰减越大。当工件置于射线场照射时，如果在射线穿过的路程上存在缺陷，如气孔、夹杂、裂纹等，相当于在该方向上传播距离减小，相应的强度衰减也小，穿过工件后射线强度会发生与缺陷有关的强弱变化，用胶片接收这些射线，由于光化学作用，胶片会产生与射线强度有关的明暗差别，从而显示缺陷的存在。通过射线胶片显示记录的方法，就是通常所说的射线探伤。

铸件射线探伤是一项在国内外广泛应用的成熟技术，美国 ASTM E446 标准将铸钢件内部缺陷分为 A(气孔)、B(夹砂)、C(收缩类，根据其形态不同分为 CA、CB、CC、CD)、D(冷裂纹)、E(热裂纹)、F(内冷铁未熔合)6 大类，根据缺陷的严重程度不同，A、B、C 类缺陷又分为Ⅰ～Ⅴ级。

参照相关标准，我国建立了铸件射线探伤标准。射线探伤的质量控制包括底片黑度、灵敏度等应遵从相应的技术标准。

射线探伤方法具有如下特点和适用性：

(1)射线探伤最明显的特点是适用性强，基本上不受工件材质和状态的影响，能够检测内部缺陷。

(2)射线探伤结果显示直观，并且能够长期保存，能够显示缺陷的大小、平面位置、分布和大致确定缺陷的性质。

(3)射线照相显示缺陷的二维图像，不能反映缺陷在壁厚范围内的深度信息，缺陷显示有相互重叠的现象。

(4)射线对人体有辐射伤害，射线探伤需要严格的防护。

13.4.1 射线检测系统

铸钢件射线检测系统包括射线源、防护装置和暗室装置等。用于发射 X 射线、γ 射线的装置称为射线源。适用于摇枕、侧架和车钩射线检测的射线源应具有 60 mm (钢)的穿透能力,摇枕、侧架射线探伤设备,如图 13-12 所示。

图 13-12 摇枕、侧架射线探伤设备

暗室装置是射线检测的必备装置,用于射线透照后胶片的显影和定影处理,一般包括显影液槽、定影液槽、水洗液槽和干燥设备等,底片处理的好坏,直接影响到铸件质量等级的评定。

射线对人体有害,因此在实施射线检测时,一定要特别注意安全防护,应当具备符合安全要求的射线透照室,在射线透照时,除了检测人员本身的安全防护外,还要注意周围人群的安全防护。射线照相曝光场,应具备必要的防护措施,室外曝光,应划定控制区和操作区,设定警告标志。辐射防护应符合《工业 X 射线探伤放射卫生防护标准》和《工业 γ 射线探伤放射卫生防护要求》的有关规定。作业人员应在控制区外操作,并携带个人剂量计。

13.4.2 射线探伤工艺

(1)射线照相质量等级的选择

摇枕、侧架及车钩射线照相质量等级采用《控制射线照相图像质量的方法》中的 A 级(普通级),被透照部位应达到的像质计指数,见表 13-2。像质计是用来检查和定量评价射线底片影像质量的工具,像质指数合格表明射线透照检验是在适当的条件下进行的。射线探伤底片必须有规定像质计指数的金属丝显示,否则透照无效。

(2)黑度的确定

底片黑度是射线透照影像质量的基础,射线底片上的缺陷是通过缺陷部位黑度与周围完好部位的黑度差识别的,若黑度不满足要求,小缺陷或细节与周围背景不能引起足够的反差,造成小缺陷漏检,灵敏度不满足要求,摇枕、侧架和车钩射线探伤底片评定区内黑度(D)范围为 1.5～4.0；胶片的本底灰雾度不大于 0.30。

表 13-2　像质计的选用

要求达到的像质指数	线直径(mm)	透照厚度 T(mm) A 级
12	0.25	>8～10
11	0.32	>10～16
10	0.400	>16～25
9	0.500	>25～32
8	0.630	>32～40
7	0.800	>40～60
6	1.000	>60～80
注：像质计的代号为(Fe)碳钢		

(3)射线源管电压的选择

选择 X 射线能量的首要条件是具有足够的穿透力。

管电压越高，穿透能力越强。如果选择的射线能量过低，穿透力不够，到达胶片的透射射线强度过小，造成底片黑度不足，灰雾度增大，曝光时间过分延长，以至无法操作等一系列现象。但过高的射线能量对射线照相灵敏度有不利影响，随着管电压的升高，衰减系数减小，对比度降低，固有不清晰增大，底片颗粒也将增大，其结果是射线照相灵敏度下降。因此在保证穿透力的前提下，应尽可能选用较低的管电压。不同部位照相厚度允许采用的最高 X 射线管电压，如图 13-13 所示。γ 射线源根据 A 级照相质量要求和透照厚度选择，见表 13-3。

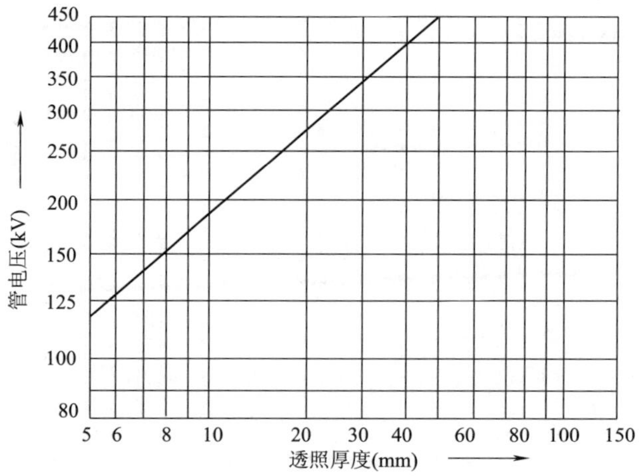

图 13-13　不同照相厚度与允许采用的 X 射线最高管电压

表 13-3　γ射线源透照厚度

射线源	A级　透照厚度(mm)	射线源	A级　透照厚度(mm)
Iγ192	≥20～100	Co60	≥40～200

(4)焦距的选择

焦距是射线照相灵敏度的重要影响因素,其大小决定了射线照相的几何不清晰度,焦距越大,几何不清晰度 Ug 值越小,底片的影像越清晰。焦距应根据射线质量等级、射线源焦点尺寸和工件表面至胶片的距离共同决定,一般焦距大,射线质量好,但曝光量需要相应提高,射线透照效率将降低,为保证射线透照质量,射线源到铸钢件最小距离(f)可按以下方法确定:

①查图法

根据铸钢件被透照厚度从图查出 f/d 值,如图 13-14 所示。再按公式求出 f 值,见式(13-1)。

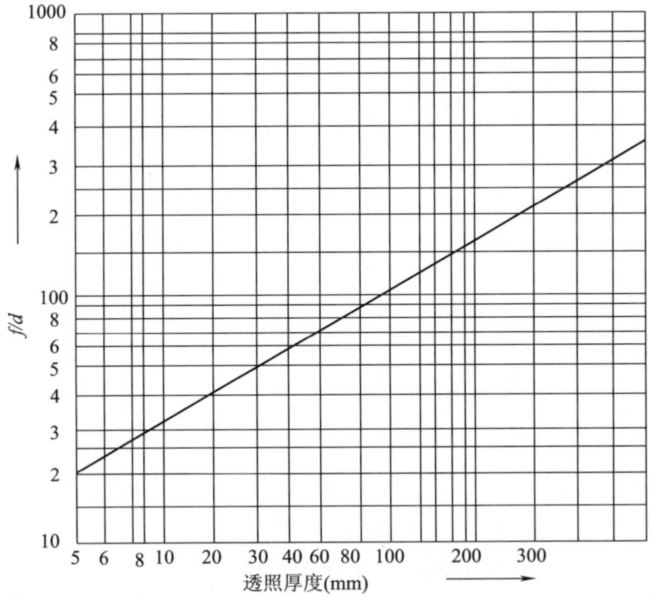

图 13-14　透照厚度 t 与最小 f/d 值的关系

$$f=(f/d)d \tag{13-1}$$

式中:f——线源到铸钢件最小距离(mm);

d——射线源有效尺寸(mm)。

射线源有效尺寸 d 的计算:

a. 正方形焦点:$d=a$(a 是正方形边长);

b. 矩形焦点:$d=(a+b)/2$(a、b 是矩形边长);

c. 椭圆形焦点:$d=(a+b)/2$(a、b 是椭圆的长、短轴长);

d. 圆形焦点:d 是圆形焦点的直径。

②图解法

根据图按已知焦点有效尺寸 d 和被透照铸钢件厚度 t，分 A 和 B 两级，用图解法求出 f 值，如图 13-15 所示。

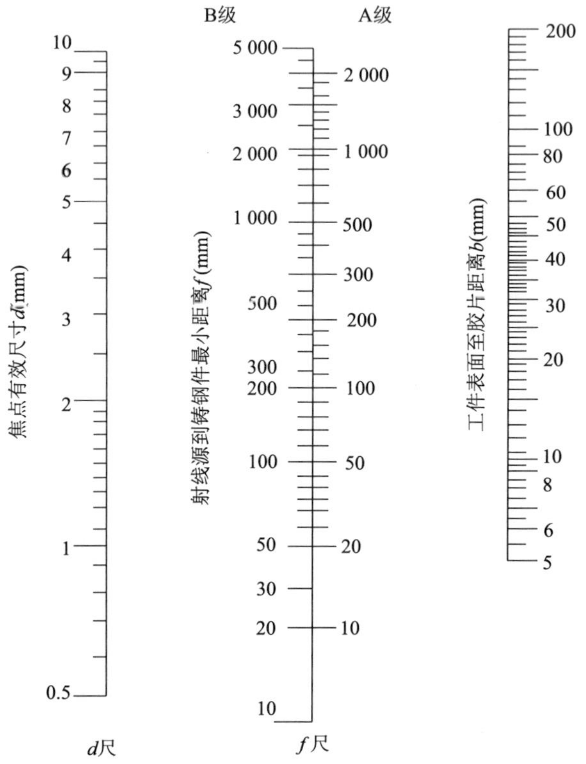

图 13-15　射线源到铸钢件最小距离 f 的诺模图

(5)胶片和增感屏的选择

胶片根据摇枕、侧架 A 部位、B 部位的影像质量要求选择。推荐选用 T3、T4 型胶片，胶片的主要特性，见表 13-4。射线探伤一般使用金属增感屏，增感屏的材质和厚度根据射线强度等级选用，选用原则符合表 13-5 的规定。

表 13-4　胶片的主要特性

胶片类型	感光速度	特性曲线平均梯度	感光乳剂粒度
T3	中等速度	中	中等颗粒
T4	快　　速	低	较大颗粒

表 13-5　增感屏的材料和厚度

射线源	前屏		后屏	
	材料	厚度(mm)	材料	厚度(mm)
X 射线(≤100 kV)	铅	不用或≤0.03	铅	不用或≤0.03

续上表

射线源	前屏		后屏	
	材料	厚度（mm）	材料	厚度（mm）
X射线（>100 kV～150 kV）	铅	≤0.10	铅	≤0.15
X射线（>150 kV～250 kV）	铅	0.02～0.15	铅	0.02～0.15
X射线（>250 kV～500 kV）	铅	0.02～0.2	铅	0.02～0.2
Iγ192	铅	A级 0.1～0.2	铅	A级 0.1～0.2
Co 60	钢或铜	0.25～0.7	钢或铜	0.25～0.7
	铅A级	0.5～2.0	铅A级	0.5～2.0

(6)曝光量的确定

曝光量是射线源发出的射线强度与照射时间的乘积。对于X射线来说，曝光量是管电流与照射时间的乘积；对于γ射线来说，曝光量是放射源活度与照射时间的乘积。

曝光量是射线透照工艺中的一项重要参数。射线照相影像的黑度取决于胶片感光乳剂吸收的射线量。在透照时，如果固定各项透照条件（胶片的相对位置、胶片和增感屏、给定的管电压或放射源），则底片黑度与曝光量有很好的对应关系，因此可以通过改变曝光量来控制底片黑度。

曝光量不只影响影像的黑度，也影响影像的对比度、颗粒度以及信噪比，从而影响底片上可记录的最小细节尺寸。为保证射线照相质量，曝光量应不低于某一最小值。推荐使用的曝光量，见表13-6。

表13-6　X射线照相推荐的曝光量

胶片类型	曝光量（mA·min）	胶片类型	曝光量（mA·min）
T3	20	T4	15

对每台在用X射线设备应作出曝光曲线，依据曝光曲线确定曝光参数，并做好记录。

X射线照相，当焦距为700 mm时，曝光量推荐为不小于15 mA·min，当焦距改变时，可按平方反比定律对曝光量的推荐值进行换算修正。采用γ射线照相，总的曝光时间应不少于输送源往返所需时间的8～10倍。

(7)散射线屏蔽的控制

在射线透照时，凡是被射线照射到的物体，例如试件、暗盒、地面、墙壁甚至连空气都会成为散射源，其中最大的散射源是试件本身。

散射线会使射线底片的灰雾黑度增大，影像对比度降低，对射线照相质量是有害的。但由于受射线照射的一切物体都是散射源，所以散射又是无法消除的，只能设法减少散射线的影响。控制散射线的措施有许多种，对于摇枕、侧架和车钩主要采取如下措施：

①使用铅箔增感屏：铅箔增感屏除了具有增感作用外，还具有吸收低能散射线的

作用,使用增感屏是减少散射线最方便、最经济,也是最常用的方法。选择较厚的铅箔减少散射线的效果较好,但会使增感效率降低,因此铅箔厚度也不能过大。实际使用的铅箔厚度与射线能量有关,且后屏的厚度大于前屏。

②背防护铅板的使用:在暗盒背后近距离内如有金属或非金属材料物体,会产生较强的背散射,可在暗盒后面加一块铅板以屏蔽背散射线。使用背防护的同时仍需要使用铅箔增感屏。

③滤板的使用:在X射线机窗口处加滤板,将X射线束波长较长的软射线吸收掉,使透过射线波长均匀化,有效能量提高,从而减少边蚀散射。

对初次制定探伤工艺时,检查背散射线防护的方法是:在暗袋背面附"B"铅字标记,"B"铅字的高度宜为13 mm,厚度宜为1.6 mm,按探伤工艺规定进行透照和暗室处理。若在底片上出现黑度低于周围背景黑度的"B"字影像,则说明背散射线防护不够,应增大背散射线防护铅板的厚度;若底片上不出现"B"字影像或出现黑度高于周围背景黑度的"B"影像,则说明背散射线防护符合要求。

(8)透照方式的选择及布片

摇枕、侧架、车钩各部位的射线透照方向以最小壁厚方向为透照方向(单壁单影)。由于设备原因,不能垂直于透照方向时,可选择其他方向透照,如射线源偏心式等。透照厚度是指摇枕、侧架、车钩的图样标称尺寸厚度,当厚度不能确定时,可采用制图方法或超声波测厚仪来确认。以转K6转向架摇枕为例,A部位、B部位宜采用外透照方式,射线源置于铸件的外部垂直于透照部位,如图13-16所示。摇枕A部位、B部位腹部两侧侧面单壁单影,如图13-17所示。侧架根据位置不同进行选择,如图13-18~图13-22所示。

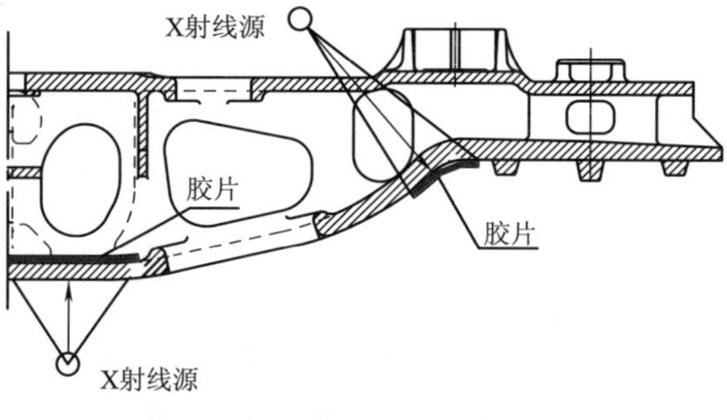

图13-16　摇枕单壁单影和双壁单影示意图

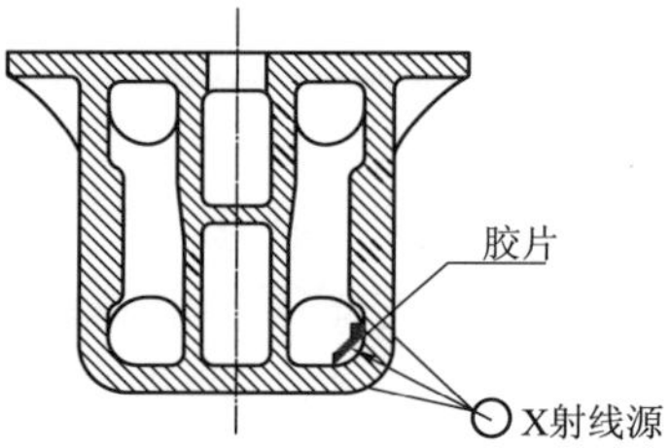

图13-17　摇枕A部位、B部位腹部两侧单壁单影示意图

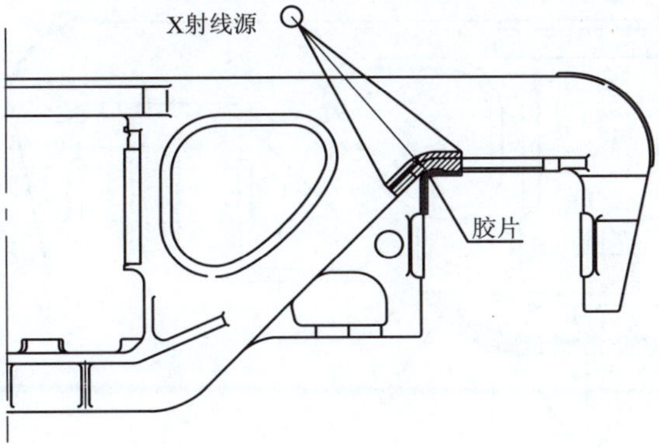

图 13-18　侧架 A 部位双壁单影示意图

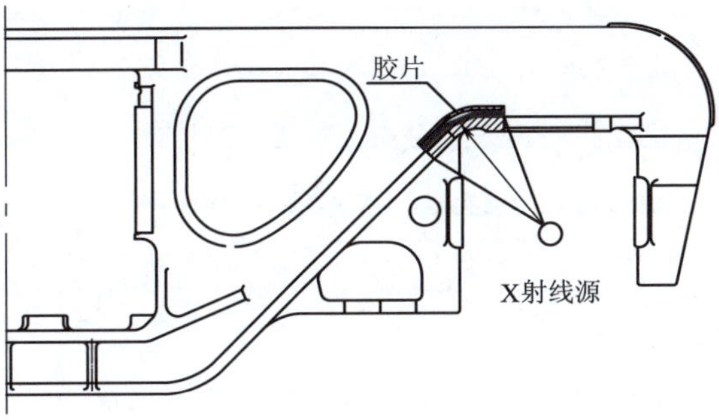

图 13-19　侧架 A 部位单壁单影示意图

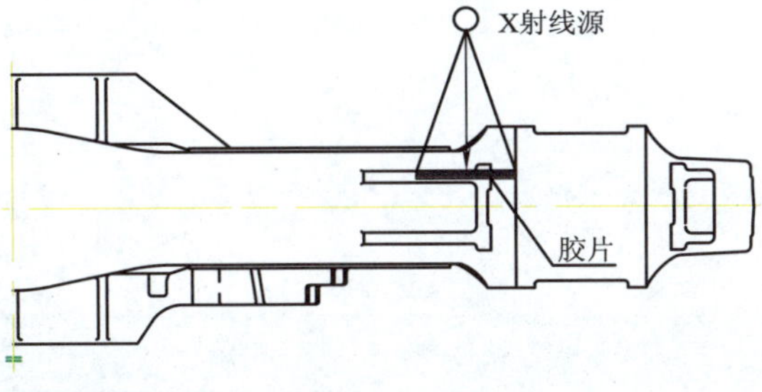

图 13-20　侧架 A 部位单壁单影示意图

(9)检测时机

摇枕、侧架、车钩射线探伤一般在热处理、抛丸、外观检查合格后进行。

(10)底片缺陷分类

摇枕、侧架、车钩常见缺陷的类型及特点如下。

A 类——气孔：

气孔在底片上的影像是黑色的圆形或椭圆形斑点，也有柱状或其他不规则的形状，气孔的轮廓较圆滑，边缘很清晰，中心黑度较大。有时孤立出现，有时成群出现。典型缺陷，如图 13-23 所示。

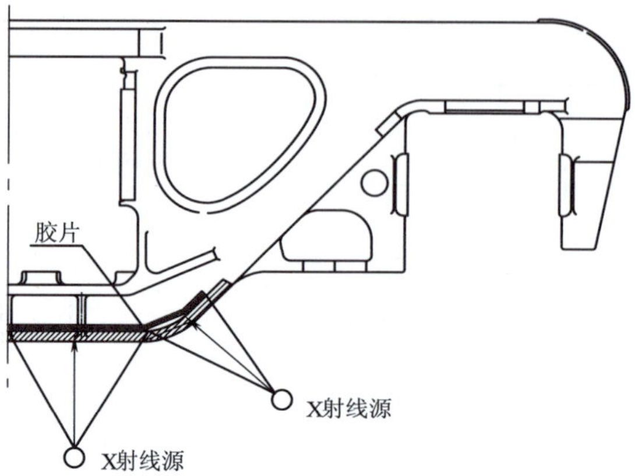

图 13-21　侧架 B 部位单壁单影示意图

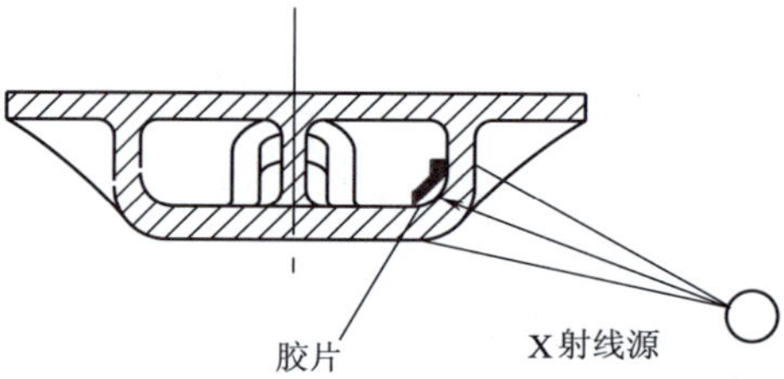

图 13-22　侧架 B 部位两侧单壁单影示意图

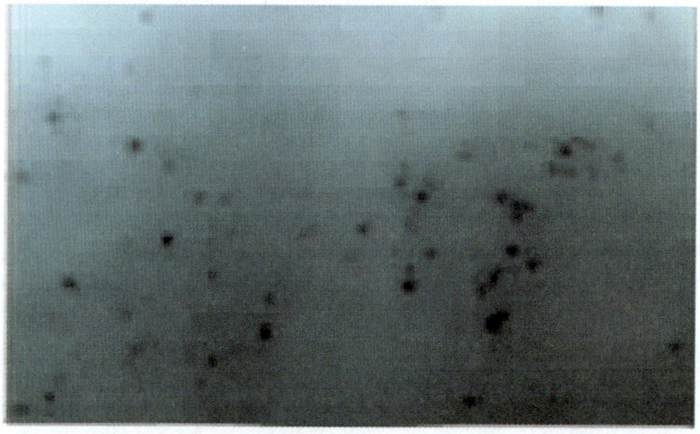

图 13-23　X 射线 300 kV　A 类——气孔

B 类——夹砂或夹渣：

夹渣和夹砂的形态比气孔有棱角，其周围有时还会附着很多的气孔。夹砂大多是分散存在的，夹渣在底片上的影像是粒状、片状或条状，形状不规则，轮廓不圆滑，边缘较清晰，黑度与气孔也不同。典型缺陷，如图 13-24 所示。

C 类——收缩缺陷：

铸件在冷却和凝固过程中，合金发生液态收缩和固态收缩时，补缩不足形成的孔洞。

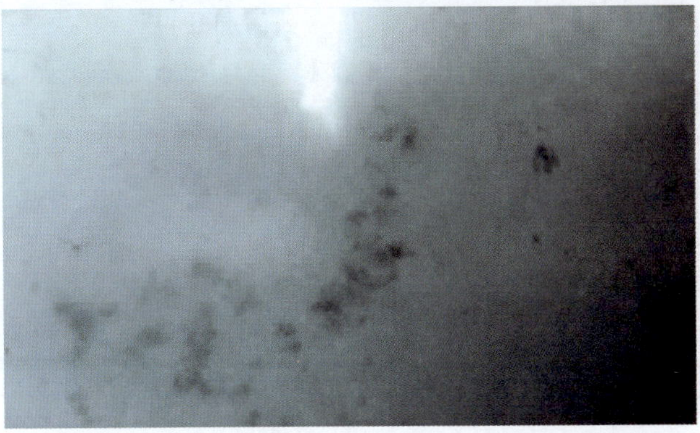

图 13-24　X 射线 300 kV　B 类——夹砂或夹渣

CA——树枝状收缩缺陷：在底片上的影像呈树枝状，如图 13-25 所示。

CB——分散状收缩缺陷：在底片上的影像呈云雾或海绵状，轮廓不清晰，如图 13-26所示。

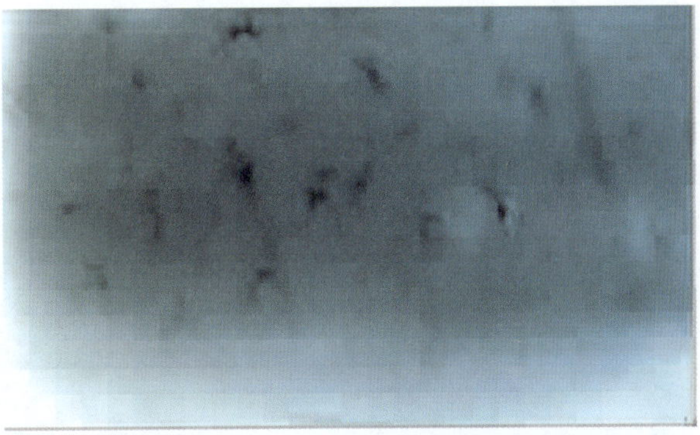

图 13-25　X 射线 300 kV　CA 类——树枝状收缩缺陷

图 13-26　X 射线 300 kV　CB 类——分散状收缩缺陷

CD——缩管状收缩缺陷：在底片上的影像形状不规则，黑度大，轮廓清晰，如图 13-27所示。

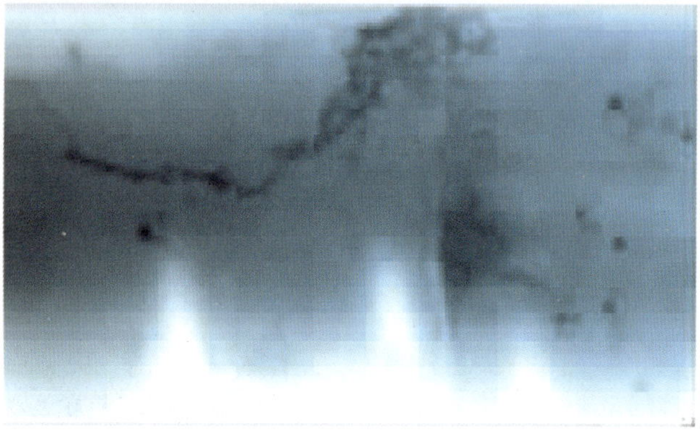

图 13-27　X 射线 300 kV　CD 类——缩管状收缩缺陷

E 类——热裂纹：

热裂纹在底片上的影像呈现不规则的暗线，常为波折状，可分叉，暗线上有微小的锯齿，始端有尖角，末端较钝。冷裂纹在底片上的影像呈直的或弯曲的平滑线状。热裂纹如图 13-28 所示。

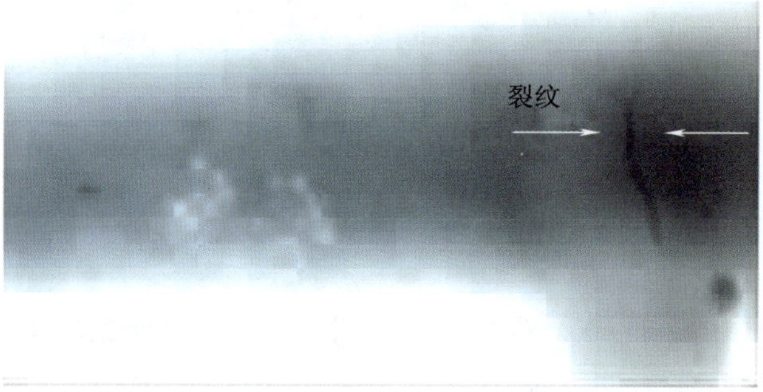

图 13-28　X 射线 300 kV　E 类——裂纹

因胶片质量、透照工艺或暗室处理不当等原因，射线底片常出现伪缺陷，在底片评定时，须进行认真鉴别，主要伪缺陷如下：

擦痕：胶片在操作时受到划伤所致，在底片上呈现清晰的线状条纹。

静电斑纹：胶片与物体摩擦产生静电感光，在底片上为分散或间断的暗点、带有枝状暗线的暗斑或树枝状暗线。

压力斑纹：胶片局部受到挤压或弯折，在底片呈现高黑度或低黑度月牙状斑纹。

水迹斑纹：水洗不足或干燥环境不清洁，在底片上呈现模糊的形状不规则的片状斑纹。

显影条纹：显影速度过快，在底片上呈现模糊的条状暗斑。

冲洗条纹：水洗或停显处理不当造成的，在底片上呈现模糊的条状暗斑。

增感屏斑纹：由于增感屏的损坏、污染或夹带异物，使增感屏局部的增感性能发生改变而造成，在底片上呈现黑度或高或低的线、点等。

显影斑点：在显影前胶片上溅上显影液，在底片上呈现高黑度的圆形斑点。

定影斑点：在显影前胶片上溅上定影液，在底片上呈现低黑度（透明）的圆形斑点。

温差网纹：暗室处理过程中温度差异过大造成乳剂层破裂，在底片上呈现网状条纹。

(11)缺陷评定

机车车辆射线照相检验标准规定，除 E 类缺陷不分级外，其他类型缺陷均分为 6 个级别，对底片评定时，应首先对某张底片的部位、片号位置进行确认，并在观片灯下，对底片上的缺陷形貌、分布大小程度作综合判断。然后，对照缺陷图谱分类、分级作出级别评定。

存在一个类别的缺陷且级别不同时，则取其中最严重的级别为最终级别评定。存在两类及以上缺陷时，视底片上缺陷的大小程度对照缺陷图谱分类、分级评定。

对于收缩类缺陷视缺陷的严重程度和大小，对照缺陷图谱的分类级别，评级时，不包括周围模糊阴影部分。

当两个缺陷呈现在底片部分重叠时，则应分别以大小程度，对照缺陷图谱评定。

气孔、夹砂或夹渣在底片上选取缺陷点最多的区域，视缺陷大小、密集程度对照缺陷图谱级别评定。底片上焊补区缺陷的气孔、夹渣，视同铸造缺陷来评定。

机车车辆射线照相检验标准中，规定了各型摇枕、侧架 A 部位、B 部位各片号位置允许缺陷的质量级别。

13.5 DR 和工业 CT 检测

胶片照相检测技术是一项传统技术，尽管其检测灵敏度和可靠性较高，但其检测效率较低，且仅能获取缺陷平面投影信息，技术上存在一定的局限性。为进一步提高铸钢摇枕、侧架和车钩内部缺陷的检出能力，改进铸造工艺，开始将高能 X 射线工业 DR 成像检测系统和工业 CT 成像检测系统用于铸钢摇枕、侧架、车钩等关键铸钢件的工艺研究。检测设备，如图 13-29 所示。

高能 X 射线工业 DR 成像检测系统和工业 CT 成像检测系统是以辐射成像技术为核心，将高能射线技术、计算机、控制、精密机械、高精电子、软件工程等集一体的先进无损检测设备。

DR 成像检测的原理是利用 X 射线穿透工件后的射线通量衰减情况来反映工件内部结构和材质的复合信息，其成像的物理原理与射线胶片照相技术相同。正如数码照相机用电子介质替代胶片相机中的胶片一样，DR 成像用数字信号探测系统替代了传统射线胶片照相中的胶片。DR 检测通过辐射探测器直接获取穿透工件的 X 射线通量，将透过通量由光信号转换为数字信号，并经过计算机系统对数字信号进行处理，显示工件内部缺陷图像。

与传统 X 射线照相技术相比，DR 射线检测技术具有灵敏度高、成像速度快、影像动态范围宽、操作方便、空间分辨能力强、图像层次丰富、细微结构表现出色、检测条件宽容度大、适合工件整体检测等特点。另外 DR 射线检测结果可以通过电子介质进行存储，对检测结果的使用和管理提供了方便。

图 13-29　高能 X 射线 DR 和工业 CT 成像检测系统

摇枕、侧架和车钩均为箱形结构，内部设置有立筋，当采用垂直方向透射 DR 检测时，射线穿透双壁甚至多壁投影，接收器获取双壁或多壁叠加的缺陷信息，为了确定缺陷的所在位置，需对工件进行多角度翻转检测和摆动检测，根据工件翻转和摆动一定角度后缺陷向上或向下移、向左或向右移的情形，可以确定缺陷处于前壁还是后壁、顶平面还是底平面，并可测量缺陷大小、确定缺陷性质。摇枕 DR 检测图像，如图 13-30 所示；侧架 DR 检测图像，如图 13-31 所示；车钩 DR 检测图像，如图 13-32 所示；钩舌 DR 检测图像，如图 13-33 所示；摇枕 DR 检测局部缺陷，如图 13-34 所示。

图 13-30　摇枕 DR 检测图像

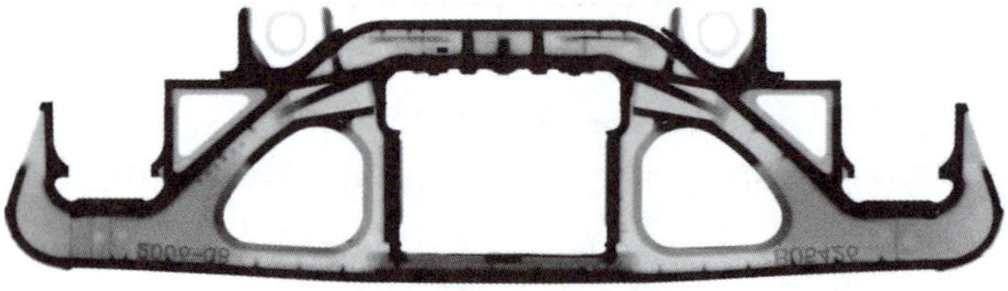

图 13-31　侧架 DR 检测图像

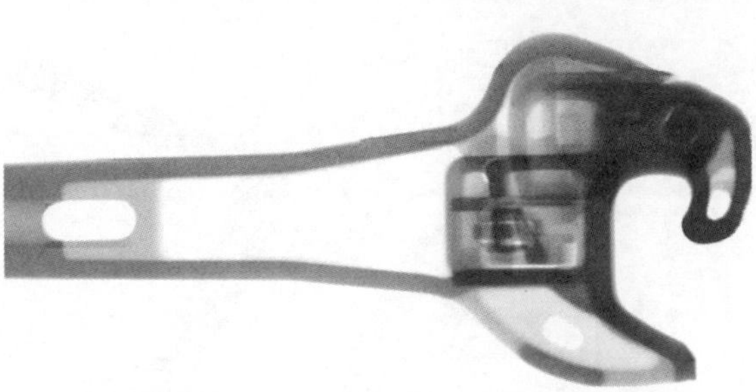

图 13-32 车钩 DR 检测图像

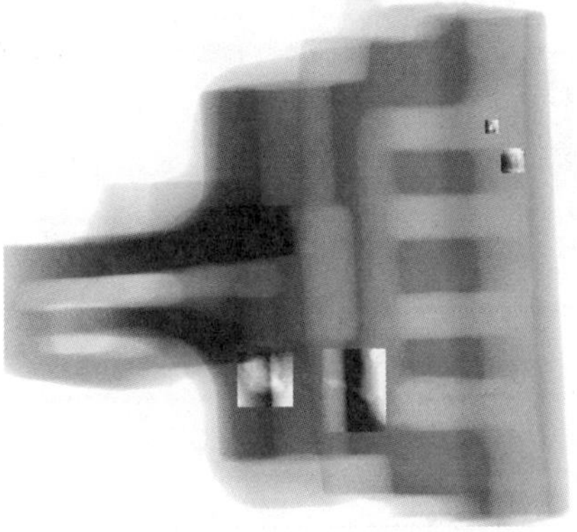

图 13-33 钩舌 DR 检测图像

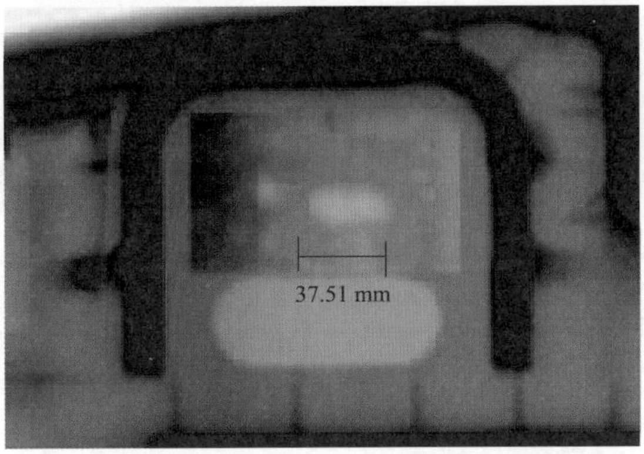

图 13-34 DR 检测时发现的摇枕旁承盒内的夹砂

CT 成像检测的原理是利用射线从多个方向透射工件某断层，通过探测器测量被工件衰减后的射线信息，由计算机对采集的数据进行图像重建，以二维图像形式清晰、准确、直观地展现被检测物内部结构特征、材料密度分布、缺陷位置及大小等，相当于对检测断层部位进行了虚拟解剖。与 DR 成像检测相比，工业 CT 检测具有成像精度高、图像直观清晰、影像不重叠、空间分辨能力和密度分辨能力强、适于内部缺陷精确定量测量分析等显著优点。

工业 CT 检测系统需要在 DR 检测系统的基础上加装高精度的工件扫描系统，通过高精度扫描再现工件内部结构、断面缺陷形貌和缺陷位置等信息。摇枕、侧架断层内部缺陷 CT 扫描图像，如图 13-35 所示；钩舌 CT 扫描图像，如图 13-36 所示；摇枕端头 CT 扫描到的缺陷图像与解剖后实际缺陷照片的对比，如图 13-37、图 13-38所示。

高能 X 射线工业 DR 成像检测系统和工业 CT 成像检测系统均由射线源（高能电子直线加速器）、辐射探测器、扫描系统、控制系统、图像系统及安全连锁与警示系统组成。高能 X 射线工业 DR 成像检测系统的主要技术指标和工业 CT 成像检测系统的主要技术指标分别见表 13-7、表 13-8。

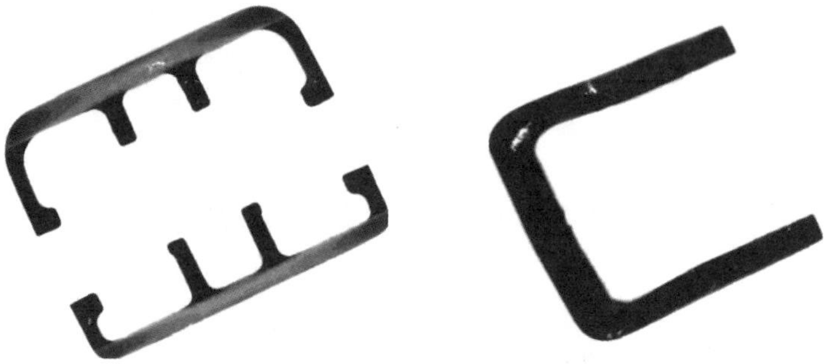

图 13-35　摇枕、侧架断层内部缺陷 CT 扫描图像

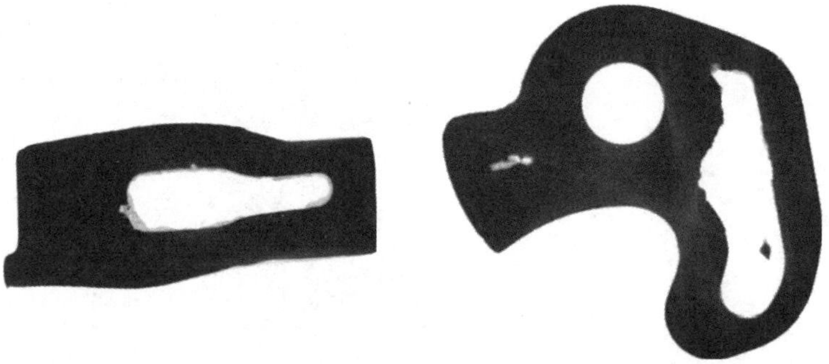

图 13-36　钩舌 CT 扫描图像

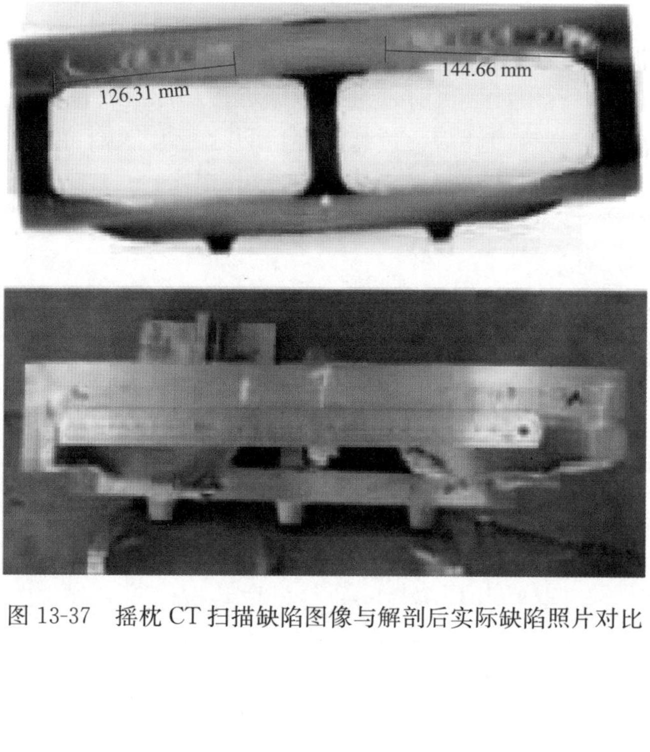

图 13-37　摇枕 CT 扫描缺陷图像与解剖后实际缺陷照片对比

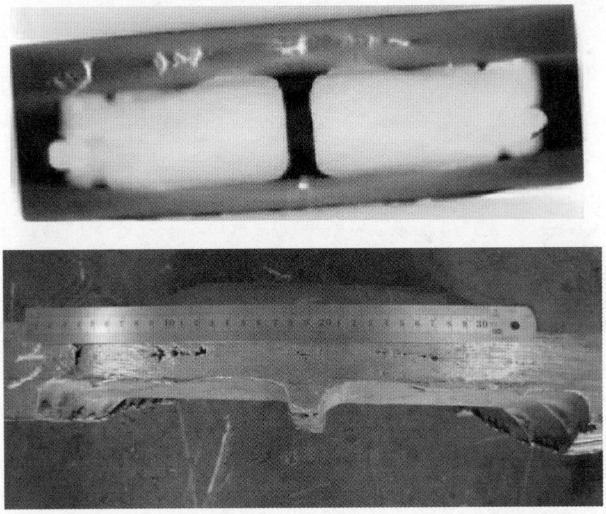

图 13-38　摇枕 CT 扫描缺陷图像与解剖后实际缺陷照片对比

表 13-7　工业 DR 成像检测系统主要技术指标

最大可穿透等效钢厚度（mm）	≥240
圆形缺陷（气孔）识别能力（mm）	≤ϕ1.5
像质计灵敏度（%）	≤1.0
3 m 单工件平均检测时间（min）	约 5

表 13-8　工业 CT 成像检测系统主要技术指标

最大可穿透等效钢厚度（mm）	≥240
空间分辨率（lp/mm）	≥1.0
密度分辨率（%）	≤0.5
可检测金属裂纹宽度（mm）	0.2
CT 扫描时间（1 024×1 024）（min）	≤3.0
CT 图像矩阵	1 024×1 024～4 096×4 096

14

铸造技术管理

铸造技术管理是对铁路货车铸造企业的工艺研发、技术改造、技术合作以及技术转让等进行计划、组织、指挥、协调和控制等一系列管理活动的总称。技术管理的目的,是按照科学技术工作的规律性,以管理为基础、过程为核心、质量为目标、安全为导向,建立科学的工作程序,有计划地、合理地利用企业技术力量和资源,把技术成果尽快地转化为现实的生产力,以推动企业技术进步和经济效益的实现,促进铁路货车铸造技术进步和发展,更好地保障铁路运输安全。

铁路货车相关部门组织建立了铁路货车铸造技术管理体系,对策划、设计、试制和生产过程的技术管理做出了详细规定,进一步规范了技术管理,提高了制造技术管理水平。技术管理分三级管理,第一级为制造技术管理通用规则文件,规范了生产企业的基本制造条件;第二级为制造技术管理通用要求文件,制订了制造企业的相关技术管理要求;第三级为产品专用技术标准及相关管理文件。

摇枕、侧架、车钩生产技术管理的主要形式有:组织建立技术管理体系,生产质量认证,新技术研究及成果推广,生产过程质量控制,企业质量管理体系的建立和运行等。技术管理有组织、有计划、合理地推进和实施,有效保证了摇枕、侧架、车钩制造技术、管理水平、产品质量的持续提高。

摇枕、侧架、车钩生产企业要合理配置资源,规范技术管理行为,推动技术进步,提高技术管理水平,提升市场竞争能力。为便于生产企业开展技术管理工作,相关技术管理要点、生产过程质量控制内容等概述如下。

14.1 技术管理要点

技术管理贯穿产品实现的全过程。技术管理是依据生产企业的技术管理标准和制度,按照标准流程,开展产品研发,基础性、可靠性工艺研究,以及新材料、新工艺、新技术、新装备的推广应用等工作,并对贯彻、执行情况进行周期检查和评定。

14.1.1 工艺管理及文件控制

工艺管理是技术管理的重要组成部分，工艺管理主要包括新产品工艺准备及验证、工艺文件管理、工艺的执行检查等。

14.1.1.1 工艺准备及验证

(1)产品实现方案策划与评审

首次生产各型摇枕、侧架、车钩时，应根据产品特点、相关标准和规定，对产品实现全过程进行策划，制订产品实现方案。

对生产工艺、装备、人员配备、检测、材料、环境、运输包装等方案的评定一般采用会议评审，并对评审进行记录。方案评审内容和要求一般包括：

①方案的合理性、可行性；

②是否满足产品的技术要求；

③关键工序是否设置合理，特殊过程是否识别齐全，技术方案是否满足产品质量稳定的控制要求；

④环境保护和职业健康安全；

⑤经济性和先进性。

(2)工艺方案评审

工艺方案评审是提高工艺设计质量的重要环节，对改进和完善工艺，确保产品质量，缩短研制周期，降低生产成本具有重要意义。工艺方案评审一般包含如下内容：

①工艺设计是否符合产品技术条件和产品图样的要求；

②工艺参数是否合理；

③工装、设备是否满足工艺要求；

④可操作性、安全性、经济性和先进性。

(3)铸造模样的制造、维修

摇枕、侧架、车钩模样一般采用数控设备加工制造。投产前应对模样进行验证。

模样的修理应填写模样修改通知单，模样修理完成经验证合格后，方可用于批量生产。

(4)工艺验证

出现下列情况之一时，通常在投产、使用前进行验证。

①新产品或产品图样、技术条件修改；

②模样新制或大修；

③工艺改动较大(如浇注系统、热处理方法等)；

④采用新材料、新技术、新工艺、新装备；

⑤停产半年及以上；

⑥重要原材料(如原砂、型砂粘结剂、涂料、保温冒口套、探伤磁悬液等)供应商或规格型号变更，重要设备更新、改造。

工艺验证的内容包括：工艺过程是否合理，工艺参数选择是否适当，生产的铸件是否符合技术条件及产品图样的要求,工艺过程是否符合职业健康、安全和环境保护方面的法律法规。

验证的依据为相关标准、产品图样及技术条件、职业健康安全和环境保护方面的法律法规等。

验证方法主要是对现场产品的符合性和稳定性进行验证。按工艺规程的规定进行操作,首先进行首件的符合性验证,符合性验证合格后,进行小批量生产稳定性验证,检查其质量是否合格、稳定。对验证中出现的问题要及时分析原因,制定改进措施,再次进行验证直至产品质量合格、稳定。小批量生产稳定性验证合格后,可以批量生产。

(5)按照产品技术条件和技术标准做好各项型式试验。

14.1.1.2 工艺文件的管理

工艺文件是指导生产和质量管理的技术依据。工艺文件一般包括:

①工艺文件汇总表;

②工艺图样;

③工艺规则或工艺规程;

④工艺卡片;

⑤检查卡片。

(1)工艺文件的编制

工艺文件一般根据相关标准、产品图样及技术条件、生产设备、工艺装备等进行编制,并按规定的程序进行审核、批准和发布。

工艺文件的发放和收回应有可追溯性的记录,保证其有效性。

(2)工艺文件的更改

当出现下列情况之一时,需要对工艺文件进行更改。

①工艺方法、工艺参数、工装、设备变动;

②有关产品图样、技术条件、技术标准变动;

③工艺文件内容发生错漏。

更改工艺文件时应填写"更改通知单",按规定的程序审核、批准后,进行文件的更改、发放和回收。

14.1.1.3 工艺的执行与检查

建立工艺纪律检查管理制度,通过对工艺文件的正确性、完整性、统一性及执行情况的定期检查,预防、发现、纠正生产过程中出现的问题,稳定生产秩序,保证产品质量。

14.1.2 原辅材料的管理

原辅材料的好坏直接影响产品的质量。通常要制定主要原辅材料的技术规范,并按技术规范采购、入厂复验。

原、辅材料要有合格证明文件,并按技术规范复验。原、辅材料变更前由主管技术部门进行符合性和稳定性验证,验证合格后按规定程序办理技术审批手续。

为了保证原材料质量的稳定性,需要对供方实施选择、评价、准入管理,建立合格供方名录并定期对合格供方进行重新评价。评价内容主要包括原材料的质量、生产人员、生产场地、工作环境、主要工艺装备和测量设备等。

原、辅材料要妥善储存、运输和防护,建立相关台账和记录。

14.1.3 测量装置和生产装备的管理

14.1.3.1 测量装置

测量装置包括计量仪器和检测器具(包括产品检测样板)。为了规范计量管理,需要建立测量装置台账,并做到账、物、卡相符。

测量装置要按规定进行定期检定,并标识计量管理状态,确保在用的计量仪器仪表和检测器具处于合格状态。

检测器具的配置应满足产品图样和质量特性重要度分级表要求。检测器具一般由具有相应资质的厂家制造。

14.1.3.2 设备和工装

生产设备和工装是保证工艺稳定性和产品质量的重要手段,因此,生产企业要建立设备和工装管理制度,强化设备和工装管理,严格日常保养,确保其技术状态良好。

14.1.4 标志和可追溯性

14.1.4.1 产品标志

按照铁路产品相关管理制度,摇枕、侧架、车钩应在铸件规定部位铸出生产企业代号、钢种代号、生产年月和铸造顺序号,车钩钩体和钩舌还应在规定部位铸出产品型号标志。标志唯一、清晰、正确。

14.1.4.2 产品状态标志

为防止不同状态的产品相混淆,需要对生产工序中不同状态的铸件分区管理,并标志产品状态。

14.1.4.3 产品的可追溯性

质量记录是记录和描述质量特性、工艺过程参数及加工过程事实的文件,是产品质量可追溯性的重要证据之一。生产企业需要根据实际情况建立和保存以下质量记录。质量记录应由相关人员签字确认。

(1)工艺评审记录

工艺评审记录内容一般包括:产品名称、图号、材质、评审单位、需要评审的内容、评审结果等。

(2)工艺验证报告

工艺验证报告内容一般包括:产品名称、图号、材质、验证的单位、需要验证的内容、验证结果等。

(3)型(芯)砂试验记录

型(芯)砂试验记录内容一般包括:样品编号、配砂操作者、取样时间、试验时间、需要检测的物理性能等。

(4)炉料配料单

炉料配料单内容一般包括:炉次、钢种、班次、产品名称、加料质量、炉料种类及重量等。

(5)合金炉料加料卡片

合金炉料加料卡片内容一般包括:炉次、钢种、班次、加入的合金材料种类、合金材料主要成分和质量等。

(6)冶炼过程记录

冶炼过程记录内容一般包括:炉次、钢种、班次、产品名称、原材料的种类和名称、炉体状况、钢包状况、造渣材料的种类和名称、各种材料的质量以及整个操作过程的记录。

(7)冶炼中间检查记录

冶炼中间检查记录内容一般包括:炉次、产品名称以及各冶炼过程情况的概述,例如氧化期的加矿温度、静沸腾时间、扒渣情况、扒渣温度、加完矿至取样时间,还原期的精炼时间,出钢时的钢包烘烤情况、出钢温度、出钢时间等。

(8)浇注记录

浇注记录内容一般包括:产品名称、钢种、炉次、铸件编号、数量、质量、浇注速度、出钢温度、始浇温度、镇静时间、试样数量、试样编号等。

(9)开箱落砂记录

开箱落砂记录内容一般包括:铸件名称、炉次、开浇时间、浇毕时间、铸件编号、开箱时间、落砂时间等。

(10)重要部位电焊质量记录

铸件重要部位电焊质量记录内容一般包括:铸件编号、所处的清理工序、焊补的时间、铸件焊补的位置等。

(11)重要铸件装窑记录

重要铸件装窑记录内容一般包括:窑次、热处理日期、铸件名称、铸件编号、铸件和试棒的位置等。

(12)热处理记录

热处理记录内容一般包括:窑次、热处理日期、铸件名称、铸件编号、铸件数量、试棒的位置、温度仪自动记录等。

(13)化学成分报告

化学成分报告内容一般包括:冶炼炉次、材质和化学成分等。

(14)力学性能试验报告

力学性能试验报告内容一般包括:材质、热处理窑次、冶炼炉次和需要检测的项目(例如抗拉强度、屈服强度、伸长率、断面收缩率、冲击吸收功等)。

(15)金相组织及夹杂物试验报告

金相组织及夹杂物试验报告内容一般包括:材质、热处理窑次、冶炼炉次和需要检测的项目(例如组织、晶粒度、夹杂物形态和等级)。

(16)磁粉探伤设备日常性能校验记录

磁粉探伤设备日常性能校验记录内容一般包括:探伤设备名称、设备编号、设备型号、磁粉类别、磁粉粒度、悬液浓度、探伤工艺方法(湿法、干法、连续法、剩磁法)、试片规格、被探测物、周向磁化、提升力、纵向磁化、试片显示等。

(17)探伤记录

铸件探伤记录内容一般包括:铸件名称、铸造年月、铸件编号等,对于存在缺陷的铸件,应在铸件示意图上标注缺陷位置,对于缺陷情况以及处理情况进行描述,写明复探结论。

(18)铸造质量保证卡片

铸件铸造质量保证卡片为铸件各工序总体状态的统计记录,进行工序间传递,内容一般包括:铸件编号、产品图号、材质、工序名称、日期、各主要生产工序(冶炼、浇注、落砂、清理、热处理、样板检查、探伤等)情况的描述。

(19)解剖记录

铸件解剖记录内容一般包括:产品图号、铸件编号、解剖位置图、图纸尺寸、实测尺寸等。

(20)密实度检查记录

铸件密实度检查记录内容一般包括:产品图号、铸件编号、密实度评定位置、标准等。

(21)毛坯划线记录

铸件毛坯划线记录内容一般包括:产品图号、铸件编号、划线日期、划线的位置、图纸尺寸、实测尺寸等。

(22)更改通知单

更改通知单内容一般包括:名称、编号、更改原因、更改内容、更改标记、处数、实施日期、在制品处理、文件发送单位、份数等,文件更改、编制人员签字后,经校核、标准化、审核、会签单位确认后,批准执行。

(23)工艺纪律检查记录

工艺纪律检查记录主要记录工艺人员对各生产工序的人、机、料、法、环、测等情况检查的结果,对工艺纪律的执行情况进行确认,内容一般包括:工序名称、检查单位、受检单位、检查内容和检查结果。

(24)热处理窑验证报告

热处理窑验证报告是热处理设备定期验证的记录,验证热处理窑有效加热区是否符合热处理工艺要求,内容一般包括:窑号、日期、窑次、窑内铸件名称、热处理工艺、验证内容及方法、验证结果等,验证完成后确认设备状态。

14.1.5 人力资源

人力资源指一定时期内组织中的人所拥有的能够被企业所用,且对价值创造,起贡献作用的能力、技能、经验、体力等的总称。生产企业有良好的人力资源管理制度为摇枕、侧架、车钩产品质量稳定提供了可靠的保障。因此，生产企业需要根据产品工艺特点对相关人员进行培训、考核、管理。

(1)操作者的基本技能和岗位技能培训。

(2)冶炼、造型、制芯、配砂、合箱、浇注、热处理、探伤和电焊的操作人员以及理化检验和产品检验人员上岗前，进行重点培训考核，培训合格后方可上岗，并保持人员相对稳定。

(3)关键设备的操作人员上岗前应进行培训，做到持证操作，并保持人员相对稳定。

(4)无损检测人员要具有相关技术资格，技术等级符合相应岗位要求。

(5)管理人员需熟悉掌握本岗位涉及的工艺技术知识。

14.2 主要过程控制

14.2.1 冶炼

14.2.1.1 炉料的准备

(1)废钢炉料按成分、块度分类存放，严禁密封容器、易爆物等物品入炉。

(2)还原期所用的铁合金和铁矿石必须烘烤，烘烤温度≥450 ℃，烘烤时间≥2 h。其他入炉炉料应保持干燥、洁净。

(3)严禁使用粉化石灰造渣。

14.2.1.2 配料

(1)配料时需保证熔清后含碳量≥0.50%。

(2)炉料应进行准确称重，并填写好料单。

14.2.1.3 补炉与烘炉

(1)前一炉出钢后，需将残渣、剩钢快速扒净。

(2)对炉底和炉壁被侵蚀及碰坏部位进行修补，侵蚀严重处要少量多次重复补炉。补炉应做到“高温、快补、薄补”。

(3)不得采用水玻璃砂修补出钢槽和钢包，出钢槽应干燥、流畅。

(4)新筑和大修炉体必须进行烘炉。

14.2.1.4 装料

(1)装料前应先在炉底加入炉料重量2%～7%的石灰，以确保先期去磷，并保护炉底。

(2)装料时炉料块度搭配和布料合理。装入的二次料不允许有大块料。

14.2.1.5 熔化期

(1)电极穿井以后，方可大功率送电。

(2)在炉料熔化形成熔池以后方可吹氧助熔，并根据炉料情况适当补加渣料。

(3)熔清样应在炉料熔清后搅拌取样分析，取样应具有代表性。

(4)熔清碳应保证氧化期脱碳量≥0.30%。碳量不足时必须增碳至符合要求，增碳后必须搅拌均匀，方可取样。

(5)熔化末期若磷含量较高，应进行流渣去磷操作。

14.2.1.6　氧化期

(1)氧化开始加矿温度应不低于 1 580 ℃。

(2)氧化过程宜采用矿、氧结合操作，以保证顺利脱磷、去气、去夹杂。

(3)为确保熔池沸腾良好，应将氧化脱碳速度控制在每分钟 0.01%～0.03%为宜。

(4)在氧化过程中，应随时补加渣料，以维持氧化过程的渣量和碱度。炉渣应始终保持高碱度(原则上 $R \geqslant 2.5$)、强氧化性、良好的流动性。

(5)氧化末期，当碳含量低于成分下限 0～0.08%时，方可进入净沸腾操作，净沸腾时间一般应不少于 10 min，(净沸腾时间应为最后一批矿石加入或停止吹氧至开始扒渣)。

(6)净沸腾 5 min 后，当熔池温度达到 1 600 ℃时，应加锰铁进行预脱氧，使熔池锰含量在 0.20%以上。

(7)锰铁熔毕后，测温、取样分析 C、P、Mn，当 $\omega(\text{C}) \geqslant 0.10\%$、$\omega(\text{P}) \leqslant 0.020\%$、$\omega(\text{Mn}) \geqslant 0.20\%$、熔池温度不低于出钢温度时，方可进行扒渣。

(8)为防止钢液还原期回磷和吸气，须快速扒净氧化渣。

14.2.1.7　当采用电弧炉冶炼时，还原期按以下要点执行

(1)氧化渣扒净后，应快速造新渣，并保证熔池表面有足够的渣量和碱度。(原则上炉渣碱度 $R \geqslant 3$)

(2)稀薄渣形成后应，向熔渣表面均匀加入一定量的还原剂，尽量保证炉膛的密封性，以促进白渣形成。

(3)钢水应在白渣和良好的还原性气氛下持续精炼 15 min 以上，直至出钢。还原渣应具有高碱度、大渣量和良好的流动性。

(4)须白渣出钢。对白渣进行取样分析，取样频率为每周至少一次。白渣中 $\omega(\text{FeO}) \leqslant 1.0\%$。

(5)当成分合格、温度合格、钢水收缩检验试样表面下凹，且炉渣为白渣，准备出钢。

①钢包在盛钢液前必须进行烘烤，确保烤至暗红色。从停止烘烤到出钢时间间隔小于 3 min。

②当成分和温度达到要求，且圆杯试样收缩良好时，应及时出钢，出钢时应做到钢渣混冲。

③用铝终脱氧时，加入量应确保钢液残铝量为 0.02%～0.08%。

④镇静时间不少于 5 min。

14.2.1.8　当采用偏心底电弧炉＋精炼炉双联冶炼工艺时，熔化期、氧化期操作

要求 A5、A6 电弧炉执行一致，其余还原期按以下要点求执行操作。

(1)偏心底电弧炉出钢

①精炼钢包在出钢前必须进行烘烤,确保烤至暗红色。从停止烘烤到出钢时间间隔小于 3 min。

②出钢前,精炼钢包应接通氩气,并确保通畅。出钢时及时加入合金、石灰、脱氧剂及相关造渣材料。

③出钢时一般采用留渣操作,防止氧化渣进入精炼钢包。

(2)LF 炉精炼

①精炼全过程应进行吹氩操作,应防止钢水裸露,合理控制氩气流量。

②熔渣形成后,开始测温并取样分析化学成分,视 S 含量高低决定是否补加渣料。若补加渣料,需加热 10 min 方可再次取样。钢水化学成分的调整可分为 2~3 次进行,但最后一次调整完毕到精炼送电结束时间不应小于 5 min。

③精炼过程中,分批加入还原剂,视熔渣情况加入石灰、精炼渣,保证精炼渣为良好的白渣,并保持 20 min 以上。

④对炉渣进行取样分析,取样频率为每周至少一次,渣中(FeO)≤1.0%。

⑤钢水化学成分、温度符合要求后,精炼炉停止供电,喂铝线进行终脱氧,继续吹氩时间不小于 5 min。

14.2.1.9　摇枕、侧架、车钩零件的始浇温度一般控制在 1 580 ℃以下。

14.2.2　造型、制芯、合箱

(1)检查工装、模具是否完好清洁,有无松动和错位,活块松动量不应超过 0.5 mm。排气塞(道)保持畅通,砂箱销(套)、合箱销(套)完好无损。

(2)原砂、粘结剂、固化剂和其他辅料的定量装置应进行日常校准,满足工艺要求。适时测试、检查型、芯砂性能,并做好记录。

(3)冷铁、芯撑应保持形状完整、正确,无油、无锈,表面干燥,符合工艺要求。

(4)脱模剂涂敷均匀,防止堆积,将冷铁、芯骨及混好的激冷砂放在工艺规定部位。

(5)摇枕、侧架、车钩关键部位不能使用内冷铁。

(6)涂料搅拌均匀,涂敷部位清洁无浮砂,按工艺要求涂敷涂料。采用涂刷方法涂敷涂料时,沿单向均匀涂刷 1~2 层,涂料堆积和流坠需打磨平整。

(7)操作者及检验人员按工艺规程要求检查砂型、砂芯质量。

(8)下芯机器人需日常校验和定期检查,以确保下芯平稳、位置准确。

(9)合箱前,清净浮砂,检查砂型是否完好、砂芯有无错、漏下等。合箱时保证合箱平稳,防止冲撞和型、芯损坏。

(10)砂型、砂芯、铸型存放时间符合工艺规定。

14.2.3　焊修

(1)基本技术要求

①铸件的可修复缺陷符合产品技术条件和技术标准。

②焊接设备应采用直流电焊机并配备电焊条烘烤设备、焊条保温筒等辅助器具。焊接设备及辅助器具应按维护保养要求，保持其良好状态，以保证使用安全、可靠。

(2)材料

①焊条符合技术标准的要求。

②焊条使用前应进行烘烤，烘烤温度 350～380 ℃，或焊条生产厂推荐温度值，保温 1 h，随炉冷却到 100～150 ℃保温。使用时放入处于保温状态的保温筒内，随用随取。做好焊条发放和回收记录，焊条烘烤不得超过两次。

③药皮脱落、变质、严重受潮的焊条不得使用。

(3)焊前准备

①缺陷必须清除干净，露出本体金属。清除缺陷时应采用适当的工具和操作方法，尽量减小本体清除体积，热处理后不允许采用碳弧气刨清理缺陷。焊修坡口符合产品技术标准的要求。

②确保在焊修之前缺陷被完全清除，经检查合格后方可施焊。缺陷清除后应进行外观检查。

③当铸件温度低于 4 ℃时不允许施焊，但允许局部预热后及时施焊，预热温度为 100～315 ℃，预热范围不小于缺陷周边 100 mm 区域。

(4)施焊

①铸件焊补宜在最终热处理前进行。

②根据焊修工艺评定合格后制定的焊修工艺施焊。

③优先采用平位焊，采用直流反接短弧焊。

④防止电弧击伤铸件表面，不应在铸件的非焊补表面上引弧。

⑤施焊部位应避免人为吹风与穿堂风。

⑥保持焊缝层间温度不低于预热温度。

⑦多层焊时，每焊完一层后，应彻底清除熔渣，发现裂纹及其他缺陷应清除，再焊下一层。

14.2.4　热处理

14.2.4.1　准备

(1)热处理设备和仪器仪表、动能供处于正常状态。

采用连续式热处理炉正火热处理时，装窑前进行空载加热，炉温符合设定温度后，铸件方可入炉。

(2)装窑

①铸件应按装窑图放置在有效加热区内。

②摇枕、侧架、车钩应进行同炉同窑正火热处理，即：同一冶炼炉次的铸件应在同一正火热处理炉次中集中连续装窑处理。遇有特殊情况，不能同炉同窑正火热处理时，遗留件不得超过 10％，且应在后续一次集中连续正火热处理完毕；超过 10％时应装随炉试棒，且应理化检验合格。正火热处理曲线记录上要注明正火热处理炉次、日

期和时间。装窑记录上要注明正火热处理炉次、冶炼炉次、铸件名称和铸号、出入窑日期和时间、随炉试棒的位置和编号。

③试棒应放置在有效加热区内有代表性的位置上。

同一冶炼炉次的铸件进行连续式正火热处理时，应在集中连续装窑的前、中、后三个位置放置同炉试棒(抽取一组试棒进行理化性能检验)；每一热处理炉次的首件和最后一件必须放置试棒，并进行力学性能和金相组织检验，且合格。

采用台车式炉进行正火热处理时，随炉试棒应放置在台车炉四角的高度中心处。

装窑记录上应注明试棒的安放位置和试棒号。

④采用台车炉进行热处理时，铸件温度不得高于 540 ℃。

(3)热处理工艺控制

①采用台车炉热处理时，保温温度：880～920 ℃，保温时间 3.0～4.5 h。

②采用连续炉热处理时，保温温度：900～920 ℃，保温时间 2.0～3.5 h。

③重复热处理次数不得超过 2 次。

(4)热处理设备要求

①热处理炉保温精度为±15 ℃。

②热处理炉的加热和温度控制采用自动控制系统，热电偶均布合理，使用温度自动记录仪进行监控。

(5)热处理炉定期鉴定

①热处理窑定期鉴定应明确以下内容：鉴定周期、鉴定内容、鉴定方法、鉴定记录。

②新建、大修后、停用 6 个月及以上的热处理炉，使用前进行温度场测试，合格后方可使用。

③正常生产条件下，台车炉按 GB 9452《热处理炉有效加热区测定方法》进行温度场测试，连续炉按《连续式热处理炉鉴定方法》进行温度场测试，鉴定周期为半年一次。

(6)试棒管理

①应核对炉号和基尔试棒编号。

②试棒应实行专人、专柜管理。核对无误的试棒放到专用箱内保存，不得混乱及丢失。

(7)其他要求

①热处理曲线记录的媒介为纸质，或纸质和电子文档，热处理操作者和中间检查员应在热处理曲线记录上签字。

②热处理试棒的力学性能试验及金相检验分析合格后，铸件方可转序。

③去应力回火热处理应记录铸件编号。

参 考 文 献

[1] 黄天佑，范琦，张立波等. 中国铸造行业节能减排政策研究. 铸造技术，2009，30(3)：399-403.

[2] 铸钢手册编写组. 铸钢手册[M]. 北京：机械工业出版社，1982.

[3] 孙晶，陈美玲，杨军等. 货车转向架用 B+钢壁厚对力学性能影响的研究[J]. 热加工工艺，2009(12)：42-44.

[4] 刘胜田，凌云飞，赵庚宁. V 法造型生产铸钢摇枕和侧架[J]. 铸造，2008(10)：1081-1084.

[5] 刘胜田. 整体芯技术应用于铁路货车摇枕及侧架的工艺研究[J]. 金属加工，2008(15)：15-19.

[6] 中国机械工程学会铸造分会. 铸造手册第 5 卷铸造工艺[M]. 北京：机械工业出版社，2007：136.

[7] 柳百成，荆涛等. 铸造工程的模拟模拟与质量控制[M]. 北京：机械工业出版社，2002：11-35.

[8] 王君卿，孙逊，苏仕方等. 铸件充型凝固三维数值模拟软件 SRIFCAST 的研制及其应用[J]. 铸造，2001，50(10)：614-620.

[9] 冯伟明，柳百成，张皖宁等. 凝固模拟软件在大型铸钢件上的应用研究[J]. 新工艺新技术，2002 (3)：8-10.

[10] 荣继，周铁涛，刘二莉. 铸造充型过程中矢量场显示技术的研究[J]. 铸造. 2001，50(7)：401-403.

[11] 廖敦明，刘瑞祥，陈立亮等. 基于有限差分法的铸件凝固过程热应力场数值模拟的研究[J]. 铸造. 2003，52(6)：420-425.

[12] 于艳梅，杨根仓，赵达文，吕衣礼. 凝固微观组织数值模拟的研究进展[J]. 特种铸造及有色合金，2002(3)：30.

[13] 刘胜田，杨军，艾秀兰. 数值模拟技术在铁路货车铸钢侧架上的应用[J]. 铸造，2009(2)：137-140.

[14] 杨军，艾秀兰，刘胜田. 基于 Pro /ENGINEER 的铁路货车铸钢摇枕数值模拟[J]. 计算机辅助工程，2009(6).

[15] 杨秀萍，王鹏林，张敬宇. 铸造系统温度场和应力场模拟软件的理论验证[J]. 天津理工学院学报，2000(9).

[16] 李梅娥，邢建东. 铸造应力场数值模拟的研究进展[J]. 铸造，2002(5)：141.

[17] 樊自田，董选普，陆浔. 水玻璃砂工艺原理及应用技术[M]. 北京：机械工业出版社，2004：155.

[18] 铸造工程师手册编写组. 铸造工程师手册[M]. 北京：机械工业出版社，2003(1)：402.

[19] 曹文龙. 铸造工艺学[M]. 北京：机械工业出版社，1993(10)：56-58.

[20] 中国机械工程学会铸造分会编－2 版. 铸造手册・第 4 卷，造型材料[M]. 北京：机械工业出版社，2002：191-207.

[21] 樊自田，董选普，陆浔. 水玻璃砂工艺原理及应用技术[M]. 北京：机械工业出版社，2004(3)：58-59，149.

[22] 中国铸造材料信息网. 砂芯制造工艺与技术[EB/OL]. http://www.chinazhuzao.net/TradeNews/ViewTradeInfo.aspx? InfoId=23790.

[23] 祝建勋. 铸造有机化学粘结剂的发展现状与展望[J]. 铸造工程·造型材料，1999(2):5.
[24] 铸造工程师手册编写组. 铸造工程师手册第2版[M]. 北京:机械工业出版社,2003:430.
[25] 张俊法. 生产铸钢件用几种自硬砂工艺综述[J]. 铸造技术,2002(5):271.
[26] 吴殿杰. 树脂自硬砂的再生[J]. 中国铸机,1994(4):33-36.
[27] Modley J G,Luxcon M J. Progress in the Development of a Carbon Dioxide Gas Hardened Resin Binder for Foundry Sands[J]. Bricish Fundryman,1988(2):84-90.
[28] 纪岗昌,武涛,邢花婷,王穗. 铸造用无毒气体硬化树脂粘结剂的研究[J]. 高分子材料科学与工程. 1999(7):119-122.
[29] 曹文龙. 铸造工艺学[M]. 北京:机械工业出版社,1989:151.
[30] 王春山,焦辉,马庆林. 中国铁路货车摇枕 侧架铸造工艺的创新与展望[J],铁路货车制造工艺学术研讨会论文集,2007(7):171-180.
[31] 景丹,宋德晶,郝施奇,李延春,高明才,王金鹏. 摇枕侧架整体芯盒内挤压锁芯成型工艺研制[J]. 铁路货车制造工艺学术研讨会论文集,2007(7):190.
[32] 付顺利,赵军杰. 转K6摇枕侧架V法与整体芯工艺[J]. 铁路货车制造工艺学术研讨会论文集,2007(7):204-205.
[33] 戴龙,马智,熊东明. 转K5摇枕侧架整体射芯成型工艺研制[J]. 铁路货车制造工艺学术研讨会论文集,2007(7):193-194.
[34] 李昂,吴密. 铸造工艺设计技术与生产质量控制实用手册[M]. 北京:金版电子出版社,2005.
[35] 李隆盛. 铸造合金及熔炼[M]. 北京:机械工业出版社,1989.
[36] 李昂,吴密. 铸造工艺设计技术与生产质量控制实用手册[M]. 北京:金版电子出版社,2005.
[37] 唐玉林,李维镕,祝建勋. 圣泉铸工手册[M]. 沈阳:东北大学出版社,2006.
[38] 铸造工程师手册编写组. 铸造工程师手册第2版[M]. 北京:机械工业出版社,2002.
[39] 电炉炼钢[EB/OL] . http://hanyu. iciba. com/wiki/446884. shtml.
[40] 李连福,姜茂发. 电弧炉底吹搅拌新技术[J]. 炼钢,1994(3).
[41] 王泽瑰. 中小型铸造厂电弧炉泡沫渣埋弧熔炼高锰钢[D]. 上海:中国科学院上海冶金研究所,2000.
[42] 袁章福,刘润藻,兰德年. 电弧炉炼钢的二次燃烧技术[D]. 上海:中国科学院上海冶金研究所,2000.
[43] 中国机械工程学会铸造专业学会. 铸造手册第2卷铸钢. 北京:机械工业出版社,1993.
[44] 刘实. 新编金属材料实用手册[M]. 北京:中国科技文化出版社,2007.
[45] 林华寿,赵宜. 铁道机车车辆铸钢件断裂分析图谱[M]. 北京:中国铁道出版社,2000.
[46] 胡光立,谢希文. 钢的热处理[M]. 西安:西北工业大学出版社,1993.
[47] 陈琦,彭兆弟. 铸件热处理实用手册[M]. 北京:龙门书局,2000.
[48] 姜江,彭其凤. 表面淬火技术[M]. 北京:化学工业出版社,2006.
[49] 唐玉林,李维镕,祝建勋. 圣泉铸工手册[M]. 沈阳:东北大学出版社,2006.
[50] 李昂,吴密. 铸造工艺设计技术与生产质量控制实用手册[M]. 北京:金版电子出版社,2005.
[51] 李隆盛. 铸造合金及熔炼[M]. 北京:机械工业出版社,1989.
[52] 铸造工程师手册编写组. 铸造工程师手册第2版[M]. 北京:机械工业出版社,2002.
[53] 美国无损检测学会.《美国无损检测手册》磁粉卷. 世界图书出版公司 ISBN:7506243857.

结 束 语

中国铁路货车重载提速技术快速发展，各铁路货车制造企业联合攻关，共同努力，使我国铁路货车摇枕、侧架、车钩制造技术水平达到国际领先水平，为我国铁路货车的快速发展作出了重要贡献。

随着国民经济的协调快速发展和铁路路网能力的不断扩充，新一代重载、快捷货车技术对摇枕侧架车钩等关键铸钢件质量还将提出更高要求，铸造技术研究前景广阔、任重道远。在先进的技术管理模式下，通过广大铁路铸造工作者不断努力和技术创新，中国铁路货车铸造技术争取走在世界最前沿，引领铁路货车铸造技术发展。